普通高等教育“十一五”国家级规划教材
普通高等学校硕士研究生马克思主义理论课教材

科学社会主义的理论与实践

（第七版）

高　放　李景治　蒲国良　主编

中国人民大学出版社
·北京·

第七版序言

一

在我国，“科学社会主义”作为一门独立学科，酝酿于20世纪50年代中后期，正式建立于70年代末80年代初。在这一过程中，中国人民大学实际上起到了学科孵化器的作用。

1950年，中国人民大学组建伊始，学习苏联经验，在全校开设的公共政治理论课中有一门名为“马列主义基础”的课程，内容是苏共党史，基本教材是被称为“马列主义百科全书”的《联共（布）党史简明教程》。随后全国各高等学校和各类干部学校也都普遍开设了“马列主义基础”这门课程。

为了加强全国高等学校政治理论课教师的培养，教育部指定中国人民大学承担为全国高校培养四门政治理论课教师的任务。为此，中国人民大学设置了马列主义研究班，专门吸收高校年轻教师或新教师，培养马列主义基础课教员。研究班按照四门课，下设马列主义基础、哲学、政治经济学和中国革命史四个分班。马列主义研究班起初为一年制，随后又改成两年制、三年制。研究班一共上四门课，即哲学、政治经济学、马列主义基础（苏共党史）和中国革命史。除中国革命史外，其他三门课用的都是苏联教材。

1956年之前，中国人民大学根据四门政治理论课分设哲学、政治经济学、马列主义基础（苏共党史）和中国革命史四个教研室，直属校部，负责全校各系的公共理论课。1956年5月，在原四个教研室基础上成立了三个系，即历史系、哲学系和经济系。历史系由马列主义基础教研室和中国革命史教研室合并而成，分设马列主义基础和中国革命史两个专业，原直属校部的两个教研室划归历史系领导。同年9月，历史系开始正式招收四年制本科生。但教研室仍然承担全校公共课的教学任务。

由于1956年2月苏共二十大批判了斯大林和《联共（布）党史简明教程》，马列主义基础教研室开始酝酿课程改革。一种意见主张把原来马列主义基础课以讲授苏共党史为主要内容扩展为讲授国际共运史。另一种意见主张改为讲授科学社会主义概论，理由是按照马克思主义三个组成部分分别开设三门课更合理，也便于大学生全面掌握马克思主义理论。第三种意见主张文理科分开：文科类专业开设国际共运史，理工农医类专业开设科学社会主义概论。高教部责成中国人民大学准备开设国际共运史课程，同时又指定中国人民大学历史系马列主义基础教研室牵头，组织几所高校教师抓紧编写科学社会主义概论的教学大纲。这样，“科学社会主义”作为一门独立课程被首次提上日程。

1958年7月，中国人民大学历史系的马列主义基础和中国革命史两个专业分别成立马列主义基础系和中共党史系。马列主义基础系下设国际共运史教研室和科学社会主义教研室。1960 年 9 月，中国人民大学又把刚成立两年多的马列主义基础系改名为马列主义政治学系，在系之下设置三个教研室，即保留原国际共运史教研室，把原科学社会主义教研室改名为政治学教研室，另外新建西方政治思想史教研室。当时，学术界大都认为，科学社会主义即是马克思主义政治学。这样，刚刚诞生的科学社会主义学科尚未成形又被政治学取代了。

科学社会主义作为独立学科开始成长起来是“文化大革命”之后。1977 年 3 月，胡耀邦到中共中央党校担任副校长并主持日常工作。他坚持要求按照马克思主义三个组成部分分设三个教研室，开设三门课。随后全国各级党校都设了科学社会主义教研室并开设了科学社会主义课程。1978 年 7 月，中国人民大学复校。新任校长成仿吾要求中国人民大学仿照中共中央党校的做法，把科学社会主义作为独立学科进行建设，并指示原国际政治系改名为科学社会主义系。1978 年，山东大学也设立了科学社会主义系。与此同时，许多大学也都相继成立科学社会主义教研室，开设科学社会主义课程。国内出现了第一批严格意义上的科学社会主义专业本科生。1978—1979 年，中国人民大学、华中师范学院（现华中师范大学）等高校开始招收科学社会主义专业硕士生。1981 年，我国开始设立学位授予点时，中国人民大学等高校获首批科学社会主义专业硕士学位授予权。1984 年，中共中央党校、华中师范学院（现华中师范大学）等单位获首批科学社会主义专业博士学位授予权。至此，科学社会主义学科拥有了从本科到硕士、博士的完整教育体系。

教材建设是学科建设的重要内容。建设科学社会主义新兴学科，当务之急是尽快编写出版适合不同层次、不同对象的优秀教材。1980 年 6 月，山东大学赵明义主编的《科学社会主义》率先问世，这是国内公开出版的第一本科学社会主义教材。随后，约有 50 多种同名或同类教材相继出版。其中影响比较大的有华中师范大学高原主编的《科学社会主义》，中共中央党校范若愚、江流主编的《科学社会主义概论》，中国人民大学郑建邦主编的《科学社会主义原理》等。

1988 年初，根据中共中央的有关通知，国家教委要求为全国高等学校硕士研究生开设一门新的公共政治理论课“科学社会主义的理论与实践”。当年 2 月至 7 月，国家教委政治思想教育司组织部分高校教师分别提出这门课程的教学大纲方案，以便集体讨论，尽快编写出版《“科学社会主义的理论与实践”教学要点》。经比较，中国人民大学国际政治系高放提出的融合科学社会主义、国际共产主义运动史、当代世界社会主义三者于一体的新方案得到编写组成员的认可。该方案经集体讨论修改后，得到国家教委的批准，方案大纲由高等教育出版社于 1988 年 8 月出版，供全国高等院校硕士生和任课教师使用。

从 1988 年秋季学期起，中国人民大学国际政治系科学社会主义教研室的六位教师高放、邝文陵、向美清、洪肇龙、牛继升、张泽森，首先在校内按照这个教学要点对全校硕士研究生和校外一些单位讲授这门新课。为满足学习者的需要，由高放任主编，六位主讲教师合作编写了《科学社会主义的理论与实践》一书，于 1990 年 7 月由中国人民大学出版社出版，发行 5 000 册，受到广大读者的欢迎。1993 年初，应出版社之约，原作者对初版做了修订，并于 1994 年 8 月出版了修订本。修订版即第二版在八年间先后发行 20 多万册。

这部教材之所以广受欢迎，一个重要原因就在于它不是简单地把科学社会主义归纳为若干条原理、划分为若干个专题分别展开论述，也不是按照科学社会主义的过去、现在和未来分篇铺叙，而是采取纵横交错、理论联系实际的原则构建了一个新体系。这个新体系的最突出特点是既从纵向说明社会主义如何从乌托邦变为科学、从理论变为实践以及科学社会主义如何经历三次思想认识的飞跃、形成三种理论形态（即马克思恩格斯的科学社会主义、苏联模式的社会主义和探索适合本国国情的社会主义），又从横向论证科学社会主义的各个原理是如何在众多国家的实践中得到生动验证，虽遭受重大挫折，却又不断向前发展的。据众多读者反映，本书有“四新”，即体系新、内容新、观点新、资料新。最受读者好评的是：本书能够真正以辩证唯物主义、历史唯物主义、科学社会主义为指导，既着重纠正根深蒂固的“左”的思想观念，又避免右的侵袭；既实事求是地分析诸多重大问题，又能够精选较多可信的新资料，尽量做到言之成理，持之有故。

为了满足社会日益增长的需要，2002 年 3 月，中国人民大学出版社向国际关系学院提出重新编写这部教材的要求。鉴于本书有较大的社会影响和市场品牌效应，并考虑到教材本身的继承性和连续性，最终确定仍由高放担纲任第一主编，同时增加李景治和蒲国良两位主编，此外还约请了陈新明、汪亭友，共五位作者参加撰稿。第三版由高放参照第二版的体系结构草拟了一份新的编写大纲，然后由五位作者分工分头执笔完成。第三版“从体系、视野到论述都比以前的版本大大扩充了”①。该版于 2003 年 1 月出版后，两年间连续印刷五次，广受读者欢迎，并于 2005 年被评为“北京市高等教育精品教材”。

应出版社要求，我们在吸收读者意见和学术界最新成果基础上又对第三版做了一次认真修改，于 2005 年 9 月推出了第四版。相较于第三版，这一版“信息量更大了，使用的材料更为丰富了”，“在观点上也有了一些改动和变化”②，“总体上更加突出了精、准、深、新的特点，即内容精练，观点准确，思想深刻，体系与材料新颖”③。第四版在不到三年的时间里又 5 次重印，并被在华工作的土肥民雄等日本朋友作为社会主义类书籍中的首选译为日文出版。2007 年，本书被教育部高等教育司列入“普通高等教育‘十一五’国家级规划教材”。

党的十七大召开后，我们认为应该重新修订出版第五版。这次修订既要保留本书的传统优点，又要修改第四版的不足之处。总的要求是：认真贯彻党的十七大精神，尽量反映第四版出版后近三年来国内外的新发展和理论界的新成果，尽力加强理论性、实践性、针对性、知识性和可读性。由于原编写者有的已经调离我院，所以有关部分需要重新组织人员撰稿。2007 年 11 月，编写组成员聚在一起，集体研究修订方案。第五版撰稿人包括高放、李景治、蒲国良、陈新明、郭春生、宫玉涛、韩冰、谢小燕八位同志。经全体编写成员的共同努力，第五版于 2008 年 8 月问世。该版先后重印 6 次，累计印数达 20 万册。有学者在书评中称第五版“优点突出，特点鲜明，它纵横交错，博古通今，史论结合，以理服人；是非对比，启迪思维；简洁明了，精而管用。最让人印象深刻的，是它体现了‘三个面向’——面向现代化、面向世界、面向未来的视野，读来令人心胸开阔，学有所获；

① 张光明．社会主义研究的新视角：评《科学社会主义的理论与实践》第三版．教学与研究，2003（11）．

② 张光明．评《科学社会主义的理论与实践》第四版．教学与研究，2006（5）．

③ 刘雅贤．精益求精，更上层楼：《科学社会主义的理论与实践》第四版评介．当代世界与社会主义，2006（1）．

讨论令人各抒己见，研有所得；掩卷令人回味无穷，思有所成”[①]。这样高度的评价给了我们莫大的鼓舞和鞭策。

2008年以来，国际国内形势又发生了很大变化。美国和欧盟国家的金融危机暴露出西方资本主义制度的深层内在矛盾。我国社会主义现代化建设事业快速发展，从2010年起经济总量已跃居世界第二位，中国特色社会主义愈益强盛。2012年11月，党的十八大胜利召开，中国特色社会主义进入新时代。与此同时，共产党执政的五国（中国、朝鲜、越南、老挝、古巴）和世界各个社会主义政党、派别都有较多变化。应社会和市场需求，我们与时俱进，不断更新，按原定各章分工重新增订了第六版书稿。这次修订主要是修改了一些章节标题，删节了旧版某些篇幅，改变了一些问题提法，增加了一些新内容、新见解和新资料，改正了一些差错，修饰了一些文句，调整了一些内容结构、复习思考题和书末参考书目。第六版于2014年1月正式出版发行。六年来先后重印7次，累计印数达5万多册。

岁月如梭，时过境迁。转眼间又过去了五年。五年间世事、国事、校事、人事都发生了很大变化。在本书编写组成员讨论第五版的修订时，曾达成初步共识，即原则上把修订的周期定在五年左右，大致确定为我们党的代表大会召开之后。遵照这个原则，我们先后修订出版了第五版和第六版。党的十九大召开前夕，我们即开始酝酿第七版的修订工作。但不幸的是，本书第七版修订工作刚刚启动不久，第一主编高放先生因病去世，修订工作一度中断。一年多来，重新分工调整后的编写组成员遵照高放先生的遗愿，按照已经讨论确定的修订的方案，经过紧张艰苦努力，赶在2019年岁末，终于完成了第七版的修订工作。

二

本书自1990年第一版问世，迄今推出第七版，已30多年。30多年来，本书编写组全体成员，本着精益求精的精神，前赴后继，接续奋斗，不断调整优化，推陈出新，力求把最美好的精神食粮奉献给广大读者。

在教材编写过程中，我们自始至终都坚持以马克思主义为指导，本着实事求是、解放思想、与时俱进的精神，对科学社会主义的一系列重要的理论和实践问题进行大胆探索，力求对人们所关注的热点、难点以及前沿和争议问题做出积极回答。

1. 守正创新、与时俱进

教材名曰“科学社会主义的理论与实践”，顾名思义，在这里，科学社会主义是一根主线，贯穿始终。整部教材着重探讨的就是科学社会主义的理论与科学社会主义的实践两个方面的问题，但这两个方面不是相互分割、互不统属的，而是相互交织、彼此渗透的。理论探索离不开实践经验的总结与升华，而实践的探索则离不开理论的概括与指导。所谓“守正”，这里所守的“正”，就是科学社会主义，就是马克思主义。“守正”，就是要始终坚持科学社会主义的基本原则，始终坚持马克思主义的立场、观点和方法。

“社会主义自从成为科学以来，就要求人们把它当做科学来对待”[②]。科学社会主义之为科学，就在于它把社会主义建立在对现实社会进行科学研究的基础上，在于它把自己视

---

① 曾亚雄，林怀艺．一部体现“三个面向”视野的教材力作．探索，2009（3）．

② 马克思，恩格斯．马克思恩格斯文集：第2卷．北京：人民出版社，2009：219．

为一个不断根据新的实践经验予以丰富和发展的、开放的理论体系。正如恩格斯所说，“马克思的整个世界观不是教义，而是方法。它提供的不是现成的教条，而是进一步研究的出发点和**供**这种研究**使用**的方法”①。本教材的编写，始终坚持与时俱进、守正创新，即坚持一切从实际出发，实事求是，解放思想，破除迷信，严防教条僵化。

守正创新，首先表现为教材的编写和修订始终高举马克思主义的旗帜，同时又坚持指导思想上的与时俱进。改革开放以来，我们党坚持和发展马克思列宁主义、毛泽东思想，始终立足时代前沿，不断推动理论创新，先后创立了马克思主义基本原理与当代中国实际和时代特征相结合的理论成果，即邓小平理论、“三个代表”重要思想、科学发展观和习近平新时代中国特色社会主义思想。教材的编写和修订紧跟时代步伐，先后把邓小平理论、“三个代表”重要思想、科学发展观和习近平新时代中国特色社会主义思想写进教材并作为全书的思想统领，既保证教材始终坚持正确的政治方向，又能适时反映中国共产党自改革开放以来奋力开创中国特色社会主义道路所形成的阶段性理论成果。

守正创新，还表现为教材的编写和修订在坚持科学社会主义的理论与实践这根主线的同时，又能够因应时代的变化，不断创新体系、更新内容。“科学社会主义的理论与实践”教材编写体例本身就是一种突破。它本着从纵向总结过去、把握现在、展望未来，从横向立足中国、反映外国、总览世界的设想，系统叙述了科学社会主义思想认识的三次飞跃，同时预示了社会主义思想认识还可能会有新的飞跃。经过第一版和第二版的试用，第三版在吸收前两版优点的基础上，在体例上又进行了一次较大幅度的优化。此后各版的修订，也都会在体例上对前一版进行程度不同的修正和完善。同时，比较各版次的教材，细心的读者不难发现，每一次修订版的出现，在内容上都会较前一版有大量的更新。

2. 关注热点、立足前沿

这本教材的编写和修订始终坚持以学术为基本支撑，立足学术前沿，力求把学术界特别是编写组成员的最新研究成果，以及教材涉及的相关内容的最新材料及时呈现给读者。

教材不仅从不回避学界的热点和难点问题，而且总是力图给出自己的解释和回答。例如，教材编写之初便遇到了 20 世纪 80 年代末 90 年代初的苏东剧变，许多人纷纷提出：为什么世界社会主义发生如此空前的大挫折？苏东剧变是否只是由于领导人推行右倾错误路线？罗马尼亚共产党直到最后时刻还坚决反对实行多党制和市场经济，为什么也遭到覆灭，而且失败得更悲惨？社会主义苏联模式的主要弊端何在？如何才能改革成功？从苏东剧变中究竟要吸取哪些经验教训？如何推进建设中国特色社会主义取得全面成功？苏东剧变后世界社会主义发生了哪些新变化？世界社会主义的发展战略要进行哪些新调整？科学社会主义理论与实践的前景将是什么样？再如，如何看待当代资本主义的新变化？如何认识 2008 年以来西方资本主义世界爆发的金融危机？如何看待当今时代？等等。对这些新问题，本教材都力求解放思想，实事求是，独立思考，反“左”防右，给出明确的解答。

教材每一版的修订都非常注重吸收新的科研成果。如第一、二版对科学社会主义又可称为马克思主义社会主义学的论述，对苏东剧变深层原因的分析；第三版关于当代资本主

① 马克思，恩格斯．马克思恩格斯文集．第 10 卷．北京：人民出版社，2009：691.

义新变化的论述，对当代资本主义所处阶段的探讨；第四版关于托派第四国际发展与变化的介绍，对“左派”共产党分化、僵化与进化的分析；第五版对马克思主义、列宁主义、马克思列宁主义、斯大林主义、社会主义、共产主义、空想社会主义、科学社会主义等概念的辨析，对科学社会主义基本原则的概括，对社会主义苏联模式弊病的探究；第六版对社会主义所做的言简意赅的定义；第六、七版对乌托邦社会主义的考订，对世界社会主义五百年四大阶段的概括；等等。这些都反映了学术界特别是本书作者的最新研究成果。

教材在修订过程中还非常注意搜集和使用最新材料，展示最新情况。例如，第五版绪论中对“共产主义”为什么要理解为“公共主义”做了更为全面的说明。因为共产主义容易被误解为只是主张没收私有财产归公共所有，而公共主义则是表明立党为公，共产党执政要管好公共资产（不仅限于实现生产资料公有制）、增加公共产品、发展公共事业、扩大公共服务、完善公共选举、加强公共管理、严密公共监督、提高公共理性、弘扬公共精神，一言以蔽之，要造福公共大众。“共产主义”“共产党”二词都是由日本人在明治维新后的19世纪80年代用汉字翻译西方文字的新名词，到20世纪初被中国人移植到中文中来。中国人自己却是曾经把“共产主义”“共产党”译为“公共主义”“公共党”的。如上海《国闻周报》1927年第4卷第34—36期连续刊载的厚照所撰《嘉尔·马克思传略》长文，用文言文摘译介绍《共产党宣言》的要点，占五页篇幅，其中就把“共产党”译为“公共党”，把“共产主义”译为“公共主义”。这则史料是本书主编高放先生搜集到的。在修订本书时加上这个新材料，不仅是为了增加新知识，而且是要唤起人们的新思考，促使人们更准确地理解共产主义。教材还非常重视跟踪所涉内容的最新情况。凡涉及的国家、政党、运动、思潮、人物等等，都会尽一切可能找到离教材出版时间最近的材料，有时甚至会在出版前夕把刚刚发生的新情况补充进去。

我们的每一版教材之所以都能够广受欢迎，其中一个重要原因就是每次修订时都特别注意站在学科前沿，尽可能把最新的研究成果和最新的材料呈现给读者。这一特点得了许许多多读者的赞许，如有读者在书评中写道：“这本书具有以下三个突出的优点”：第一，“作者许多与众不同的论述，有助于人们完整准确地理解科学社会主义理论，从而坚定社会主义和共产主义的理想信念”；第二，“提出了不少具有启发意义的新观点，有利于突破教条主义的僵化思维”；第三，“提供了大量丰富的有关世界社会主义运动的历史与现实的新材料，对于开阔从事实际工作的读者的视野大有帮助”①。

3. 反复锤炼、精益求精

一本教材要反复打磨，才有可能成为精品，甚至成为经典，这也是我们编写组全体成员孜孜以求的目标。

这部教材从初版开始就汇聚了一支爱岗敬业的精干团队，他们认真细致、一丝不苟，对稿件的要求非常严格。在随后的修订过程中，虽然不断有新生力量加盟，30多年间有4代近20人参与其中，但编写队伍的变化和年轻化并没有改变老一代教材人的优良传统，认真、敬业、精益求精的精神在一版又一版的修订中得以代代相传并不断发扬光大。

本教材编写框架从一开始就是在广泛征求意见的基础上经过反复修改形成的。据本书

---

① 马军亮．一本对实际工作极为有用的理论书．科学社会主义，2007（3）．

主编高放回忆，教材最初的写作框架曾经提交一些高校教师审议，并认真听取和吸收了大家提出的一些好的建议，对原有框架和体系进行了调整和补充。随后编写组成员又经过课堂讲授和集体讨论，反复推敲，最后才确定下来。此后每一稿的修订，主编之间以及全体课题组成员之间也都要反复讨论，共同琢磨，以便使其更臻完善。大到整体结构的调整，小到章节目标题的推敲一遍又一遍地打磨。例如，在第六版修订时，第三章标题由原来的“当今社会主义国家对各具本国特色社会主义的新探索”修改为“当今社会主义国家对本国社会主义的新探索”，因为“中国特色社会主义”只是我们自己的提法，其他各党并未明确提出本国特色社会主义。这样修改才符合实际，同时也表明各党都在探索符合本国国情的社会主义。诸如此类的修改还有很多。

教材修订的一个重要方面就是要把最新的材料和最新研究成果及时吸收进来。但是，新材料的使用却要慎之又慎。在这方面，主编高放先生近乎苛刻的要求给我留下了极深的印象，也使我深受教益。例如，在修订第四版时，高老师曾打来电话，说看到有关越南的一则材料，虽已询问过多位专治越南问题的专家，还是有点吃不准，问我是否看到过。我说见过但没采用。但高老师仍然心有不甘，说万一材料属实，我们教材却没有及时采用，未免可惜，但万一错用，又会误导读者，造成难以挽回的后果。他嘱我无论如何，一定要拿到确切的证据。高老师的执着深深地打动了我。我最后把通过多种渠道求证的结果包括求证过程原原本本地电告了他，才最终了了老人的心愿。又如，在修订第六版时，由于对学界长期把“乌托邦社会主义”译为“空想社会主义”不甚满意，我特意在“乌托邦”一词第一次出现的地方加了一个小注，说明该词的完整意思，并暗示约定俗成地把“乌托邦社会主义”译为“空想社会主义”并非最优选。但细心的高放先生还是发现了这个微小的变化。在耐心听完我的解释之后，他建议把注释删去，同时对文中原有表述与我一起进行认真推敲后做了修正。这只是我们编写教材过程中的两个小小的例子，实际上，这样的故事在每一版修订时都有不少。

语言锤炼、文风融通也是教材修订过程中的重要一环。本教材属于集体编写创作，所以教材首先要做到全书观点统一、前后呼应、体例一致。教材进行修订时，每一版都会经过多轮的反复通读和修改，首先是各章节撰写者本人的修订完善，然后是各位主编对各章节目进行反复的修改、补充和完善，有时甚至需要统修两三遍，以便使整部教材能够前后融通、浑然天成。此外，一部好的教材固然需要学术的支撑，但教材却不同于学术专著。教材的编写有其自身规律，有其独特的语言风格。同一般学术著作相比较，教材语言更加平实质朴、简明流畅，文风更加简约、精当。主编高放先生生前曾反复提醒编写组成员：编写教材的首要目的是资政育人，所以一部好的教材一定要讲真话、讲实话、讲白话，而不能讲假话、讲空话、讲套话，且忌冗繁拖沓、生冷晦涩，要尽力加强理论性、实践性、针对性、知识性和可读性。高放先生的这一教诲是我们每位编写者在每次修订时都谨记于心的。经过一版又一版的反复打磨，我们这部教材的语言风格也得到了众多读者的首肯。正如一篇书评所写的：“该书的写作风格也非常吸引读者，能够非常恰当地注意文风的活泼，在平实中见新意，在严谨中显活力。这也是该书能够得到从事实际工作人员认同的重要原因。”①

① 马军亮. 一本对实际工作极为有用的理论书. 科学社会主义，2007 (3).

一部好的教材不仅凝聚着全体作者的心血，也浸染着广大读者的关爱。据不完全统计，自本教材初版问世以来，30多年来仅公开发表在学术刊物上的评论就有13篇，如果加上其他著述中涉及的相关评论，数量就更多，这还不算不少读者直接写给主编的评论性来信以及众多学术会议上一些学者同本书作者之间的交流意见。众多读者的关爱，既是对我们的鼓励，也是我们修订教材的持久不衰的动力，而且许多读者提出的宝贵意见和建议对我们的修订工作非常有助益。例如，本书问世后，有读者指出，第一、二版有导论而没有终论或结语；第三版出版后，有读者来信指出，第一、二、三、五章都有导语，唯独第四章没有导语。如此等等，我们在后来的修订中都进行了完善。再如，有学者曾撰文批评教材在论述空想社会主义发展时没有给太平天国运动以一席之地，这对东方空想社会主义有失公允，我们经过认真研判，虽然并不认同作者的看法，但还是把第三、四版第一节的标题“空想社会主义的产生和发展”修正为“欧洲空想社会主义的产生和发展”，从而使得标题和内容更加契合，表述也更加严谨。这样的例子还有很多。可以说，正是广大读者的厚爱和呵护才使得我们这部教材能够不断修正、完善，回馈给读者更好的精神食粮。

三

在序言的最后，需要对第七版的修订做几点具体说明。

首先，文脉贵在传承。一门课程，一个专业，一个学科点，一路走来，都会形成自己的特色，积淀出自己的传统。一本成功的教材也是如此。应该说，一本广受欢迎的教材如果不能延续下去，失了传承，无论出于何种原因，终究是一件憾事。学院在组织《科学社会主义的理论与实践》这本教材的编写和修订过程中，充分考虑到了这一点。所以，教材自问世以来，30多年间已有4代人先后参与其中，从而确保了教材编写队伍的接续，比较好地处理了坚持与发展、继承与创新的关系。

也正是基于上述考虑，我们这次修订又吸收了三位新生代学者加盟编写组。他们分别是中国人民大学国际关系学院世界社会主义研究所的郑云天副教授、黄斐博士和马嘉鸿博士。

其次，虽然高放先生已经辞世，但第七版的修订工作在高放先生生前即已启动。高放先生生前对这一版的整体框架、修订思路都有嘱托。所以，我们的这次修订基本上沿袭了第六版的框架，没有在结构上进行大的调整。这样做的原因，一是遵照高先生生前的遗愿：这次修订先不动结构，将来再进行适时调整。二是时间紧迫，因为高先生病重和去世期间，教材修订工作刚一启动就被迫中断。重新调整思路需要假以时日。三是新生力量的加盟有一个熟悉过程。所以谨慎起见，我们这次的修订算是“微调”。但虽然是“微调”，修改之处也达数百处之多，有的地方进行了较大篇幅的删削，有的地方则进行了改写、重写或增写，同时各章都相应补充了大量新的材料。

最后，这次修订工作各章撰稿人分工如下：

绪　论　高放、蒲国良

第一章　蒲国良、马嘉鸿

第二章　陈新明、高放

第三章　第一节　李景治、郑云天；第二节　蒲国良、谢小燕、黄斐；
第三节　宫玉涛、韩冰

第四章　第一节　郭春生；第二节　郭春生、高放；第三节　陈新明

第五章　高放

终　论　李景治

修订稿汇总后先由蒲国良统修一遍，最后由李景治、蒲国良统修统改定稿。

最后，在这里，让我们深切缅怀教材的奠基人并为教材的发展和传承做出卓越贡献的高放先生，深切缅怀为教材的发展做出重大贡献的老一辈学人邝文陵教授、向美清教授、洪肇龙教授。我们将继承先辈的遗志，力争把这部教材进一步做好，为继续繁荣科学社会主义、发展科学社会主义克尽绵力。

书稿交出版社后，承本版责任编辑同志精心审读，帮助核对有关资料，并修改不当之处，特此致谢。本书疏谬之处，殷望方家和读者不吝赐正。

蒲国良

2019 年 12 月 10 日

于中国人民大学明德国际楼 801 室

2022 年 7 月 31 日修订

与时俱进，不断更新
——《科学社会主义的理论与实践》

第六版序言

高　放

一、回顾前五版概况

根据中共中央的有关规定，原国家教育委员会于1988年年初把“科学社会主义的理论与实践”作为全国高等学校硕士研究生的一门公共政治理论课。当年2月至7月，国家教委政治思想教育司曾经组织部分高校教师分别提出这门课程的教学大纲方案。当时我设计了一个纵横交错、理论联系实际的包括五个专题的教学大纲要点。在互相评比中，我提出的方案得到国家教委的批准。这份《“科学社会主义的理论与实践”教学要点》由高等教育出版社于1988年8月出版，供全国高等院校硕士生和任课教师使用。从这一年秋季起，我们中国人民大学国际政治系科学社会主义教研室的六位教师，由我牵头，还有邝文陵、向美清、洪肇龙、牛继升、张泽森，首先在校内按照这个教学要点对全校硕士研究生和校外一些单位讲授这门新课。为满足学习者的需要，由我担任主编，我们六个人合写了《科学社会主义的理论与实践》一书，全书经我认真统稿后，于1990年7月由中国人民大学出版社出版，发行5 000册。本书问世后，受到社会上众多人士的欢迎。但是迅即被人认为观点有失偏颇，不让公开发行。然而由于本书思想解放，实事求是，观点新颖，符合实际，所以反而在内部很快脱销。

1989—1991年苏联东欧社会主义国家发生剧变，许多人纷纷提出：为什么世界社会主义发生如此空前的大挫折？苏联东欧的剧变是否只是由于领导人推行右倾错误路线造成的？罗马尼亚共产党直到最后时刻还坚决反对实行多党制和市场经济，为什么也遭到覆灭，而且失败得更悲惨？社会主义苏联模式的主要弊端何在？如何才能改革成功？从苏联东欧剧变中究竟要吸取哪些经验教训？如何推进建设中国特色社会主义取得全面成功？苏联东欧剧变后世界社会主义发生了哪些新变化？世界社会主义的发展战略要做哪些新调整？科学社会主义理论与实践的前景将是什么样？对这些新问题，我们都力求解放思想，实事求是，独立思考，敢讲真话，反“左”防右，在课堂上做出新的讲解和回答。

1993年年初，应中国人民大学出版社之约，我们重新修订了本书，在原来共分五章框架的基础上增加了上述很多新内容，我又按自己的见解统修了全书，于1994年8月出版第二版（修订本），初次印刷11 000册。这个新版本广受社会各界欢迎，八年之中先后重印20多万册。众多读者反映，本书有四新：体系新、内容新、观点新、资料新。本书不是把科学社会主义归纳为若干条原理、划分为若干个专题分别展开论述，也不是按照科学社会主义的过去、现在和未来分篇铺叙，而是采取纵横交错、理论联系实际的原则构建了一个新体系。这个新体系的最突出特点是既从纵向说明近五百年来社会主义如何从空想变为科学，又从理论变为实践以及一百五十多年来科学社会主义如何经历了三次思想认识的飞跃、形成了三种理论形态（即马克思恩格斯的科学社会主义、苏联模式的社会主义和探索适合本国国情的社会主义），又从横向论证科学社会主义的各个原理是如何在众多国家的实践中得到生动验证，遭受重大挫折，并且不断向前发展的。全书内容丰富，视野开阔，既总结过去，分析现在，展望未来，又立足中国，反映外国，总览世界。最受读者好评的是：本书能够真正以辩证唯物主义、历史唯物主义、科学社会主义为指导，既着重纠正根深蒂固的“左”的思想观念，又避免右的侵袭；既实事求是地分析诸多重大问题，又能够精选较多可信的新资料，尽量做到言之成理，持之有故。

岁月如梭，时过境迁。8 年后世事、国事、校事、人事都发生了很大变化。世界社会主义运动经受了苏联东欧剧变的冲击和考验之后又有了新进展，建设中国特色社会主义成就显赫。我们中国人民大学国际政治系于 2000 年 5 月扩大改名为国际关系学院，教师也进行了常规的新老更替。本书原作者除一个人已调到外校外，其余五个人都已退出教研岗位。我于 1997 年带完最后一名博士生，年届古稀，光荣离休。为了满足社会对本书愈益增长的需要，中国人民大学出版社于 2002 年 3 月初向我们学院领导提出重新编写的要求。本来学院领导可以组织在职教师执笔，但是出版社鉴于本书有较大的社会影响和市场品牌效应，要求保留本书的继承性和连续性，提议第三版仍由我牵头主编，几经商定，同时增加两位主编，即时任国际关系学院院长李景治教授和时任国际关系学院世界社会主义研究所所长蒲国良博士，当时还约请我们学院的陈新明教授和青年教师汪亭友博士参加撰稿。我当即参照本书第二版的体系结构，草拟了一份新的编写大纲，然后分工分头执笔。经我统修后，本书第三版于 2003 年 1 月出版。两年之中，连续印刷五次，广受读者欢迎。当时河南焦作工学院（现河南理工大学）社会科学系副教授于建荣同志在《聊城大学学报（社会科学版）》2003 年第 4 期发表了题为《科学社会主义学科教材创新的典范》的书评，认为“这本教材构建了历史与逻辑相结合、以理论演进为主线的结构体例，在翔实而丰富的新内容中，蕴含着作者提出的视角独特的新观点”。当时中共中央编译局世界社会主义研究所研究员张光明同志在《教学与研究》（北京）2003 年第 11 期发表了题为《社会主义研究的新视角》的书评，指出：本书第三版“从体系、视野到论述都比以前的版本大大扩充了”，“力图面对事实，说出实话和真话”，“对许多重要问题的分析是大胆的和鲜明的，对我们时代发展的方向的感觉是敏锐的；它力图本着马克思主义固有的深思精神去解决人们久已关心的一些根本理论问题”，“有些章节和有些论点应当说是精彩的”。除了上述两篇公开发表的书评之外，我们还收到杭州商学院廖曰文同志寄来的读后感。他说：“对该书，我不能不赞叹，它在以下三个方面尤为引人入胜。第一，体系结构新颖……第二，时代感鲜明……第三，针对性强”，针对青年学生的思想疑点，很多话“说到青年学生的心坎里了，逆反情绪没有了，疑惑烟消云散了，同时还增添了一份研究、探索、丰富和发展科学社会主义的责任”。本书第三版于 2005 年 1 月被北京市教育委员会评为“北京高等教育精品教材”，出版社要求我们修订后重印。这对我们是莫大的鼓舞和鞭策。我们深感责任重大，又对全书做了一次认真修改，于 2005 年 9 月出版第四版，近三年中又五次重印。

此书还被在华工作的土肥民雄等日本朋友作为社会主义这一类书籍中的首选，译为日文，已于2012年由大阪株式会社出版［我为日文版撰写的序言发表于山东大学主办的《当代世界社会主义问题》2012年第2期，另被收入上海出版的《世界社会主义研究年鉴(2011—2012)》］。北京大学张光明教授又在《教学与研究》2006年第5期发表书评，认为第四版“信息量更大了，使用的材料更为丰富了”，“在观点上也有了一些改动和变化”。苏州科技学院教师刘雅贤在《当代世界与社会主义》2006年第1期也发表了书评，指出“第四版总体上更加突出了精、准、深、新的特点，即内容精练，观点准确，思想深刻，体系与材料新颖”。更为难得的是，《科学社会主义》2007年第3期刊登了中共中央纪委纪检监察室马军亮同志写的书评。他“深感这是一本对实际工作极为有用的理论教科书”。他说：“这本书具有以下三个突出的优点”：“第一，作者许多与众不同的论述，有助于人们完整准确地理解科学社会主义理论，从而坚定社会主义和共产主义的理想信念”；“第二，提出了不少具有启发意义的新观点，有利于突破教条主义的僵化思维”；“第三，提供了大量丰富的有关世界社会主义运动的历史与现实的新材料，对于开阔从事实际工作的读者的视野大有帮助”。“最后，有必要提及的是该书的写作风格也非常吸引读者，能够非常恰当地注意文风的活泼，在平实中见新意，在严谨中显活力。这也是该书能够得到从事实际工作人员认同的重要原因”。《报刊文摘》（上海）2007年7月13日还以千余字篇幅摘登了这篇书评中提到的本书对苏联东欧剧变的根本原因、对当代资本主义能够掀起新科技革命的诸多原因以及对民主社会主义影响越来越大的主要原因的新论述。我们深感荣幸的是，本书已于2007年被教育部高等教育司评选列入“普通高等教育‘十一五’国家级规划教材”。

2007年10月党的十七大召开后，我们认为应该重新修订出版第五版。11月22日编写组成员聚在一起，集体研究修订方案。由于原编写者有的已调离我们学院，所以有关部分要重新组织人员撰稿。这次修订既要保留本书的传统优点，又要修改第四版的不足之处。总的要求是：认真贯彻党的十七大精神，尽量反映近三年国内外的新发展和理论界的新成果，尽力加强理论性、实践性、针对性、知识性和可读性。各章撰稿人分工如下：

绪　论　高放

第一章　蒲国良

第二章　陈新明、高放

第三章　第一节李景治，第二节蒲国良、谢小燕，第三节官玉涛、韩冰

第四章　第一节郭春生，第二节郭春生、高放，第三节陈新明

第五章　高放

终　论　李景治

书稿于2008年3月初汇总后，先由蒲国良教授统修一遍。由于李景治教授、蒲国良教授都在教学第一线，任务繁重，我当时除了带四名博士研究生之外，别无其他教学任务。作为本书第一主编，责无旁贷，在近三个月中我夜以继日、认真细心地对全书统修了三遍，对各章、节、目，都作了必要修改、重要补充（包括我自己撰写的部分）和一些删节（要略减篇幅），尽力做到全书观点统一、前后呼应、体例一致、结构匀称。每章前面都有提示性的引言，后面都附有复习思考题。为了增强知识性，第五版对一些最重要的专

门术语的由来和含义都作了简要说明。对马克思主义、列宁主义、马克思列宁主义、斯大林主义、社会主义、共产主义、空想社会主义、科学社会主义、苏联模式社会主义等是在何时由何人出于何因首先提出的，当今我们应该怎样全面理解等问题，本书都作了回答。在这里特别值得提出的是，绪论中对“共产主义”为什么要理解为“公共主义”作了更为全面的说明。因为共产主义容易被误解为只是主张没收私有财产归公共所有，而公共主义则是表明立党为公，共产党执政要管好公共资产(不仅限于实现生产资料公有制)、增加公共产品、发展公共事业、扩大公共服务、完善公共选举、加强公共管理、严密公共监督、提高公共理性、弘扬公共精神，一言以蔽之，要造福公共大众。“共产主义”“共产党”二词都是由日本人在明治维新后的19世纪80年代用汉字翻译西方文字的新名词，到20世纪初被中国人移植到中文中来。中国人自己是把“共产主义”“共产党”译为“公共主义”“公共党”的。我这种说法的根据是我平时所读书刊中摘录的一条珍贵罕见的史料。现代著名报人胡政之（1889—1949年）于1924年在上海创办《国闻周报》，该刊刊登各种政治倾向的文稿。该刊从1927年9月4日出版的第4卷第34期起，连续三期刊载厚照写的《嘉尔·马克思传略》长文。看来作者是一位老先生，他用文言文摘译介绍《共产党宣言》的要点，占五页篇幅，其中把“共产党”译为“公共党”，把“共产主义”译为“公共主义”。这时中国共产党已经建立六年多了，在1925—1927年的大革命中可谓声名显赫。他却不跟风随俗，偏要自己独立思考，另行新译。我在本书中加上这个新内容，不仅是为了增加新知识，而且是要唤起人们的新思考，促使人们重新理解共产主义。

2005年1月，中国人民大学返聘我继续招收博士研究生，9月授予我等33人终身性荣誉教授称号和金质奖章。2007年9月1日，中国人民大学国际关系学院联合北京市国际共产主义运动史学会和北京市政治学行政学学会举办了“高放教授八十华诞学术研讨会”。校长在会上讲话，他说：“高放教授从人民大学建校至今，始终耕耘在三尺讲台，正是长期从教、终身执教的优秀教师代表”，“高放教授敢为人先，勇于探索，坚持学者的视角，以极大的理论勇气，在政治学、科学社会主义、国际共产主义运动史等多个领域不懈求索，是一名孜孜不倦的探索者。”（见《中国人民大学校报》，2007年9月5日第2版）中国科学社会主义学会会长、中共中央党校科学社会主义教研部原主任赵曜教授在这次研讨会上以“学术权威和理论大家”为题发言，他说：“我们党一向倡导，在学术界要提倡学派，不搞宗派。但是，真正形成一个学派并不容易。从高放教授的渊博学识、独树一帜的学术思想和观点，以及培养出众多的追随他的学生和弟子，可以说我国学术界已经形成了马克思主义的高放学派。”（见黑龙江省委党校主办《理论探讨》，2008年第1期第158页）以上这些溢美之词都只能看作是对我的鼓励和鞭策。

经我反复统修的本书第五版可以说较为全面地反映了我近几年来潜心研究的新成果。第五版自2008年8月发行以来，已6次重印，累计20万册。即便自2010年起高校硕士研究生的公共政治理论课已改为“中国特色社会主义的理论与实践”，仍然有许多院校照样采用本书作为教材。华侨大学曾亚雄、林怀艺在《探索》（重庆）2009年第3期发表了题为《一部体现“三个面向”视野的教材力作》的书评。文中指出：自1988年原国家教委把“科学社会主义的理论与实践”规定为全国高校硕士研究生的一门公共政治理论课后，“高放教授便呕心沥血，致力于编写高质量的‘科学社会主义的理论与实践’教材。

在二十年时间里，高放教授带领他的学术团队五易其稿，一稿胜过一稿，一稿优过一稿，把最美好的精神食粮奉献给广大教师、学生和读者，充分体现了一个共产党员理论工作者的执着追求和高尚风格”。“第五版，优点突出，特点鲜明，它纵横交错，博古通今，史论结合，以理服人；是非对比，启迪思维；简洁明了，精而管用。最让人印象深刻的，是它体现了‘三个面向’——面向现代化、面向世界、面向未来的视野，读来令人心胸开阔，学有所获；讨论令人各抒己见，研有所得；掩卷令人回味无穷，思有所成。因而说它是一部教材力作，一点也不为过。”这样高度的评价给了我们莫大的鼓舞和鞭策。

二、第六版有哪些更新

自2008年本书第五版问世以来，近几年世界和中国形势又发生了很大变化。美国和欧盟国家的金融危机暴露出西方资本主义制度的深层内在矛盾，我国经济建设快速发展，从2010年起经济总量已跃居世界第二位，中国特色社会主义愈益强盛。共产党执政的五国(中、朝、越、老、古)和世界各个社会主义政党、派别都有较多变化。应社会和市场需求，我们与时俱进，不断更新，按原定各章分工重新增订了第六版书稿。蒲国良教授首先统修了一遍后，作为本书第一主编，近五个月来我又尽心细密统修了三遍。主要是修改了一些章节标题，删节了旧版某些篇幅(避免新版篇幅超量，实际上比旧版还减少几页)，改变了一些问题提法，增加了一些新内容、新见解和新资料，改正了一些差错，修饰了很多文句，调整了一些内容结构、复习思考题和书末参考书目。尤其是对我自己撰写的章节，每一页都作了几处修改。全书改动有几百处之多。主要修改之处，以下循章略举数例。

在绪论中开宗明义指出：社会主义顾名思义，当今应该理解为：“以社会为主义，为社会而主义，由社会出主义，靠社会显主义。而不能只以政党为主义，只为国家而主义，只由精英出主义，只靠媒体显主义。”对资本主义现代化的文明成果，我简明地概括为十个“化”，即劳动社会化、生产机械化、国家工业化、经济市场化、政治民主化、社会法治化、文化多元化、大众知识化、农村城市化、思想自由化。对资本主义现代化的弊病，我也简明概括为十个“化”，即资本私有化、利润最大化、贫富两极化、危机周期化、失业普遍化、环境污染化、人际金钱化、思想利己化、战争经常化、世界殖民化。学习和研究科学社会主义的基本方法，增加要借鉴现代博弈论的方法和理念。

第一章把1516年空想社会主义诞生以来近500年的世界社会主义概括为四大阶段，即社会主义思想从空想到科学的发展（1516—1848年），社会主义运动从理论到实践的转变（1847—1917年），社会主义制度从一国到多国的演进（1917—1991年），社会主义革新从地区到全球的拓展（1978年以来）。对科学社会主义六条基本原则的排列顺序按照内在逻辑关系做了调整，同时增加“凡是通过暴力革命取得政权的党一定要发展党内民主和人民民主”，才能保证党长期执政和依法执政；“凡是通过议会民主执掌政权的党，就要精心采取逐步渐进的方略”，争取连续执政或下野后再度执政。

第二章关于苏联模式的政治弊病部分，增加了“坚持一党专政”进而演变为一派专政、总书记一人专政是首要弊病，苏联模式失败的最突出原因在于苏联几任领导人一再延误了政治体制改革。1991年6月叶利钦在竞选俄罗斯总统时就是打出“反极权，反特权，反官僚主义”的口号，击中苏共的软肋，赢得多数选民的支持，获得57.3%的选票才当选总统的，而俄共候选人雷日科夫只得到16.8%的选票而落败。当今我国思想理论界还有人只强调苏联剧变主要是西方施展和平演变战略和戈尔巴乔夫等领导人背叛所造成，而不从苏联体制模式的弊病和延误改革去找根源。这样就不能切中要害，不能真正汲取苏联失败的历史教训。

第三章标题改为“当今社会主义国家对本国社会主义的新探索”（原标题是“当今社会主义国家对各具本国特色社会主义的新探索”），因为“中国特色社会主义”只是中国共产党的提法，其他各党并未明确提出本国特色社会主义。这样修改才符合实际，同时也表明各党都在探索符合本国国情的社会主义。这一章中国部分，增写了：“如果1945年中共七大时党章写明‘以马列主义理论与中国实际之统一的新民主主义理论作为自己一切工作的指针’就更好。这样的写法既肯定了毛泽东创立的新民主主义理论，又能避免助长对毛泽东的个人崇拜”，而且不容易在1953年提前结束新民主主义。还有，原来我在脚注中写毛泽东在1949年新中国成立时身兼“五个主席”，现改为“七个主席”（原来漏写中共中央政治局主席和中央书记处主席二职）。毛泽东从1943年3月20日起别出心裁地担任党中央政治局主席和党中央书记处主席（苏共中央和其他共产党中央从未设过这两个职务），这是他在党内个人权力过度集中的起点，到1949年新中国成立时他担任七个主席，这是毛泽东担任党政军最高领导职务最多的顶峰。在2012年中共十八大之后，我又增补了2013年十八届三中全会的重要内容。在越南部分，增加：“鉴于3/4以上的越南人民是广义的宗教信徒，所以越共从1990年起允许党员信教，并且积极在宗教徒和僧侣、专职人员中发展党员。”老挝部分我也增加：“由于全国居民75%以上信仰小乘佛教，佛教是老挝国教，所以老挝党自1991年起规定党可吸收佛教徒，并且允许党员参加一些宗教活动。”朝鲜部分增加：“朝鲜领导人认为根据朝鲜国情，采取指定血统接班人最可信赖，这样就把斯大林体制的党天下进而变为家天下。这种体制要经受长期实践的考验和检验。”古巴部分增加：古巴有40%以上的人是天主教徒，古共自1991年四大后已吸收5 000多名先进宗教徒入党，还有几名神职人员。这种务实政策有利于减少以至消除广大天主教徒对共产党人无神论者的畏惧和对立情绪。还增加了“古巴作为‘世界医院’，它向六七十个国家（主要是拉美和非洲国家）派出医生、送去医药，切实帮助缺医少药的民众。这种医务外交为古巴重塑了国际形象。社会主义国家从以往苏联模式的‘输出革命’改变为当今的‘输出保健’，改变了社会主义的国际形象”。

第四章增补了当今资本主义世界各国共产党的概况：大约100个国家有新老共产党共约130个，其中欧洲55个，美洲32个，亚洲29个，非洲8个，大洋洲3个。参政党有20个。党员总数约700万人，超过10 000人的党有25个。还增补了“迄今我国思想理论界仍有一些思想保守的人，他们认为经典作家所讲的资本主义社会中的‘新社会因素’，只有在无产阶级革命胜利夺取政权后才可能在新社会中显示出来。他们完全无视当代资本主义的新发展已经使社会主义因素在资本主义社会内部逐步积累的种种新现象”。我还增加“应该看到民主社会主义在当今资本主义世界是远比共产党信奉的科学社会主义势力和影响都要大得多的社会主义流派。我国思想理论界有一些人迄今仍坚持认为民主社会主义本质上是资产阶级思潮的表现。这是不大符合客观实际的”。我还增补了委内瑞拉四次连任总统的查韦斯于2013年3月6日病逝后受万民拥戴、举国哀悼的情况以及他的继承人马杜罗将继续推行“21世纪社会主义”的情况。我还接着指出：“查韦斯的民族社会主义为何影响远大于共产党的科学社会主义？这是值得深思深究的大问题。”我还补充了印度共产党（毛派）的一些情况。我认为在当今新科技革命迅猛发展、经济全球化的新时代，印共（毛）采用中国革命经验，想通过农村游击战争在2025年夺取全国政权是很难成功的。最近有人发表《科学社会主义理论与实践的现状发展趋势及相关思考》这篇长文。文中在看好印共（毛）的斗争前景的基础上进一步预言：“广大以农业、农村、农民为主的第三世界国家在21世纪前二三十年乃至上半个世纪，极有可能学习、借鉴我们党的新民主主义革命经验”，“以农村包围城市，通过议会选举直至武装斗争的手段夺取政权，真正实现本民族的本质上的独立和解放”。我们认为这种预见是当今急于求成的集中表现，并不符合实际。

第五章提出人类社会正面临新科技革命大发展的新时代，把“人类社会正面临两种制度和平共处、合作、竞争和斗争的新时代”改变为“人类社会正面临世界各国和平发展、合作共赢的新时代”。我认为当今观察世界全局不能只限于社会主义与资本主义两种制度。当今世界有195个国家，共产党执政的社会主义国家只有5个，在和平与发展已成为世界主题、时代主题的当今世界，各国理应顺应时代要求相互合作共同发展，在合作之中当然有竞争和斗争，但是当今的竞争和斗争不应是以往那种“零和博弈”，即一方胜出，另一方败亡，而要力争达到互利共赢，这才是人类智慧的增长和文明的进步。我还批驳了理论界有的权威人士认为当今世界仍然处于近百年前列宁所提出的帝国主义和无产阶级的时代，和平与发展是时代主题只是短时间的事，言外之意是将来战争与革命还会成为时代主题。我还进一步论证了当今世界资本主义已经从垄断资本主义发展到社会资本主义的新阶段，即社会化程度更高、国家的社会职能更强、社会主义因素更多增长的资本主义。如实认清当代世界资本主义已发展到社会资本主义的新阶段，有助于我们深刻体会和平与发展为何将长久成为世界主题、时代主题，有助于我们深切观察今后世界社会主义将如何通过和平发展逐步取代世界资本主义。如果我们的认识还停留在垄断资本主义阶段，那么垄断资本主义的发展势必引起世界战争与世界革命，这是已经被前两次世界大战所验证了的。当今还有人指望美欧严重的经济政治危机会引发一场社会革命，一举推翻世界资本主义。我们认为这是不切实际的。

总而言之，我在精心统修全书的过程中尽量把我近五年来研究的新成果、思考的新问题和积累的新资料反映进来。由于本书是集体编写的教材而不是个人学术专著，所以对很多问题只是简单论及，点到为止，难以展开论述。一家之言，欢迎争鸣。当今我国社会思潮繁复，作为教材，我们力求坚持并发展马克思主义用以资政育人。我牢记恩格斯1890年8月5日给施米特的信中所说的箴言：“马克思认为自己的最好的东西对工人来说也还不够好，他认为给工人提供的东西比最好的稍差一点，那就是犯罪!”① 经我反复统修的这本书，肯定不是最好的，也够不上比最好的稍差点。我们的犯罪行为，理应由读者、专家给予惩处。

杀青完稿之后，真是感怀良深。我不禁想起了我国世界史大师、武汉大学教授吴于廑（1913—1993年）。20世纪60—80年代，他曾经与北大教授周一良联合主编《世界通史》。此书多次修订，一版再版，发行量达数十万册，成为当时全国高校普遍采用的教材。我参

① 马克思，恩格斯．马克思恩格斯选集：第4卷．3版．北京：人民出版社，2012：600．

加国务院学位委员会学科评议组和《中国大百科全书·外国历史》编纂工作期间（从20世纪80年代初到90年代初），有幸好几次在会上见到吴老，会下同他交谈。他非常重视国际共产主义运动史，在他负责主编的《中国大百科全书·外国历史》中专门设立国际共运史分支，聘请我担任这个分支的副主编。他很赞赏我在国际共运史研究方面发表的新见解，并且鼓励我趁年富力强，要在国际共运史诸多老大难问题上勇于拨乱反正，不怕受人打压，多出成果。他的博学、严谨、谦和给我留下了深刻的印象。他在最后一次修订完《世界通史》，返回武汉后，曾赠给周一良老友一首律诗，其中前四句是忆念他们在北京郊游的情景："枫叶惊秋又一年，京华回首胜游仙，金甍玉砌长安道，紫苑红旗万里天。"最后四句是治学编书感悟，很有启迪："临老著书知不足，平生读史叹无边，解牛待有操刀手，伫看新编覆旧编。"（见周一良：《平生读史叹无边》，载《光明日报》，1993-08-30）当今我也正是怀有这种"知不足"的欠缺情愫，更是处于"叹无边"的无奈心态，只有众多方家和广大读者才是我们期待的"解牛"的"操手刀"，到那时"伫看新编覆旧编"，我深信，再过几年一定会有精益求精的新编问世。吴老活到80岁高龄谢世，迄今我已86岁超龄还在伏案编书。序末恕我谨按原韵赋七律一首追念吴老先生并为编书述怀：殷殷砥砺垒胸间，屡遭风摧信念坚，频发新言携后进，激扬壮志步先贤；主编重担超荷负，副手齐心共挺肩，百炼千锤出上品，集思纠"左"拒西偏。

在这篇长序的末尾我还要顺便告诉读者，十多年来，我本来只是担任中国国际共产主义运动史学会顾问，2013年8月18日，中国科学社会主义学会第八届会员代表大会增选我为该学会顾问。这表明我多年来在科学社会主义方面的学术成果和声望已得到学界同仁的认同。今后，我还要为继续繁荣科学社会主义、发展科学社会主义学会克尽绵力。

书稿交出版社后，承本版责任编辑于凯燕同志精心审读，帮助核对有关资料，并修改不当之处，特此致谢。出版社提供的最后校样，经蒲国良教授校正一遍，我又亲自校正一遍，并且又作了些修改和补充。本书疏谬之处，殷望方家和读者不吝赐正。

2013年7月30日于北京张自忠路3号
中国人民大学城内寓所顶斋
11月15日修订

目　录

绪 论

科学社会主义是马克思主义的核心部分，学习科学社会主义首先要了解什么是马克思主义。我们认为可以用22个字给它下个最简明的定义。马克思主义是“马克思、恩格斯创立的无产阶级和全人类解放的科学”。还可以更简明地概括为5个字：马克思主义是“人的解放学”。这个定义包括三个要点：第一，指明马克思主义不仅是一种学说或理论，而且是一门科学。“科学”，顾名思义，是分科细加研究的学问，是较为系统反映某一部分或某一领域客观事物发展规律的知识总汇。科学包括科学假设在内，其内容未必都是正确的，某些论断有可能被证伪，它绝不是像宗教教义或先知预言那样，被当作绝对真理。科学要经过实践检验辨明是非，还要在总结新实践经验的基础上不断丰富、更新并向前发展。第二，指明这一门科学是由19世纪两位革命家兼思想家马克思、恩格斯共同创立的。他们参加工人运动、革命斗争，专心致志进行科学研究，逐步创立了这门科学。既然是两个人共同创立的，为什么这门科学不称为马克思恩格斯主义，而只称为马克思主义呢？其实马克思生前多次表示反对别人使用“马克思主义”一词。他反复说，“有一点可以肯定，我不是马克思主义者”①。他这样说，一是表明别人经常误解他的学说，二是不愿意突出自己个人，三是他吸收了别人很多研究成果，四是他本人的思想还在不断发展变化中。到1883年3月14日马克思病逝后，他的学生和战友考茨基、普列汉诺夫等人才开始从正面褒义使用“马克思主义”一词，以肯定他的理论成就并要继续学习、研究他创立的理论②。恩格斯从1886年起也使用“马克思主义”一词，并且自谦地说：“马克思比我们大家都站得高些，看得远些，观察得多些和快些。马克思是天才，我们至多是能手。没有马克思，我们的理论远不会是现在这个样子。所以，这个理论用他的名字命名是理所当然的。”③ 恩格斯比马克思晚去世12年，他对发展马克思主义做出了重大贡献。他们二人的观点同中有异，这也说明为何准确地理解马克思主义很难强求一致。其实恩格斯的思想也可以另称为恩格斯主义④。就马克思与恩格斯理论观点的完整性、一致性和与时俱进性而言，我们还可以说马克思主义亦可称为马克思恩格斯主义。当今国内外都有人提出恩格斯晚年已背离马克思主义，我们更应该表明马克思主义亦可称为马克思恩格斯主义。第三，指明这一

---

① 马克思，恩格斯．马克思恩格斯全集：第35卷．北京：人民出版社，1971：385.

② 高放．“马克思列宁主义”提法的来龙去脉//高放．高放自选集．北京：中国人民大学出版社，2007：40-54.

③ 马克思，恩格斯．马克思恩格斯选集：第4卷．2版．北京：人民出版社，1995：242.

④ 高放．恩格斯主义//高放．高放自选集．北京：中国人民大学出版社，2007：32-34.

门科学的研究对象和核心内容是无产阶级和全人类的解放，或简称为人的解放。所谓人的解放，就是使人摆脱艰险繁重的劳动，摆脱贫穷困苦的生活，摆脱愚昧无知的状态，摆脱阶级的剥削与压迫，摆脱自然的威胁与灾害，使每一个人得到自由而全面的发展，过上美满、幸福的生活。自古以来，就有很多仁人志士研究人的解放问题。直到 19 世纪出现以蒸汽化为标志的科技革命带动的现代化、全球化的第一次大浪潮，马克思、恩格斯才使人的解放学真正成为一门独立的科学。到 20 世纪，又出现以电气化为标志的科技革命带动的现代化、全球化的第二次大浪潮，使马克思主义得到新发展。当今我们要在以信息化为标志的新科技革命带动的现代化、全球化的第三次大浪潮中，大力发展马克思主义，发展人的解放学。

真正实现人的解放，需要运用几千门科学。马克思主义就广义而言，包括十几个组成部分。其中最主要的是哲学、经济学和社会主义学这三大组成部分。大学生在本科阶段已经重点学习过“马克思主义基本原理”这门公共政治理论课，硕士研究生以及广大在职的各行各业干部还要加深学习“科学社会主义的理论与实践”。社会主义学是比哲学更直接、比经济学更全面地指导人的解放、指导社会主义现代化建设的一门首要的、核心的科学。就狭义而言，马克思主义可以说就是科学社会主义。所以我们努力认真学好这门课，对于实现我国社会主义现代化，争取个人解放和全人类解放都有重大的现实意义。

第一节 科学社会主义理论与实践的基本问题

一、科学社会主义是整个马克思主义的核心

1. 马克思主义及其三大主要部分

一个政党、一个国家总要有一种思想作为指导，用以规定政党和国家的性质，用以指明政党的奋斗目标和国家的发展方向。马克思主义是各国共产主义政党和各个社会主义国家的指导思想。那么，什么是马克思主义？它究竟包括几个组成部分？各个组成部分之间有怎样的联系？科学社会主义在整个马克思主义中居于什么地位？这些都是我们学习这门课程需要首先弄清楚的问题。

马克思、恩格斯一生从事科学研究和实践活动的目的，旨在实现无产阶级和全人类的解放。无产阶级和全人类的解放是整个马克思主义的主题。无产阶级和全人类的整体解放，一定要落实到每一个人的解放。只有越来越多的个人解放，才能最终达到无产阶级和全人类的解放。

无产阶级和全人类的解放这个主题，需要许多门科学为之论证。与这个主题密切相关，马克思、恩格斯一生为之深入钻研而且硕果累累的科学，就有哲学、经济学、社会主义学、历史学、政治学、法学、军事学、社会学、文化学、文艺学、教育学、新闻学、伦理学、民族学、人类学等。这十多门科学大体上可以说是马克思、恩格斯创立的马克思主义所包括的各个组成部分。作为无产阶级和全人类解放的科学的马克思主义浑然一体，像一块严整的钢板，难以截然分割为互不关联的各个部分。马克思、恩格斯生前一直强调自己“新的世界观”的科学完整性，他们从未把自己的学说明确划分为几个组成部分。当

然，这不等于说，为了深入细致地研究马克思主义不可以把它分门别类地、相对地划分为若干组成部分。列宁在1913年撰写的《马克思主义的三个来源和三个组成部分》一文中曾经把马克思主义哲学、马克思主义经济学和科学社会主义作为马克思主义的三个组成部分。这是列宁悉心研究马克思主义独到、独特的体会，这种划分有助于人们学习和掌握马克思主义的主要内容，也有利于人们分别深入研究马克思主义。但是长期以来，人们把列宁的这种划分绝对化，以为马克思主义就只有这三大组成部分，只能分为三个组成部分分别学习和研究，而忽视了对马克思主义的整体研究，这是一种误解和疏忽。在马克思主义所包括的十多个组成部分中，最主要的是哲学、经济学和社会主义学这三大组成部分，因为这是针对无产阶级和全人类的解放这个主题最迫切需要做出理论说明的三门最重要的科学。

2. 马克思主义三大主要部分之间的内在联系

要科学地说明无产阶级和全人类解放的目标和道路，首先就要通晓整个人类社会历史发展的规律。马克思、恩格斯悉心创立了唯物主义历史观，论证了社会存在决定社会意识，生产力决定生产关系，经济基础决定上层建筑；同时指明了社会意识、生产关系、上层建筑又有重大的反作用，科技和生产力的进步是人类社会发展的原动力，阶级斗争与阶级关系转型是阶级社会发展的重要推动力。这些唯物史观的基本原理是马克思、恩格斯研究无产阶级和全人类解放这一主题的起点，是马克思主义的第一个层次的理论。他们进而运用唯物史观的基本原理，着重研究资本主义社会，特别是研究资本主义社会经济发展的规律，揭示了剩余价值剥削的秘密，论证了社会化大生产与资本主义私有制的矛盾，指明了资本主义发展到社会主义的必然性。马克思主义经济学是马克思、恩格斯研究无产阶级和全人类解放这一主题的中介，是马克思主义的第二个层次的理论。唯物史观和剩余价值论是科学社会主义的两大理论基础。最后，在这两大理论基础上，马克思、恩格斯阐明了无产阶级的历史作用和历史使命，认定生产社会化与生产资料资本家私人占有制的矛盾必然导致社会主义取代资本主义，无产阶级与资产阶级的对立和斗争必然导致无产阶级统治取代资产阶级统治，无产阶级是资本主义社会的掘墓人和社会主义社会、共产主义社会的建设者；他们主张由有共产主义觉悟的先进分子组成民主型的共产主义政党，在党的领导下，结成广泛的统一战线，开展阶级斗争，由工人阶级夺取、掌握政权；主张在从资本主义到社会主义的过渡时期争得民主，实现无产阶级专政，大力发展社会生产力，尽快增加生产力总量，对社会逐步进行全面的社会主义改造；主张全面开展社会主义建设，实现计划生产和按劳分配，实现生产资料公有制，消灭私有制，消灭阶级，消灭剥削与压迫，达到共同富裕和互相平等，建成共产主义社会的第一阶段，后人称之为社会主义社会，然后再逐步发展到共产主义社会的高级阶段。到那时，不仅消灭了阶级对立，而且消灭了阶级差别、城乡差别、脑力劳动和体力劳动的差别，劳动已从谋生的手段变成生活的第一需要，科学技术高度发达，集体财富的一切源泉都充分涌流，社会在自己的旗帜上写明“各尽所能，按需分配”，文化教育和精神文明得到高度发展，人人得到全面发展，国家政权消亡，社会组成“自由人联合体”。到那时，人类生存的自然环境、社会环境和人际关系都大为改变，人类彻底摆脱了自然奴役、社会奴役和繁重体力劳动的负担，真正得到全面解放，过着幸福美满的生活，世界臻于大同胜境。这大体上就是科学社会主义所指明的无产阶级和全人类解放的道路和目标，也是科学社会主义的基本原理。科学社会主义是马克思主义的第三个层次的理论，也可以说是居于核心地位的理论。

马克思主义这三大组成部分有着极其严密的内在联系。如果说马克思、恩格斯研究无产阶级和全人类的解放这个主题的起点是马克思主义哲学，中介是马克思主义经济学，那么，其终点则是科学社会主义。马克思主义的其他组成部分，如历史学、政治学、法学、军事学、社会学、文化学、教育学、伦理学、人类学等，最终都是为了更充分、更完满地论证科学社会主义，都是从各方面为建设社会主义和共产主义服务的。起点、中介和终点这三者是紧密相关、互相联结的。如果没有起点和中介，也就不可能有终点，这表明马克思主义哲学和马克思主义经济学是科学社会主义必须具备的两大理论前提。

3. 科学社会主义是马克思主义的核心

首先，从马克思主义三大组成部分之间的关系来看，既然哲学和经济学是起点和中介，社会主义学是终点，那么，如果没有终点，起点和中介也就半途而废，没有完成。从这个特定意义上可以说，科学社会主义比之哲学和经济学是马克思主义更加重要的一个组成部分，是马克思主义理论体系的核心部分；没有科学社会主义，也就没有马克思主义或者就不成其为马克思主义了。因为任何科学研究，起点和中介都只反映局部进程，只有到达终点，才算结束全部进程，才算最后完成。1885 年，恩格斯在《反杜林论》第二版序言中谈到该书第三编第二章专论社会主义理论部分时指出，"这里所涉及的仅仅是我所主张的观点的一个核心问题的表述"[①]。这一章所论述的是资本主义为何必然发展到社会主义以及社会主义的基本特征，这无疑是整个马克思主义理论的核心问题。当然，如果说马克思主义哲学阐明的是最根本的世界观和方法论问题，说马克思主义经济学阐明的是最重要的资本主义剥削的秘密和资本主义必然灭亡的问题，那么也可以说哲学或经济学是整个马克思主义的核心。即便如此，也应该说，阐明无产阶级和全人类解放的目标和道路这个最关键问题的科学社会主义，是整个马克思主义核心的核心，是马克思主义的重中之重。正因为如此，就狭义而言，科学社会主义是马克思主义的三大组成部分之一；就广义而言，可以说科学社会主义就是马克思主义，科学社会主义就是人的解放学。列宁曾经不止一次地把科学社会主义作为马克思主义的同义语来使用。他在 1902 年发表的《政治鼓动和"阶级观点"》一文中说过，"科学社会主义学说，也就是马克思主义"[②]。在列宁和其他马克思主义经典作家的论著中，我们还找不到哲学或政治经济学即马克思主义这样的论断。可以这样理解，列宁之所以把科学社会主义作为马克思主义的同义语，正因为它是整个马克思主义的核心。1915 年，《格拉纳特百科词典》出版时，编辑部为对付沙皇专制政府的检查，不得不把列宁所撰写的"卡尔·马克思"词条中的社会主义部分全部删去，只保留了哲学和经济学部分。列宁在致编辑部的信中对此深表遗憾，同时指出，"没有这些[③]马克思就不成其为马克思"[④] 了。所以就理论体系结构而言，学习马克思主义最主要的是要学习科学社会主义。

① 马克思，恩格斯. 马克思恩格斯选集：第 3 卷. 2 版. 北京：人民出版社，1995：348.
② 列宁. 列宁全集：第 6 卷. 2 版. 北京：人民出版社，1986：251.
③ 指被删去的社会主义部分。——编者注
④ 列宁. 列宁全集：第 47 卷. 2 版. 北京：人民出版社，1990：66.

其次，从理论对实际的指导意义来看，可以说，科学社会主义是比马克思主义哲学更直接、比马克思主义经济学更全面地指导无产阶级和全人类的解放运动的一个组成部分。我们说马克思主义是共产党和社会主义国家的指导思想，这当然包括马克思主义的三大组成部分；同时也要明确，其中科学社会主义比哲学更直接、比经济学更全面地指导着我们党和我们国家的社会主义现代化建设。因为用哲学原理具体分析我国的实际情况时，还要结合甚至通过科学社会主义原理；经济学主要是指导社会主义经济建设，而科学社会主义则是从总体上全面指导社会主义建设，除经济建设外，还包括政治建设、社会建设、生态文明建设、文化建设、思想建设、社区建设、国防建设、党的建设、制度建设、人际关系建设、国际关系建设。也可以说，科学社会主义是指导我们党和国家实践活动的一门首要科学。所以就理论联系实际而言，学习马克思主义最主要的也是要学习科学社会主义。

科学社会主义从学说到实践，从一国建设社会主义的实践到多国建设社会主义的实践，到当前世界社会主义国家改革的实践，都是对社会主义再认识的扩展和深化，都是科学社会主义理论同各国实践和时代发展的结合。中国特色社会主义，既坚持了科学社会主义基本原则，又根据我国实际和时代特征赋予其鲜明的中国特色，使“科学社会主义在二十一世纪的中国焕发出强大生机活力”[①]。经过长期努力，中国特色社会主义进入了新时代。习近平新时代中国特色社会主义思想，正是在对科学社会主义理论与实践的深邃思考、深刻总结，对坚持和发展中国特色社会主义的不懈探索、砥砺前行中创立并不断丰富发展的。在当代中国，坚持和发展习近平新时代中国特色社会主义思想，就是真正坚持和发展科学社会主义。

二、科学社会主义的研究对象和学科性质

1. 科学社会主义又可称为马克思主义社会主义学

一门科学的名称，在中文中一般都用“学”字代表“科学”列在学科名称的后边，如生物学、地质学、社会学、语言学等，在外文中情况大体相似[②]。唯独“科学社会主义”这门科学，“科学”一词放在前面。这是因为在科学社会主义诞生之前，已经有空想社会主义。正如马克思于1874年所指出的，“‘**科学社会主义**’，也只是为了与空想社会主义相对应时才使用”[③]。马克思、恩格斯于19世纪40年代创立科学社会主义时，只是称自己的学说为“共产主义”。“社会主义”（socialism）和“共产主义”（communism）二词都是19世纪二三十年代才开始在英、法等西欧国家广为流行的新思潮、新术语。“社会主义”一词源于古代拉丁文socialis，原意为“同伴”“善于社交”等。18世纪德、意等国出现此词时，它指的是人的社会性。历史文献中，最早是1753年德国本笃派传教士安塞尔姆·德辛（1699—1772）在与别人争论时，把承认人具有社会性的人称为社会主义者。1803年

① 习近平. 决胜全面建成小康社会　夺取新时代中国特色社会主义伟大胜利：在中国共产党第十九次全国代表大会上的报告. 北京：人民出版社，2017：10.

② 在英文中有不少学科的名称，用“-ology”作为后缀，如biology（生物学）、geology（地质学）、sociology（社会学）、philology（语言学）等。

③ 马克思，恩格斯. 马克思恩格斯选集：第3卷. 2版. 北京：人民出版社，1995：290.

意大利传教士贾科莫·朱利安尼著《驳斥反社会主义》一书，书中使用了“社会主义”和“社会主义者”二词，抨击了当时盛行的个人主义和个人主义者，他把社会主义解释为“由上帝安排好的传统的社会制度”。到19世纪二三十年代空想社会主义者如法国的圣西门派和英国的欧文派开始把“社会主义”一词用作他们向往的与资本主义大不一样的一种新社会思潮、新社会制度的名称。例如，圣西门的门徒戎西埃雷于1832年2月13日出版的法文《环球》杂志上发表的一篇文章中用“社会主义”来称谓未来理想的新社会形态。欧文于1840年出版《社会主义或理性社会》一书。作为社会制度，社会主义顾名思义，当今应该理解为：以社会为主义，为社会而主义，由社会出主义，靠社会显主义。而不能只以政党为主义，只为国家而主义，只由精英出主义，只靠媒体显主义。

“共产主义”一词源于古代拉丁文 communis，意为“公共”或“共有”。日本人用汉字译为“共產主義”。实际上，把“共产主义”译为“公共主义”更为准确①。因为共产主义容易被误解为只是主张没收私有财产归公共所有，而公共主义则是表明立党为公，共产党执政后不仅限于实现生产资料公有制，而且要管好公共资产，增加公共产品，发展公共事业，扩大公共服务，增进公共福利，维护公共权益，完善公共选举，厉行公共决策，加强公共治理，严密公共监督，提高公共理性，弘扬公共精神，等等，一言以蔽之，就是要造福公共大众。

19世纪30年代法国工人秘密团体开始把“共产主义”一词用作他们要努力争取的在废除资本主义之后实现的理想社会的目标。起初“社会主义”主要在有产阶级知识分子当中流传，“共产主义”更多地在工人当中盛行。到19世纪60年代以后，共产主义在广大工人中曲高和寡，而社会主义的影响却进一步扩大。这时马克思、恩格斯也转向支持社会主义，但是他们自称“科学社会主义”，以区别于其他各派社会主义。这时在他们的著作中“社会主义”与“共产主义”二词已经通用，都用以指反对资本主义的思潮与派别，都用以指要改变资本主义私有制、建立高于资本主义的公有制的新社会制度、新社会形态。“科学共产主义”与“科学社会主义”也成了同义语。1868年明治维新之后，日本加强学习西欧，走资本主义现代化之路。西欧的社会主义、共产主义学说于19世纪70年代传入日本，日本自由派政论家福地源一郎（1841—1906）在1878年6月6日《东京每日新闻》报上发表《邪说之危害》一文，第一次用古汉字把西欧文字如英文 socialism 意译为“社会主义”，随后另有人把西欧文字如英文 communism 译为“共产主义”。20世纪初，这两个词又被中国人移植到中文中来。中国人最早使用“社会主义”一词的是梁启超。他在1902年发表于《新民丛报》上的《进化论革命者颉德之学说》一文中说：“麦喀士（即马克思——引者注）日耳曼人，社会主义之泰斗也。”1919年五四运动之后，科学社会主义、科学共产主义开始在我国得到自觉、系统的传播②。

科学社会主义、科学共产主义，像马克思主义哲学、马克思主义经济学一样，完全可以另称为马克思主义社会主义学、马克思主义共产主义学。科学社会主义作为一门学科，

① 曾有中国人把“共产主义”“共产党”译为“公共主义”“公共党”。参见：厚照．嘉尔·马克思传略．国闻周报，1927，4（34）．

② 高放．社会主义、共产主义辞源考辨//高放．马克思主义与社会主义．哈尔滨：黑龙江教育出版社，1994：127-132．

最好改称社会主义学[①]。这样有四个好处：第一，与其他学科一致，“学”字也放在学科名称之后，更鲜明地表明社会主义是一门科学，不是某几个人制定的神圣原理汇编，它要求众多的人来掌握、研究、探索、运用、发展这门科学。第二，社会主义既然是一门科学，不可能一诞生就十分完善、完备，同其他任何科学一样，社会主义学、共产主义学也有一个从不完善到逐步完善的发展过程，也需要后人在总结新实践经验的基础上不断加以丰富发展、变化革新。而“科学社会主义”“科学共产主义”这种名称给人以似乎它一诞生就是完满科学的印象。实际上，马克思、恩格斯的科学社会主义仍然包含不科学的、空想的成分。第三，社会主义学作为一门科学或学科，其包容面更宽广，包容量更多样。除科学社会主义之外，还要研究、吸收经过实践检验取得积极成果的其他各种社会主义流派的合理主张。第四，科学社会主义在我国长期以来是归属于法学、政治学学科，改名为社会主义学后，它应是一门与法学、政治学并列的独立学科。社会主义学是从宏观、总体上研究社会主义社会产生和发展的一般规律的科学。

2. 科学社会主义是研究改变资本主义世界、建设社会主义世界的一般规律的科学

那么，科学社会主义或社会主义学研究的对象是什么呢？我们认为，它研究的是社会主义社会产生和发展的一般规律，更具体地说，它研究的是改变资本主义世界、建设社会主义世界的一般规律。这就是说，科学社会主义所研究的不仅是社会主义社会，而且还有资本主义社会，它是以资本主义社会和社会主义社会这两个社会形态作为研究客体的，当然也包括从资本主义社会到社会主义社会的一国性过渡时期和世界性过渡时期在内。

资本主义社会是继封建主义社会之后私人资本占统治地位的最后一个人剥削人的社会形态。什么是资本主义？我们用 21 个字的定义指明：资本主义是“以私人资本为基础、由资本家阶级统治的社会形态”。其基本特征是：经济上，实行生产资料的资本家私有制和剥削工人的雇佣劳动制；政治上，资产阶级通过其政党掌握国家政权，管治人民；文化上，维护资产阶级统治的意识形态居于主流地位。资本主义最早从 14 世纪起孕育于西欧封建社会内部，到 16 世纪在西欧一些国家产生资本主义制度。从 16—18 世纪，它在西欧一些国家经历了简单协作、手工工场和机器工业三个时期。到 18 世纪末实现三大革命，即美国和法国的政治革命以及英国的产业革命之后，资本主义才由第一阶段的封建资本主义阶段进入第二阶段的自由资本主义阶段。这时资本主义开始发展成为囊括全球的世界性体系。19 世纪末自由资本主义又发展到第三阶段的垄断资本主义阶段即帝国主义阶段。几百年来，资本主义从西欧北美逐步扩展到全球五大洲。资本主义取代封建主义是人类社会发展的巨大进步。资本主义最大的成就是实现了现代化和全球化。史无前例的庞大的社会化大生产增多，加快了各国各洲之间的联系，促进了全球化的趋势，极大地改变了世界的面貌。资本主义现代化的文明成果，可以概括为十个“化”，即劳动社会化、生产机械化、国家工业化、经济市场化、政治民主化、社会法治化、文化多元化、大众知识化、农村城市化、思想自由化。但是资本主义的发展也给人类带来了新的灾难。资本主义制度的

---

① 社会主义学、共产主义学，英文可用 socialism studies，communism studies，也可以创造新词 socialismology，communismology。参见：高放．“科学社会主义”学科名称要改为“社会主义学”．社会科学，1990（2）．

弊病也可以概括为十个“化”，即资本私有化、利润最大化、贫富两极化、危机周期化、失业普遍化、环境污染化、人际金钱化、思想利己化、战争经常化、世界殖民化。资本主义固有的种种弊病无法根治，大量的社会问题亟待解决。于是越来越多的有识之士集思群起，力求改变资本主义社会，探索建立一种理想的、新型的社会，用以消除资本主义社会的基本矛盾和固有弊病，这样社会主义思潮、社会主义派别、社会主义运动就应运而生了。

社会主义是资本主义的继承物、对立物、取代物和创新物，它是为继承资本主义各种文明成果、克服资本主义各种矛盾和弊病而创建的高于资本主义的新型社会制度和社会形态。什么是社会主义？我们也用21个字的定义指明：社会主义是“以社会化劳动为基础、由劳动人民掌权的社会形态”。这就是说，社会主义不能建立在分散个体手工劳动的基础上，必须要继承资本主义所开创的社会化劳动和社会化大生产，要把资本家占有的私人资本逐步改变为劳动人民拥有的社会资本，使全体劳动人民在经济、政治、文化和社会治理等各方面都掌握权力，达到执掌权力者应该权由民所授，权由民监管，权为民所用，权为民造福。社会主义的基本特征是：经济上，在不断提高生产力的基础上实行劳动者拥有产权的生产资料社会公有制，消除贫富两极分化，实现共同富裕；政治上，由全体劳动人民当家作主，国家政权领导人是人民的公仆，应由人民选举产生，并受人民监督，不得享有特权；文化上，劳动人民普遍知识化，文化素养、文明程度有较大提高，先进文化繁荣兴盛。社会主义社会的发展要经历好几个阶段。社会主义的某些因素可以在资本主义社会内部逐步积累，如工人劳动时间的缩短和思想觉悟的提高，工人参与企业和社会的管理，工人和其他劳动者合办企业和合作社，发展工人和其他劳动者的书刊、学校和俱乐部，争取工人政党参加议会斗争、市政建设和政府的行政管理等。总的来看，只有通过阶级斗争，工人阶级及其政党掌握国家政权之后，才可能开始全面建设社会主义。从资本主义社会到社会主义社会，要经过一个过渡时期；社会主义先在不发达国家胜利，需要较长的过渡时期；社会主义从一国胜利到几国胜利、到全世界胜利，需要一个更长的世界性的过渡时期。20世纪初以来，马克思主义者通常把共产主义社会的第一阶段称为社会主义社会；社会主义社会还要经历初级、中级和高级阶段的发展，才能达到未来的共产主义。社会主义社会既与资本主义社会有着根本区别，又同未来的共产主义社会大不一样。马克思主义者曾经把社会主义社会与共产主义社会作为同义语来使用，甚至把共产主义社会作为社会主义社会的高级阶段来看待。例如，恩格斯于1880年在《社会主义从空想到科学的发展》一文中说：“资本主义社会的无计划生产向行将到来的社会主义社会的计划生产投降。”[①] 这里用的“社会主义社会”也就是“共产主义社会”。列宁于1918年在关于修改党纲的一次发言中曾说过：“充分发展了的社会主义社会，即共产主义。”[②] 这是把共产主义作为社会主义社会的高级阶段。

为什么说科学社会主义要研究建设社会主义世界、共产主义世界，而不说建设社会主义社会、共产主义社会呢？因为“世界”比“社会”更宽广。我们建设的不仅是一种新社

---

① 马克思，恩格斯．马克思恩格斯选集：第3卷．2版．北京：人民出版社，1995：752.

② 列宁．列宁全集：第34卷．2版．北京：人民出版社，1985：60.

会制度和新社会形态，而且还要造就新型的人，还要在人的文化素养、文明程度、精神面貌、道德风尚、人际关系等方面进行全面的改变；我们不仅在某几个国家，而且要在全世界范围内建设新的理想世界、新的国际关系，实现全球一村，天下一家，世界大同。

改变旧世界、建设新世界，是千头万绪的社会系统工程，是千秋万代的宏伟事业，需要许多门类的科学为之服务，需要掌握一般规律和众多具体规律。科学社会主义只是关于改变资本主义世界、建设社会主义世界一般规律的科学，它不能取代研究众多具体规律的各个部门科学，但对众多部门科学研究有指导意义，使其他科学在明确社会主义的性质、真谛、目标和道路的前提下能够更好地为改变资本主义旧世界、建设社会主义新世界服务。

关于科学社会主义的研究对象在文字上如何表述，目前我国理论界还有多种不同看法。但是，科学社会主义主要是研究资本主义旧世界如何发展到社会主义、共产主义新世界，这一点各家大体上是能够取得一致看法的。

3. 科学社会主义是一门综合性科学

至今我国理论界仍然有人认为，科学社会主义就是社会主义政治学。我们认为此议不妥。改变资本主义世界、建设社会主义世界涉及政治、经济、文化、社会、生态和对外关系等各大系统，不是只涉及政治规律。当然，科学社会主义并不是把政治、经济、文化、社会、生态和对外关系平列起来分别研究，而是以政治为先导，着重研究资本主义世界和社会主义世界的政治、经济、文化、社会、生态和对外关系之间的相互作用及其总体发展的一般规律，所以科学社会主义按其性质来说是一门综合性的科学，而不是单一性的政治科学。同时，科学社会主义也不是社会主义政治学加社会主义经济学，加社会主义文化学，再加社会主义对外关系学的简单总和，而是以政治为先导，从总体上综合研究改变资本主义旧世界、建设社会主义新世界的一般规律的科学。它主要包括：在资本主义世界怎样以工人阶级及其政党掌握政权为中心，全面开展改变资本主义的斗争，从各方面积累社会主义因素；在从资本主义到社会主义的过渡时期，怎样以巩固并发展工人阶级及其政党领导的政权为支柱，以经济建设为中心，全面进行社会主义改造和社会主义建设；在社会主义社会从初级到高级发展的全过程中，怎样以工人阶级政权和工人阶级政党的建设为支柱，以经济建设为中心，带动并指导全面的社会主义建设和社会主义改革；怎样处理好社会主义世界内部社会主义国家之间的关系以及社会主义世界同资本主义世界之间的关系；等等。

科学社会主义与社会主义科学既有联系又有区别。社会主义科学是一个大门类的综合性科学。科学社会主义或社会主义学是社会主义科学的一门基础科学，就像政治学是政治科学的基础科学、经济学是经济科学的基础科学一样。社会主义科学还包括社会主义思想史、社会主义运动史、社会主义制度史、社会主义政党、社会主义国家、社会主义思潮、比较社会主义、社会主义现状学、社会主义改革学、社会主义未来学等。社会主义科学的各个组成部分，都是从某一个方面来研究改变资本主义世界、建设社会主义世界的一般规律。研究好一般规律对研究各方面的具体规律有重要的指导意义，研究好各方面的具体规律又有助于加深对一般规律的认识和提炼。不论对社会主义一般规律还是对社会主义具体规律的认识，都是建立在人们的社会实践基础之上的。

三、科学社会主义认识的三次飞跃和科学社会主义理论的三种形态

1. 科学社会主义的三次历史性飞跃

社会主义是对资本主义矛盾及其解决办法认识的产物，是对改变资本主义世界、建设社会主义世界实践经验的科学总结。500 多年来，随着资本主义和社会主义的发展，人们对社会主义的认识在不断提高、不断深化。最初出现的空想社会主义是科学社会主义的理论先驱。自科学社会主义产生以来，人们对社会主义的认识已经经历了三次历史性的飞跃，现在正处在第三次历史性飞跃的进程中。

社会主义思想从无到有，最初形成的是从 16 世纪初叶到 19 世纪中叶的空想社会主义。社会主义思想认识的第一次历史性飞跃是社会主义从空想到科学的发展，它是在 19 世纪 40—90 年代实现的。其间发生过欧洲 1848 年革命和法国 1871 年巴黎公社革命。马克思、恩格斯的理论创新和对革命经验的总结形成了科学社会主义。20 世纪初，俄国开始成为帝国主义各种矛盾的集中点，一场新的革命风暴席卷俄国。从 1905 年至 1917 年，俄国爆发了三次革命。1905 年民主革命和 1917 年 2 月第二次民主革命为社会主义打开了通道。1917 年俄国十月社会主义革命胜利之后，开始了科学社会主义从理论变为现实的进程。到 1936 年苏联宣布基本上建成社会主义社会之时，初步形成了苏联模式的社会主义；随后，苏联模式的社会主义进一步发展并且经受了世界反法西斯战争的考验；第二次世界大战后，苏联模式进而推广到欧亚新建立的十几个社会主义国家；1953 年斯大林逝世前，他曾对苏联实践的社会主义进行了较为系统的理论总结。科学社会主义从理论到实践，从苏联一国实践到十几个社会主义国家的实践，丰富了人们对社会主义的认识，这就是社会主义思想认识中的第二次历史性飞跃。在斯大林逝世后，通过对斯大林错误的揭露和批判，越来越多的科学社会主义者逐步认识到苏联模式社会主义的偏颇和弊端，越来越多的社会主义国家进行社会主义体制改革。尽管大多数国家的改革失败了，但是中国、越南等国的改革却取得了重大成就，而且在资本主义世界有越来越多国家的有识之士也都在探索以社会主义取代资本主义的新路。科学社会主义思想认识中的第三次历史性飞跃正在实践过程中。

本书的结构就是以上述社会主义思想认识的三次历史性飞跃为主线来划分章节、展开论述的。第一章科学社会主义理论的形成和初步实践，集中说明科学社会主义认识的第一次历史性飞跃是如何实现的，扼要阐述科学社会主义的理论先驱——空想社会主义和马克思、恩格斯的科学社会主义的基本观点及其产生和发展。第二章苏联模式社会主义的理论与实践，主要叙述科学社会主义认识的第二次历史性飞跃的实现过程，总结苏联模式社会主义的基本特点及其是非、利弊和得失、成败。第三章当今社会主义国家对本国社会主义的新探索，专门论证科学社会主义认识的第三次历史性飞跃逐步实现的进程以及当代中国、越南、老挝、朝鲜、古巴五国社会主义在实践中的新变化。第四章全球化浪潮下资本主义世界各类社会主义政党的新变化与新探索，主要是环顾世界资本主义在新科技革命推动的全球化新阶段的新变化，分别纵论发达资本主义国家和发展中国家、新兴国家以及原苏联东欧地区各国共产党人和众多社会主义派别对社会主义道路和社会主义目标的新探索。第五章科学社会主义在当代世界的命运，总览世界全局，指明当今我们所处的新时代的新特点和新主题，说明科学社会主义在当代面临的新资本主义和民主社会主义两大挑

战，揭示世界社会主义的新战略，综述世界社会主义与世界资本主义关系的新调整，展现世界社会主义发展的新态势及其必然取得巨大发展和最终胜利的新前景。此外，本书还设有绪论和终论两部分。绪论部分提纲挈领，简要论述了科学社会主义的研究对象与学科性质、科学社会主义认识的三次飞跃和科学社会主义理论的三种形态以及学习与研究科学社会主义的意义和方法。终论部分则重点论述了科学社会主义理论与实践发展的历史进程、历史成就和科学社会主义理论在实践中的基本经验和主要教训以及科学社会主义发展的曲折道路与光明前景。

作为科学社会主义的理论先驱的空想社会主义并不是社会主义理论的科学形态，但它也是社会主义的一种理论。空想社会主义者的社会主义理论在发展进程中逐步增添了越来越多的科学因素。马克思、恩格斯正是继承这些科学因素，同时批判其不切实际的种种空想方案，进而创建了科学体系，第一次使社会主义理论形成科学形态。科学社会主义理论在缺少实践检验的情况下，难免还包含一些不准确的预测，还不够完善。在资本主义不发达甚至很不发达国家首先实现社会主义，是一个充满曲折和坎坷的进程，其间既有对科学社会主义的正确运用与发展，又有对它的生搬硬套和歪曲背离。人们在相当长的一段时间内，曾经把苏联成功的经验和错误的做法都上升到理论高度，使之绝对化、神圣化、僵固化、封闭化，造成了很大危害。经过实践检验之后，才有越来越多的社会主义国家的科学社会主义者奋起进行社会主义改革，改革中既要在理论上拨乱反正、正本清源，又要结合当今时代和国情的特点进一步发展科学社会主义。可见社会主义理论的科学形态在历史上并非一蹴而就，而是经历了螺旋式逐步上升的进程。这符合人们思想认识的辩证法，也符合科学理论的发展规律。深刻认识科学社会主义的三次历史性飞跃，有助于我们如实地认识社会主义理论如何在实践中不断发展，有助于克服僵化思想和教条主义，避免犯背离科学社会主义原则和原理的错误。这对于我们提高社会主义觉悟，增进社会主义素养，加强社会主义信念，加快社会主义改革开放以及社会主义现代化建设的步伐，都是大有裨益的。

2. 空想社会主义是科学社会主义的理论先驱

社会主义思潮源远流长。早在古代奴隶制社会，就已经有仁人志士提出建立公有制、废除私有制、摆脱压迫与剥削的理想社会方案。例如，古希腊思想家柏拉图（约公元前427—前347）的《理想国》一书所追求的理想共和国，对于近代欧洲空想社会主义的产生就有直接的影响。空想社会主义虽然不是社会主义的科学形态，但它是科学社会主义的思想先驱。

从16世纪初叶到19世纪中叶的三百多年间，随着社会生产力和资本主义私有制的发展，空想社会主义者的具体观点也在不断发生变化。总的说来，他们对资本主义的批判越来越深刻，对社会主义的认识越来越接近实际，其理论中的科学因素也越来越多。例如，16世纪最早的空想家英国人莫尔，揭露了资本主义原始积累的圈地运动是“羊吃人”，造成了社会贫富对立。他深信，如不彻底废除私有制，人类就不可能获得幸福。他主张，在当时家庭手工劳动的基础上实行财产公有和带有平均色彩的按需分配，政治上由人民选出终身制的王爷代表人民管理国家，如果他有虐待人民之嫌，就要被撤职，元老院和行政官员也是选举产生的。18世纪中期的空想家法国人摩莱里进而把私有制与王权结合在一起批判。他认为，要改造社会，就要切断私有制的根基，同时打掉国王的权杖，主张在简单协作的手工工场的基础上实行财产公有，用经济立法来安排生产。因为生产力水平低，难以按需分配，所以他更强调按平均主义原则进行分配。政治上实行君主立宪制，君主虽然是终身制，但是要由各省省长轮流担任，最高参议会和人民群众都可以制约君主。19 世纪前期的空想家英国人欧文的理论可以说是空想社会主义的顶峰。他指明了产业革命之后，机器的使用使资本家加强了对工人创造的“剩余产品”的剥削，揭示了无产阶级贫困化、失业和经济危机等资本主义的固有弊病，愤怒谴责资本家对女工和童工的榨取，声讨代表资本家的各国政府对生产者的压迫和折磨。他主张：在社会化机器大生产的基础上建立公有制的企业和作为社会基层组织的劳动公社；先采取“劳动券”形式实行按劳分配，进而达到各尽所能，按需分配；政治上建立民主共和国，各个劳动公社是其基层组织；公社社员大会选举理事会来管理对内对外事务，当各个公社能够自治之后，政府工作将大为简化；当公社联盟遍及各洲之后，全世界将联合成为一个“伟大共和国”。

总之，以社会主义公有制取代资本主义私有制，以工人劳动者当家作主取代资产者统治，消灭剥削制度与剥削阶级，实行计划经济、按劳分配或按需分配，建立人民政权，通过一个过渡时期达到国家消亡，使物质生产和人的觉悟高度发展，最终实现人的全面发展和彻底解放，这些基本观点空想社会主义者先后在不同程度上都提出了，尽管表述不太准确、不很全面。空想社会主义理论中这些愈益增多的科学因素就成为后来科学社会主义理论的重要思想来源之一。尤其是 19 世纪圣西门、傅立叶和欧文三大空想家的理论，更是科学社会主义的直接来源。

3. 社会主义思想认识的第一次飞跃：马克思、恩格斯把空想社会主义变成科学社会主义

马克思、恩格斯于 19 世纪 40 年代在参加工人运动、阶级斗争实践和从事科学研究的基础上，完成了社会主义思想认识的第一次历史性飞跃，形成了科学社会主义。他们把科学社会主义与国际工人运动相结合，建立了共产主义政党，领导工人阶级和人民群众为实现社会主义而斗争。在总结 19 世纪下半叶国际工人运动和社会主义运动经验的基础上，科学社会主义理论得到进一步丰富和发展。空想社会主义是对资本主义感性认识的产物，科学社会主义则是对资本主义理性认识的结晶；空想社会主义是凭个人才智猜测、虚构未来社会主义的情景，科学社会主义则是从社会发展规律预测与设想未来社会主义的原则；空想社会主义是潜科学，即潜在的、包含科学因素的、不成熟的、不明显的科学，科学社会主义则是显科学，即明显的、成熟的、构成严整体系的科学。科学社会主义与空想社会主义既有历史继承关系，又有开拓创新超越，更有根本原则区别。科学社会主义继承了空想社会主义中的科学因素，批判了空想社会主义的唯心史观和各种不切实际的空想方案，在唯物史观和剩余价值论两大理论基石上揭示了社会主义的一系列科学原理。

不过，马克思、恩格斯在 19 世纪提出的科学社会主义的基本观点还只是依据资本主义社会发展规律推导出的科学原理，在当时还是有待实践验证的科学假设。在被实践验证之前，这些科学原理难免还较为抽象；在被实践检验之后，这些原理才较为充实而丰富。同时，他们关于实现社会主义进程的一些具体设想，例如他们认为社会主义将几乎同时在西欧资本主义发达的英、法、德三国首先取得胜利，然后扩展到北美和东欧，最后扩展到全世界，这已被后来的实践证明是不现实的。另外，马克思、恩格斯的科学社会主义从总体上说是科学理论、科学体系，但是从局部和细节上来看，也难免还夹杂有个别不切实际的空想因素。他们在继承空想社会主义的科学因素的时候，在缺少实践验证的情况下，有时科学因素与非科学因素混杂在一起，难以一下子分辨清楚、严格筛选。例如，1875 年马克思在《哥达纲领批判》中认为，将来社会主义社会是没有货币、没有商品、没有市场的社会，按劳分配将采取发给每个人与其劳动时间等量的证书，即通过“劳动券”的形式实现，劳动者凭此从社会库存中领取同他提供的劳动量相当的一份消费资料。这种设想显然直接受欧文的影响。后来实践证明，在社会主义阶段是不可能取消货币、商品和市场的。1872 年恩格斯在《论住宅问题》中认为，无产阶级革命胜利后解决住宅问题主要采取两种办法，即没收剥削阶级豪宅分配给无房或少房职工居住，以及由国家投资兴建公寓分配给职工居住，他反对职工拥有个人的住宅。这也是受欧文的影响，欧文曾进行过兴建公寓分配给职工居住的试验。其实在社会主义条件下，住宅问题应该多渠道解决。个人住房属于需要大笔投资的消费品，是生活必需资料而不是生产资料，住房如同小轿车、电冰箱等其他日用品一样，可以归个人所有，这完全符合生活资料归个人所有的社会主义原则。马克思、恩格斯从不认为人的思维（包括他们二人的思维）是至高无上的。恩格斯于 1879 年在《反杜林论》中明确指出：“很可能我们还差不多处在人类历史的开端，而将来会纠正**我们**的错误的后代，大概比我们有可能经常以十分轻蔑的态度纠正其认识错误的前代要多得多。”[①] 所以我们当今依据新的实践经验和新时代的新情况、新特点，来纠正他们当年认识的错误，这符合他们的心愿和预见，并不是离经叛道。

总之，科学社会主义理论在变成现实之前，只是理论推理，还不可能十分圆满、完备，其中所蕴含的个别论断已经被后来的实践改正，其中夹杂的个别不切实际的空想因素有待未来的实践对其加以剔除，切忌把有待实践验证的理论神圣化、教条化。

4. 社会主义思想认识的第二次飞跃：社会主义在落后国家首先建立，形成苏联模式社会主义

社会主义思想认识的第二次飞跃是以十月革命后在苏联一国建成社会主义为标志的。基于西欧比较发达国家的实际提出的科学社会主义，在横跨欧亚的较为落后的俄国首先实现之后，必然发生很大的落差和反差。各种错综复杂的历史条件决定了像俄国这样较为落后的国家，难以短时间内在单独一国建成典型的社会主义。这是因为：第一，从国内条件来看，俄国的经济、政治、文化条件都较为落后，现代工业到 1913 年才占约 42%，又遭到战争的严重破坏，农村中小农自然经济、半自然经济占统治地位，甚至还有封建宗法经济，沙皇君主专制制度有 370 年传统，缺少资本主义议会民主制，文盲占人口的 75%，长期对外扩张侵略形成了浓烈的大国沙文主义。第二，从国际条件来看，社会主义长期处在发达资本主义国家的包围之中。这种资本主义包围既是地理的，更是军事、政治、经济、文化和思想的，因此不能不集中大量人力、财力、物力对付帝国主义的军事入侵、武装威胁、政治进攻、经济封锁、文化腐蚀和思想渗透，不能不建立强大的国防和国家安全部门，不能不建立高度集中的体制，以便能够迅速对意外事件做出及时的反应。同

① 马克思，恩格斯. 马克思恩格斯选集：第 3 卷. 2 版. 北京：人民出版社，1995：426.

时为了摆脱在国际上的孤立状态，为了支援世界革命，苏联作为世界革命中心，还要尽力拨款帮助多国共产党。这样就不能不影响到国内的社会主义建设和正常的社会主义体制。

列宁曾说俄国是一个“军事封建帝国主义”国家①。在这样特殊的历史条件下孤独一国建设社会主义，不能简单照搬基于发达国家的情况提出的实现社会主义的一般规律，而要认真探索俄国这样落后国家建设社会主义的特殊发展规律。其要点是：第一，无产阶级夺取政权后，要着力彻底铲除封建主义的落后遗产，不仅限于地主阶级土地所有制和贵族爵位制，而且还有小农经济、君主专制、皇权主义、官僚特权、官僚主义、等级观念等；第二，要充分利用资本主义文明成果，如发展和引进社会化大生产、现代化企业管理、商品市场经济、民主、自由、法治、人权等；第三，要经历较长的过渡时期，不能急于消灭资本主义和小生产，不能急于全面实行社会主义公有制，不能急于宣布建成社会主义；第四，更不能急于过渡到高级的共产主义，不能急于消灭工农、城乡、脑体劳动差别，不能急于实现按需分配。但是，缺少经验和国内外特殊环境的压力，使得苏联共产党人难以从容不迫地独立探索其发展道路。十月革命后，列宁一度也急于直接过渡到共产主义。然而，1921 年他总结经验、改正错误后曾经提出过关于逐步建设社会主义的一系列新设想。但是，斯大林没有沿着列宁的新探索继续下去。在 1924 年列宁逝世后的几年里，苏联加快实行国家工业化和农业全盘集体化，20 世纪 30 年代初苏联全面向资本主义私有制进攻，1936 年刚宣布基本上建成社会主义，1939 年就提出要过渡到共产主义，1946 年又宣布苏联一国能够首先建成共产主义。苏联经过约 30 年的社会主义实践，实现了社会主义思想认识中的第二次历史性飞跃。然而，由于斯大林思想认识的片面性，他把苏联在特殊历史条件下的很多特殊做法加以绝对化，自认为苏联经验是科学社会主义的唯一正宗和标准样板，加上苏联的大党主义、大国主义作祟，他还要把苏联模式强加给战后新走上社会主义道路的欧亚十几个人民民主国家。

当今重新总结历史经验，以科学社会主义为准则来衡量，既不能全面肯定苏联模式，也不能全盘否定苏联模式，应该细加解剖，具体分析。苏联社会主义模式大体上可以区分为四种情况，即坚持科学社会主义，发展科学社会主义，教条式照搬科学社会主义和背离科学社会主义。例如，消灭剥削制度，消灭剥削阶级，实现生产资料社会主义公有制，实现工农大众当家作主等，这些都是坚持、符合科学社会主义原理的。生产资料社会主义公有制采取全民所有制和集体所有制两种形式，人民群众当家作主采取苏维埃政权形式，在一国建设社会主义的条件下要建立无产阶级常备军，要在过渡时期结束之后仍然保留无产阶级专政的国家政权等，这些是创造性地发展了科学社会主义。在不发达国家急于排斥、消灭资本主义私有制商品经济和小生产，急于过渡到社会主义公有制、产品经济和计划经济，把全民所有制规定为国家所有制，把计划经济规定为国家指令性计划等，这些都是对科学社会主义的教条式理解和简单照搬。经济上在存在大量自然经济、半自然经济的条件下急于用行政手段实现农业集体化，分配中的平均主义倾向，政治上的个人集权制、对领袖的个人崇拜、领导职务终身制、指定接班人制、以党代政制、重人治轻法治、官僚主义、干部特权，文化上的专制主义、教条主义，对外关系上的大国主义、大党主义、霸权

① 列宁．列宁选集：第 2 卷．3 版修订版．北京：人民出版社，2012：517.

主义、扩张主义等，这些都是背离、扭曲了科学社会主义。其中最严重的是斯大林带头实行的个人集权制、职务终身制、指定接班人制，这“三制”是封建君主专制渗透进社会主义体制的集中表现，这“三制”是同民主共和制的权力制约制、权力任期制、民主选举制完全对立的，使苏联的高度集权制变成过度集权制。高度集权与过度集权，虽一字之差，却大有区别。高度集权在特定历史条件下确有合理性，过度集权在任何情况下都背离社会主义民主原则。

总的看来，斯大林时期形成的苏联模式的社会主义是有严重弊病的社会主义，是渗透了俄国历史遗留下来的军事封建因素的社会主义，也可以说是用封建专制主义扭曲、背离了科学社会主义。这种社会主义在特定历史条件下虽然也能一时显示出一些优越性，但是如果不对其具体体制进行重大改革，那么社会主义基本制度的优越性就无法持久、充分地显示出来。如果长期改革不力，一再延误改革，这种有严重弊病的社会主义终究会被人民抛弃。

5. 社会主义思想认识的第三次飞跃：通过改革开放创新探索本国的社会主义

社会主义思想认识的第三次飞跃是社会主义各国在改革开放中形成的。20 世纪 50 年代以来，越来越多的社会主义国家日益深刻地认识到苏联模式社会主义在经济、政治、文化和对外关系体制方面都有严重弊病，必须精心动大手术，进行重大改革，而不能只限于在原有过度集权体制的基础上做细小修补。这种改革实际上是第二次革命，而不是细枝末节的改良，但是这不像第一次革命那样完全是自下而上推翻旧制度的革命，而是在维护社会主义基本制度前提下的社会主义自我调节和自我改进，它是自上而下与自下而上相结合的渐进性改革。它既要肯定苏联模式中坚持和发展科学社会主义的成果，同时又要纠正其对科学社会主义的教条式理解和背离性歪曲，而且还要结合当今时代的变化和各国国情的特点，进一步发展科学社会主义，这样社会主义国家在改革开放创新中才能够逐步实现社会主义思想认识的第三次飞跃。

我们已经认识到必须彻底铲除封建主义的消极影响，为此就要大力发展生产力和市场经济，克服权力过度集中体制的弊病，废除个人集权制、领导职务终身制和指定接班人制，大力发展社会主义民主，同时不能急于消灭资本主义，而要善于利用当代资本主义，特别要重视发展科学技术和文化教育，重视管理和人才，这些都是在不发达国家实现社会主义特殊规律的要求。在社会主义社会发展阶段问题上，必须纠正以往急于过渡到发达社会主义甚至过渡到共产主义的错误，清醒地认识到有的国家还处于社会主义初级阶段，有的国家甚至还处于从资本主义到社会主义的过渡时期。在作为社会主义基本经济特征的生产资料公有制问题上，认识到不能把社会主义公有制等同于苏联模式的国有经济。为了更好地调动劳动人民的积极性、主动性和创造性，克服官僚主义，国有企业大部分要逐步实现独立经营、政企分开。我们还认识到生产资料社会主义公有制要使劳动者拥有产权，要进行股份制改革，实现“劳者有其股”；公有制可以采取国家所有、集体所有、股份制、合作制等多种形式；经营管理可以采取承包制、租赁制等多种形式；要把党的领导、厂长负责与职工民主参与有机地结合起来。在作为社会主义基本政治特征的劳动人民当家作主问题上，我们认识到既要坚持和加强党的全面领导，又要改进党的领导方式和执政方式，要打破权力的个人垄断或寡头垄断，充分发扬党内民主和人民民主，善于引导劳动人民自己当家作主，使人民选举产生的代表机关真正成为名实相符的最高国家权力机关，使党政机关各级官员真正成为社会公仆，重视发展社会主义的民主、自由、人权和法治。在文化和思想上，我们认识到要解放思想，打破对领袖的个人崇拜，打破对马克思主义的教条主义理解和各种僵化观念，使人民大众能够通过独立思考、自由探讨，完整而准确地掌握马克思主义，进而创造性地发展马克思主义；同时在马克思主义指导下，通过言论自由、学术自由、创作自由、出版自由，形成不同学派和风格，真正达到文化的多样化和大繁荣，使爱国主义、国际主义、集体主义、社会主义、共产主义成为社会主导思想。在对外关系上，我们认识到要从封闭转向开放，特别是对发达的资本主义国家开放，在开放中既要善于吸取当代资本主义的各种现代文明成果，又要坚决抵制其糟粕，防止其和平演变的图谋，还要学会如何在和平共处、合作、竞争与斗争中增强社会主义实力、活力和影响力、吸引力，逐步超越、取代资本主义。在党与党、国与国关系方面，我们认识到要改变以往一边倒、以某个大党某个大国为中心、推行世界革命的战略，应该遵循各党完全平等、独立自主、互相尊重、互不干涉内部事务的原则，应该遵循和平共处五项原则来解决国与国之间的争端，推动建设相互尊重、公平正义、合作共赢的新型国际关系。社会主义国家的改革是长期、复杂、艰巨的事业。当今世界社会主义正处于从单一模式到多种模式发展，从以往僵化、封闭的旧模式到充满生机和活力的新模式的转换过程中。人们在改革开放中对社会主义的新认识刚刚开始，远未终结，在改革开放中提出的各种新观念还有待实践检验，还要与时俱进，开拓创新。这方面值得我们密切重视，冷静观察，跟踪研究，细心比较，不断总结，加深认识。

当然，人们对社会主义的认识，并不限于现有社会主义国家改革和建设的实践经验。由于种种历史原因，迄今社会主义都是在不发达国家首先取得胜利的，人们对社会主义的认识不可避免地存在着局限性。当代发达资本主义国家带头掀起了一场史无前例的全方位、加速发展的新科技革命，它使资本主义国家的经济结构、产业结构、阶级结构、工人阶级状况以至政治生活、文化生活、社会生活、国际关系等方面都发生了一系列重大的新变化。当今资本主义世界各国工人阶级及其政党以及众多有识之士也都在新的历史条件下努力革新社会主义，探索本国社会主义新道路和新模式，他们对社会主义的新探索目前也属于对社会主义认识第三次历史性飞跃的范畴。未来发达资本主义国家走上社会主义道路、实现社会主义之后，人们对社会主义的认识还会产生新的飞跃，还会形成更新的第四种理论形态。

第二节　学习与研究科学社会主义的意义和方法

一、学习与研究科学社会主义的意义

当今，我国人民正在为把我国建成富强民主文明和谐美丽的社会主义现代化强国而奋斗；世界社会主义事业和社会主义运动在曲折中发展，同时面临种种挑战；世界社会主义同世界资本主义正进行着复杂的竞争和较量。在这种形势下，认真学习科学社会主义理论与实践，有着多方面、多层次的重要意义。

1. 学习科学社会主义有助于我们树立正确的世界观、人生观和价值观

马克思主义是社会主义国家和共产主义政党的指导思想，是无产阶级和全人类解放的科学理论。青年一代是未来社会主义事业的骨干力量，在学校学习期间，应该牢固树立马克思主义的世界观和为人民服务、为社会主义服务的人生观；走上社会工作岗位之后，更要坚持不懈地为人民大众、为社会主义奋斗到底。科学社会主义是整个马克思主义的核心，是依据人类社会发展客观规律指明社会发展方向的科学理论。古今中外众多仁人志士长期为探索和实现人类理想社会呕心沥血，前仆后继。只有到近现代，科学技术和社会生产力获得新发展和大发展，才可能消灭剥削和压迫，真正实现生产资料公有制和劳动人民当家作主。科学社会主义是世界近现代探索人类理想社会最有科学根据、最有生命力、最有群众影响的改造社会的理论。认真学习科学社会主义，全面掌握科学社会主义，就能为我们树立正确的世界观和为人民服务的人生观打下坚实的基础，使我们终生不迷航，坚定不移地为推进社会主义、造福人民大众而竭力奉献。一个人活在世上为了什么？只为个人的荣华富贵、幸福逸乐是渺小的、卑微的，只有为无产阶级和全人类的解放才是伟大的、崇高的。科学社会主义是人的解放学。在当今时代，个人命运与集体、与祖国、与全世界的发展更紧密联系在一起。只有集体繁荣、祖国富强、世界进步，个人境遇才会好转。越接近理想社会，个人幸福才越有保证，所以为探索和实现理想社会而尽力、献身，奉献自己的青春和才能，才是人生的最大价值。从这一点来看，认真学习科学社会主义、全面掌握科学社会主义，可以说是个人修身养性、安身立命的思想基础，也是实现个人解放、自我解放的理论准备。

2. 学习科学社会主义有助于我们学好各门具体科学和专业学科

如前所述，改变资本主义旧世界、建设社会主义新世界，是千头万绪的社会系统工程，是千秋万代的宏伟事业，需要许许多多门类科学为之服务，需要培养出大批各行各业的专家。其中，科学社会主义是从宏观上、总体上指导我国社会主义建设和世界社会主义运动的一门首要科学。在我国，学习各门具体科学的专业工作者，都需要全面掌握科学社会主义的基本原理和实践经验，这样不仅能够通晓实现社会主义的一般规律和建设中国特色社会主义的特殊规律，不仅能够从宏观上、总体上把握世界和中国社会主义发展的态势，而且能够在科学社会主义的指导下，在明确社会主义的性质、真谛、目标和道路的前提下，弄清各门具体科学和专业学科在建设社会主义宏伟事业中的地位和作用，找到自己的坐标和参照系，使各门具体科学和专业学科更加紧密、更有针对性地为社会主义事业服务。况且，各门社会科学、人文科学、自然科学、技术科学以及社会科学、人文科学与自然科学、技术科学的交叉科学，都与社会发展、社会管理、社会运转息息相关。全面掌握科学社会主义，无疑对于学好这些具体科学和专业学科都有直接的指导意义，便于把这些具体科学和专业学科纳入社会主义建设的大系统，进一步探索各个子系统与大系统之间以及各个子系统之间的内在联系。

3. 学习科学社会主义有助于深化对社会主义的认识，提高贯彻执行中国共产党在社会主义初级阶段的基本纲领和基本路线的自觉性，更好地为实现中国特色社会主义和中国社会主义现代化而贡献自己的力量

我国经历了两千多年的封建社会，19 世纪中叶科学社会主义在西欧创立之时，我国正逐步沦为半殖民地半封建国家。我国历史上有过八次走资本主义道路的努力，由于封建势力和外国资本主义列强的压力，都走不通此路①。在世界社会主义潮流推动下，在中国工人阶级及其政党领导下，我国最终经过新民主主义革命走上了社会主义道路。70 多年来，我国社会主义建设取得了重大成就，也走过了曲折的弯路。起初由于缺少经验，基本上照搬苏联模式，1957 年以后更受到“左”的思想干扰，急于向共产主义过渡，“以阶级斗争为纲”，使经济建设大受挫折。党的十一届三中全会总结了经验教训，端正了指导思想和基本路线，随后明确了我国还处于社会主义初级阶段，必须以经济建设为中心，坚持四项基本原则，坚持改革开放，为建设中国特色社会主义而奋斗，为建成富强民主文明和谐美丽的社会主义现代化强国而奋斗。我国正在为科学社会主义思想认识的第三次历史性飞跃和社会主义理论的新发展做出自己独特的贡献。深入学习科学社会主义，将会加深我们对党的正确纲领、路线、方针、政策的理解，激发我们投身社会主义改革和社会主义建设的热忱。尤其是在苏联和东欧发生剧变之后，更要认真总结它们社会主义改革失败的经验教训，全面掌握科学社会主义，以邓小平理论、“三个代表”重要思想、科学发展观和习近平新时代中国特色社会主义思想为指导，推进我国的社会主义改革开放和现代化建设事业取得更大成就。

4. 学习科学社会主义将扩大我们的视野，增强对当代资本主义世界的分析能力，明确全世界走向社会主义的大趋势，坚定社会主义在全世界必胜的信念

以电子信息为先导的新科技革命，虽然给资本主义世界带来了多方面新变化，但是资本主义私有制与社会化大生产的矛盾以及资产阶级与无产阶级的矛盾、发达国家与发展中国家的矛盾依然存在，而且还在深化；资本主义社会的各种固有弊病如经济危机、政治倾轧、军事侵略、文化畸形、思想空虚、社会犯罪等无法根治。我们不能被发达资本主义国家生产有发展、生活有改善的表面现象所迷惑，而要深入考察其社会基本矛盾和固有弊病。当今资本主义社会的众多有识之士都认为解决资本主义矛盾、消除资本主义弊病的唯一出路在于社会主义。当今有越来越多的社会主义政党派别和思潮出现，竞相探索走向社会主义的新道路和新模式。只要共产党人善于把科学社会主义与当代发达资本主义国家以及发展中国家的实际相结合，创造性地总结并且运用历史经验，把工人运动与和平运动、生态运动、女权运动、青年运动等社会运动联合起来，只要共产党人善于把各种批判资本主义的社会主义力量联合起来，就必能逐步走向社会主义。尽管困难重重，但应该深信广大人民群众终究会找到解放自己的道路。

5. 学习科学社会主义有助于我们认清当代世界社会主义与世界资本主义的关系，明确我们在改革开放中对世界资本主义应该采取的方针，洞察今后世界发展的趋势

帝国主义国家多次武装入侵都未能用热战对抗摧毁社会主义国家，在冷战对峙中也打不倒所有社会主义国家。在新科技革命条件下，它们有可能转向与社会主义国家和平共处，因为社会主义国家的广大市场对于西方资产阶级是有吸引力的。这样，它们便力图推

① 高放．中国为什么走不通资本主义道路？//高放．社会主义在世界和中国．昆明：云南人民出版社，1998：335-349．我国八次走资本主义道路的努力指明末清初、太平天国后期、同光新政、19 世纪 90 年代维新运动、辛亥革命前后、20 世纪 20 年代国民革命、从第二次国内革命战争到抗日战争和抗战胜利后四年。

行和平演变战略，从经济、政治、文化、思想等渠道，在双方交往中进行渗透，施加影响，培植亲西方的社会势力，妄图使社会主义国家和平演变为资本主义国家。社会主义国家要大力清除自身的封建专制主义余毒，发展社会主义民主自由，激发劳动人民的活力，才能从根本上防止西方的和平演变，同时也要改变以往闭关锁国、自我封闭的方针，向西方开放，善于同当代发达资本主义国家和平共处、合作、发展、竞争，并且善于与之斗争。既要借鉴、吸取当代资本主义在科技、管理、民主、自由、法治、人权、文化教育、社会保障等各方面的文明成果，又要有效抵制资本主义的糟粕，防止其武装入侵，战胜其和平演变。要促使世界社会主义同世界资本主义从对立、对抗、对峙转向对话、谈判、交往。两种社会制度是有根本区别的，但并非一定要通过战争来解决其矛盾。争取两种社会制度的国家长期和平共处，社会主义国家通过改革开放和建设发展愈益显示出社会主义优越性，焕发出巨大的生命力、创造力、感召力和吸引力，这会对资本主义国家的广大人民产生重大影响，会促使他们向往、归向社会主义，会促使他们奋起改变自己的社会制度。全世界都要走向社会主义，这就是未来世界的发展趋向。我们深信，社会主义改革开放和现代化建设如果能够全面取得成就和成功，不仅可以抵制资本主义对社会主义的和平演变，而且能够促进社会主义对资本主义的和平演变。这将是未来世界和平演变最好的大趋势。

二、学习与研究科学社会主义的基本方法

学习科学社会主义要运用正确的方法。马克思主义的唯物辩证法为我们正确认识世界提供了科学的方法。从实际出发，实事求是，确认实践是检验真理的唯一标准，解放思想，破除迷信，反对教条主义，反对思想僵化，要与时俱进，不断开拓创新，但是不能背离、放弃科学社会主义基本原则，这些就是我们依据唯物辩证法学习科学社会主义应该遵循的基本方法。

学习与研究科学社会主义的基本方法特别要注意到以下五点，即理论联系实际，世界联系中国，成就联系挫折，现实联系历史，现在联系未来。

1. 理论联系实际

这是最基本、最重要的方法。深刻的理论来源于丰富的实际，又用以指导活生生的实际。但是客观存在的实际事物不可能自发地转化、上升为理论，总要通过人们有意识的主观实践活动，取得认识和改造客观世界的实践经验，再通过抽象思维、理性思考把它概念化、条理化、系统化，才能形成科学理论。历史上最先形成的空想社会主义只是人们最初实践、认识的产物。科学社会主义思想认识的三次历史性飞跃是基于人们的伟大实践，经过一些社会主义思想家、理论家的总结才得以实现的，使科学社会主义的理论与时俱进，不断向前发展。社会主义思想家、理论家当时所处的世情、国情及其个人的经历、素质和特点，在很大程度上决定了他们的社会主义理论含有多大的科学成分。西欧 19 世纪 40 年代以前的历史条件和实际，只能产生空想社会主义理论。至于他们之间每个人社会主义理论的特点与科学含量的差别，则与每个人的主观条件有关。19 世纪 40 年代以后欧洲和世界资本主义、工人运动的新发展，为创立科学社会主义创造了客观条件。由于马克思、恩格斯这样伟大的革命家、思想家的主观努力，才创立了科学社会主义，为无产阶级和全人

类解放指明了方向。然而那时由于实践经验不足，他们的理论认识也仍然有局限。后来苏联的社会主义实践和理论虽然有所创新，但是由于各方面条件的限制，发生了较大偏差。科学社会主义理论有待社会主义各国在改革开放中拨乱反正与开拓创新，有待资本主义各国社会主义政党在实践中探索，得到新的更大发展。我们在学习先贤们的理论时要紧密联系当前世界和中国的实际，深入思考怎样用理论来解决实际问题。要善于联系实际，就要经常通过阅读、见闻、交往，到基层调查、到国外考察等途径，了解实际情况。

2. 世界联系中国

作为资本主义继承物、对立物、取代物、创新物的社会主义，随着资本主义在西欧的发展而出现，又随着资本主义在全球的发展而传遍世界。各种社会主义思潮在 20 世纪初传入中国。中国无产阶级先进分子排斥了空想社会主义和各种非科学社会主义，自觉选择了科学社会主义。中国共产党以科学社会主义为指导，结合中国实际创造性地发展了科学社会主义，领导中国人民经过新民主主义革命在社会主义道路上取得了重大成就。但是在 20 世纪 30—50 年代的世界社会主义背景下，中国不能不受苏联模式社会主义的深刻影响，1957 年以后因受“左”的思想影响，更加深了苏联模式的弊病。20 世纪 50 年代以来，世界社会主义国家改革的经验教训对我国大有影响。1978 年党的十一届三中全会以来，我们又借鉴世界社会主义的正反面经验，推进我国的改革开放，同时也对世界社会主义做出了自己独特的贡献。20 世纪的历史实践证明：没有世界社会主义，也就不会有中国社会主义；中国社会主义的发展不能不受世界社会主义的影响；要了解中国应该如何建设社会主义，首先就要深入研究世界社会主义的经验教训；要立足中国，了解外国，借鉴世界；还要争取社会主义的中国能够在多方面为推进世界社会主义的发展做出自己的贡献，千万不能脱离了中国，孤立地去研究科学社会主义在世界的实现与发展。

3. 成就联系挫折

从世界到中国，实现科学社会主义的历程都不是一帆风顺的，但总的看来，成就越来越大，挫折只是暂时的、局部的。“吃一堑，长一智”，只要我们善于从挫折中认真总结并真正吸取经验教训，社会主义又会重新取得从理论到实践的重大成就。正是在空想社会主义试验屡遭失败之时，科学社会主义横空出世。凡是社会主义的理论正确反映了客观实际，经过社会主义政党的努力，制定了正确的纲领、路线、方针、政策，组织广大人民群众正确地开展斗争，主观与客观相一致，就必能取得成就。20 世纪许多国家革命的胜利和改良的成就使社会主义从理论变为实际，这就是生动的明证。凡是主观和客观相脱节，在敌强我弱的情况下就会遇到挫折。越是陶醉于成就，越是把自己的成就绝对化，看不到不足与缺陷，看不到别人的进步，就越是容易遭受挫折。苏联模式的社会主义在实践中长期造成的广泛失误就是值得记取的深刻教训。如果不能从挫折中真正吸取经验教训，不能彻底克服苏联模式过度集权的弊病，改弦更张，加快改革开放，发展社会主义民主、自由、人权、法治，那还是难免要再受挫折，难以在社会主义理论与实践方面取得更新的成就。有的社会主义国家在改革开放方面还没有迈出大步，或者摇摇摆摆、时进时退，或者急剧右转、丧失社会主义成果，主要原因就在于长期以来对根深蒂固的“左”的错误缺乏深刻认识，改正不力。有的挫折是内部和外部多方面原因造成的，如果不善于总结和改正，对挫折束手无策或者处理失当，那就可能遇到更大的挫折。总之，掌握成就与挫折互相联系、互相转换的辩证法，是观察社会主义理论与实践变化的一个重要方法。

4. 现实联系历史

社会主义理论与实践发展到当今这个态势，是社会主义历史长期发展的合乎规律的产物。要深入了解社会主义的现实，就必须认真联系社会主义的历史进行系统的考察。西欧历史上在资本主义不发达的条件下产生的空想社会主义，在另外一些国家类似的条件下又可能部分地再现。所以像俄国、中国等不发达国家在实现社会主义过程中某些空想因素的再现是有社会历史根源的。科学社会主义之所以未能首先在发达资本主义国家取得胜利，这也是有历史根源的。这些国家的资产阶级拥有从海外掠夺的大量超额利润为后盾，富有统治经验，善于及时采取对付危机的措施，善于用军事镇压、行政强制、法律治理、经济收买、政治妥协、文化毒害、组织渗透、思想腐蚀等手段对付革命的无产阶级。所以每一次危机和革命风暴它都躲避过去了。同时发达国家还善于逐步建立和完善社会保障制度，逐步扩大自由、民主权利，使无产阶级革命难以爆发。所以，无产阶级通往社会主义的切实可行的道路至今还在探索之中。反之，不发达国家尽管社会主义革命的客观条件不是十分成熟，但是由于众多社会矛盾的集聚，加上以往两次世界大战促使这些社会矛盾激化，当时只有无产阶级及其政党有力量解决这些矛盾，多种历史因素推动这些国家首先走上社会主义道路。然而，不发达国家沉重的封建主义历史包袱，加上险恶的国际环境，又使它们难以在短期内建成典型的社会主义。可以说，正是历史的惰性成为社会主义发展的阻滞因素，正是历史的非线性造成了社会主义发展的曲折性，又正是历史的必然性促使社会主义波浪式地百折不断，迂回前进。

5. 现在联系未来

社会主义发展到当今，尽管还只是在几个不发达国家取得了胜利，还有发达资本主义国家是其强劲的对手，还面临着资本主义世界汪洋大海般的包围，但它已经不再是孤岛。改革开放的社会主义中国的综合国力迅速攀升，更是大大增强了世界社会主义的力量。从世界历史发展进程来看，社会主义还处于幼年时期。世界从封建主义过渡到资本主义，经历了大约 500 年，即从 16 世纪到 20 世纪，而从资本主义过渡到社会主义，从十月革命算起，才刚刚 100 多年。人类历史上每一次重大的科学技术革命，总要引起并加速社会制度的变革。当今的社会主义国家，只要加快体制改革，在发展新科技革命方面急起直追，迎头赶上，就能更充分体现社会主义的优越性。放眼世界，我们还要看到，当今资本主义世界正在悄悄地发生重大的新变化，以信息化为先导的新科技革命正方兴未艾，资本主义国家各方面社会化的程度都在提高，多种社会主义因素正在逐步增长。只要工人阶级及其政党善于总结历史经验，把握现实特点，采取正确对策，未来通往社会主义之路比之过去必然会更加宽广顺畅。只要现在联系未来，就能开阔视野，更加明了世界社会主义今后发展的轨迹，更快促进世界社会主义未来的拓展。

此外，学习研究科学社会主义，还要善于吸收利用其他学科的研究方法和研究成果。例如，学习与研究科学社会主义就离不开数学的方法。马克思说过：“一种科学只有在成功地运用数学时，才算达到了真正完善的地步。”[①] 近代数学奠基人，德国的高斯（1777—

① 苏共中央马克思列宁主义研究院. 回忆马克思恩格斯. 北京：人民出版社，1957：73.

1855）也留下名言："数学是科学的皇后。" 数学的加、减、乘、除以及由此衍生出来的各种指数、系数、比率、比例数等，有助于我们对社会主义和资本主义的发展及其相互比较做出定量、定质、定性、定势、定向的分析。例如，共产党及其党员数量的消长，共产党执政的社会主义国家数量的变化，各国经济增长的速度、国内生产总值（GDP）和人均国内生产总值的增长情况，公共财产的各项比重，反映贫富差别的基尼系数，反映居民消费比重变化的恩格尔系数，生态环境比率，居民预期寿命、文化程度，官员廉洁度，新闻自由度，民主发展度等，都是我们研究社会主义和资本主义的重要数字依据。采用图表和模型，也有助于我们进行理论论证和逻辑推理。20 世纪 80 年代在西方新兴起的博弈论（Game Theory）是现代数学的一个新分支，对于研究社会科学，尤其是研究科学社会主义具有方法论上的指导意义。博弈论原本起源于研究棋手们在对弈中如何出棋对付对方，又称对策论。在下棋对弈中本来是零和游戏，即一方赢，另一方输。博弈论改变零和游戏结局，力争做到在博弈中达到双赢。用博弈论来研究科学社会主义能促使我们思考当今如何去构建和谐社会与和谐世界，如何在与世界各国和平发展、合作竞争中达到互利双赢，推动构建人类命运共同体。同时，现代自然科学的新成果，如系统论、信息论、控制论、耗散结构论、协同论和突变论等，对于深入研究科学社会主义也有重要意义。

复习思考题

1. 怎样把握"科学社会主义的理论与实践"这门课程的基本特点和主要线索?
2. 为什么要学习以及你准备怎样学习"科学社会主义的理论与实践"这门课?

第一章
科学社会主义理论的形成和初步实践

从16世纪初到19世纪中叶的三百多年间，在英、法、德、意等西欧最早萌发资本主义的国家，涌现了数十位著名思想家。他们最早揭露、抨击了新兴资本主义的各种矛盾和弊病，提出了取代资本主义的一种未来新型社会制度的各种设想和实现这种新型社会制度的各种方案，甚至着手进行种种试验。他们都自认为这些设想和方案能够逐步实现，都不认为那是空想。“空想社会主义者”这种说法是法国资产阶级经济学家热罗姆-阿道夫·布朗基（1798—1854）于1837年在布鲁塞尔出版的《欧洲政治经济学史》一书中为贬低这些人而首先使用的①。后来马克思、恩格斯使用“空想社会主义”“空想社会主义者”② 则是深怀敬意，具体分析了他们的是非功过，分别指出他们的进步性与局限性，吸收其科学成分，摒弃其空想体系，使社会主义由空想变成科学。

空想社会主义是科学社会主义的理论与实践的逻辑起点。研究空想社会主义的发生与发展，弄清楚它所内含的科学成分及其时代和认识局限，有助于我们站在新的历史高度更深入地理解科学社会主义，因为现代社会主义理论和实践中的几乎一切成功、挫折与失败，都可以从空想社会主义那里找到思想渊源。

马克思、恩格斯都是在19世纪40年代参加工人运动和实际斗争并且从事科学研究的基础上，完成了阶级立场和世界观的转变，由此唯物史观和剩余价值理论这两大理论发现才为科学社会主义奠定了坚实的理论基础。1848年2月出版的《共产党宣言》是科学社会主义诞生的重要标志。经过欧洲1848年革命、1871年巴黎公社革命和19世纪后半叶工人运动的实践检验，科学社会主义的基本原则又得到了丰富和发展。马克思、恩格斯晚年思想的变化，更使我们深刻体会到，一定要与时俱进地理解科学社会主义，而不能把它作为一成不变的教条，到处生搬硬套。

马克思、恩格斯的伟大历史功绩之一，就是完成了对空想社会主义的扬弃与更新，促成了社会主义由空想到科学的飞跃，形成了科学社会主义的原生形态。这是人们对社会主义认识的第一次飞跃。马克思、恩格斯在19世纪40年代把自己的理论称为共产主义，到

---

① 蒲国良．社会主义思想：从乌托邦到科学的飞跃．北京：北京师范大学出版社，2018：6.

② “空想社会主义”“空想社会主义者”，准确地说应该译为“乌托邦社会主义”“乌托邦社会主义者”。参见：蒲国良．社会主义思想：从乌托邦到科学的飞跃．北京：北京师范大学出版社，2018：5-11.

1873—1874 年，他们才开始称之为“科学社会主义”[①]，以示与空想社会主义和其他各种社会主义相区别。这并非表明他们放弃了共产主义，而是他们与时俱进把社会主义、科学社会主义与共产主义作为同义语使用。不过，马克思、恩格斯并没有把自己的学说凝固于一时一地，而是把它视为一个开放的和发展的理论体系，并不断根据新的实践经验予以丰富和发展。

第一节　欧洲空想社会主义的产生和发展

一、欧洲空想社会主义的产生及其三个发展阶段的特点

1. 欧洲空想社会主义的产生

人类进入私有制社会以来，一直存在制度性的社会不公正现象，也始终存在反对这种社会不公正现象、追求理想社会的努力。但是，在小生产的、自然经济的条件下，人们对社会不公正现象的反应及其对理想社会的追求只是为近代社会主义提供了某些思想启示和历史依据。严格说来，它们不过是社会主义的史前史。一般而言，社会主义史的开端是在早期资本主义时期。

14—15 世纪，西欧社会进入资本原始积累时期，资本主义生产方式已经从简单协作发展到手工工场。16—18 世纪，资本主义生产方式在西欧封建主义社会内部更迅猛地发展起来。新兴资本主义一方面受到封建主义势力的阻压，另一方面又有封建主义势力的渗透。我们把世界资本主义发展的这个第一阶段称为封建资本主义。1640 年和 1688 年的英国革命、1775 年的美国独立战争与 1789 年的法国革命，使新兴资产阶级掌握政权。1765 年英国人瓦特发明蒸汽机，从此开启现代化的第一个浪潮。蒸汽化带动了工业化，促进了社会化劳动和社会化大生产。科技革命引起产业革命、生产力革命。到 19 世纪时，资本主义的经济和政治制度已基本在西欧确立起来。资本主义制度的建立及其发展，是人类历史的巨大进步。它创造了空前巨大的生产力，积累了空前的社会物质财富；它开辟了世界市场，不断把世界上各个孤立地区的人群从相互隔绝的状态中解放出来，使之逐步融为一体；它所创造的政治文明改变了世界的政治面貌，使得民主共和制度为一切文明民族所认同；它使得民主共和的观念深入人心，使得民主、平等、自由等成了人类社会所追求的共同理想与信念；它创造了空前灿烂的资本主义文化，促进了科学和技术的飞速发展，极大地改变了人类的文化素质与社会价值观念。

但是，资本主义所取得的空前巨大的成就是以同样空前巨大的社会代价换来的。资本主义生产方式迅速扩展的过程，充满巨大的野蛮性与残酷性。在欧洲社会资本主义化的进程中，有所谓“羊吃人”的圈地运动，有血腥的贩卖黑奴与对印第安人的种族灭绝式的屠杀，有战争和瘟疫，有贫富两极分化和成千上万的失业大军，有贫民窟、环境污染，有人性的压抑与异化以及道德的堕落与信仰的崩溃，还有周期性的经济危机和持续不断的政治动荡，如此等等。正因为如此，马克思曾一针见血地指出：“资本来到世间，从头到脚，

---

① 马克思，恩格斯．马克思恩格斯选集：第 3 卷．2 版．北京：人民出版社，1995：199，290.

每个毛孔都滴着血和肮脏的东西。”[①] 资本主义取代封建主义虽然是一个历史进步，但这个进步是以对内的残酷剥夺和对外的野蛮掠夺为代价的，这段历史是“用血和火的文字载入人类编年史的”[②]。

人们逐渐认识到，大量涌现的社会问题必须由社会自身来解决，于是作为否定资本主义制度的社会主义思潮便应运而生。资本主义生产方式产生之时，反资本主义的社会主义思潮便随之出现了。19 世纪中叶之前的社会主义后来被人们称为“空想的”社会主义。

1516 年标志着空想社会主义诞生的托马斯·莫尔所著《乌托邦》一书的出版，开辟了世界社会主义新纪元。从此开始，500 多年来世界社会主义大致经历了四个发展阶段。第一阶段，从 1516 年到 1848 年，社会主义思想从空想到科学的发展；第二阶段，从 1848 年到 1917 年，社会主义运动从理论到实践的转变；第三阶段，从 1917 年到 1991 年，社会主义制度从一国到多国的演进；第四阶段，1978 年以来，社会主义革新从地区到全球的扩展。空想社会主义从莫尔开始到 19 世纪中叶欧文时期达到顶峰，其间经历了三百多年的时间。按照恩格斯的说法，空想社会主义三个多世纪的发展史，大体上又可分为三个时期[③]。这三个时期大致又与西欧资本主义发展的家庭手工业简单协作、手工工场和机器工业这样三个时期相对应。

2. 欧洲空想社会主义发展的第一阶段及其主要特点

16—17 世纪，由于新技术的迅速发展与推广，西欧一些地区出现了采用资本主义方式经营的家庭手工简单协作作坊，这大大促进了商品生产的发展。而 1492 年之后新航路的开辟与新大陆的发现，则加速了世界市场的形成。随着资本主义生产方式的扩展，手工业者与农民这两大社会群体内部两极分化的进程也在加速，新的阶级即早期的资产者与无产者出现了。在资本原始积累过程中，新生的资产者扮演着恶霸与海盗的角色，巧取豪夺，贪婪成性，其残暴野蛮行为遭到新生无产者的反抗。莫尔、闵采尔和康帕内拉则是这一时期反映无产阶级愿景的空想社会主义最杰出的代表人物。

托马斯·莫尔（1478—1535），文艺复兴时期英国著名人文主义思想家，也是著名的律师和政治家，空想社会主义创始人。1516 年，莫尔所著《乌托邦》一书出版，书的全名是《关于最完美的国家制度和乌托邦新岛的既有益又有趣的金书》。该书在社会主义史上第一次系统阐述了空想社会主义的基本思想。莫尔不仅猛烈抨击了封建专制制度，而且对早期资本主义血腥的原始积累过程进行了无情的鞭挞。他在谈到英国的圈地运动时指出：“你们的羊，一向是那么驯服，那么容易喂饱，据说现在变得很贪婪、很凶蛮，以至于吃人，并把你们的田地、家园、城市蹂躏成废墟。”[④] “羊吃人”是莫尔对资本原始积累时期英国社会既真实又形象的概括，是他作为现代无产阶级先驱者的代言人对资本主义罪恶的第一声控诉。莫尔的这一概括，因其简洁明快而又鞭辟入里，成了揭露资本主义血腥发迹史的不朽名言。莫尔认为，造成“一面穷困不堪，而另一面又是奢侈无度”[⑤] 的社会

---

① 马克思，恩格斯．马克思恩格斯选集：第 2 卷．2 版．北京：人民出版社，1995：266.

② 同①261.

③ 马克思，恩格斯．马克思恩格斯选集：第 3 卷．2 版．北京：人民出版社，1995：721.

④ 莫尔．乌托邦．北京：商务印书馆，1982：21.

⑤ 同④23.

贫富两极分化的根源就在于资本主义私有制的存在，因此，要消除这种不公正现象，就必须彻底废除私有制。乌托邦最大的特点便是全部社会财富由大家共同拥有和使用。在乌托邦里，物资充裕，取之不尽；所有产品都汇聚到每座城市的几个指定场所，每家每户都到那里去领取全部所需物品，不需付任何费用，也不受任何限制，但也从无任何人贪占多领；城乡之间、各个城市之间也是互通有无，平均分享物资。莫尔在书中对乌托邦的经济、政治、文化教育、社会福利、家庭婚姻等制度以及宗教信仰和对外交往等各方面的实况都做了生动的描写。莫尔所阐述的乌托邦思想在近代社会主义思想史上具有开创先河的意义，汉语“乌托邦”（utopia）一词是音译与意译的结合，最早是著名启蒙思想家和翻译家严复的译著《天演论》中使用的。乌托邦意为子虚乌有但又寄托着美好社会理想的地方。

托马斯·闵采尔（约1490—1525）是与莫尔同时代的德国空想社会主义者。闵采尔是一位职业革命家，主要是在实际斗争中通过发表演讲与散发小册子的方式表达自己的政治主张。他主张用暴力方式推翻不合理的社会制度，在人间建立早期基督徒所向往的“千年天国”。不过，就其实质而言，闵采尔的政治纲领已远远超出他所声称的宗教改革甚至他所直接领导的德国农民战争的一般要求，实际上反映的是早期无产者群众对自身解放条件的预见。

意大利的托马斯·康帕内拉（1568—1639）是与莫尔和闵采尔齐名的早期空想社会主义者，其代表著作是1623年出版的《太阳城》及其续篇《论最好的国家》。《太阳城》是继莫尔《乌托邦》之后又一部空想社会主义的重要文献。在书中，康帕内拉批判了社会的不平等、贫富对立等制度性弊病，认为私有制乃万恶之源。他的理想社会“太阳城”也是一个社会财富全民公有、由社会组织生产与劳动的人人平等的社会。

这一时期比较著名的空想社会主义者还有德国的约翰·凡勒丁·安德里亚（1586—1654）和法国的德尼·维拉斯（约1630—约1700）等人，前者所著《基督城》一书（1619年问世），可与莫尔的《乌托邦》和康帕内拉的《太阳城》相媲美，后者所著《塞瓦兰人的历史》，则是法国历史上第一部空想社会主义著作。

这一时期的空想社会主义的总体特点是：（1）它们基本上是对资本原始积累过程的反应，是近代无产阶级的先驱者反对早期资本主义的最初的呐喊。（2）它们都在不同程度上吸收并改造了古希腊柏拉图的思想、早期基督教的平等思想以及当时正蓬勃兴起的资产阶级人文主义思想。（3）它们在历史上第一次系统阐述了社会主义公有制、按劳或按需分配、平等、公正等理想，开辟了社会主义思想史的新时代。（4）它们对未来理想社会制度的主张都较为粗疏，缺乏严密的理论论证。（5）它们的理想社会都是建立在手工业和小农业生产基础上的，带有明显的小生产者思想的烙印。（6）它们普遍不承认资本主义的历史合理性，而把资本主义与封建制度及一切私有制度一起仅仅看成是一种罪恶的制度。

3. 欧洲空想社会主义发展的第二阶段及其主要特点

从17世纪中叶到18世纪末，英法先后爆发资产阶级革命，标志着资产阶级已经作为一个独立的政治力量登上历史舞台。这一时期，欧洲资本主义经济已经发展到手工工场时期，有的国家如英国已经开始了影响深远的产业革命。伴随着资产阶级的成长，无产阶级也有了长足的发展。在资产阶级反对封建主义的斗争中，城乡无产者对资产阶级革命的结果深感失望，他们希望把革命继续引向深入，于是便有了以“英国大革命时期的平等派”和“法国大革命时期的巴贝夫”为代表的“作为现代无产阶级的发展程度不同的先驱者的那个阶级的独立运动”，以及与这些运动相应的理论表现形态，即以18世纪法国空想社会主义者摩莱里和马布利为代表的“直接共产主义的理论”①。

杰拉德·温斯坦莱（约1609—约1660）是英国“掘地派”运动或“真正平等派”运动②的著名领袖和代言人。在其所著《自由法》一书中，温斯坦莱提出了全面改造英国现实社会的方案，呼吁建立一个“真正的自由共和国”，以废除私有制及一切社会不公平现象。温斯坦莱已开始用法律条文形式系统表述空想社会主义思想，改变了早期空想社会主义者的游记文学形式，增强了社会主义思想的理论色彩。

摩莱里（1717—1778）和马布利（1709—1785）属于18世纪法国大革命准备时期启蒙运动中的著名空想社会主义者。摩莱里的代表作为《自然法典》，马布利则著有《论公民的权利和义务》《论法制》等。他们进一步发挥了资产阶级启蒙运动所高扬的自然法理论与理性原则，把反对封建主义推进到反对一切形式的剥削和压迫制度，主张废除包括资本主义在内的一切私有制，建立一个以公有制为基础的理性王国，并用法律条文的形式对自己的理想制度进行了详细的规定。

弗朗索瓦·诺埃尔·巴贝夫（1760—1797）是法国大革命时期的空想共产主义者，著名的平等派革命家。巴贝夫及其战友们组织了“平等派密谋团”，作为领导武装起义的最高决策机构。这一严密的革命组织曾被马克思誉为“真正能动的共产主义政党”③。他把私有制看成是社会经济政治不平等的最根本原因，认为要实现真正的平等，就必须废除私有制。在革命实践中，巴贝夫力图实现社会理想与人民革命运动的结合，阐述了他的阶级斗争、人民革命、人民专政、过渡时期及平等共和国的思想。

这一时期的空想社会主义在新的时代进行了新探索，提出了新理论，从而把空想社会主义推进到了一个新的水平。总的来看，17—18世纪的空想社会主义具有如下一些主要特点：(1）基本上剥去了早期空想家们的神学外衣，也抛弃了纯粹幻想的文学手法，他们把社会主义建立在自然法学说与理性论基础之上，其现实感更强了。(2）已带有明显的理论思辨与理论论证色彩，开始从理论上探讨和论证废除私有制等社会主义的基本原则，其科学性更强了。(3）法学色彩极为鲜明，他们大都从法学的角度，通过法律条文的形式对未来理想社会的经济、政治、法律、文化和教育制度乃至社会生活的诸多重大原则进行了明确的规定或详细的论述。(4）带有明显的平均主义和禁欲主义特征。

4. 欧洲空想社会主义发展的第三阶段及其主要特点

进入19世纪，资本主义的生产方式进入机器生产时期，其政治统治进一步得到加强和扩展，议会民主与共和制度开始确立。随之而来的是社会问题的大量涌现与社会危机的

① 马克思，恩格斯．马克思恩格斯选集：第3卷．2版．北京：人民出版社，1995：721.

② 英国资产阶级革命胜利后，国会把没收国王和王党的土地大块高价拍卖，土地大都落入资产阶级和新贵族之手，引起广大贫苦农民和无产者的不满。1649年4月，一些失去土地的贫苦农民和无产者聚集到伦敦附近塞利郡的圣乔治山，集体开荒种地，过着共同劳动的集体生活。他们自称“真正的平等派”或“掘地者”。其活动很快为英国许多地方的民众所效法，成为一种规模颇大的群众运动。后来“掘地派”运动遭到镇压。

③ 马克思，恩格斯．马克思恩格斯全集：第4卷．北京：人民出版社，1958：334.

空前加剧。这时现代产业工人阶级队伍迅速壮大，而与之相伴随的则是资产阶级与无产阶级的矛盾空前激化。无产阶级反抗资产阶级的斗争也越来越具有其阶级独立性。正是在这一背景下，欧洲社会“出现了三个伟大的空想主义者：圣西门、傅立叶和欧文”①。

克劳德·昂利·圣西门（1760—1825），出生于法国贵族家庭，17 岁入伍，参加美国独立战争 5 年，回国后投身法国大革命，37 岁起专心著述。一生著述甚丰，其代表著作有《一个日内瓦居民给当代人的信》（1802 年）、《论实业制度》（1821 年）和《新基督教》（1825 年）等。圣西门认为，15 世纪以来，欧洲历史进程的基本内容便是社会各阶级之间的斗争，而实业阶级同封建制度的斗争则最终导致了法国革命。法国大革命“抹去了封建制度和神权政治的最后痕迹”，但也“只是产生了新的奴役形式”②。革命后建立起来的资本主义制度是一个黑白颠倒的世界，是一个利己主义支配了一切社会阶级的社会，是一个一小撮庸碌无能的游手好闲之辈把整个民族当作自己的家产、对广大劳动者进行残酷掠夺的社会。实业制度是圣西门在考察和批判现实制度的基础上为克服其弊病而设计的一种理想社会。在实业制度里，管理活动是置于统治活动之上的③。发展实业是圣西门思想的核心，而他所谓的“实业”既包括发展物质生产，也包括发展科学、艺术等精神生产。在实业制度里，“一切人都应当劳动”④，其社会权力分别由实业家代表组成的最高行政委员会和由科学家代表组成的最高科学委员会分工管理，个人收入按才能和贡献进行分配。

弗朗索瓦·马利·夏尔·傅立叶（1772—1837），出生于法国呢绒富商之家，中学毕业后子承父业，继续经商，破产后当过出纳员、推销员等。1803 年发表《全世界和谐》一文，提出自己的理想社会雏形。一生著述丰硕，内容也相当庞杂，但其学说的核心则是对资本主义制度的批判和对未来理想制度的论证。傅立叶把资本主义看成是一种反社会的工业主义制度，是“反对大众的个人所有制的暴政”⑤。他以无比辛辣的笔调，对资本主义的生产方式、经营方式、商业运作、国家制度、法律体系、道德观念、婚姻制度等都进行了无情的鞭挞和深刻的批判。傅立叶的理想社会是和谐制度。他把和谐社会的基本单位称为“法郎吉”。这是一种城市与乡村相结合、工业生产与农业生产相结合、脑力劳动与体力劳动相结合、教育与生产劳动相结合、生产与消费相结合的集体经营的协作组织。傅立叶怀着极大的热情，异常详细地规划和描绘了法郎吉成员的美好生活。他还曾募集捐款，进行“协作移民区”的法郎吉试验，但因资金短缺，组织不善，几个月就失败了。

罗伯特·欧文（1771—1858），英国杰出的空想共产主义思想家和实践家，生于贫苦马鞍匠家庭，只读完初小就当学徒、店员，后来自办工厂，自学成才。1820 年发表《致拉纳克郡报告》、1836 年出版《新道德世界书》等著作。欧文的共产主义主要是在经营工厂的实践中逐渐形成的。他不仅运用劳动价值理论深刻剖析和批判资本主义制度，而且从发展生产力的高度论证了废除资本主义私有制的必然性和必要性，这是同时代的圣西门和傅立叶所无法企及的。欧文的理想社会是建立在生产资料公有制基础上的众多共产主义劳

① 马克思，恩格斯. 马克思恩格斯选集：第 3 卷. 2 版. 北京：人民出版社，1995：721.
② 圣西门. 圣西门选集：第 1 卷. 北京：商务印书馆，1979：181.
③ 圣西门. 圣西门选集：第 2 卷. 北京：商务印书馆，1982：300.
④ 同②24.
⑤ 傅立叶. 傅立叶选集：第 2 卷. 北京：商务印书馆，1981：247.

动公社的联合体，劳动公社则是未来理想社会的最基层组织。劳动公社是根据“联合劳动、联合消费、联合保有财产和特权均等的原则建立起来的”①，是独立的政治经济组织和社会单位。每个公社都“像一个独立共和国或国家一样实行自决，由自己的成员依照神圣法则进行管理”②；同时，每个公社又都是“由农、工、商、学结合起来的大家庭”③，是城乡和谐的整体。欧文设想，经过试验和示范，公社制度和公社联盟将逐渐“普及整个欧洲，随后再普及世界其他各洲，最后把全世界联合成为一个只被共同的利益联系起来的伟大的共和国”④。欧文身体力行，积极进行共产主义的典型试验。他曾带领一批信徒远涉重洋到美国斥巨资买下 3 万英亩土地，创办名为“新和谐村”的共产主义公社，自任村长，历时 3 年瓦解。他虽倾家荡产，屡遭挫折，却矢志不移，直到自己生命的最后一息。

在 19 世纪上半叶，还有法国的埃蒂耶纳·卡贝（1788—1856）、狄奥多·德萨米（1803—1850）、路易·奥古斯特·布朗基（1805—1881）和德国的威廉·魏特林（1808—1871）等著名的空想社会主义和共产主义的理论家或革命家活跃在欧洲的政治舞台上。他们各自在社会主义理论与实践方面做出了自己的贡献。

以圣西门、傅立叶和欧文的学说为主要代表的社会主义和共产主义是空想社会主义发展的最高阶段。这一时期，空想社会主义者和共产主义者对资产阶级的批判比以往更加深刻，对未来社会的论证更加缜密，社会主义和共产主义的理论也更加系统化了。这一时期空想社会主义的主要特点是：（1）空想社会主义者的社会主义和共产主义学说是在欧洲近代产业革命已基本完成、资产阶级的政治经济统治已基本稳固确立的时期出现的，是科学社会主义产生之前社会主义思想发展的最高成就。（2）他们的理论基础基本上都是唯物主义的自然观以及含有一系列唯物主义因素的社会历史观，都倾向于把人类社会的历史看成是一个连续的、上升的和进步的过程，并试图以此证明资本主义被更完善的理想社会所代替的必然性。（3）他们的理论直接来源于 18 世纪法国的启蒙学说，是在继承和改造启蒙学说的基础上形成的。（4）他们都敏锐地看到了大工业发展的前景。无论是对现实资本主义的批判还是对未来理想社会的设计，都是以机器大生产为其基本前提的。（5）他们把批判的矛头直接对准资本主义社会的全部经济基础和上层建筑，就其批判的深刻程度而言，远远超过了以往所有空想社会主义者。（6）他们对未来社会的若干重大原则做了较之先辈们更有价值的猜测，提出了许多天才的思想，为科学社会主义的创立提供了直接的思想材料。（7）他们生前就已拥有一批为数不少的信徒，形成了颇有影响的圣西门派、傅立叶派和欧文派。这些追随者继续宣传和阐释他们的思想，也都有些作为，但后来相继衰落，甚至堕落成保守乃至反动的宗派，最终消亡。

二、欧洲空想社会主义的是非功过

1. 空想社会主义的科学因素

空想社会主义者对资本主义的揭露与批判，为后人提供了研究资本主义早期发迹史的极

① 欧文. 欧文选集：第 1 卷. 北京：商务印书馆，1979：327.

② 欧文. 欧文选集：第 2 卷. 北京：商务印书馆，1981：153.

③ 同②131.

④ 同②150.

为珍贵的历史文献资料，也提供了启发工人阶级觉悟的极为宝贵的思想材料。更加重要的是，他们在预测和论证未来社会的基本原则的过程中，萌发了许多进步的、引导人类历史前进方向的思想，成为其后科学社会主义理论的重要思想来源。对此，我们归纳出以下一些要点：

（1）关于社会发展规律性的思想。圣西门、傅立叶和欧文已经开始把人类历史看成一个有规律的前进过程，并已认识到每一新社会制度的出现都是过去全部历史发展的必然结果，每一社会都包含着前一社会制度的残余以及未来社会的萌芽。资本主义制度代替封建制度与奴隶制度取代原始社会都是历史的一种进步，而资本主义社会也不过是旧的封建制度和未来社会制度之间的一个“中间的和过渡的体系”①。

（2）关于废除私有制和雇佣劳动制度，建立公有制为基础的新社会的思想。空想社会主义者把私有财产看成是一切罪恶的根源，认为雇佣劳动造成贫富两极分化，所以要消灭罪恶、实现公平，就要废除私有制和雇佣劳动制度，人人参加劳动，实行“各尽所能”、“按劳分配”或“按需分配”。

（3）关于劳动改造与劳动光荣的思想。以莫尔、温斯坦莱等为代表，在强调理想社会人人都应当参加劳动的同时，又把劳动视为一种惩戒手段，要通过劳动改造挽救过错者与罪犯，这个思想有其合理成分。以康帕内拉、摩莱里等为代表，则把劳动视为公民的一种不可剥夺的权利，并提出了劳动光荣的思想。在他们看来，劳动不仅是创造物质财富的手段，而且也是锤炼人的优秀品质和良好道德的必要途径。

（4）关于有计划地组织社会生产的思想。几乎所有的空想社会主义者都注意到了生产无政府状态给社会造成的危害。他们在设计未来社会的生产模式时都强调有计划地组织社会生产的重要性，以克服盲目竞争所造成的人力、物力的浪费，做到人尽其才、物尽其用，促进生产力的发展和物质财富的生产，最大限度地满足人们的需要。他们还同时设想妥善地组织社会生活，实现生活的社会化。

（5）关于人的全面发展以及用新型分工代替旧式分工的思想。在他们的理想社会里，由于没有私有制，人人参加劳动，不再有贫富差别，人人都受到同样的教育，处于同样的生活环境，因此人人都将成为与旧世界的人完全不同的新人，人人都将得到全面发展。他们拥有新思想、新感情、新精神、新道德、新习惯、新语言和新的行为方式，人人都将获得最大的幸福和康乐。由于每个人都是全面发展的人，旧式的社会分工将被消灭，取而代之的是自由选择工种、自由调换工种，残酷的自由竞争也将被愉快的劳动竞赛所取代。在这里，每个人都是根据自己的兴趣进行工作的。

（6）关于建立一个和谐完美的社会的思想。在他们所构想的未来社会里，不再有残酷的竞争，不再有尔虞我诈，不再有贪婪、争讼、掠夺等一切罪恶与祸害，有的只是和谐与完美：不仅有和谐友爱的人际关系、和谐美满的两性关系，而且还有和谐完善的天人关系。

（7）关于大力发展科学，繁荣艺术，以促进人的全面发展的思想。在他们的理想社会里，应当尽善尽美地运用科学、艺术和工艺的现有知识来满足人们的需要，培养德、智、

① 圣西门．圣西门选集：第1卷．北京：商务印书馆，1979：252.

体各方面全面发展的人，使得人们不仅有高尚的道德修养，而且也有丰富的科学文化知识和才能。为了使人们有知识和熟悉科学艺术，就必须大力推进教育事业，而且要从幼儿教育开始。欧文在经营工厂时就创办了世界上第一个工人幼儿园和模范学校。对此，马克思曾给予高度评价，认为在欧文那里，“从工厂制度中萌发出了未来教育的幼芽，未来教育对所有已满一定年龄的儿童来说，就是生产劳动同智育和体育相结合，它不仅是提高社会生产的一种方法，而且是造就全面发展的人的唯一方法”[①]。

(8) 关于消灭城市与乡村、工业与农业、脑力劳动与体力劳动之间的对立和差别的思想。在莫尔的乌托邦里，就已有了消除城乡对立的思想。到了傅立叶、欧文那里已发展得相当完善和成熟。傅立叶的法郎吉就是一种城乡结合、工农业生产结合、脑力劳动与体力劳动结合、教育与生产劳动结合、生产与消费结合的新型协作组织。欧文的共产主义劳动公社是一个城乡和谐的有机整体，是体力劳动与脑力劳动相结合、消灭了阶级特权和阶级差别的共产主义联合体。

(9) 关于缩短工时的思想。在他们所设计的未来社会里，由于生产、生活的社会化与计划化，由于劳动成了人们生活的第一需要，劳动的效率大大提高了，人们每天只需劳动很少的时间便可以满足社会生产的需要，其余时间则被用来安排学习或娱乐。在乌托邦，人们每天的工作时间为 6 小时；在太阳城，则为 4 小时。维拉斯提出了把一天分为 3 个相等的部分，分别用于劳动、娱乐和休息。欧文也曾明确表示，利用百年来的发明和发现，可以在每天不到 4 小时的劳动条件下，拥有丰裕的、质地优良的产品，以满足每个社会成员的需求。

(10) 关于未来社会分配制度的设想。温斯坦莱、欧文、德萨米主张人人尽其所能，各取所需。其条件是社会产品极大丰富，“超过了他们全部需求，以致任何个人积累的欲望都将完全消失”[②]，同时，人们又有很高的觉悟，保证每个人都将勤奋劳动，杜绝浪费。圣西门认为个人的收入应同他的才能和贡献成正比，傅立叶提出了按资本、劳动和才能的一定比例进行分配，即劳动占 5/12，才能占 3/12 或 2/12，资本占 4/12 或 5/12，或者劳动占 3/6，资本占 2/6，才能占 1/6。圣西门的学生们进而从老师的思想中提炼出“按能力计报酬，按工效定能力”的分配原则。欧文主张按需分配，但在改造资本主义社会的实践中，欧文又是按劳分配的积极实行者。他曾“根据借助劳动券交换劳动价值相等的等价物的公平的劳动原则”[③]，进行过“劳动产品公平交换市场”的实验。

(11) 关于民主政治与法治建设的思想。温斯坦莱等人都主张权力要受到有效的制约，公职人员由人民定期选举产生，并可以随时撤换，滥用职权者会及时受到惩罚；管理者不享受任何特权。温斯坦莱在社会主义史上第一个明确提出国家公职人员不应是人民的“老爷”，而应该成为人民的“公仆”[④]。空想社会主义者都反对世袭制，不过，也有早期的空想者主张把最高职务同终身制或长期任职联系起来，但是对管理者手中的权力要实施有效的制约和监督。一些空想社会主义者明确提出了依法治理国家和社会的主张。在莫尔的乌

① 马克思，恩格斯. 马克思恩格斯选集：第 3 卷. 2 版. 北京：人民出版社，1995：673.
② 欧文. 欧文选集：第 1 卷. 北京：商务印书馆，1979：355.
③ 欧文. 欧文选集：第 2 卷. 北京：商务印书馆，1981：202.
④ 温斯坦莱. 温斯坦莱文选. 北京：商务印书馆，1982：34.

托邦里，人人精通法律，人人遵守法律。太阳城简单而明确的法律条文就悬挂在神殿的柱子上，人们一看就明白。温斯坦莱则更明确主张人民选举代表组成议会来制定法律，而政府的真正生命力就在于认真执行法律。摩莱里等人也都阐述了诸如用法律维护社会公益、保护公民权利及在法律面前人人平等等法治思想。

（12）关于实现理想制度的方法与途径的设想。大致可分为两大类。其一是主张通过革命、战争的办法用暴力推翻旧制度，建立一个崭新的世界，如闵采尔、马布利、巴贝夫等人。其二是主张通过社会改良消除现存社会的弊病，最终实现理想的社会目标。有的主张自上而下的改革，如温斯坦莱、圣西门、傅立叶等人。有的主张通过教育和宣传唤起整个社会的关注，如摩莱里、欧文等人。也有人主张通过示范的办法向社会推广自己的理想制度，如莫尔认为，通过乌托邦的示范，由乌托邦人派出优秀官员去治理别的国家，就可以把理想社会普遍建立起来。欧文、卡贝等人更是积极投身于创建示范区的实践。

（13）关于建立一个精干的职业革命家组织的思想。闵采尔、巴贝夫、布朗基等人在进行革命活动过程中认识到组织的重要性。为策动起义，闵采尔曾先后在德国许多地方组织了“上帝选民同盟”，这些组织在德国农民战争中发挥了很大的作用。巴贝夫也曾建立平等派密谋组织的中央委员会，并在巴黎各区都设有联络员及军事代表，同人民群众保持着密切的联系，随时准备发动武装起义。后来，邦纳罗蒂又组织过烧炭党。布朗基早年参加过烧炭党，后来又亲自参与组织或领导组织过“家族社”“四季社”“布朗基战斗队”等秘密组织，以及公开的俱乐部“中央共和主义社”等，一次又一次地筹划武装起义。

（14）关于过渡时期的思想。巴贝夫根据法国阶级斗争的实际和雅各宾专政的经验，最早提出人民革命胜利后要实行人民专政，经历一个逐步以公有制代替私有制的过渡时期的主张，并制定了逐步废除私有制、实现公有制的过渡措施。欧文及其弟子约翰·布雷也有比较明确的关于过渡时期的思想。卡贝认为，这个过渡时期根据各国不同情况可以是30年、50年或100年。在这段时间里，“需要保留镇压手段”①。德萨米也认为革命胜利后需要一个短暂的“过渡时间”，“以慎重而又迅速的步伐一直向着目标前进”②。

（15）关于实行和平外交政策的思想。乌托邦人和太阳城人实行和平睦邻政策，与外部世界保持着良好的经贸关系与友好往来。温斯坦莱则明确表示可以与不同社会制度的国家进行经济往来。圣西门认为，未来社会组织的使命就“在于为各国人民建立持久和平，使他们联合起来打倒企图损害全人类公益而自肥的民族”③。欧文主张民族之间精诚团结和合作，公社外交机构的成员将到世界各地去建立友好关系，“最后把全世界联合成为一个只被共同的利益联系起来的伟大的共和国”④。卡贝坚持与一切国家友好的原则，“尽可能不去干涉邻国的事务，让他们自己去处理自己的事情”，“不要企图加速共产制度在各个国家的建立，而是相信只要这种制度在伊加利亚试验十分成功，就能对所有其他民族有好

① 卡贝. 伊加利亚旅行记：第2、3卷. 北京：商务印书馆，1978.
② 德萨米. 公有法典. 北京：商务印书馆，1982：270，279.
③ 圣西门. 圣西门选集：下册. 北京：商务印书馆，1962：255.
④ 欧文. 欧文选集：第2卷. 北京：商务印书馆，1981：150.

处，反过来，要是别的国家急急忙忙地试验，效果不好，便反而会对伊加利亚的试验不利"①。

（16）关于国家消亡的思想与未来社会管理的思想。莫尔的乌托邦废除了监狱、警察等暴力机关，国家的主要职能改变为对内组织社会生产和生活管理，对外巩固国防。圣西门认为未来社会权力的主要职能将不再是"以人力作用于人"，而是"把人力作用于物"，即将由对人的统治变成对物的管理和对生产过程的领导。这就需要也有可能"按照最有利于生产的方式组织起来"，充分发展生产，为整个人类造福②。在欧文的共产主义劳动公社里也没有军队、警察、法庭和监狱，不需要再使用暴力。也就是说，随着公社民主制度的发展，国家也就失去了作用，失去了它继续存在下去的理由。

（17）关于人口发展规划与人口平衡的思想。莫尔在《乌托邦》中提出了规划人口发展以及实行社会人口的有计划流动的思想。傅立叶把"劳动引力，均衡分配；阶级融合，人口平衡"看成是未来和谐社会的基础。其中的"人口平衡"，就是指社会消费者的人数必须与社会生产力的水平保持平衡，即"把人的数目限制到与衣食生计相称"，以"适应生活资料和需求之间的正确比例"③。他警告说，如果人类社会仍然找不到有效的办法控制人口的增长，纵然发现了使产量达到四倍，甚至达到一百倍的办法，也是枉然。欧文也认为，必须进行周密的研究，制定出合理的规章，以防止出现有害于公社制度发展的人口过剩问题④。

（18）关于妇女解放的思想。在莫尔设计的乌托邦共和国里，男女在受教育、劳动、担任公职等方面都享有同等的权利。在康帕内拉的太阳城里，妇女也与男子一样参加劳动。圣西门提出妇女拥有与男子同等的政治权利，有选举权和被选举权。欧文也明确表示，在新社会，应该彻底改变妇女的地位，实行男女平权。最明确、最全面地阐述妇女解放思想的是傅立叶。他把妇女地位的历史演变视为考察社会制度性质的一个重要特征。他认为，在原始社会，男女是自由结合的。蒙昧时代，由于家庭经济的出现，妇女降到了从属地位；到了野蛮时期，妇女已完全处于被奴役的境地；在文明制度下，妇女成了商品，处于被侮辱的悲惨境地。在傅立叶的和谐社会里，家务劳动将被各种公共服务事业所代替，儿童的养育完全由社会承担，妇女完全从旧的家庭束缚中解放了出来，获得了与男子平等的社会经济地位和政治地位。傅立叶"第一个表述了这样的思想：在任何社会中，妇女解放的程度是衡量普遍解放的天然尺度"⑤。

2. 空想社会主义的消极成分

空想社会主义的消极成分也是很多的，概括起来看，主要有以下几个方面：

（1）一些空想社会主义者的理想社会里还保留着奴隶与奴隶劳动。在乌托邦，每个家庭有两名奴隶，其他一些部门也有奴隶劳动。温斯坦莱的自由共和国里也有奴隶。在塞瓦兰，除生产奴隶和家奴外，每个城市的招待所里还安排有许多女奴，专门为来往客人提供

① 卡贝．伊加利亚旅行记：第1卷．北京：商务印书馆，1976：410-411.
② 圣西门．圣西门选集：第2卷．北京：商务印书馆，1982：307.
③ 傅立叶．傅立叶选集：第2卷．北京：商务印书馆，1981：52.
④ 欧文．欧文选集：第2卷．北京：商务印书馆，1981：26.
⑤ 马克思，恩格斯．马克思恩格斯选集：第3卷．2版．北京：人民出版社，1995：610.

色情服务。乌托邦和自由共和国的奴隶都有可能改变身份，塞瓦兰的奴隶则只能终身为奴。

（2）一些空想社会主义者的理想社会还保留着殖民地。在乌托邦，如果全岛人口超过规定的数量，他们就到邻近大陆无人的荒地上建立殖民地。如果当地人愿意与他们一起生活，就与之联合；而对不遵守乌托邦法律的当地人，乌托邦人就从为自己圈定的土地上将他们逐出。如果他们反抗，乌托邦就出兵讨伐。如果某个民族听任自己的土地荒废而不去利用，又不愿意把土地给依靠这片土地为生的其他民族使用，那么乌托邦人便认为这是向这个民族发动战争的绝好理由[①]。塞瓦兰人不仅强迫战败国每年向自己进贡，而且还在战败国派驻军队，在那里实施殖民统治[②]。

（3）一些空想社会主义者歧视妇女，甚至主张实行公妻制。摩莱里认为，未来社会政治制度的实质是父系家长民主制。他认为只要给予男性家长以重任并发挥其作用，就不会出现暴政。维拉斯则公然把多妻制视为最好的婚姻形式，男人有权纳女奴为妾，公职人员还可以占有比普通平民更多的妻子。康帕内拉主张理想社会应该废除家庭，实行公妻制。在太阳城，成年男女的结合是不固定的。出于优生学的考虑，那些体格健康、容貌俊美、品德优良的男女被组合在一起，担负起为太阳城繁衍健康后代的使命；那些体弱有病、外表丑陋者则不许生育后代，而不能生育的女性则被宣布为公妻。

（4）一些空想社会主义者思想中包含着某种宗教神秘主义因素。太阳城是政教合一的国家，“太阳”既是政府首脑，又是最高祭司。太阳城人迷信占星术，从安排农事到男女交合都要事先观测天象，以便选择良辰吉日。太阳城还保留着人祭制度，即在必要时征选最圣洁的青年自愿献身，为整个太阳城赎罪。再如，圣西门主义者曾组织起等级森严的教会，并有自己一套独特的祈祷书、赞美诗和礼拜仪式，甚至有自己的《新圣经》和两位“最高教父”。而傅立叶的学说本身就充斥着神秘主义色彩，如“情欲引力”论、人的 810 种性格论、人类社会的 8 万年 32 个时期论以及所谓的“行星交配”等奇谈怪说。

（5）一些空想社会主义者公开倡导平均主义和禁欲主义。摩莱里的《市政法》和《取缔奢侈法》规定，所有城市的供求关系和住房的设计都要相同，形式都要一样；公共仓库和公共会议厅的结构也要整齐划一；所有 10～30 岁的人都要穿同一式样、同一质料的衣服，服装颜色均按行业划分；每个公民都有一套工作服和一套节日服装。马布利认为以贫困、自制、节制和勇敢为自豪的古代斯巴达人是幸福的，他倡导全体居民应发扬斯巴达式的精神，过苦修苦炼的生活。他主张未来的共和国要节制欲望，不要技艺，也不要美术学院。他甚至提出先进民族应该像落后民族那样去生活。他的格言是：需求越少，幸福越多。

（6）一些空想社会主义者的思想中隐含着对社会生产劳动的偏见，潜藏着劳动不平等的思想。莫尔等人的劳动惩罚论实际上隐含着劳动是一种痛苦、一种不光彩的事情的思想，所以劳动惩罚论者才希望让有过错者或罪犯从事社会生产劳动或者从事脏活累活以示警戒。那么，日常生活中大量的脏活、累活和贱活应该由谁来做呢？唯一的办法就是保留

① 莫尔．乌托邦．北京：商务印书馆，1982：61．

② 维拉斯．塞瓦兰人的历史．北京：商务印书馆，1963：146－147．

奴隶和奴隶劳动。这就是莫尔与温斯坦莱等人的最终的解决办法。傅立叶的和谐社会里没有奴隶，最后他只能荒诞地求助于儿童：他认为儿童有爱玩脏东西、在泥泞中打滚的习惯以及不畏讥笑的心理和爱抗争的癖性，所以可以安排他们去干各种脏活。

(7) 相当一部分空想社会主义者把社会变革的希望寄托在某一个人或者少数几个人的身上。具体可分为如下四种类型：其一，把希望寄托于某位百年甚至千年难遇的天才或圣哲的身上。如乌托邦里的乌托普王、太阳城里的太阳王、塞瓦兰人的总督塞瓦利斯等都是这类人物。其二，把自己视为真理的化身和再次降临人间的救世主。如圣西门认为，决定世界命运的天才人物几千年才出一个。人类历史上第一位天才是苏格拉底，而他则是继承苏格拉底的第二个天才。其三，把希望寄托在统治者的身上。温斯坦莱曾把他的代表作《自由法》直接“敬献”给摄政王克伦威尔，希望他能够“设法把英国被压迫的平民自由占有土地和享受自由这一点固定下来”①。圣西门多次上书拿破仑，希望他能采纳自己的社会改革方案。傅立叶声称，要兴办实验性法郎吉，“说服一位影响很大的国君是个决定性的步骤”②。欧文也曾向英国维多利亚女王、沙皇尼古拉一世、美国总统、法国临时执政府、英国议会以及神圣同盟的各国君主发出过呼吁，希望他们能协助建设共产主义社会。其四，把希望寄托在少数革命家组成的密谋组织的身上，如闵采尔、巴贝夫、布朗基、魏特林等人认为革命成功的必要条件是少数人的密谋和突袭，革命成功后建立起来的革命专政也“是那些进行突袭的少数人的专政，而这些人事先又被组织在一个人或某几个人的专政之下”③。

(8) 某些空想社会主义者的思想带有明显的政治极端主义色彩。其一，对理想社会赖以存在的物质基础认识不足，认为只要把理想社会的方案发明出来，任何时候、任何地方都可以把它付诸实践。于是，空想家们忙于兜售自己的各种“万应灵药”，而革命家们则四处奔走，急于制造革命或输出革命。其二，一些空想社会主义者之间往往互不相容，搞关门主义，唯我独尊，垄断真理。恩格斯在批评魏特林时，曾非常形象地刻画了这一类人的特点：他自认为“口袋里装有一个能在地上建成天堂的现成药方，并且觉得每个人都在打算窃取他的这个药方”④。其三，实行或主张实行残酷斗争、无情打击的自我孤立主义政策。如闵采尔要求，“对那些拒绝参加兄弟会、促进基督教的共同利益的人，不同他们来往，也不赞成任何人同他们一起吃、喝、做买卖、推磨、钓鱼、耕田、耙地”。“任何参加我们联盟的人违背了这些条文，他也同样地要受到世俗的斥革⑤，受到如同开除教籍的惩罚，和妻子儿女一起被赶到敌人那边去”⑥。他视所有世俗的诸侯、贵族、骑士以及所有的僧侣、神父、修女、主教都是敌人。其四，迷信暴力，冒险蛮干，把泄愤与破坏视为革命。如魏特林甚至把革命成功的希望寄托在流氓无产者的身上，并扬言如果革命失败了的

---

① 温斯坦莱．温斯坦莱文选．北京：商务印书馆，1982：88.

② 傅立叶．傅立叶选集：第2卷．北京：商务印书馆，1981：339.

③ 马克思，恩格斯．马克思恩格斯选集：第3卷．2版．北京：人民出版社，1995：244.

④ 马克思，恩格斯．马克思恩格斯选集：第4卷．2版．北京：人民出版社，1995：198.

⑤ 所谓“世俗的斥革”，是指对反对建立“天国”的人，不同他们往来，不给他们任何生活资料，让他们孤立而死。这是一种从物质到精神各方面孤立打击异见者的政策。

⑥ 世界通史资料选辑（中古部分）．北京：商务印书馆，1974：344.

话，可以采取所谓的最后的手段，即组织两万名勇敢机智的壮汉组成军队，翻倒和搜查钱柜、货橱，把里面的东西像垃圾一样抛在大街上。

（9）一些空想社会主义者的理想社会里还保留着最高领导人的职务终身制。乌托邦的总督虽然是秘密投票产生的，但是终身任职。太阳城的四位最高领导人“太阳”、“威力”、“智慧”和“爱”都不是由选举产生，也不是由人民更换，而是只有在公民中出现了才智、道德等方面高于他们的人时才主动让贤。在摩莱里那里，未来社会的政权组织形式是最高首脑领导下的家长民主制，家长由一家之父担任；若干家庭组成部族，族长由各家家长轮流担任，市长由各族族长轮流担任，省长由各市市长轮流担任；全国的最高首脑则由各省省长轮流担任，全都是终身任职。他还一再肯定君主制，认为由一位“仁慈”的、一心一意为民效劳的君主来管理国家是最理想的政治制度。

（10）一些空想社会主义者的理想社会里，还保留着官员的特权和不同的阶级。塞瓦兰公职人员不仅可以得到比普通平民更高的报酬，享有更好的宅第、饮食、服饰，拥有一定数量的奴隶，还可占有更多的妻子，像市长这样的高级管理人员还拥有自己独占的狩猎区和别墅。即便到了 19 世纪的圣西门和傅立叶那里，他们的理想社会里事实上仍然存在着实业家与工人之间、富人与穷人之间实质上的不平等关系。圣西门主张保留资本主义私有制，把企业主、商人和银行家吸收到他的实业制度中来，要他们主持开凿运河、铺设道路、架设桥梁，允许他们保留剥削收入，过豪华生活。在傅立叶的未来社会中还保存着生产资料私有制，富有的资本家可以凭个人持有的股份资本获得高额股息，享有比一般人更高的物质待遇和特权。

3. 空想社会主义的历史局限性和进步性

按照马克思、恩格斯的论述，空想社会主义的历史局限性主要表现在如下四个方面：

（1）空想社会主义者忽视历史发展的必然性，崇拜幸运的偶然性，宣扬天才论和英雄史观。在他们看来，“天才人物是在现在出现，真理正是在现在被认识到，这并不是历史发展的进程所必然产生的、不可避免的事情，而纯粹是一种侥幸的偶然现象。这种天才人物在 500 年前也同样可能诞生，这样他就能使人类免去 500 年的迷误、斗争和痛苦”①。沿着空想社会主义者的思维逻辑走到终点，最后得出的答案也只能是“应该由贵人、贤人和智者来统治”②。

（2）空想社会主义者看不到人民群众特别是广大无产阶级群众的力量，因而始终没能找到改造现实社会的物质力量。“他们看不到无产阶级方面的任何历史主动性，看不到它所特有的任何政治运动”，“在他们的心目中，无产阶级只是一个受苦最深的阶级”③，从而把改造现实社会的历史责任赋予了某个天才人物。即便是那些革命的“实干家”们，如巴贝夫等人，也只是把希望寄托在少数人的密谋上。

（3）空想社会主义者离开阶级斗争去设计、谈论和实践社会主义，他们的设想便不能不是空话，他们的实践活动也不能不充满幼稚的幻想。即便有少数人如圣西门等一定程度

① 马克思，恩格斯．马克思恩格斯选集：第 3 卷．2 版．北京：人民出版社，1995：722.
② 马克思，恩格斯．马克思恩格斯全集：第 10 卷．2 版．北京：人民出版社，1998：318.
③ 马克思，恩格斯．马克思恩格斯选集：第 1 卷．2 版．北京：人民出版社，1995：303.

上看到阶级和阶级斗争存在的事实，但由于他们没有认识到阶级斗争对社会发展的积极推动作用，甚至对阶级斗争和暴力革命持排斥和厌恶的态度，最终还是深信单靠阶级合作就能取得成功。

（4）空想社会主义者的理论基础是理性原则，他们从道德情感出发认同社会主义。无论是对现实制度弊病的批判、消除这些弊病的手段的提出，还是对未来理想方案的设计，都不是从现存物质生产实际和历史发展客观规律“发现出来”的，而只是凭着对人类理性的认识，凭着自己头脑的空想，凭着对现实制度的厌恶和愤怒，凭着对广大人民群众生存状况的同情和忧虑“发明出来”的。“这种**空论的社会主义**”“主要是幻想借助小小的花招和巨大的感伤情怀来消除阶级的革命斗争及其必要性；这种空论的社会主义实质上只是把现代社会理想化，描绘出一幅没有阴暗面的现代社会的图画，并且不顾这个社会的现实而力求实现自己的理想”①。“这种诉诸道德和法的做法，在科学上丝毫不能把我们推向前进；道义上的愤怒，无论多么入情入理，经济科学总不能把它看作证据，而只能看作象征。”②

马克思、恩格斯并不因为空想社会主义者具有历史局限性而简单地予以否定或谴责，而是对产生这种历史局限性的客观社会基础做出了深刻分析。他们认为，“不成熟的理论，是同不成熟的资本主义生产状况、不成熟的阶级状况相适应的”③，因为“新的社会制度所产生的冲突还只是开始形成”，“解决社会问题的办法还隐藏在不发达的经济关系中，所以只有从头脑中产生出来”。“于是，就需要发明一套新的更完善的社会制度，并且通过宣传，可能时通过典型示范，从外面强加于社会。这种新的社会制度是一开始就注定要成为空想的，它越是制定得详尽周密，就越是要陷入纯粹的幻想。”④

空想社会主义者尽管存在历史局限性，但在欧洲16世纪初至19世纪初这三百多年的资本主义新兴的时代，它始终站在时代的前沿，充当时代的先锋，要把资本主义推进到更新的社会主义时代。

空想社会主义虽然是无法实现的空想，但它是早期无产阶级的世界观，是现代无产阶级先驱者思想的理论表现。空想社会主义者是“无产者阶级的理论家”⑤。在空想社会主义的学说中，已经包含着科学社会主义的思想萌芽，它为马克思、恩格斯创立科学社会主义提供了重要的和直接的思想材料。在今天看来，空想社会主义中也包含着许多消极的、落后的成分，甚至还有不少属于糟粕性的东西。但是，对于后人而言，“判断历史的功绩，不是根据历史活动家**没有提供**现代所要求的东西，而是根据他们比他们的前辈**提供了新的东西**”⑥。这应该成为我们评价空想社会主义历史意义的首要的和基本的标准。

空想社会主义在资本主义上升时期的发展历史体现了社会主义思想与时俱进的品格。资本主义从家庭手工简单协作到手工工场再到机器工业的发展，使空想社会主义也从低级到高级，从萌芽、生长不断走向成熟，其基本趋势是科学因素不断增加，而玄思幻想越来

① 马克思，恩格斯．马克思恩格斯选集：第1卷．2版．北京：人民出版社，1995：461-462.

② 同①492.

③④ 马克思，恩格斯．马克思恩格斯选集：第3卷．2版．北京：人民出版社，1995：724.

⑤ 同①155.

⑥ 列宁．列宁全集：第2卷．2版．北京：人民出版社，1984：154.

越少。在那个时代，空想社会主义在某种程度上代表着或者预示着历史前进的总体趋向，都是该时期时代精神的组成部分或时代精神的激进表现。早期的空想社会主义者们利用了宗教改革、地理大发现等社会新潮，随后的空想社会主义者把当时最先进的自然法和理性论引入自己的学说，19 世纪的空想社会主义者则广泛利用了资产阶级革命和产业革命的积极成果。总体上看，空想社会主义经历了一个由原始基督教的“平等”“公有”观念到抽象的自然法观念，再到比较科学的历史观的过程。它把资产阶级的革命引向深入，对资产阶级革命的成果做出有利于广大人民群众利益的解释。当空想社会主义随着时代发展而不断丰富和发展的时候，它在三百多年的历程中，终于从共产主义思想的微光经由直接的共产主义思想发展成为本来意义的社会主义和共产主义的体系，即圣西门、傅立叶、欧文等人为代表的批判的空想的社会主义和共产主义，从而为科学社会主义的诞生准备了条件。

但是，“批判的空想的社会主义和共产主义的意义，是同历史的发展成反比的”①。到 19 世纪 40 年代，空想社会主义逐渐丢掉了与时俱进的品格，不再随着社会的发展而发展，这时它便不可避免地成了时代的落伍者，并为一种新的更能代表无产阶级利益、更有权利作为无产阶级的理论武器的科学社会主义所取代。那些依然坚持着空想社会主义学说的思想家们，也逐渐堕落成了反动的或保守的社会主义者，甚至从无产阶级的立场退到了小资产阶级乃至资产阶级的立场上去了。而那些在无产阶级已经正式登上政治斗争的舞台之后仍继续坚持密谋革命的实践家们，即便没有沦落为个人恐怖主义分子和极端无政府主义者，至多也只能算是“过去一代的革命家”② 了。

空想社会主义对当代的启示在于，其一，我们要不断发掘其积极成分，从历史中汲取营养，把社会主义先驱者的优秀思想不断发扬光大，把社会主义先驱者所开创的伟大事业不断推向前进。其二，“虽然我们不应该否定这些社会主义的鼻祖，正如现代化学家不能否定他们的祖先炼金术士一样，但是我们应该努力避免重犯他们的错误，因为我们犯这样的错误将是不可饶恕的”③。值得我们深思的是，自从科学社会主义诞生以来，人们还一直连续不断重犯空想社会主义的错误。而且在当今资本主义国家和社会主义国家，依然还有人思想脱离实际，还在重新产生新的空想社会主义。

第二节　马克思、恩格斯的科学社会主义的诞生

一、近代欧洲工人运动的发展呼唤科学社会主义理论

18 世纪中期以后，除了政治领域持续不断的动荡与革命之外，欧洲各主要国家的社会经济领域也开始发生多米诺骨牌式的剧烈变革：一方面，科学革命引发技术革命，技术革命带动产业革命，产业革命则催生了近现代意义上的工厂制度；另一方面，发轫于英国

① 马克思，恩格斯. 马克思恩格斯选集：第 1 卷. 2 版. 北京：人民出版社，1995：304.

② 马克思，恩格斯. 马克思恩格斯选集：第 3 卷. 2 版. 北京：人民出版社，1995：244.

③ 同②230.

的这一连锁式的社会变革迅速波及欧洲大陆以及远离欧洲大陆的北美，法国、德国、瑞士、比利时、西班牙、美国等国家相继跟进。到19世纪上半叶，欧洲几个主要资本主义国家已相继完成或基本完成从工场手工业向机器大工业的过渡，其他国家的产业革命也有了长足发展。

由蒸汽化带动的产业革命极大地推动了社会生产力的提高和发展。用复杂的机器生产代替简单的手工劳动，突破了人的生理局限，为科学技术广泛应用于生产领域开辟了广阔的前景，使得整个社会的生产力得到了过去时代从未有过的大发展。而社会生产力的巨大发展则为资本主义最终彻底战胜封建制度提供了强大的物质技术基础。大机器生产代替手工劳动，工厂制度在西欧国家主要生产部门的普遍确立，使得这些国家的社会生产关系随之发生全面的变革，资本主义的社会生产方式最终取代了封建主义的社会生产方式。而资本主义的国家政治制度等上层建筑的确立则进一步巩固了资本主义的经济基础和生产方式。总之，资本主义现代化的实现使封建资本主义发展到自由资本主义的新阶段，从而整个社会的面貌发生了巨大而深刻的变化。

产业革命第二个方面的后果是，资本主义社会基本矛盾即生产社会化与资本主义私人占有之间的矛盾正在逐步暴露出来，周期性的经济危机越来越严重。1825年英国爆发了第一次全国性的生产相对过剩的经济危机。此后几乎每隔10年左右就会爆发一次大规模的经济危机，而且一次比一次严重。1836年英国再次爆发的经济危机波及美国。1847年的经济危机则席卷了整个欧洲和美国，形成世界性的经济危机。每当危机到来时，商业停顿、产品滞销、银行倒闭、信用凋敝、工厂关门、失业人数暴增，社会一片萧条景象，广大工人和人民群众的生活陷入困顿和灾难之中。经济危机的周期性爆发向人们显示了资本主义基本矛盾日益激化的事实，同时它也促使有识之士去深入探讨这一社会病态现象的根源，并努力寻求消除这一社会病态现象的道路。

产业革命第三个方面的后果是，它不仅创造了一个工业资本家阶级，而且也创造了一个人数远远超过资本家阶级的现代工业无产阶级。社会阶级两极分化的趋势越来越显著：一方面是财富日益集中到少数资本家手里，另一方面是广大的手工业者和农民日益沦为无产阶级，而无产阶级的贫困化也在日益加剧。现代的工业无产阶级与历史上的奴隶阶级和农民阶级虽然都属于劳动阶级和被压迫被剥削阶级，但他们又有许多不同的特点。奴隶一次性地出卖自己的身体，而现代的无产者则必须长年累月地、每周每日地出卖自己的劳动力；不管奴隶的生活条件多坏，奴隶主总会给他们提供最低的生活保障，而无产者一旦失业就会生活无着，走投无路；奴隶不受竞争的影响，无产者却时时处处都处于激烈的竞争中。农民是小私有者，拥有自己的一块土地和一些生产工具，生活多少有些保障，而无产者却一无所有，生活没有任何的保障可言，只能终生出卖自己的劳动力。从这个角度来看，现代无产阶级的地位比之过去的奴隶和农民的地位更悲惨，尤其在欧洲社会处于由传统农业社会向近代工业社会转型的历史时期更是如此。但是，就历史发展的总趋势而言，随着社会生产力的不断提高和劳动阶级的不断斗争，其处境还是不断改善的。现代工业无产阶级冲破了狭小的自然经济的束缚而直接与新科技革命和社会化大生产相联系，是社会化新生产力的代表，他们置身于资本主义市场经济的广阔天地，是自由的雇佣劳动者，流动性大，视野宽广，拥有过去奴隶阶级和农民阶级所未有的先进性。他们被现代化大生产像军人一样地组织起来，一旦其自身的阶级觉悟被唤醒，便会爆发出过去奴隶阶级和农民阶级从未有过的组织性和战斗性。他们积极参加了资产阶级反对封建主义的斗争，经受过现代资产阶级民主革命的洗礼及近代民主自由观念的熏陶，对现代市民社会公民的政治权利有着深刻的理解和认知。在这个意义上，资产阶级已经不自觉地把自己的教育因素即反对自身的武器给予了无产阶级①。

现代无产阶级反对资产阶级的斗争从它产生那一天起就开始了。这种斗争最初是以自发的形式出现的。18世纪末19世纪初席卷整个欧洲的“卢德运动”就是这种斗争的典型表现形式。约在1779年由英国人卢德首先发动了一种自发的工人抗争。这时，工人们主要不是反对资本主义生产关系，而是攻击生产工具本身：他们捣毁机器，烧毁工厂，毁坏外国商品。但是，随着现代无产阶级队伍的日益扩大及其所受资本家剥削程度的日益加重，个别工人和个别资本家之间的冲突开始越来越具有两个阶级冲突的性质。工人开始成立反对资本家的联合组织，如互助会等，有些地方斗争转变成了起义。工人阶级在斗争中受到锻炼，日益成熟起来。他们越来越认识到自身的力量、组织的力量和联合的力量。19世纪30—40年代，西欧的工人运动已从产业革命初期破坏机器的自发斗争，发展成有组织的、大规模的政治罢工和武装起义。其中最著名的是1831年和1834年法国里昂丝织工人起义，1836—1848年英国工人的宪章运动以及1844年德国西里西亚纺织工人起义。这三大工人运动标志着欧洲的现代工人运动进入了一个新的独立的政治运动时期。

与早期的工人运动相比，以这三大工人运动为标志的近代欧洲产业工人运动开始表现出如下三个新特点：(1) 无产阶级明确地、公开地提出了自己的政治主张，把斗争的主要矛头直接对准了整个资产阶级和资本主义制度。早期工人运动是资产阶级革命运动中最革命、最彻底的部分。资产阶级在反对封建贵族和国外其他资产阶级的斗争中，都不得不寻求无产阶级的援助，这样就把无产阶级卷进了资产阶级的政治运动。在这个阶段，工人完全是一个纯粹客观意义上的自在的阶级，也可以说是资产阶级的助手。三大工人运动表明，工人运动开始进入独立发展的阶段。这时无产阶级的斗争目标已经不再局限于革命民主主义和改善生活条件，而是有了自己明确的政治要求。如法国里昂工人在起义中提出了争取民主共和国和工人参政的要求；英国工人在全国性的宪章运动中要求在民主的基础上实行普选，要求获得参加国家管理的权利；德国西里西亚工人在起义中提出了反对私有制、反对资本主义剥削的主张。这些新情况表明，这一时期的工人运动已开始具有广泛的政治性质。(2) 无产阶级逐渐抛弃破坏机器等原始斗争手段，转而采取罢工、游行示威直至武装起义等形式反抗资产阶级，开始尝试走向联合、走向团结，在一次又一次的失败中开始成熟起来，逐渐由一个自在的阶级走向自为的阶级。大工业所造成的日益发达的交通工具，使工人阶级的这种联合得到发展，从而把许多性质相同的地方性的斗争汇合成全国性的斗争，汇合成阶级斗争。在三大工人运动中，法国的里昂工人与德国的西里西亚工人都采取了公开的武装起义反抗资产阶级的方式，而英国的宪章运动则是针对资产阶级政权的“世界上第一次广泛的、真正群众性的、政治上已经成型的无产阶级革命运动”②。

---

① 马克思，恩格斯．马克思恩格斯选集：第1卷．2版．北京：人民出版社，1995：282.

② 列宁．列宁选集：第3卷．3版．北京：人民出版社，1995：792.

(3) 无产阶级开始建立起许多政治性组织。如德国的流亡者同盟(1834年)、正义者同盟(1836年),法国的四季社(1837年),英国的全国宪章派协会(也称“宪章党”,1840年)等。英国的全国宪章派协会一度拥有400多个地方组织,曾被恩格斯称为“近代第一个工人政党”①。

欧洲三大工人运动表明,无产阶级已经开始作为独立的政治力量登上历史舞台,无产阶级和资产阶级之间的斗争也开始占据欧洲主要资本主义国家的重要地位。为了更有成效地进行反抗资产阶级的斗争,无产阶级迫切需要科学理论的指导,亟须在理论上弄清楚:无产阶级在现实社会中处于一个什么样的地位,无产阶级与资产阶级之间的阶级冲突与阶级斗争的社会根源是什么,资产阶级与无产阶级两大阶级之间的冲突与斗争是否可以调和,无产阶级是否应该以及是否能够改变社会现实,无产阶级自身有没有能力解放自己,无产阶级应该采取什么样的途径才能更有效地进行社会变革,无产阶级是否应该进行夺取政权的斗争,如此等等。这样,适应时代的呼唤,抛弃陈旧的空想社会主义学说,适时地进行理论创新,为蓬勃发展的工人运动提供科学的指导,便成了摆在社会主义理论家面前的一个重大课题。马克思、恩格斯顺应时代发展的需要,在批判地吸收前人优秀理论成果的基础上,促成了社会主义由空想向科学的转变,创立了科学社会主义理论,为无产阶级的解放事业提供了强有力的理论武器。

二、马克思、恩格斯把社会主义从空想发展为科学

1. 马克思、恩格斯从唯心主义转向唯物主义,从革命民主主义转变为共产主义

卡尔·马克思(1818—1883)和弗里德里希·恩格斯(1820—1895)是科学社会主义理论共同的创始人。在青年学生时代,他们都是激进的革命民主主义者和黑格尔唯心主义辩证法的信奉者。后来,他们通过各自的艰苦探索,几乎同时完成了从革命民主主义者向共产主义者的转变。

马克思出身于德国一个学识渊博的犹太律师之家。他在故乡莱茵省特利尔市一所中学毕业后,于1835年至1841年间先后就读于波恩大学和柏林大学的法律系。但是他对哲学特别感兴趣。其间,他先是接受了黑格尔的唯心主义辩证法学说,并积极参加了青年黑格尔派反对封建主义的活动;随后,在费尔巴哈形而上学唯物主义哲学的影响下,他又开始转向唯物主义。大学毕业后,他于1842年10月至1843年3月期间出任《莱茵报》主编,广泛接触到社会生活的现实,开始了世界观和政治立场的根本性转变。1843年秋,马克思迁居巴黎,一方面得以同富有斗争精神的法国工人领袖与工人组织保持密切联系,另一方面得以有机会系统地进行理论研究工作。1843年9—12月,马克思为《德法年鉴》创刊号(1844年2月出版)撰写了《论犹太人问题》和《〈黑格尔法哲学批判〉导言》两篇重要文章。在《论犹太人问题》中,马克思阐述了“政治解放”和“人类解放”的根本区别,提出了把人类从一切社会压迫和政治压迫下解放出来的思想。在《〈黑格尔法哲学批判〉导言》中,马克思第一次阐述了人类解放和无产阶级的历史作用的关系,提出了无产阶级是实现社会主义的物质力量的思想。同时,马克思还论述了先进理论与无产阶级之间

---

① 马克思,恩格斯. 马克思恩格斯选集:第3卷. 2版. 北京:人民出版社,1995:712.

的关系：“哲学把无产阶级当作自己的**物质**武器，同样，无产阶级也把哲学当作自己的**精神**武器”，“**德国人的解放**就是**人的解放**。这个解放的**头脑**是**哲学**，它的**心脏**是**无产阶级**”[①]。这两篇文章的发表，标志着马克思世界观和政治立场的转变彻底完成。

恩格斯出身于德国一个纺织厂厂主之家。他在家乡巴门市上小学，后在爱北斐特市中学没有读完最后一年就被迫到他父亲的公司当办事员。1841—1842 年在柏林服兵役期间，他到柏林大学旁听哲学课，接受了黑格尔的唯心主义辩证法思想。1842 年 11 月，恩格斯奉父命到英国曼彻斯特经商。在英国期间，他利用业余时间深入工厂和工人住宅，参加工人集会，调查英国工人阶级的实际状况，并结识了宪章运动的活动家，同时对哲学、政治经济学、社会主义学说等进行了深入研究。这些活动对恩格斯思想观点的变化起了决定性作用。在 1844 年 2 月《德法年鉴》的创刊号上，恩格斯也发表了两篇文章：《国民经济学批判大纲》和《英国状况——评托马斯·卡莱尔的〈过去和现在〉》（写于 1843 年至 1844 年 1 月）。在前一篇文章中，恩格斯“从社会主义的观点考察了现代经济制度的基本现象，认为那些现象是私有制统治的必然结果”[②]。通过对资产阶级政治经济学的批判，他论述了废除私有制的必要性。在后一篇文章中，他批判了卡莱尔的英雄史观，并通过对英国社会各阶级的分析，得出了只有无产阶级才是代表未来的阶级的结论。这样，恩格斯在英国期间完成了世界观和政治立场的转变，而这一转变几乎是与马克思同时完成的。

1844 年 8 月，马克思和恩格斯在巴黎再次会面，并结成了终生不渝的战友（1842 年 11 月恩格斯在赴英国途中访问科伦的《莱茵报》编辑部，初次结识马克思）。从此，他们共同进行了大量的理论研究工作，积极参加工人运动，批判各种资产阶级和小资产阶级思潮，共同完成了创立科学社会主义理论的历史任务。

2. 马克思、恩格斯批判地吸收德国古典哲学的精华，创立了历史唯物主义

德国古典哲学的最高成就是黑格尔的辩证法和费尔巴哈的唯物主义。黑格尔的巨大历史功绩在于他第一次“把整个自然的、历史的和精神的世界描写为一个过程，即把它描写为处在不断的运动、变化、转变和发展中，并企图揭示这种运动和发展的内在联系”[③]。费尔巴哈的贡献则是：他在批判黑格尔的唯心主义时，恢复和发展了唯物主义。马克思、恩格斯批判地吸收了黑格尔辩证法的合理内核和费尔巴哈唯物主义的基本内核，并把唯心主义从社会历史领域中驱逐出去，创立了历史唯物主义，为分析繁芜丛杂的社会历史现象提供了强有力的理论武器。

唯物史观认为，人类社会的发展是一个有着自身规律性的进化过程。生产以及随生产而来的产品交换是一切社会制度的基础；在每个历史地出现的社会中，产品分配以及和它相伴随的社会之划分为不同阶级，是由生产什么、怎样生产以及怎样交换产品来决定的。所以，一切社会变迁和政治变革的终极原因，不应当在人们的头脑中、在人们对永恒真理和正义的认识中去寻找，而应当在生产方式和交换方式的变更中去寻找。在人类社会的整个历史发展中，社会存在决定社会意识。互相斗争的社会阶级任何时候都是生产关系和交

① 马克思，恩格斯．马克思恩格斯选集：第 1 卷．2 版．北京：人民出版社，1995：15，16.
② 列宁．列宁选集：第 1 卷．3 版．北京：人民出版社，1995：93.
③ 马克思，恩格斯．马克思恩格斯选集：第 3 卷．2 版．北京：人民出版社，1995：736-737.

换关系的产物，即都是自己时代的经济关系的产物。每一时代的社会经济结构形成现实的基础，而每一历史时期由法律设施和政治设施以及宗教的、哲学的和其他的观点所构成的全部上层建筑，归根到底都是应该由这个基础来说明的。就人类历史发展的长过程来看，阶级和阶级斗争的存在是同生产力发展的一定水平相适应的。在阶级社会，阶级斗争是社会发展的直接动力。随着生产力的进一步发展，阶级社会最终将会为更高阶段上的无阶级社会所取代。

马克思、恩格斯运用历史唯物主义的方法具体研究资本主义社会所得出的结论是：资本主义只是人类历史上的一种特定的生产方式，它存在着不可克服的矛盾，即生产的社会化与生产资料的私人占有之间的矛盾。这个矛盾具体表现为单个企业生产的有组织性与整个社会生产的无政府状态之间的矛盾，其经济上的表现便是周期性经济危机的持续不断的爆发，它给整个社会带来巨大的破坏性后果。资本主义基本矛盾的尖锐化发展，表现在阶级关系上，便是无产阶级与资产阶级之间的矛盾和斗争越来越激化。作为社会的主体力量、社会的绝大多数，无产阶级有权利也有责任使用包括暴力手段在内的一切社会变革手段，改变这个不合理、不公正的社会，解放自己并最终解放全人类，实现共产主义新社会。社会主义和共产主义不是某个天才人物的偶然发现，而是社会生产力和社会矛盾发展的必然结果。科学社会主义理论的任务不再是去苦思冥想出一个尽善尽美的社会制度，而是研究资本主义矛盾的发展过程，从中找出解决矛盾的办法。

3. 马克思、恩格斯批判地吸收英国古典政治经济学的精华，创立了剩余价值理论

英国古典政治经济学的代表人物是威廉·配第、亚当·斯密和大卫·李嘉图。他们提出了劳动价值理论，论证了劳动创造的价值乃是工资、利润和地租的源泉，认为工人、地主和资本家是构成当时资本主义社会的三大基本阶级，并区分了与之相适应的三种基本收入：工资、地租和利润。马克思认为，“斯密认识到了剩余价值的真正起源”①，而“李嘉图揭示并说明了阶级之间的经济对立”②。马克思在批判地吸收英国古典政治经济学的基础上，深入研究了资本主义的本质，揭露了资本主义剥削的秘密，提出了剩余价值学说。

剩余价值学说认为，劳动力成为商品是剩余价值生产的先决条件。资本家在市场上按劳动力一天的价值购买了这种有特殊使用价值的商品后，强迫他整天工作。假如工人在一天中某一段时间的劳动中就能创造出补偿其生活费用的产品，那么他在这一天其余的时间里生产的就是资本家不付报酬的产品，这部分价值完全被资本家无偿地拿去了。这就是剩余价值的来源、资产阶级财富的来源，这就是资本主义生产方式的秘密。在这里，马克思完全摒弃了空想社会主义对资本主义的纯粹道义的谴责，而是用经济学的方法说明了资本主义的本质，揭露了资本主义社会的发展规律，并找到了改变资本主义社会、实现共产主义新社会的革命阶级即现代产业无产阶级，同时也提出了“剥夺剥夺者”这一改造资本主义社会的现实途径。对于剩余价值学说创立的意义，恩格斯后来曾明确指出：“这个问题的解决是马克思著作的划时代的功绩。它使明亮的阳光照进了经济学领域，而在这个领域中，从前社会主义者像资产阶级经济学家一样曾在深沉的黑暗中摸索。科学社会主义就是

① 马克思，恩格斯. 马克思恩格斯全集：第26卷（Ⅰ）. 北京：人民出版社，1972：58.
② 马克思，恩格斯. 马克思恩格斯全集：第26卷（Ⅱ）. 北京：人民出版社，1973：183.

以此为起点，以此为中心发展起来的。”[①] 当然，在科学社会主义初创时期，剩余价值理论还没有后来在 1867 年出版的《资本论》中表述得那样完备，但是，马克思在 1847 年所著《哲学的贫困》及关于雇佣劳动和资本的讲演中就已经非常清楚地弄清了剩余价值是怎样产生的。

此外，我们还要看到，现代资本主义社会的科学文化的发展也为科学社会主义的诞生提供了丰厚的文化底蕴和思想材料。在自然科学领域，以能量转化学说、细胞学说和进化论为代表的一系列重大发现和成果，有力地打击了唯心主义和形而上学，为辩证唯物主义和历史唯物主义的创立提供了科学的依据和基础。资产阶级启蒙运动中所高扬的民主主义、自由主义、人道主义以及理性主义等都成了科学社会主义诞生的思想文化背景。正是在这个意义上，恩格斯认为，“现代社会主义”，“就其理论形式来说，它起初表现为 18 世纪法国伟大的启蒙学者们所提出的各种原则的进一步的、似乎更彻底的发展”[②]。

4. 科学社会主义的诞生是马克思、恩格斯与形形色色的资产阶级、小资产阶级和空想社会主义思潮进行持续不断的斗争的结果，是社会主义理论与工人运动相结合的产物

马克思、恩格斯完成世界观的转变之后，一方面需要进一步清理自己的思想，完善自己的理论，清算形形色色的反动的、保守的或空想的社会主义思潮；另一方面则需要让更多的人接受自己的理论，直至这一理论成为工人运动的理论武器。而对于工人运动来说，要把反抗资产阶级的自发斗争变成自觉斗争，则需要用科学的理论武装自己。新的理论与工人运动之间的结合是由组织起来的工人阶级政党来完成的。

马克思、恩格斯于 1844 年 8 月在巴黎再次见面后，便开始了深入清理黑格尔唯心主义和费尔巴哈人本主义的联合行动。他们合作或分别撰写了《神圣家族》《关于费尔巴哈的提纲》《英国工人阶级状况》《德意志意识形态》《哲学的贫困》等著作。在这些著作中，他们批判了青年黑格尔派的唯心史观和费尔巴哈的人本主义，系统阐述了历史唯物主义的基本理论，并运用唯物史观阐述了实现共产主义的前提条件和共产主义社会的基本特征、无产阶级夺取政权的必要性和无产阶级的历史使命等重大理论观点，同时也初步阐述了剩余价值学说的基本思想。

马克思、恩格斯在创立自己新理论的过程中，同各种资产阶级、小资产阶级思潮进行了斗争，一方面更彻底地、直接和公开地批判了形形色色的空想社会主义，另一方面则借机推进自己的理论，同时也在这一过程中传播了自己的思想。这些斗争主要包括：批判正义者同盟的主要领导人、空想社会主义者魏特林，明确提出无产阶级应当而且必须首先和资产阶级一起参加资产阶级民主革命，为无产阶级革命创造条件；批判德国小资产阶级社会主义流派“真正的社会主义”，阐明了共产主义的宗旨是维护无产阶级的利益、通过社会革命扬弃私有制而代之以公有制的思想；批判蒲鲁东和海因岑的小资产阶级思想，论证了无产阶级革命的必然性。

马克思、恩格斯在创立科学社会主义理论的过程中，自觉地把自己的理论运用于工人

---

① 马克思，恩格斯．马克思恩格斯选集：第 3 卷．2 版．北京：人民出版社，1995：548.

② 同①719.

运动的实践，积极进行了建立无产阶级革命政党的活动，而工人运动和建党活动的实践反过来又丰富了科学社会主义理论。1846 年初，马克思、恩格斯在布鲁塞尔建立了共产主义通讯委员会，以便加强各国共产主义团体之间的联系，传播共产主义思想，为建党做思想上和组织上的准备。在这一过程中，通过对各国共产主义团体的了解，他们把工作重点放在改造正义者同盟上。正义者同盟原是流亡在英法等国的德国手工业工人于 1836 年建立的工人政党组织。马克思、恩格斯在批判了魏特林、“真正的社会主义”等思潮，从思想上完成了对正义者同盟的改造之后，又从组织上对它进行了改造。1847 年 6 月，正义者同盟在伦敦举行改组大会。根据马克思、恩格斯的提议，大会将正义者同盟更名为共产主义者同盟，用阶级观点鲜明的“全世界无产者，联合起来!”的口号取代了“四海之内皆兄弟”的旧口号，同时制定了同盟章程。这次大会成了共产主义者同盟第一次代表大会，它宣告了世界上第一个共产党的诞生。1847 年 11 月底至 12 月中旬，共产主义者同盟第二次代表大会在伦敦召开。大会经过长时间的辩论，最终完全接受了马克思、恩格斯提出的新理论，并委托他们为共产主义者同盟起草一个以科学共产主义理论为指导的纲领。会后，马克思、恩格斯经过充分协商，最后由马克思执笔完成了纲领的起草工作。这就是世界共产主义运动史上第一个周详的理论和实践的党纲——《共产党宣言》。1848 年 2 月 24 日《共产党宣言》的出版，标志着科学社会主义理论的诞生。

三、科学社会主义诞生的历史意义

科学社会主义的诞生把社会主义运动推进到一个新阶段。在过去，所谓社会主义运动的历史主要是思想运动的历史，实践运动始终没有占据主流地位。社会主义基本上局限于少数中上层知识分子的狭小圈子里，即便是从事革命活动的实践家，也往往局限于少数人的密谋活动。这样，社会主义始终是各种各样的思想家或准思想家们头脑里的东西，它始终越不出狭小的范围，始终无法变成真正意义上的社会运动。科学社会主义的诞生彻底改变了这种状况。它从一开始就强调要进行根本的社会变革，强调社会变革的主力军不是少数达官贵人和知识精英，而是最广大的无产阶级群众，强调理论只有掌握群众才能变成物质力量，强调理论要“把无产阶级当作自己的物质武器”[①]。也就是说，科学社会主义从它诞生之日起，就着意避免使自己陷入宗派主义和关门主义的泥潭，而是要把社会主义运动变成一个真正群众性的社会运动。事实上，社会主义运动也确实从此越出了狭小的范围，变成了波澜壮阔的社会运动。

科学社会主义的诞生把工人运动推进到了一个新阶段。在科学社会主义诞生之前的工人运动，只是一种零星的、自发的、更多表现为改善生存和生活条件的斗争。这时的无产阶级也只有在被当作客观存在着的受苦受难的群体时才被认为是一个阶级，也就是说，它还只是一个自在的阶级。科学社会主义的诞生彻底改变了这一状况，它把反对资本主义制度的理论武器交给工人群众，它加速了无产阶级由自在阶级向自为阶级的转变，无产阶级反对资产阶级的斗争也由自发的斗争转变成自觉的斗争。1848 年《共产党宣言》发表时，科学社会主义理论还没有为大多数工人群众所了解，它还只是受到极少数先进分子的欢

① 马克思，恩格斯．马克思恩格斯选集：第 1 卷．2 版．北京：人民出版社，1995：15.

迎。当它最初发出“全世界无产者，联合起来!”的号召时，响应者还寥寥无几。然而，随着科学社会主义理论在工人中间的广泛传播，真正意义上的工人运动在欧美各国以至全世界突飞猛进地发展起来了，各国无产阶级的联合也逐步变成了现实。工人阶级通过自己的政治斗争，显示了自己的阶级力量，夺得了诸如八小时工作制、政治选举权、劳工立法等一个又一个的重大胜利。

科学社会主义的诞生促进了社会主义运动与工人运动这两大运动合流，整个地改变了人类历史的发展方向。如前所述，在科学社会主义诞生之前，社会主义运动与工人运动虽然有某种交叉关系，但二者基本上是相互分离的独立运动，各自在自己的狭小圈子里发展。科学社会主义的诞生促进了这两大力量的合流：社会主义运动因为以工人运动为依托而找到了自己的载体，而工人运动也因为有了社会主义运动的理论指导而找到了自己的灵魂。正是这两大运动的结合，使得欧洲资本主义的发展遇到了前所未有的压力和挑战。从此，资本主义的每一步发展都被深深地打上了它的对立面即社会主义的印记，它不得不一次次地向工人阶级做出让步。在推动历史发展的诸多合力中，加进了一股足以改变其前进方向的、势头强劲的推动力量，人类历史的发展也因而出现了一个重大的转折。此后，在人类社会的发展进程中，时时处处都增添了抹不掉的社会主义的痕迹。

第三节　科学社会主义的基本原则

一、理解和把握科学社会主义基本原则的前提和依据

马克思、恩格斯在创立科学社会主义的过程中，通过对唯心主义历史观的清理，通过对空想社会主义以及形形色色社会主义思潮的批判，通过对资本主义社会基本矛盾与社会阶级结构的分析，通过对工人运动实践经验的总结，系统阐述了科学社会主义的基本原则。这些基本原则在科学社会主义创立时期的《共产党宣言》等经典著作中得到了明确、深刻的阐发。

我们认为，认清与把握科学社会主义基本原则，首先需要注意以下三点：

第一，要注意科学社会主义基本原则与马克思主义基本原则之间的联系与区别。广义的科学社会主义是马克思主义的同义语，而狭义的科学社会主义则是指作为马克思主义理论体系核心的社会主义理论。本书所阐述的科学社会主义的理论与实践，是采取狭义的科学社会主义，因此我们在把握科学社会主义的基本原则时不应与广义的科学社会主义即马克思主义的基本原则相混淆。明确这一点，就不会把马克思主义关于自然、社会、思维普遍发展规律的唯物辩证法的基本方法论原则纳入科学社会主义基本原则的范畴。

第二，要注意科学社会主义基本原则与历史唯物主义基本原则的联系与区别。如前所述，马克思、恩格斯把唯心主义从社会历史领域清除出去，创立了揭示人类社会发展规律的历史唯物主义，为分析繁杂的社会历史现象提供了锐利的武器。但历史唯物主义是关于人类社会发展最一般规律的科学，它所考察和分析的对象是整个人类社会发展史，它所提供的辩证唯物主义历史观和方法论也是观察与解剖人类社会总体发展的通则。而科学社会

主义则是研究改变资本主义、建设社会主义和共产主义的科学，它所研究的对象只是人类社会从资本主义发展到社会主义和共产主义这一特殊阶段的历史。它所提出的理论和方法，主要是针对这一特殊时段的。明确这一点，一般也不会把历史唯物主义关于社会发展一般趋势的看法，关于生产力与生产关系、经济基础与上层建筑的矛盾学说，关于阶级与阶级斗争的一般理论纳入科学社会主义基本原则的范畴。

第三，要注意科学社会主义基本原则与科学社会主义基本原理的联系与区别。一般说来，基本原理相对微观和具体，而基本原则则相对宏观与抽象；基本原则寓于基本原理之中，而又高于基本原理。在无产阶级为改变资本主义世界，建设社会主义、共产主义世界的过程中，会针对不同的具体问题形成许多具体的原理，而针对科学社会主义基本问题所形成的基本观点便属于科学社会主义的基本原理，贯穿于科学社会主义基本原理之中、又对科学社会主义的基本原理起着指导性作用的则属于科学社会主义的基本原则。例如，无产阶级必须掌握政权，取得政治统治权，这是《共产党宣言》所揭示的一条基本原则，而暴力革命与和平发展则属于无产阶级掌握政权的两条基本途径。因此，我们不应该把暴力革命的原理提升到基本原则的高度，尽管这一原理在科学社会主义理论体系中占有相当重要的地位。

我们对科学社会主义基本原则的理解就是以上述三点认识为前提和依据的。

二、科学社会主义的六项基本原则

我们把科学社会主义的基本原则归纳为以下六点：

1. 共产主义代替资本主义是一个客观的自然史进程

辩证唯物主义历史观是科学社会主义的理论基础和方法论依据，是统领其他基本理论的最高准绳。

马克思、恩格斯用辩证唯物主义历史观分析了整个人类社会从古代社会直到现代资本主义社会的历史。他们把生产方式的变革作为考察社会变迁与进步的基本范畴。按照《共产党宣言》的分析，资产阶级以前的社会是以乡村为主体的农业社会，这种社会的基本特征是保守、封闭和愚昧，其主要的生产和经营方式是手工劳动。这种社会具有极强的地域性和民族性特色。但是，科学和技术的革命推动了生产力的发展，而社会化劳动和城市为主体的现代工业发展的直接后果便是生产关系的变革。这样，农业社会的生产方式最终为现代工业社会的生产方式所取代。这便是从奴隶社会、封建社会到近代资本主义社会变迁的秘密所在。《共产党宣言》在精辟分析了由封建的生产方式到资本主义生产方式的变革过程之后指出：随着市场的扩大和需求的不断增加，工场手工业也不再能满足需要了。于是蒸汽和机器引起了工业生产的革命，现代大工业代替了工场手工业，大工业建立了由美洲的发现所准备好的世界市场。随着工业、商业、航海业和铁路运输业的扩展，资产阶级也在同一程度上得到发展，增加自己的资本，把中世纪遗留下来的一切阶级排斥到后面去。资产阶级的这种发展的每一个阶段，都伴随着相应的政治上的进展。《共产党宣言》总结说："封建的所有制关系，就不再适应已经发展的生产力了。这种关系已经在阻碍生产而不是促进生产了。它变成了束缚生产的桎梏。它必须被炸毁，它已经被炸毁了。""起而代之的是自由竞争以及与自由竞争相适应的社会制度和政治制度、资产阶级的经济统治和政治统治。”[①]

但是，随着资本主义的发展，生产方式的内在矛盾，即生产力与生产关系的矛盾又开始尖锐化了。于是，人们眼前又开始了类似的运动：资本主义的生产关系和交换关系，这个曾经仿佛用法术创造了巨大的生产资料和交换手段的现代资本主义社会，现在像一个魔法师一样不能再支配自己用法术呼唤出来的魔鬼了。资本主义工业和商业发展的历史，只不过是现代生产力反抗现代生产关系、反抗作为资产阶级及其统治的存在条件的所有制关系的历史。“资产阶级的关系已经太狭窄了，再容纳不了它本身所造成的财富了。”“资产阶级用来推翻封建制度的武器，现在却对准资产阶级自己了。”[②] 资产阶级不仅锻造了置自身于死地的武器，而且还造就了将要运用这种武器的人，即现代的产业工人阶级。资产阶级无意造成而又无力抵抗的工业进步，使工人通过结社而达到的革命联合代替了他们由于竞争而造成的分散状态。于是，随着大工业的发展，资产阶级赖以生产和占有产品的基础被从资产阶级的脚下挖掉了。“资产阶级的灭亡和无产阶级的胜利是同样不可避免的。”[③]

马克思认为，社会形态的变革与更替是“一种自然史的过程”[④]。一个社会，即使探索到了本身运动的自然规律，“它还是既不能跳过也不能用法令取消自然的发展阶段”[⑤]。“无论哪一个社会形态，在它所能容纳的全部生产力发挥出来以前，是决不会灭亡的；而新的更高的生产关系，在它的物质存在条件在旧社会的胎胞里成熟以前，是决不会出现的。”[⑥] 正是基于这种认识，马克思、恩格斯在揭露和批判资产阶级经济学家关于资产阶级社会的经济危机已经永远消除的种种观点的同时，也批判了革命队伍中存在的无视社会革命客观规律、企图人为地制造革命、输出革命的冒险主义和急于求成的倾向。

资本主义生产方式确立之后经过约两百年的发展，为什么迄今还有较为强大的生命力呢？《共产党宣言》早已指出：“资产阶级除非对生产工具，从而对生产关系，从而对全部社会关系不断地进行革命，否则就不能生存下去。”“一切固定的僵化的关系以及与之相适应的素被尊崇的观念和见解都被消除了，一切新形成的关系等不到固定下来就陈旧了。一切等级的和固定的东西都烟消云散了，一切神圣的东西都被亵渎了。”[⑦] 为什么资产阶级时代不同于过去一切时代，而必须对生产工具、生产关系、阶级关系和思想观念全方位地进行不断变革呢？其根本原因就在于，过去一切时代都是自然经济占优势，而资产阶级时代是商品市场经济越来越发达。资产阶级要想在市场经济的激烈竞争中求得生存与发展，就必须不断发展科技、改进生产工具、变革生产关系等，这样才能优胜劣汰。资产阶级既然还能在蒸汽化、电气化之后又带头掀起信息化科技革命，还能把私人资本发展为社会资本、国际资本、全球资本，逐步完善社会保障体系，这就说明资本主义还没有走到尽头。当今我们要清醒地认识到，资本主义从兴起到灭亡将是一个较长期的自然历史进程，不能

---

① 马克思，恩格斯．马克思恩格斯选集：第1卷．2版．北京：人民出版社，1995：277.
② 同①278.
③ 同①284.
④ 马克思，恩格斯．马克思恩格斯选集：第2卷．2版．北京：人民出版社，1995：102.
⑤ 同④101.
⑥ 同④33.
⑦ 同①275.

急躁冒进。那种认为当前资本主义基本矛盾正在进一步激化的判断是不符合客观实际的。

2. 无产阶级和广大人民群众是实现共产主义的主体力量

所谓由资本主义向社会主义、共产主义的发展是一个客观的、自然史的过程，并不是说不经过人的努力就能自发实现。共产主义的实现不是纯粹自然演进的产物，而是自觉斗争的成果。这里所谓的客观、自然史的过程，只是说，人类社会的“历史进程是受内在的一般规律支配的”①。一方面，“人们自己创造自己的历史，但是他们并不是随心所欲地创造，并不是在他们自己选定的条件下创造，而是在直接碰到的、既定的、从过去承继下来的条件下创造”②。另一方面，虽然在社会历史领域内进行活动的是有意识、有目的的人，任何事情的发生都不是没有自觉的意图、没有预期的目的的，但是，“最终的结果总是从许多单个的意志的相互冲突中产生出来的，而其中每一个意志，又是由于许多特殊的生活条件，才成为它所成为的那样。这样就有无数互相交错的力量，有无数个力的平行四边形，由此就产生出一个合力，即历史结果，而这个结果又可以看作一个作为整体的、**不自觉地**和不自主地起着作用的力量的产物。因为任何一个人的愿望都会受到任何另一个人的妨碍，而最后出现的结果就是谁都没有希望过的事物。所以到目前为止的历史总是像一种自然过程一样地进行，而且实质上也是服从于同一运动规律的”③。也就是说，“无论历史的结局如何，人们总是通过每一个人追求他自己的、自觉预期的目的来创造他们的历史，而这许多按不同方向活动的愿望及其对外部世界的各种各样作用的合力，就是历史”④。但这里既不存在历史决定论，也没有无所作为的空间，其实质只在于探明什么是自觉或不自觉地隐藏在历史人物的动机背后，并且构成历史的真正的最后动力的动力。而认识社会发展规律的目的，恰恰是要把握这些规律，驾驭这些规律，顺应历史潮流，自觉地、积极地推动历史的发展。在资本主义时代，在这个自觉地、积极地改变矛盾重重、弊端多多的资本主义社会中，推动历史前进的主体便是掌握着先进生产力的现代工人阶级。

与空想社会主义只是把无产阶级视为一个受苦受难的社会群体不同，科学社会主义把人类解放的历史使命直接赋予了无产阶级。在马克思那里，资本主义制度下的无产阶级与工人阶级是同义语。它是指没有自己的生产资料，因而不得不靠出卖劳动力来维持生活的现代雇佣工人阶级。无产阶级有两个相互联系的基本特征，即丧失生产资料和自由地出卖劳动力。无产阶级是随着资本主义的产生和发展而形成和壮大起来的。资本主义生产经历了简单协作、工场手工业和机器大工业三个阶段，相应地，无产阶级也经历了由帮工、学徒到手工业工人再到现代产业工人的发展过程。无产阶级处于资本主义社会的最底层，它受压迫最重，受剥削最深。它只有改变整个资本主义制度才能最终得到解放。而无产阶级的阶级特性又决定了在资本主义制度下的各阶级中只有它才能担负起改变旧制度、创立新制度的历史使命。无产阶级的阶级地位及资本主义社会化大生产的劳动条件决定了它与别的阶级相比较有着自身鲜明的阶级特性。首先，它是先进生产力的代表，是最有前途的阶级。其次，它最富有革命的彻底性和坚定性。因为它没有任何生产资料，“没有什么自己

① 马克思，恩格斯．马克思恩格斯选集：第4卷．2版．北京：人民出版社，1995：247.

② 马克思，恩格斯．马克思恩格斯选集：第1卷．2版．北京：人民出版社，1995：585.

③ 同①697.

④ 同①248.

的东西必须加以保护，他们必须摧毁至今保护和保障私有财产的一切”①。最后，它最有组织性和纪律性。因为机器大工业把工人像士兵一样地组织起来，大工业的连续性和高度集中养成了工人的组织性和纪律性。无产阶级的社会地位与阶级特性使它不仅有改变旧制度、建立新制度的愿望，而且能够担负起改变旧制度、建立新制度的历史使命。

但是，无产阶级自发地反对资本主义的斗争并不能够达到社会主义、共产主义的目标。工人阶级单靠自己的力量不会产生出社会主义学说，只能产生诸如必须结成工会、必须同厂主斗争、必须向政府争取颁布工人所必需的某些法律等信念。自发的工人运动也就是工联主义的运动，也就是纯粹工会的运动，而工联主义正是意味着工人受资产阶级思想的奴役。如前所述，科学社会主义的一大历史功绩就在于它促进了社会主义与工人运动的合流，既为社会主义运动提供了物质载体，又为工人运动的发展提供了理论武器。工人阶级逐渐由自在的阶级变成了自为的阶级，工人阶级反抗资本主义的斗争也逐渐由自发的斗争转变成了自觉的斗争。所谓自觉的斗争，是指工人阶级反抗资本主义的斗争不再是单单为了改善生存条件和经济生活条件，而是有了明确的政治目标，即改变资本主义制度，实现社会主义。所谓自觉的斗争，还指工人阶级反抗资本主义的斗争，不再是零星的、消极的、被动的个人的行动，而是有组织的、积极的、主动的阶级的行动。

工人阶级一旦充分认识到了自己的历史使命，就会满怀信心和决心去完成这种使命。他们的目的就是要解放那些由旧的正在崩溃的资本主义本身孕育着的新的社会因素。但是，工人阶级并不期望历史会出现奇迹。他们不是要凭一纸人民法令去推行什么现成的乌托邦。他们认识到，“为了谋求自己的解放，并同时创造出现代社会在本身经济因素作用下不可遏止地向其趋归的那种更高形式，他们必须经过长期的斗争，必须经过一系列将把环境和人都加以改造的历史过程”②。

社会主义、共产主义的实现不能仅靠工人阶级的单独行动。工人阶级还要善于联合最广大的人民群众，包括农民、手工业者、小市民，特别是众多的知识分子。《共产党宣言》中提出，资产阶级“把医生、律师、教士、诗人和学者变成了它出钱招雇的雇佣劳动者”③。“中间等级，即小工业家、小商人、手工业者、农民，他们同资产阶级作斗争，都是为了维护他们这种中间等级的生存，以免于灭亡。”④ 这些中间等级都是可以被争取为工人阶级的同盟军的。还要看到，旧社会瓦解的过程，“使得统治阶级中的一小部分人脱离统治阶级而归附于革命的阶级”⑤。正如马克思、恩格斯在《神圣家族》中所说的：“历史活动是群众的事业，随着历史活动的深入，必将是群众队伍的扩大。”⑥ 工人阶级只有联合最广大人民群众自觉进行持久奋斗，才能实现社会主义、共产主义。

3. 无产阶级政党的正确领导是实现共产主义的可靠保证

恩格斯晚年在总结历史经验时曾经郑重指出：“要使无产阶级在决定关头强大到足以

① 马克思，恩格斯．马克思恩格斯选集：第1卷．2版．北京：人民出版社，1995：283.

② 马克思，恩格斯．马克思恩格斯选集：第3卷．2版．北京：人民出版社，1995：60.

③ 同①275.

④ 同①282-283.

⑤ 同①282.

⑥ 马克思，恩格斯．马克思恩格斯全集：第2卷．北京：人民出版社，1957：104.

取得胜利，无产阶级必须（马克思和我从 1847 年以来就坚持这种立场）组成一个不同于其他所有政党并与它们对立的特殊政党，一个自觉的阶级政党。”① 能否建立一个自觉的社会主义、共产主义政党来正确领导工人阶级和人民大众的斗争是社会主义、共产主义事业成败的关键。为此，早在科学社会主义诞生之初，《共产党宣言》就阐明了无产阶级的政党学说，此后，马克思、恩格斯又进一步丰富和发展了这一学说。

首先，无产阶级社会主义政党是以科学理论为指导的政党。只有以科学理论为指导的党，才能发挥先进战士的作用。科学社会主义、科学共产主义理论是以辩证唯物主义世界观、历史观和剩余价值理论为坚实基础的科学理论，所有党员必须努力学习、牢固掌握这个科学理论，才能成为先进战士。同时，社会主义政党还要以这个科学理论为指导，结合本国实际，制定出奋斗纲领和行动路线，用以武装全体党员，这样才能使他们明确如何发挥自己的先进作用。马克思说过，一个政党的党纲就是要“在全世界面前树立起可供人们用来衡量党的运动水平的里程碑”②。也就是说，有没有一个好的党纲，一定程度上直接影响着无产阶级政党的政治命运。另外，“党的纲领应当避免对于个别作者或著作的明显的依赖性”③，那种简单地把个别领袖著作中的个别词句当作纲领条文的做法是有害无益的。一个政党是不是掌握了科学的理论，还要看这个党能不能把科学的理论与具体的实践相结合，能不能与时俱进，不断创新，保持理论的鲜活与生机。

其次，无产阶级的社会主义政党必须由先进分子组成。在马克思、恩格斯参与制定的第一个共产党（共产主义者同盟）的党章中，明文要求党员要承认共产主义，了解无产阶级革命的条件、发展道路和最终目的，参加党的一个组织，服从党的决议，保守党的秘密，积极完成党交给的任务，交纳党费，等等。《共产党宣言》指出，共产党同其他无产阶级政党不同的地方只是在于，一方面，在各国无产者的斗争中，共产党人强调和坚持整个无产阶级共同的不分民族的利益；另一方面，在无产阶级和资产阶级的斗争所经历的各个发展阶段上，共产党人始终代表整个运动的利益。共产党人既要为工人阶级的最近目的和利益而斗争，又要时刻牢记当前的运动同时代表着运动的未来，也就是说，共产党人在进行革命斗争的时候，要根据不同的时间、不同的地点、不同的条件采取灵活的办法把无产阶级反对资产阶级的斗争的长远目标和当前目标结合起来。

再次，无产阶级的社会主义政党是民主性的政党。政党具有五个特性，即政治性、组织性、阶级性、前沿性（站在政治斗争前沿）和民主性。如果缺失党内民主，政党就会蜕变为党魁专制独裁和奴役人民的工具。无产阶级社会主义政党的民主性主要表现在党的自身组织原则是民主制。坚持民主制的建党原则，就必须做到党的纲领、章程和重大决策都要经党的最高权力机关——党代表大会讨论通过。《共产党宣言》作为第一个共产党的党纲就是在共产主义者同盟第一次和第二次代表大会上经过充分讨论、先后草拟三稿才最后公布的。这两次代表大会制定的党章规定党的各级组织领导人都必须由民主选举产生，随时可以罢免；党代表大会必须实行年会制，即每年要召开一次党代表大会，以便依据形势

① 马克思，恩格斯．马克思恩格斯全集：第 37 卷．北京：人民出版社，1971：321.

② 马克思，恩格斯．马克思恩格斯选集：第 3 卷．2 版．北京：人民出版社，1995：296.

③ 马克思，恩格斯．马克思恩格斯全集：第 35 卷．北京：人民出版社，1971：195.

发展变化，及时总结实践经验，不断调整党的方针政策。中央委员会只是党代表大会的执行机关，而不是与代表大会并列的党的最高权力机关。对此，恩格斯曾明确表示，同盟“组织本身是完全民主的，它的各委员会由选举产生并随时可以罢免，仅这一点就已堵塞了任何要求独裁的密谋狂的道路”，“现在一切都按这样的民主制度进行”[①]。恩格斯在这里所说的“民主制度”当然包含有集中的内容，因为正常的民主都有必要的集中，如少数服从多数就是民主基础上的集中。实践证明，没有不集中的民主，却有不民主的集中，那就是官僚集中制。为了保证无产阶级政党有一个健全的队伍，就需要坚持不懈地同党内各种错误倾向进行斗争，及时清除党内的各种蜕变分子。但是，绝不能以此为借口清除党内持有不同政治观点和提出批评意见的人。恩格斯明确表示，每一个党的生存和发展通常都伴随着党内较为温和的派别和较为极端的派别的发展和相互斗争，这是正常现象。“谁如果不由分说地开除极端派，那只会促进这个派别的增长。”[②] 他把不分青红皂白开除反对派的现象称为“专横行为”，认为这种做法是一种“军事措施”，在和平时期是不可取的。“批评是工人运动生命的要素，工人运动本身怎么能逃避批评，禁止争论呢？难道我们要求别人给自己以言论自由，仅仅是为了在我们自己队伍中又消灭言论自由吗？”[③] 事实证明，党可能犯各种错误，但是只要有科学理论指导，又有健全的民主制度，就能及时纠正错误，充满生机和活力，而一个缺乏民主制度的党最终会不可避免地走向僵化，它的生机和活力会逐渐枯竭，它的战斗力也会逐渐被销蚀掉。

最后，社会主义政党还要密切联系人民群众。我们认为，政党政治具有五个特性，即公开性、群众性、竞争性、选择性和轮替性。社会主义政党要在社会上公开亮出自己的理论、纲领、路线、方针、政策，以争取广大人民群众的支持，以便在政治竞争中被群众首选，取得政权。在第一个共产党的章程中就要求党员始终不渝地用语言和行动来传播共产主义的原则并促其实现。1850 年的党章进而规定党“始终力求把无产阶级的一切革命力量团结在自己的周围并把它们组织起来”[④]。党只有密切联系群众，才能了解群众的疾苦和要求，制定切实为群众谋权益的方针政策，改进自己的工作，得到群众的拥护。

4. 人民政权是实现共产主义的途径和手段

国家政权是建立在一定经济基础之上的社会政治上层建筑的核心部分，它对于巩固、发展经济基础和推动整个社会发展起着非常重要的能动作用。资产阶级革命是资本主义经济已经在封建社会内部得到相当程度的发展之后发生的。所以资产阶级革命夺取政权可以说是革命的目的与结束。与以往的任何剥削阶级不同，对于无产阶级来说，掌握政权本身并不是革命的目的和结束，而是革命的手段和开始。掌握政权是为了运用国家政权的力量对资本主义社会进行根本性的改造，同时对社会主义社会进行奠基性建设。因此，《共产党宣言》指出，“工人革命的第一步就是使无产阶级上升为统治阶级，争得民主”，“无产阶级将利用自己的政治统治，一步一步地夺取资产阶级的全部资本，把一切生

---

① 马克思，恩格斯．马克思恩格斯选集：第 4 卷．2 版．北京：人民出版社，1995：200.

② 同①687.

③ 同①687－688.

④ 马克思，恩格斯．马克思恩格斯全集：第 7 卷．北京：人民出版社，1959：626.

产工具集中在国家即组织成为统治阶级的无产阶级手里，并且尽可能快地增加生产力的总量”①。

工人阶级和劳动人民通常要在社会主义政党的正确领导之下经过长期艰苦奋斗才能掌握政权。依据时代和国情的不同的特点，通往政权之路不外乎武装斗争或和平过渡，或两者互相配合。工人阶级和劳动人民如果是通过暴力革命夺取政权，就要打碎旧的国家机器，另起炉灶，重新建立国家政权；如果是通过议会民主和平掌握政权，那只能对旧的国家政权进行逐步改革和改造。马克思早就指出：“民主制是作为类概念的国家制度。君主制则只是国家制度的一种，并且是不好的一种。”②“君主政体的原则总的说来就是轻视人，蔑视人，**使人不成其为人**”③。工人阶级和劳动人民的国家政权只能采取民主制的共和国形式，而不能实行君主制或君主立宪制。工人共和国领导人应该实行权力制约制、职务任期制和民主选举制，而不应该是个人集权制、职务终身制和指定接班人制。工人共和国的各级官员应该是社会公仆、人民公仆，不能享有特权，要完善立法，实行法治，杜绝人治，防止社会公仆变为社会主人。凡是通过暴力革命取得政权的党一定要发展党内民主和人民民主，使党员有权利来选举党的领导人，使公民有权利来选举国家政权领导人，这样才能保证党的长期科学执政。凡是通过议会民主执掌政权的党，就要精心采取逐步渐进的方略，争取能够连续执政；更要做好在下届议会选举中落败的准备，以便总结经验教训，争取东山再起，重新执政。

工人阶级和劳动人民的国家政权通常要有社会主义政党的领导，但并非一党垄断国家政权，而要实行多党合作，要有党际民主。党际民主是政党民主的一项重要内容。政党政治是现代民主政治的典型形式，是现代资本主义商品市场经济竞争的政治产物。为了适应这种经济竞争，实行政党政治的资本主义国家通常都存在多种政党，实行多党制。不仅资产阶级政党之间是多党竞争，而且还有多种小资产阶级政党和工人政党参与竞争。一个成熟的无产阶级政党要善于联合其他工人政党和小资产阶级政党，这样才能避免单枪匹马、孤军作战、四面楚歌、陷于绝境。在共产党成立之前，已有英国工人的全国宪章协会、美国的土地改革派等工人政党在工人中活动。所以，《共产党宣言》指出，“共产党人不是同其他工人政党相对立的特殊政党”，共产党比起其他工人政党的特点应该是强调和坚持无产阶级不分民族的共同利益和整个解放运动的长远利益，“共产党人是各国工人政党中最坚决的、始终起推动作用的部分”④。为此，共产党在同其他工人政党合作中还要善于帮助他们、提高他们。《共产党宣言》还强调：“共产党人到处都努力争取全世界民主政党之间的团结和协调。”⑤ 在法国，共产党人同社会主义民主党联合起来反对保守的和激进的资产阶级；在瑞士，共产党支持小资产阶级激进派；在波兰，共产党人支持民族民主革命派。从《共产党宣言》第二章与第四章所表述的基本思想来看，共产党人无论是在夺取政权的斗争中还是在掌握政权之后，都要善于团结各民主政党协力前进。

---

① 马克思，恩格斯．马克思恩格斯选集：第1卷．2版．北京：人民出版社，1995：293.

② 马克思，恩格斯．马克思恩格斯全集：第1卷．北京：人民出版社，1956：280.

③ 同②411.

④ 同①285.

⑤ 同①307.

5. 实现共产主义要经历若干不同的历史发展阶段

马克思经过系统深入的研究之后指出，无产阶级掌握政权后，社会的发展将经历三个重大的历史时期或历史阶段，即过渡时期、共产主义社会的第一阶段和共产主义社会的高级阶段。通过对欧洲 1848 年革命和 1871 年巴黎公社革命经验的总结以及大量的经济事实的分析，马克思具体阐明了无产阶级专政和过渡时期的观点。1850 年，他依据法国革命的经验明确主张：“**推翻资产阶级！工人阶级专政！**”① 1852 年，他进而指出，在他之前很久，资产阶级历史学家和经济学家就已经分析过阶级和阶级斗争，“我所加上的新内容就是证明了下列几点：（1）**阶级的存在**仅仅同**生产发展的一定历史阶段**相联系；（2）阶级斗争必然导致**无产阶级专政**；（3）这个专政不过是达到**消灭一切阶级**和进入**无阶级社会**的过渡”②。1875 年，他在《哥达纲领批判》中更进一步说明，“在资本主义社会和共产主义社会之间，有一个从前者变为后者的革命转变时期。同这个时期相适应的也有一个政治上的过渡时期，这个时期的国家只能是**无产阶级的革命专政**”③。马克思一再讲到的无产阶级专政是指工人国家的阶级本质，工人国家体现了工人阶级的利益和意志，工人国家在工人和人民大众内部实现广泛的民主，只是对被推翻的资产阶级实行专政，这个“专政”主要并非暴力镇压（只镇压叛乱分子），而是要把不劳而获的资本家逐步改造成为自食其力的劳动者，要全面改造旧社会，全面建设新社会。马克思认为，经过过渡时期的“长久阵痛”之后分娩出来的新社会，“是刚刚从资本主义社会中**产生出来的**，因此它在各方面，在经济、道德和精神方面都还带着它脱胎出来的那个旧社会的痕迹”④。这便是共产主义社会的第一阶段。在这个阶段，社会还只能实行按劳分配原则。到了共产主义的高级阶段，社会又有了长足的发展。在这个阶段，“迫使个人奴隶般地服从分工的情形已经消失，从而脑力劳动和体力劳动的对立也随之消失”了；“劳动已经不仅仅是谋生的手段，而且本身成了生活的第一需要”；“随着个人的全面发展，他们的生产力也增长起来，而集体财富的一切源泉都充分涌流”，社会“完全超出资产阶级权利的狭隘眼界”，在自己的旗帜上明确写上了“各尽所能，按需分配”的原则⑤。这是一个崭新的社会形态，它是“在协作和对土地及靠劳动本身生产的生产资料的共同占有的基础上，重新建立个人所有制”⑥，它“在保证社会劳动生产力极高度发展的同时又保证每个生产者个人最全面的发展”⑦。只是到了这个时候，“人在一定意义上才最终地脱离了动物界，从动物的生存条件进入真正人的生存条件”，人才“第一次成为自然界的自觉的和真正的主人”。“只是从这时起，人们才完全自觉地自己创造自己的历史；只是从这时起，由人们使之起作用的社会原因才大部分并且越来越多地达到他们所预期的结果。这是人类从必然王国进入自由王国的飞跃。”⑧

马克思、恩格斯还认为，即便是发达的资本主义国家，也不可能在工人阶级掌握政权

① 马克思，恩格斯．马克思恩格斯选集：第 1 卷．2 版．北京：人民出版社，1995：400.
② 马克思，恩格斯．马克思恩格斯选集：第 4 卷．2 版．北京：人民出版社，1995：547.
③ 马克思，恩格斯．马克思恩格斯选集：第 3 卷．2 版．北京：人民出版社，1995：314.
④ 同③304.
⑤ 同③305-306.
⑥ 马克思，恩格斯．马克思恩格斯选集：第 2 卷．2 版．北京：人民出版社，1995：269.
⑦ 同③342.
⑧ 同③757-758.

后一蹴而就，立即实现社会主义，也要经历一个从资本主义到社会主义的过渡时期。《共产党宣言》第二章末尾指出："最先进的国家几乎都可以采取下面的措施：1. 剥夺地产，把地租用于国家支出。2. 征收高额累进税。3. 废除继承权。4. 没收一切流亡分子和叛乱分子的财产。5. 通过拥有国家资本和独享垄断权的国家银行，把信贷集中在国家手里。6. 把全部运输业集中在国家手里。7. 按照总的计划增加国家工厂和生产工具，开垦荒地和改良土壤。8. 实行普遍劳动义务制，成立产业军，特别是在农业方面。9. 把农业和工业结合起来，促使城乡对立逐步消灭。10. 对所有儿童实行公共的和免费的教育。取消现在这种形式的儿童的工厂劳动。把教育同物质生产结合起来，等等。"① 这十项措施，我们通称为十大最低纲领。概括地说，这十项措施可以说就是逐步改变所有制关系（在工业、农业、运输业、银行业等方面），改变工农关系，改变城乡关系，改变税收制度，改变劳动制度，改变教育制度，旨在加速生产力的发展，培养一代新人，逐步改造旧社会，同时逐步建设新社会。在落后国家，从资本主义到社会主义的过渡时期显然需要更加长久的时间，而且其任务也更加艰巨。落后国家在过渡时期首先要彻底清除封建主义社会遗留下来的自然经济、半自然经济、专制主义、家族主义、官僚制、等级制、家长制等，同时还要利用资本主义对国计民生的积极作用，绝不能急于过渡到社会主义。

6. 共产主义的最终目的是实现人的自由而全面发展

人类社会的发展史从某种意义上说也就是一部人类自身追求解放的历史，即追求人的自由而全面发展的历史，追求人类社会由必然王国向自由王国飞跃的历史。

自从猿进化为人以来，人类世世代代都在努力从艰险劳动中解放出来，从贫穷困苦中解放出来，从愚昧无知中解放出来，从自然灾害中解放出来，进入私有制阶级社会以来，还要从社会奴役中解放出来。实践证明，只有科技不断进步，社会生产力不断发展，人类才能逐步得到解放。资产阶级在它不到一百年的阶级统治中所创造的生产力，比过去一切世代创造的全部生产力还要多，还要大。资产阶级建立起了世界性的经济联系，地方式的自给自足和闭关自守被各民族的各方面的（政治的、经济的、文化的、生活的等）相互依赖所代替。人类的历史在资产阶级的统治下才真正变成了世界历史。但是，"**政治解放**本身还不是**人类**解放"②，即便是最激进的法国大革命和美国独立战争所产生的成果，也无非是私有制的政治形式。资本主义的产生及其发展是人类社会的一大进步，但是资本主义的剥削和压迫仍然未能实现人类自身的解放。只有扬弃资本主义私有制，人类社会才能最终摆脱种种奴役性的社会关系，才能最终成为自己自由结合的社会的主人，才能把高度发达的生产力用于增进全人类的福祉。只有到那个时候，"只有当人认识到自己的'原有力量'并把这种力量组织成为**社会**力量因而不再把社会力量当做**政治**力量跟自己分开的时候，只有到了那个时候，人类解放才能完成"③，"人在一定意义上才最终地脱离了动物界，从动物的生存条件进入真正人的生存条件"④，即"成为自然界的主人，成为自身的主人——自

① 马克思，恩格斯. 马克思恩格斯选集：第1卷. 2版. 北京：人民出版社，1995：293-294.

② 马克思，恩格斯. 马克思恩格斯全集：第1卷. 北京：人民出版社，1956：435.

③ 同②443.

④ 马克思，恩格斯. 马克思恩格斯选集：第3卷. 2版. 北京：人民出版社，1995：757.

由的人”①。

科学社会主义明确把扬弃资本主义私有制、实现无产阶级和人类的解放作为自己的目标。马克思早就指出，**“共产主义是私有财产即人的自我异化的积极的**扬弃，因而是通过人并且为了人而对**人的**本质的真正**占有**；因此，它是人向自身、向**社会的**（即人的）人的复归，这种复归是完全的、自觉的而且保存了以往发展的全部财富的。这种共产主义，作为完成了的自然主义，等于人道主义，而作为完成了的人道主义，等于自然主义，它是人和自然界之间、人和人之间的矛盾的**真正**解决”②。可见，共产主义与自然主义、人道主义是三位一体、不可分割的。

首先，科学社会主义认为，共产主义是对私有财产的积极扬弃，是人类克服自身异化，实现由“异化人”向自由人转变，最终达到人的彻底解放。而实现“异化人”向自由人的转变，必须具备三个基本条件：一是消灭资本主义剥削和压迫，使人人在经济上和政治上都成为自由人；二是克服劳动的异化，把劳动由人维持生存的手段变成人类本质的自由活动；三是作为社会个体的每个人的全面而自由的发展，即是说人类整体的解放要落实到每个个体的解放③。同时，我们还要认识到，当资本主义私有制的发展尚未达到最成熟阶段时，是不能急于消灭私有制的。马克思早就指出，“当使资产阶级生产方式必然消灭、从而也使资产阶级的政治统治必然颠覆的物质条件尚未在历史进程中、尚未在历史的‘运动’中形成以前，即使无产阶级推翻了资产阶级的政治统治，它的胜利也只能是暂时的，只能是**资产阶级革命**本身的辅助因素”④。倘若发生这样的情况，革命领袖将不得不遭遇的尴尬是：“**他所能**做的事，是和他一向的整个主张、他的原则、他的党的直接利益不相容的；**他所应**做的事，则是无法实行的。”⑤

其次，科学社会主义主张首先实现无产阶级的阶级解放，进而达到全人类的解放。空想社会主义的一个重要缺陷就在于他们“并不是想首先解放某一个阶级，而是想立即解放全人类”⑥。而在科学社会主义看来，“完成这一解放世界的事业，是现代无产阶级的历史使命”⑦。早在马克思主义形成初期，马克思就已明确指出：**“德国人的解放**就是**人的解放**。这个解放的**头脑**是**哲学**，它的**心脏**是**无产阶级**。”⑧ 在这里，马克思是把德国人的解放、人的解放和全人类的解放三者并列在一起的。当时他指望由德国人带头进行民主革命，实现政治解放，进而进行无产阶级世界革命，实现无产阶级和全人类的社会解放。《共产党宣言》以极其凝练的语言阐明了阶级解放与人的解放之间的辩证关系。它指出，当阶级差别在发展进程中已经消失而全部生产集中在联合起来的个人手里的时候，公共权力就会失去政治性质。原来意义上的政治权力是一个阶级用以压迫另一个阶级的有组织的暴力。如果说无产阶级通过革命使自己成为统治阶级，并以统治阶级的资格消灭旧的生产关系，那么

① 马克思，恩格斯．马克思恩格斯选集：第3卷．2版．北京：人民出版社，1995：760.
② 马克思，恩格斯．马克思恩格斯全集：第42卷．北京：人民出版社，1979：120.
③ 高放．高放自选集．北京：中国人民大学出版社，2007：672-673.
④ 马克思，恩格斯．马克思恩格斯全集：第4卷．北京：人民出版社，1958：331-332.
⑤ 马克思，恩格斯．马克思恩格斯全集：第7卷．北京：人民出版社，1959：469.
⑥ 同①721.
⑦ 同①760.
⑧ 马克思，恩格斯．马克思恩格斯选集：第1卷．2版．北京：人民出版社，1995：16.

它在消灭这种生产关系的同时，也就消灭了阶级对立的存在条件，消灭了阶级本身的存在条件，从而消灭了它自己这个阶级的统治。

再次，人类实现自身解放的社会形式是“自由人联合体”。《共产党宣言》指出，随着阶级的消失，“代替那存在着阶级和阶级对立的资产阶级旧社会的，将是这样一个联合体，在那里，每个人的自由发展是一切人的自由发展的条件”①。后来，马克思进而把“每个人的自由发展是一切人的自由发展的条件”② 的联合体更简明地表述为“自由人联合体”③。可见，建立“自由人联合体”才是共产党人最终的奋斗目标，才是共产主义的真谛。

最后，共产主义的实现不是人类历史的终结，而只是人真正作为人的历史的开始。科学社会主义不是“历史终结论”，它把共产主义作为最终的奋斗目标，只是就人类社会发展史的一个历史阶段即阶级社会而言的。“资产阶级的生产关系是社会生产过程的最后一个对抗形式”，“人类社会的史前时期就以这种社会形态而告终”④。显然，在马克思那里，整个资本主义之前的人类历史都处在人类的史前史时期。在这一历史时期内，社会规律总体上说是自发实现的。只有到了未来的理想社会即共产主义社会，人类才能够真正做到自觉地遵循、利用和驾驭社会规律，做到人的活动与社会规律的融合和统一，因此，共产主义所终结的只是阶级社会的历史，即人类社会的奴役史、异化史，而共产主义本身则不过是人类自由发展史的真正起点。正是在这个意义上，恩格斯曾反复强调，“我们没有最终目标。我们**是不断发展论者**，我们不打算把什么最终规律强加给人类”⑤。“历史同认识一样，永远不会在人类的一种完美的理想状态中最终结束；完美的社会、完美的‘国家’是只有在幻想中才能存在的东西；相反，一切依次更替的历史状态都只是人类社会由低级到高级的无穷发展进程中的暂时阶段。”⑥

我们认为，科学社会主义的基本原则主要有以上六项。这些原则是有机统一、缺一不可的，是必须遵循、不可背离的，是普遍适用、没有例外的，是长久有效、不会过时的，但这些原则的具体内涵又是与时俱进、不断丰富的。“科学社会主义基本原则不能丢，丢了就不是社会主义。”⑦ 但是，各国共产党人必须把这些原则与本国实际相结合，独立探索本国特色的社会主义。中国特色社会主义，既坚持了科学社会主义基本原则，又根据时代条件赋予其鲜明的中国特色，是“科学社会主义理论逻辑和中国社会发展历史逻辑的辩证统一，是根植于中国大地、反映中国人民意愿、适应中国和时代发展进步要求的科学社会主义”⑧。经过长期努力，中国特色社会主义已经进入新时代，这“意味着科学社会主义在二十一世纪的中国焕发出强大生机活力，在世界上高高举起了中国特色社会主义伟大旗帜”⑨。

---

① 马克思，恩格斯．马克思恩格斯选集：第1卷．2版．北京：人民出版社，1995：294.

② 马克思，恩格斯．马克思恩格斯全集：第39卷．北京：人民出版社，1974：189.

③ 马克思，恩格斯．马克思恩格斯选集：第2卷．2版．北京：人民出版社，1995：141.

④ 同③33.

⑤ 马克思，恩格斯．马克思恩格斯全集：第22卷．北京：人民出版社，1965：628-629.

⑥ 马克思，恩格斯．马克思恩格斯选集：第4卷．2版．北京：人民出版社，1995：216-217.

⑦ 习近平．习近平谈治国理政．北京：外文出版社，2014：22.

⑧ 同⑦21.

⑨ 习近平．决胜全面建成小康社会 夺取新时代中国特色社会主义伟大胜利：在中国共产党第十九次全国代表大会上的报告．北京：人民出版社，2017：10.

第四节　科学社会主义在19世纪后半叶的实践和发展

一、科学社会主义在19世纪后半叶的广泛传播

1. 马克思、恩格斯及一批马克思主义理论家和活动家积极传播科学社会主义

1848年欧洲革命失败后，马克思、恩格斯通过理论研究和宣传，以及指导各国的社会主义运动，极大地推动了科学社会主义的传播。

首先，出版一系列著作，发表大量文章，阐述和宣传科学社会主义理论。从19世纪50年代起，马克思潜心研究政治经济学。1859年发表《政治经济学批判》第一分册，1867年出版《资本论》第一卷。马克思还于1850年发表《1848年至1850年的法兰西阶级斗争》，1852年发表《路易·波拿巴的雾月十八日》，对欧洲1848年革命的经验教训进行总结。1871年发表总结巴黎公社革命经验教训的《法兰西内战》。恩格斯于1851年发表总结1848年革命经验教训的《德国的革命和反革命》，1879年发表《反杜林论》，1884年出版《家庭、私有制和国家的起源》，1886年发表《路德维希·费尔巴哈和德国古典哲学的终结》。此外，他们还发表、出版了大量其他的重要文章和著作。恩格斯还投入巨大的精力，从事马克思著作的整理、出版、再版和出版各种文字译本的工作。马克思、恩格斯一大批论著的发表和出版，极大地推动了科学社会主义的传播。

其次，在指导国际的以及各民族国家的工人运动和社会主义运动的实践中传播科学社会主义。1864年9月，马克思应邀出席国际工人协会（史称第一国际）成立大会，被选为总委员会委员，并担任德国通讯书记。此后直到1872年第一国际海牙代表大会，马克思一直担任上述职务。马克思为总委员会起草了包括《国际工人协会成立宣言》《国际工人协会临时章程》在内的众多重要文件，为第一国际制定了正确的政治纲领和组织原则，极大地促进了国际工人运动和社会主义、共产主义运动的发展和科学社会主义的广泛传播。恩格斯在1870年迁居伦敦后也被选入总委员会，并先后担任比利时、西班牙和意大利通讯书记。马克思逝世后，恩格斯独自担负起指导国际工人运动和社会主义运动的重任，指导并推动了1889年社会党国际（史称第二国际）的建立及其前期活动。除了指导第一国际和第二国际的活动，马克思、恩格斯还十分关心欧美第一批社会主义政党的建立和建设，帮助这些党制定正确的纲领、路线和策略方针。例如，德国工人运动的两派——1869年在爱森纳赫市成立的德国社会民主工党和拉萨尔于1863年成立的全德工人联合会在1875年实行合并的过程中，爱森纳赫派的主要领导人同意把拉萨尔派的观点写入合并后的党纲。马克思为此专门撰写了《对德国工人党纲领的几点意见》，即著名的《哥达纲领批判》，严厉批评了纲领中的拉萨尔主义观点。两派于1875年合并后，针对柏林大学讲师杜林对德国党的影响，恩格斯撰写了《反杜林论》，全面批判杜林主义，系统阐述了马克思主义。再如，马克思直接指导盖德和拉法格草拟了法国工人党1880年党纲草案，该党纲的导言部分是马克思口授的。1891年6月，恩格斯写了《1891年社会民主党纲领草案批判》，即《爱尔福特纲领草案批判》，批判了德国党内的右倾机会主义。

最后，在批判反动派、资产阶级和小资产阶级的攻击中，在与工人运动、社会主义运

动内部形形色色的非马克思主义思潮的斗争中传播科学社会主义。1848年革命失败后，德国反动当局制造了科隆共产党人审判案。为了反击反动派的诬蔑，为被捕的共产党人辩护，马克思、恩格斯分别撰写了《揭露科隆共产党人案件》《最近的科隆案件》等文章，先后在瑞士、美国等地发表。后来德国小资产阶级民主主义者卡尔·福格特出版《我对〈总汇报〉的诉讼》一书，诽谤马克思和共产主义者同盟，马克思又出版论战性的著作《福格特先生》一书，再次系统论述了共产主义者同盟的历史。1871年巴黎公社革命爆发后，马克思撰写文章介绍公社的情况，驳斥资产阶级对公社的诬蔑和攻击。巴黎公社失败后发表的《法兰西内战》，既是一部深刻总结巴黎公社经验教训的理论著作，也是一部为巴黎公社辩护的论战性檄文。这些著作、论文的发表，既批驳了敌人的种种诋毁和歪曲，又传播了科学社会主义。与此同时，在指导国际工人运动、社会主义运动的过程中，马克思、恩格斯对第一国际内部的拉萨尔主义、蒲鲁东主义、工联主义、巴枯宁主义，恩格斯对第二国际内部的无政府主义和右倾机会主义都进行了深刻的批判和不调和的斗争，捍卫和传播了科学社会主义。

在这一时期，除马克思、恩格斯外，一大批杰出的马克思主义理论家和活动家也为科学社会主义的广泛传播做出了重大贡献，如德国社会民主工党领袖威廉·李卜克内西、奥古斯特·倍倍尔、卡尔·考茨基，法国工人运动活动家茹尔·盖得和保尔·拉法格，英国工人运动活动家和马克思主义宣传家、马克思的女儿和女婿艾威林夫妇，俄国马克思主义宣传家和理论家格·瓦·普列汉诺夫，美国工人党（后改称北美社会主义工人党）领袖弗·阿·左尔格等。他们传播科学社会主义不只是简单地介绍、出版马克思、恩格斯的著作，还为科学社会主义结合本国实际做出了创造性贡献。例如，威廉·李卜克内西精辟地提出，“没有民主的社会主义是臆想的社会主义，正如没有社会主义的民主是虚伪的民主一样”。“未来将属于以民主为基础的社会主义和以社会主义为基础的民主。”这是社会主义思想史上第一次精辟透彻地分析社会主义和民主之间的辩证关系。再如，倍倍尔的理论著作《妇女与社会主义》是马克思主义文献中第一部详尽研究妇女问题的著作。又如，考茨基在社会主义思想史上首次提出“社会主义意识是一种从外面灌输到无产阶级的阶级斗争中去的东西，而并不是一种从这个斗争中自发产生出来的东西”。列宁对考茨基的这一思想极为推崇。在传播科学社会主义的过程中，第一国际和第二国际以及各国社会主义政党也都起了极其重要的作用。

2. 科学社会主义理论推进了世界社会主义运动的发展

科学社会主义的经典文献《共产党宣言》在1848年革命前夜出版时，马克思、恩格斯发出“全世界无产者，联合起来！”的号召，当时响应者“寥寥无几”[①]。1848年革命的失败更是使稚嫩的科学社会主义退到了舞台的后面。但是到19世纪60年代工人运动重新振作，1864年成立了工人自己的国际联合组织国际工人协会，即著名的第一国际。第一国际自成立起到1876年正式解散的12年间，先后在欧、美、非三大洲18个国家建立了支部，会员最多时近百万人。国际工人协会第一次实现了国际范围内的工人大联合，初步展示了国际无产阶级联合斗争的战斗力。第一国际先后召开过五次代表大会、两次代表会

① 马克思，恩格斯．马克思恩格斯选集：第1卷．2版．北京：人民出版社，1995：264.

议，通过了一系列决议，领导和支持了各国工人阶级开展积极的经济斗争和政治运动。例如，全力支持了 1866 年英国裁缝工人的罢工、1867 年伦敦火车司机和巴黎铜器工人的罢工、1868 年日内瓦建筑工人的罢工，积极支持了英国、法国、比利时等国的政治改革运动，声援了波兰起义和爱尔兰的民族解放斗争。在 1871 年的巴黎公社革命期间，国际工人协会对革命给予了高度关注和积极支持，许多成员直接参加了巴黎公社革命，公社挫败后，又积极营救和救济公社流亡者。国际工人协会的这些活动，有力地冲击了资本主义制度和资产阶级的统治，提高了工人群众的阶级觉悟。国际工人协会广泛传播了科学社会主义，初步奠定了科学社会主义在国际工人运动中的主导地位。马克思主义者在国际工人协会内部同工联派、蒲鲁东派、巴枯宁派、拉萨尔派进行了艰苦的斗争，使科学社会主义在同形形色色的社会主义思潮的交锋和斗争中得到传播。科学社会主义在欧美各国的广泛传播并逐渐与各国工人运动相结合，为欧美各国社会主义工人政党的建立奠定了思想和理论基础。从 19 世纪 70 年代起，欧美国家进入了一个普遍建立社会主义工人政党的时期。1869 年，德国社会民主工党成立。这是世界上第一个在民族国家范围内建立的以科学社会主义为指导的无产阶级政党。随后，一大批社会主义工人政党在欧美其他国家也相继建立起来，如瑞士社会民主党（1870 年）、丹麦国际工人联盟（1871 年）、瑞士工人联合会（1873 年）、匈牙利工人党（1873 年）、奥地利社会民主党（1874 年）、葡萄牙社会党（1875 年）、美国工人党（1876 年）、丹麦社会民主工党（1876 年）、丹麦社会民主联盟（1878 年）、捷克社会民主党（1878 年）、墨西哥社会党（1878 年）、法国社会党（1879 年）、西班牙社会党（1879 年）、比利时社会党（1879 年）、英国民主联盟（1881 年）、荷兰社会民主联盟（1881 年）、意大利工人党（1882 年）、波兰“无产者党”（1882 年）、比利时工人党（1885 年）、挪威工党（1887 年）、瑞典社会民主工党（1889 年）等。

欧美各国社会主义政党的建立和发展，为国际社会主义运动的发展发挥了积极的领导和促进作用。首先，各国社会主义政党推动了各国和国际工人运动的高涨。它们都在工人群众中积极从事广泛的宣传、鼓动和组织工作，支持和领导工人的罢工斗争，利用各种报刊和议会讲坛维护工人阶级的利益，争取劳工立法，成效显著。其次，各国社会主义政党出于宣传群众、组织群众的需要，出版和再版了马克思、恩格斯的多种著作。例如，《共产党宣言》在欧美各国被译成十多种文字出版并且多次再版，恩格斯 1880 年撰写的科学社会主义入门著作《社会主义从空想到科学的发展》十余年间也被译成十余种文字。一些工人运动领袖和马克思主义宣传家除出版马克思、恩格斯的著作之外，还撰写了宣传马克思主义、指导工人运动的理论著作，如德国卡尔·考茨基的《马克思的经济学说》，法国拉法格的《工人政党和资本主义国家》，俄国普列汉诺夫的《社会主义与政治斗争》《我们的意见分歧》等。科学社会主义在工人中的传播，对于提高工人觉悟、促进科学社会主义与各国工人运动的结合，有着十分重要的意义。最后，各国社会主义政党为新的无产阶级国际组织的形成和发展奠定了广泛的政党基础。第二国际便是建立在各国独立的社会主义政党基础之上的一个国际联合和协调组织。

包括十几个社会主义政党的第二国际于 1889 年成立。到 1914 年第一次世界大战爆发为止，已有约 30 个社会主义政党加入了第二国际。第一国际时期，国际社会主义力量主要限于欧洲和美国；第二国际时期，国际社会主义运动已拓展到世界各大洲，规模空前。

在这一时期，工人阶级采取了更加广泛多样的组织形式。它们以各国社会主义政党为主，同时辅之以工会、合作社、国际青年组织、国际妇女组织以及社会主义新闻工作者组织等群众组织与团体。

第二国际领导国际无产阶级进行了卓有成效的反对资本主义的斗争，推动了国际工人运动的发展。第二国际召开过的九次代表大会通过了关于国际劳工立法、关于经济斗争和政治斗争的关系、关于实行八小时工作制、关于废除夜班制、关于限制使用女工和童工、关于实施劳动保护法等决议，这些决议都是针对资本主义剥削制度而有利于工人阶级和广大劳动群众的。这些决议对于训练和教育工人阶级、提高工人阶级觉悟起到了巨大的积极作用。1889 年巴黎代表大会通过的关于纪念五一国际劳动节的决议，对于团结各国工人阶级共同战斗，尤其具有深远的历史意义。欧美许多国家的无产阶级及其政党为了贯彻国际的决议，开展了规模巨大的反对资本主义的各种抗议活动。在工人运动的强大压力下，不少国家政府不得不颁布一系列有利于保护工人利益的法律。在这一时期，各国社会主义政党在领导工人阶级开展反对资本主义的政治斗争中，自觉而广泛地运用了议会斗争这一有效武器，并取得了巨大的成就。1904—1909 年间，法国、奥地利、美国等 17 个国家的社会主义政党在议会选举中共得选票 800 多万张。德国社会民主党更是成绩斐然，逐渐成为国会中最大的党团。

第二国际极大地促进了科学社会主义的广泛传播。第二国际所属各党利用合法斗争的有利条件，通过党、工会、群众团体、议会讲坛，广泛地传播了社会主义思想。在这一过程中，马克思主义者在第二国际内部开展了两条战线的斗争，既反对无政府主义和无政府工团主义，又反对右倾机会主义和修正主义。马克思主义的斗争在总体上是卓有成效的。在 19 世纪最后十年即第二国际早期，科学社会主义已成为整个工人运动公认的权威性指导理论，第二国际历次代表大会通过的决议都贯彻了科学社会主义的精神，各国社会主义工人运动的主要领袖和理论家们都从科学社会主义中吸取智慧和营养，并力图把这一理论运用到自己的实践中去，科学社会主义和工人运动融为一体。恩格斯说过，《共产党宣言》"在某种程度上已经成为测量欧洲大陆大工业发展的一种尺度。某一国家的大工业越发展，该国工人想要弄清他们作为工人阶级在有产阶级面前所处地位的愿望也就越强烈，工人中间的社会主义运动也就越扩大，对《宣言》的需求也就越增长。这样，根据《宣言》用某国文字发行的份数，不仅可以相当准确地判断该国工人运动的状况，而且可以相当准确地判断该国大工业发展的程度"①。到 19 世纪末，《共产党宣言》已经成为"全部社会主义文献中传播最广和最具有国际性的著作，是从西伯利亚到加利福尼亚的所有国家的千百万工人共同的纲领"②。

二、科学社会主义理论在实践中的进一步发展

欧洲在 19 世纪中后期经历了两场影响重大的革命，即 1848—1849 年的欧洲革命和 1871 年的巴黎公社革命。革命失败之后，工人社会主义运动在合法斗争中也有新成就。

① 马克思，恩格斯．马克思恩格斯选集：第 1 卷．2 版．北京：人民出版社，1995：266.

② 同①264.

与此同时，世界资本主义也在深度和广度方面获得了重大发展。马克思、恩格斯对 19 世纪下半叶世界社会主义和世界资本主义的发展经验进行新的总结，进一步丰富和完善了科学社会主义理论。以下我们只简要地论述三个重要问题：

1. 马克思、恩格斯提出了利用议会民主和平过渡与坚持工人民主共和国的思想

1848 年革命失败后，马克思在总结这次革命的经验教训时，阐明了无产阶级革命“不应该再像以前那样把官僚军事机器从一些人的手里转到另一些人的手里，而应该把它**打碎**，这正是大陆上任何一次真正的人民革命的先决条件”①。到 19 世纪 70 年代总结巴黎公社革命的经验教训时，马克思更进一步把这一思想明确地概括为“工人阶级不能简单地掌握现成的国家机器，并运用它来达到自己的目的”②，并把它作为对《共产党宣言》的重大修改和补充写进了《共产党宣言》的 1872 年德文版序言。打碎旧的国家机器，是指摧毁和铲除资产阶级国家政权中一切具有纯粹压迫性质的机构，尤其是它庞大的军事官僚机构。这些机构是旧的国家机器的主要支柱，也是用来镇压和奴役人民的重要的暴力工具。马克思认为，“公社意味着在旧政府机器的中心所在地——巴黎和法国其他大城市——初步破坏这个机器，代之以真正的自治”③。1871 年巴黎公社失败后，欧洲资本主义进入相对平稳的发展时期，这时法、德等国议会民主政治有所发展，社会主义政党在议会斗争中取得席位。根据形势的发展，马克思、恩格斯开始强调运用和平与暴力两种手段进行斗争的必要性：“我们应当向各国政府声明：我们知道，你们是对付无产者的武装力量；在我们有可能用和平方式的地方，我们将用和平方式反对你们，在必须用武器的时候，则用武器。”④ 马克思明确表示，“我们从来没有断言”，为了达到自己的目的，“到处都应该采取同样的手段”。他于 1872 年在阿姆斯特丹群众大会上的演说中明确指出，必须考虑到各国的制度、风俗和传统；我们也不否认，有些国家，像美国、英国和荷兰，工人可能用和平手段达到自己的目的⑤。进入 19 世纪末期，欧洲资本主义社会的发展状况较之 1848 年革命时期有了更为明显的变化。据此，恩格斯更明确地指出，历史已“完全改变了无产阶级借以进行斗争的条件”，“旧式的起义，在 1848 年以前到处都起过决定作用的筑垒巷战，现在大大过时了”。“对旧策略必须加以修正。德国人作出的利用选举权夺取我们所能夺得的一切阵地的榜样，到处都有人效法”，“世界历史的讽刺把一切都颠倒了过来。我们是‘革命者’、‘颠覆者’，但是我们用合法手段却比用不合法手段和用颠覆的办法获得的成就要多得多。”⑥ 在这里，恩格斯特别强调了普选权对无产阶级及其政党的重要性。也就是要按照真正民主的精神使普选制更好地为人民服务，让人民挑选出合适的社会公仆。马克思、恩格斯详细阐明了无产阶级对待资产阶级民主共和制所应采取的态度：首先，民主共和制是最进步的一种国家政权组织形式，无产阶级夺取政权之前应当为争取民主共和制而斗争。其次，民主共和制的性质是由它的内容决定的。再进步、再民主的资产阶级民主

① 马克思，恩格斯. 马克思恩格斯选集：第 4 卷. 2 版. 北京：人民出版社，1995：599.
② 马克思，恩格斯. 马克思恩格斯选集：第 3 卷. 2 版. 北京：人民出版社，1995：117.
③ 同②120-121.
④ 马克思，恩格斯. 马克思恩格斯全集：第 17 卷. 北京：人民出版社，1963：700.
⑤ 马克思，恩格斯. 马克思恩格斯全集：第 18 卷. 北京：人民出版社，1964：179.
⑥ 同①510，517-518，522，524.

共和国毕竟还是资产阶级的国家。无产阶级要获得阶级的解放，最终还是要把资产阶级的民主共和国变成无产阶级的民主共和国。最后，马克思、恩格斯把 1871 年巴黎工人创建的“议会与行政合一”的巴黎公社式民主共和国看成是无产阶级国家政权的典型形式，那么，以立法、行政、司法三权分立为特征的民主共和国是否同样可以作为无产阶级国家政权的形式呢？恩格斯晚年的回答是肯定的。恩格斯于 1891 年强调指出，“共和国是无产阶级将来进行统治的**现成的**政治形式”，“民主共和国甚至是无产阶级专政的特殊形式”①。

工人阶级取得政权后，为了不至于失去刚刚争得的统治，还应当保证本身能够防范自己的代表和官吏由社会公仆变成社会主人。为此，巴黎公社“采取了两个可靠的办法。第一，它把行政、司法和国民教育方面的一切职位交给由普选选出的人担任，而且规定选举者可以随时撤换被选举者。第二，它对所有公务员，不论职位高低，都只付给跟其他工人同样的工资。公社所曾付过的最高薪金是 6 000 法郎。这样，即使公社没有另外给代表机构的代表签发限权委托书，也能可靠地防止人们去追求升官发财了”②。一百多年来的实践表明，这两个办法很难做到，但又必须做到，否则工人国家就会变质。

2. 马克思、恩格斯提出了不发达国家有可能不通过资本主义的卡夫丁峡谷过渡到社会主义的思想

19 世纪七八十年代，马克思的视线逐渐东移。1848 年后欧洲资本主义进入了一个普遍的繁荣时期，而 1871 年的巴黎公社革命“也和 1848 年的突然袭击一样，都没有什么成果”③；东方世界的革命运动却呈现出日益高涨之势；这一时期出现了一批有关东方各国社会发展方面的极有学术价值的研究成果。这几个方面的因素共同促使了马克思把注意力转向东方社会。马克思认为，东方社会具有不同于西方社会的特点，如东方社会很少有古希腊罗马那种典型的奴隶制形态，奴隶制与封建制度的区别不太明显。再如，由于土地公有和中央集权的制约，农民脱离土地的自然进程极其艰难，致使资本主义的发展相当缓慢，结果是西欧已经普遍实现了早期资本主义的工业化，而东方社会仍处于前资本主义形态。那么，处于欧洲之外的广大东方世界会沿着什么方向发展呢？是重复走西欧资本主义的老路，还是可以另辟蹊径？科学社会主义理论必须回答这个问题。马克思进行了艰苦的研究工作，留下了一批极有价值的历史学笔记和书信。恩格斯对这个问题也有一些论述。从马克思、恩格斯的相关论述中，我们可以看出他们有关东方社会未来发展的重要思想。马克思在 1877 年写给俄国《祖国纪事》杂志编辑部的信中，明确表示不同意把自己在《资本论》中关于资本主义产生的必然性的分析原封不动地移到东方社会。在 1881 年致俄国女革命家查苏利奇的信中，马克思再次明确表示，《资本论》对资本主义产生的历史性的分析“**明确地**限于**西欧各国**”④。他认为人类历史的发展进程是多线条的，是多样性的统一。如俄国的“农村公社”在全国范围内广泛地保存下来，同资本主义的生产方式并存。而在西欧各国，这种原始的“农村公社”早在日耳曼部落占领意大利、西班牙、高卢等地时

① 马克思，恩格斯. 马克思恩格斯选集：第 4 卷. 2 版. 北京：人民出版社，1995：734，412.

② 马克思，恩格斯. 马克思恩格斯选集：第 3 卷. 2 版. 北京：人民出版社，1995：13.

③ 同①514.

④ 同②774.

就基本上不存在了，只有个别的公社经历了中世纪的所有波折而零星地保存下来，就像是稀有的残存的怪物一样。这就是历史进化的多样性。以此类推，人类向共产主义社会的演进也未必只有西欧资本主义发展一途，东方社会或许会走上与西方国家完全不同的发展道路。东方社会，特别是像俄国、印度等国，存在着两种进化的可能性。马克思深入剖析了俄国村社的二重性质，认为俄国村社的发展存在着两种前途："或者是它所包含的私有制因素战胜集体因素，或者是后者战胜前者。"[①] 1861 年俄国开始了废除农奴制的改革，资本主义得到了缓慢的发展，资本主义的生产方式的发展直接冲击着俄国原始的土地公有制：它一步一步地沦为"商业、地产、高利贷随意剥削的任人摆布的对象"，而"这种外来的压迫激发了公社内部原来已经产生的各种利益的冲突，并加速了公社的各种瓦解因素的发展"[②]。这样发展下去的结果，俄国便会不可避免地步西欧各国的后尘，走上资本主义道路。但历史的发展确实还存在着另一种可能性，那就是农村公社继续保全下来，这"就使俄国可以不通过资本主义制度的卡夫丁峡谷[③]，而把资本主义制度所创造的一切积极的成果用到公社中来"[④]。但是，这种可能性的实现是有严格的条件的。马克思、恩格斯在 1882 年的《共产党宣言》俄文版序言中写道："假如俄国革命将成为西方无产阶级革命的信号而双方互相补充的话，那么现今的俄国土地公有制便能成为共产主义发展的起点。"[⑤] 对于这一点，恩格斯说得更明白：要想保全这个残存的公社，必须首先推翻沙皇专制制度，必须在俄国进行革命。俄国革命不仅会把大部分的俄国农民从封闭的狭隘的天地里解放出来，同时它也"会给西方的工人运动以新的推动，为它创造新的更好的斗争条件，从而加速现代工业无产阶级的胜利"。假如没有这种胜利，"目前的俄国无论从公社那里还是从资本主义那里，都不可能达到社会主义的改造"[⑥]。

马克思、恩格斯承认俄国可以不通过资本主义制度的卡夫丁峡谷而占有它的一切积极成果，并不是赞成俄国民粹派的观点。俄国的民粹派是 19 世纪下半叶由一批知识精英组成的小资产阶级社会主义派别。他们自命为人民的精粹，提出过"到民间去"的口号，认为"俄国农民作为天生的共产主义者，同贫困的、被上帝遗忘的西欧无产者比起来，要无限地接近社会主义，并且他们的生活也要无限地好"[⑦]，因此可以比西欧更早更快地直接进入社会主义。与民粹派不同，马克思、恩格斯在探讨俄国的非资本主义前途的可能性时，是把这一可能性与大工业直接联系在一起，同西欧无产阶级革命的胜利直接联系在一起，同俄国必须吸收和利用资本主义制度所创造的一切积极的成果联系在一起的。恩格斯在批判俄国民粹派社会主义者时明确指出："较低的经济发展阶段解决只有高得多的发展阶段才产生了的和才能产生的问题和冲突，这在历史上是不可能的。"单单公有制这一个"共

① 马克思，恩格斯. 马克思恩格斯选集：第 3 卷. 2 版. 北京：人民出版社，1995：765.

② 同①767.

③ "卡夫丁峡谷"这个历史典故指公元前 321 年罗马军队在卡夫丁峡谷被萨姆尼特人打败，受到莫大的羞辱。"卡夫丁峡谷"后指耻辱和灾难。

④ 马克思，恩格斯. 马克思恩格斯选集：第 3 卷. 2 版. 北京：人民出版社，1995：765.

⑤ 马克思，恩格斯. 马克思恩格斯选集：第 1 卷. 2 版. 北京：人民出版社，1995：251.

⑥ 马克思，恩格斯. 马克思恩格斯选集：第 4 卷. 2 版. 北京：人民出版社，1995：450，451.

⑦ 同⑥438.

同特性并不会使较低的社会形式能够从自己本身产生出未来的社会主义社会，后者是资本主义社会的最独特的最后的产物”①。恩格斯承认，当西欧各国人民的无产阶级取得胜利和生产资料转归公有之后，落后国家可以大大缩短自己向社会主义社会发展的过程，并避免西欧国家所不得不经历的大部分苦难和斗争。“这不仅适用于俄国，而且适用于处在资本主义以前的阶段的一切国家。”② 但如上所述，这样做的必不可少的前提就是目前还是资本主义的西方能够做出榜样并给予积极援助。针对民粹派脱离生产力发展水平而抽象地谈论社会主义并鼓吹俄国可能轻而易举地、比西欧要容易得多地实现社会革命的观点，恩格斯一针见血地指出：现代社会主义力图实现的变革，不但需要有能实现这个变革的无产阶级，而且还需要有使社会生产力发展到能够彻底消灭阶级差别的资产阶级。“谁竟然断言在一个**虽然**没有无产阶级**然而**也没有资产阶级的国家里更容易进行这种革命，那就只不过证明，他还需要学一学关于社会主义的初步知识。”③

这里需要说明的是，20世纪东方国家的社会主义实践与马克思有关不发达国家有可能不通过资本主义的卡夫丁峡谷过渡到社会主义的理论设想本身并没有直接联系。有人把俄国、中国等国在20世纪比西方各国先进入社会主义视为马克思当年所论述的落后国家可能不通过资本主义卡夫丁峡谷过渡到社会主义的理论的实现，这是一种误读和误解。列宁于1921年提出允许发展部分资本主义的新经济政策，中国改革开放以来一方面毫不动摇地巩固和发展公有制经济，另一方面毫不动摇地鼓励、支持、引导非公有制经济发展，这都表明落后国家首先走上社会主义的道路，难以完全不通过卡夫丁峡谷，只能在卡夫丁峡谷之旁另辟卡夫丁栈道，即公有经济与非公有经济有主有辅，兼程并进，同时发展，开辟通入社会主义的康庄大道。这才是既坚持又发展科学社会主义。如果我们不适当地夸大马克思关于跨越卡夫丁峡谷设想的价值，希图把它与我国今天对中国特色社会主义的探索进行对接，那么，我们就会陷入刚刚打破一种教条却又重新陷入另一种新的教条的困境。

3. 马克思、恩格斯认为资本主义还有扩展能力，“共产主义”一词不宜普遍使用

马克思于1867年出版的《资本论》第一卷是从资本的生产过程来论证资本主义的必然灭亡的。其中鲜明地指出：“资本的垄断成了与这种垄断一起并在这种垄断之下繁盛起来的生产方式的桎梏。生产资料的集中和劳动的社会化，达到了同它们的资本主义外壳不能相容的地步。这个外壳就要炸毁了。资本主义私有制的丧钟就要响了。剥夺者就要被剥夺了。”④《资本论》第二卷和第三卷分别从资本的流通过程和资本生产的总过程来说明资本主义必然灭亡的规律。可是1873年世界经济危机爆发后，马克思细心观察研究其新特点，发现这次危机的中心是在美国和德国，先波及南美洲和奥地利，到1879年才延续扩展到英国。19世纪70年代欧洲开始掀起以电气化为先导的第二次科技革命的浪潮。尽管资本主义经济危机不断，但是科技进步与科技革命以及经营管理的改进仍然使资本主义的劳动生产率在逐步提高，而且工人的处境也有所改善。这就促使马克思改变了**“新的革**

① 马克思，恩格斯. 马克思恩格斯选集：第4卷. 2版. 北京：人民出版社，1995：442.
② 同①443.
③ 马克思，恩格斯. 马克思恩格斯选集：第3卷. 2版. 北京：人民出版社，1995：273.
④ 马克思，恩格斯. 马克思恩格斯选集：第2卷. 2版. 北京：人民出版社，1995：269.

命，只有在新的危机之后才可能发生”[①] 的看法。他于 1879 年 4 月表示：“在英国目前的工业危机还没有达到顶峰之前，我决不出版第二卷[②]。这一次的现象是十分特殊的，在很多方面都和以往的现象不同……这样严重的、几乎持续五年之久的危机，还是从来没有过的事。”[③] 直到 1883 年马克思逝世前只完成《资本论》第二、三卷草稿。马克思深感资本主义还有扩展能力。他晚年又转而去研究世界历史与人类发展史。直到 1885 年和 1894 年，《资本论》第二、三卷才由恩格斯加工整理后出版。恩格斯晚年于 1895 年明确承认：19 世纪 50 年代我们曾经指望未来新的经济危机会引发新的世界无产阶级革命，“但是，历史表明我们也曾经错了，暴露出我们当时的看法只是一个幻想”。“历史表明，我们以及所有和我们有同样想法的人，都是不对的。历史清楚地表明，当时欧洲大陆经济发展的状况还远没有成熟到可以铲除资本主义生产的程度；历史用经济革命证明了这一点，从 1848 年起经济革命席卷了整个欧洲大陆……这一切都是以资本主义为基础的，可见这个基础在 1848 年还具有很大的扩展能力。”[④]

既然到 19 世纪末资本主义还具有扩展能力，还不会很快灭亡，因此恩格斯晚年深感实现社会主义将是更长久的一个历史过程，要达到高级阶段的共产主义就更是久远未来的事，所以恩格斯临终前一年已明确表示不宜普遍使用“共产主义”一词。1894 年 2 月 7 日，第二国际理论家考茨基写信给恩格斯，说明他与伯恩施坦等人正准备出版论社会主义史的丛书，是否用“共产主义”作为书名更好些。他专门就此事征求恩格斯的意见，恩格斯于 2 月 13 日复信明确指出：“‘共产主义’一词我认为当前不宜**普遍**使用，最好留到必须**更确切的**表达时才用它。即使到那时也需要加以注释，因为实际上它已三十年不曾使用了。”[⑤] 也就是说，自 1864 年成立第一国际以来已经通用“社会主义”，而极少使用“共产主义”。恩格斯认为到 19 世纪末不宜普遍使用“共产主义”一词，并非他放弃了共产主义理想，而是表明资本主义尚有扩展能力，实现社会主义将要经历更长久的奋斗，要达到高级阶段的共产主义就更是未来的事，而且如何确切表述共产主义也要留待未来解决。这时恩格斯虽然没有把社会主义与共产主义明确划分为未来历史发展的两大阶段，但已经具有了这一思想。

三、科学社会主义是一个开放的、发展的思想体系

“社会主义自从成为科学以来，就要求人们把它当作科学看待。”[⑥] 科学社会主义之为科学，首先在于它不再把社会主义建立在主观臆想的基础上，而是建立在对现实社会进行科学研究的基础上。人们的认识总是受他们所处的历史条件的制约，这些条件达到什么程度，他们才能认识到什么程度。科学社会主义的创始人也不例外，他们创立科学社会主义理论也不是一劳永逸的事情。马克思、恩格斯始终以严肃的科学态度对待科学社会主义，

---

① 马克思，恩格斯．马克思恩格斯选集：第 1 卷．2 版．北京：人民出版社，1995：471.

② 指《资本论》第二卷。——引者注

③ 马克思，恩格斯．马克思恩格斯全集：第 34 卷．北京：人民出版社，1972：345.

④ 马克思，恩格斯．马克思恩格斯选集：第 4 卷．2 版．北京：人民出版社，1995：510，512.

⑤ 马克思，恩格斯．马克思恩格斯全集：第 39 卷．北京：人民出版社，1974：203.

⑥ 马克思，恩格斯．马克思恩格斯选集：第 2 卷．2 版．北京：人民出版社，1995：636.

他们总是随着社会的发展以及自己认识的深化而不断丰富、完善或修正自己的理论。他们先后为《共产党宣言》所撰写的七篇序言便是这方面的典范。几乎每篇序言都反映了作者在撰写新序言之时对新的、已经变化了的社会政治经济环境的最新认识水平。科学社会主义之为科学，还在于它不断地吸收科学研究的最新成果，而从不故步自封、自视为穷尽一切真理的宗教教义。马克思、恩格斯创立科学社会主义时，就吸收了当时欧洲自然科学与社会科学的一切优秀成果。科学社会主义创立之后，他们仍然随时关注着科学研究的最新发现和成果。人们从《共产党宣言》等著作的许多注释中不难发现这一点。如《共产党宣言》最初发表时写道："至今一切社会的历史都是阶级斗争的历史。"而在 1888 年英文版印行时，恩格斯特意为这句话中的"至今一切社会的历史"加了一个很长的注释："这是指有**文字**记载的全部历史。在 1847 年，社会的史前史，成文史以前的社会组织，几乎还没有人知道。后来，哈克斯特豪森发现了俄国的土地公有制，毛勒证明了这种公有制是一切条顿族的历史起源的社会基础，而且人们逐渐发现，村社是或者曾经是从印度到爱尔兰的各地社会的原始形态。最后，摩尔根发现了**氏族**的真正本质及其对**部落**的关系，这一卓绝发现把这种原始共产主义社会的内部组织的典型形式揭示出来了。随着这种原始公社的解体，社会开始分裂为各个独特的、终于彼此对立的阶级。关于这个解体过程，我曾经试图在《家庭、私有制和国家的起源》（1886 年斯图加特第 2 版）中加以探讨"①。像这样的例子在马克思、恩格斯的著作中几乎俯拾即是。同时，马克思、恩格斯也从不唯我独尊、用宗派主义的态度对待别人，包括资产阶级的学者。如在 1852 年 3 月 5 日致约·魏德迈的信中，马克思曾明确表示："无论是发现现代社会中有阶级存在或发现各阶级间的斗争，都不是我的功劳。在我以前很久，资产阶级历史编纂学家就已经叙述过阶级斗争的历史发展，资产阶级的经济学家也已经对各个阶级作过经济上的分析。"② 这便是马克思、恩格斯对待科学社会主义理论所持的严肃的科学态度。

马克思、恩格斯一生不断在丰富、发展自己创立的科学社会主义理论，但这并不表明科学社会主义理论全是正确无误的。在 19 世纪的语境中，"科学"一词只是表明对客观事物进行分科分类、从事实出发进行研究，并非指其研究成果都是正确的。如本书绪论所说，马克思、恩格斯的科学社会主义理论中仍包含有空想社会主义的成分。而且它的很多原理还缺少实践检验，甚至会被实践证伪。对此，他们本人是非常清醒的。在这里我们还要再次引述恩格斯在批判杜林的错误时的一句警世名言："很可能我们还差不多处在人类历史的开端，而将来会纠正**我们**的错误的后代，大概比我们有可能经常以十分轻蔑的态度纠正其认识错误的前代要多得多。"③

既然科学社会主义需要不断接受实践的检验，这就要求人们在运用它以前认真地、客观地研究它，以保证在运用这一理论时能够实事求是地考虑运动的实际出发点，而不是简单地照搬现成的结论，用教条式的理论原则去剪裁现实。对此，恩格斯晚年曾花了相当大的精力去纠正各国社会主义政党内的教条主义倾向。他反复强调，"马克思的整个世界观

① 马克思，恩格斯．马克思恩格斯选集：第 1 卷．2 版．北京：人民出版社，1995：272.
② 马克思，恩格斯．马克思恩格斯选集：第 4 卷．2 版．北京：人民出版社，1995：547.
③ 马克思，恩格斯．马克思恩格斯选集：第 3 卷．2 版．北京：人民出版社，1995：426.

不是教义，而是方法。它提供的不是现成的教条，而是进一步研究的出发点和供这种研究**使用**的方法”①。“我们的理论不是教条，而是对包含着一连串互相衔接的阶段的发展过程的阐明”②，是“活的行动理论，即同工人阶级在其每个可能的发展阶段一道工作的理论”③。恩格斯明确指出，教条主义者在形式上是“正统的”马克思主义者，而实质上是马克思主义的对立物，其危害极大。在理论上，它把马克思主义变成了“一堆应当熟记和背诵的教条，象魔术师的咒语或天主教的祷词一样”④。在实际中，它把党变成了一个纯粹的宗派。这些人往往以为，只要掌握了主要原理——而且还并不总是掌握得特别正确，那就算已经充分地理解了新理论并且立刻就能够应用它了。恩格斯曾不无讽刺地说：“关于这种马克思主义者，马克思曾经说过：‘我只知道我自己不是马克思主义者。’马克思大概会把海涅对自己的模仿者说的话转送给这些先生们：‘我播下的是龙种，而收获的却是跳蚤。’”⑤

要防止教条主义，就应坚持实事求是的思想路线，一切从实际出发，把科学社会主义的基本原则与各国革命和建设的具体情况相结合，创造性地运用和发展科学社会主义。马克思、恩格斯曾明确指出，科学社会主义的基本原理具有普遍的指导意义，但是，“这些原理的实际运用”，“随时随地都要以当时的历史条件为转移”⑥。“我们从来没有断言”，为了达到共产主义的目的，“到处都应该采取同样的手段”，因为工人阶级在进行反资产阶级的斗争时，“必须考虑到各国的制度、风俗和传统”⑦。他们希望各国工人组织都能够根据本国的具体情况，独立自主地探索本国的道路，制定自己的方针政策。

复习思考题

1. 如何评价空想社会主义的积极贡献和历史局限？
2. 如何认识科学社会主义的基本原则？
3. 试举例说明马克思、恩格斯对待科学社会主义的科学态度。

---

① 马克思，恩格斯．马克思恩格斯选集：第 4 卷．2 版．北京：人民出版社，1995：742-743.

② 同①680.

③ 马克思，恩格斯．马克思恩格斯全集：第 38 卷．北京：人民出版社，1972：93-94.

④ 同③94.

⑤ 同①695.

⑥ 马克思，恩格斯．马克思恩格斯选集：第 1 卷．2 版．北京：人民出版社，1995：248.

⑦ 马克思，恩格斯．马克思恩格斯全集：第 18 卷．北京：人民出版社，1964：179.

第二章
苏联模式社会主义的理论与实践

关于科学社会主义从理论到实践的问题，要从两个方面去理解。一是指科学社会主义创立后与资本主义世界各国工人运动相结合，开始了由理论到社会运动的实践。二是指在科学社会主义理论指导下，1917 年俄国十月社会主义革命的胜利，建立了人类历史上第一个社会主义国家，随后社会主义又扩展到 16 个国家，使科学社会主义实现了由理论到社会制度的实践。

本章阐述的主题是第二个方面，所指的是由科学社会主义理论指导的在俄国第一次建立社会主义制度的实践，即从社会主义理论到社会主义制度的实践；这种新的实践经过人们总结，又上升为新的理论，即苏联模式的社会主义。不过苏联 1936 年宣布基本上建成社会主义以后，历届党政领导人和理论界从来不用“苏联模式”这个提法。他们一直自认为苏联是最先实现科学社会主义理论的模范，苏联社会主义革命和建设的经验具有普遍意义。所以长期以来，各国共产党人和马克思主义者都把苏联模式的社会主义看作应该学习甚至照搬的样板，也都没有提出“苏联模式”。直到 1956 年 2 月苏共二十大揭发、批判了斯大林搞个人崇拜、个人集权的错误之后，一些国家共产党的领导人才开始认识到苏联社会主义制度存在问题和弊病，其他国家不能简单照搬，才提出“苏联模式”。意大利共产党中央总书记陶里亚蒂于 1956 年 6 月 17 日答《新议论》杂志记者问时说：“苏联依然是建立社会主义的第一个伟大的模式”，“今天在共产党执政的国家里，社会主义建设的阵线已经扩大到这样一种程度（占人类的三分之一），以致对这些国家来说，苏联模式已经不能并且也不应当被认为是必须遵循的模式了”。随后波兰领导人哥穆尔卡等也提出社会主义不限于“苏联模式”，可以有不同模式①。邓小平于 1985 年说道：“社会主义究竟是个什么样子，苏联搞了很多年，也并没有完全搞清楚。可能列宁的思路比较好，搞了个新经济政策，但是后来苏联的模式僵化了。”② 尽管苏联模式有诸多弊病需要清除，但是从总体而言，苏联模式的社会主义毕竟是人类历史上第一次把科学社会主义从理论变成现实的社会制度，曾经取得可观成就，它是继社会主义由空想发展到科学以后人们对社会主义思想认识上的第二次历史飞跃。

① 高放. 当代社会主义模式问题初探. 中国科学社会主义学会通讯，1985（2）.

② 邓小平. 邓小平文选：第 3 卷. 北京：人民出版社，1993：139.

社会主义理论与运动兴起于最先发展资本主义的西欧，作为一种社会制度在一个国家确立并对世界产生广泛影响，却首先是资本主义发展不足的、横跨欧亚两洲的苏联模式的社会主义。这种社会主义模式是科学社会主义在苏联具体国情条件下的特定产物，它在一定历史时期显示出可观的生命力，对苏联社会发展发挥了促进作用，对世界许多国家起到了示范效应。然而从长远和总体来看，这种模式有严重弊病，不适合于各国正常条件下的发展，而且长期没有进行实质性的改革和体制创新，是一种最终失败了的社会主义模式。我们必须从中认真吸取经验教训。

第一节　列宁主义关于帝国主义和俄国首先实现社会主义的理论与实践

一、列宁的帝国主义论与社会主义可能在不发达国家首先胜利的理论

19 世纪马克思、恩格斯创立科学社会主义后，20 世纪首先把科学社会主义从理论变为社会制度实践的首要代表人物是列宁。弗·伊·列宁（1870—1924），诞生于俄国辛比尔斯克州一个知识分子家庭，父亲是州国民教育总监。1887 年在家乡中学毕业后进入喀山大学法律系，学习期间参加学生民主运动，年底被开除学籍，进而开始研究并传播马克思主义。1889 年移居萨马拉，组织了当地第一个马克思主义小组。同时他花了一年半时间自修完大学全部课程，1891 年取得彼得堡大学法律系最优等毕业文凭，并随即注册为律师助理。1893 年到彼得堡参加工人运动，1895 年创立了彼得堡工人阶级解放斗争协会，同年底被捕，1897 年被流放到西伯利亚。1898 年俄国社会民主工党成立，但是新选出的三个中央委员旋即被捕，各地方党组织陷于涣散状态。列宁于 1900 年获释后无法在国内立足，只好流亡西欧，从事革命活动。他于 1903 年出席在国外召开的社会民主工党第二次代表大会，重建被沙皇政府破坏的党组织。1905 年俄国爆发第一次民主革命后，他曾回国领导斗争。1907 年革命失败后他再度流亡西欧十年。在艰苦曲折的革命斗争中，列宁逐渐成为俄国工人政党公认的领袖。1917 年 3 月俄国爆发第二次民主革命，推翻了沙皇专制政府，4 月列宁回国，领导十月革命取得胜利后，成为第一个社会主义国家的政府总理（当时称人民委员会主席）。他一生不断总结俄国和国际工人运动的经验，理论上有许多创新。和马克思生前不同意马克思主义的提法一样，他生前也不同意列宁主义的提法。俄国党内改良派首领马尔托夫等人从 1903 年起就从贬义角度提出列宁主义，视之为过激主义。到 1923 年列宁病危时，政治局委员加米涅夫在一篇文章中开始从褒义角度肯定列宁主义。1924 年 1 月 21 日列宁逝世后，他的思想被苏联党称为列宁主义。1924 年 7 月共产国际第五次代表大会为了强调学习先进理论，又把列宁主义与马克思主义并列为马克思主义—列宁主义。列宁主义是马克思主义与 19 世纪末 20 世纪初帝国主义和无产阶级革命时代国际共产主义运动尤其是俄国工人革命运动相结合的理论结晶。我们认为列宁主义可以用 24 个字定义为：“列宁探索由俄国革命带头实现世界共产主义的思想体系。”列宁依据时代的变化和俄国的具体国情，提出了社会主义革命新理论，并对如何建设社会主义的问题进行了初步探索。列宁主义的内容十分丰富，尤其是他的帝国主义论和一国革命论对引导俄国革命胜利发挥了旗帜作用。他对如何建设社会主义问题的探索，对各国更加具有

启发意义。

从18世纪末以蒸汽化为先导的科技革命带动的现代化、全球化第一个浪潮之后，到19世纪70年代，又开始掀起以电气化为先导的新科技革命带动的现代化、全球化的第二个浪潮，从而使社会生产力得到迅速发展，资本主义生产关系发生了重要变化，生产和资本的集中速度大大加快。卡特尔、辛迪加、托拉斯、康采恩等各种形式的垄断组织在主要资本主义国家广泛发展起来，从此世界资本主义的发展进入了一个新的阶段。列宁非常关注自由资本主义发展到垄断资本主义的一系列问题，特别是对帝国主义的基本特征与发展趋势做了独到全面的分析，形成他的帝国主义论，并进而提出一国革命首先胜利的理论。

1. 列宁的帝国主义论

“帝国主义”一词到20世纪初在国际上广为流行，各家各派有不同的理解和解释。究竟什么是帝国主义？英国经济学家霍布森，第二国际理论家希法亭、考茨基以及俄国布尔什维克党的领导人之一布哈林等人都比较一致地认为帝国主义是资本主义的一种政策。霍布森认为帝国主义是一种扩张政策，希法亭认为帝国主义是金融资本的经济政策，考茨基认为帝国主义是一种非和平的暴力兼并政策，布哈林也认为帝国主义是金融资本的政策。列宁则不同，他在1916年出版的《帝国主义是资本主义的最高阶段》一书中指出：帝国主义是资本主义发展的特殊阶段，是资本主义的最高、最后阶段，其特殊性首先表现在垄断性。列宁认为，帝国主义的实质就是垄断，帝国主义就是资本主义的垄断阶段。在资本主义变成资本帝国主义的过程中，“经济上的基本事实，就是资本主义的自由竞争为资本主义的垄断所代替”①。也就是说，到19世纪末20世纪初，世界资本主义已经从自由资本主义阶段发展到垄断资本主义的新阶段。在这个阶段，帝国主义具有五个基本特征：生产和资本的集中发展到这样高的程度，以至造成了在经济生活中起决定作用的垄断组织；银行资本和工业资本已经融合起来，在这个“金融资本的”基础上形成了金融寡头；资本输出和以往的商品输出大为不同，具有特别重要的意义；瓜分世界的资本家国际垄断同盟已经形成；最大的资本主义大国已经把世界上的领土瓜分完毕②。

列宁还指出：帝国主义是腐朽的资本主义。这种腐朽性是帝国主义特有的，是与帝国主义的垄断分不开的。为什么垄断会导致腐朽？原因有二：一是垄断在经济上人为地阻碍技术进步和其他一切进步；二是垄断并不消除自由竞争，但是凌驾于竞争之上。垄断、寡头统治趋向代替了自由趋向，极少数最富强的国家剥削越来越多的弱小国家。通过对帝国主义腐朽性的分析，列宁得出结论：帝国主义是过渡的资本主义，或者更确切地说，是垂死的资本主义。列宁的这个结论是建立在对帝国主义基本矛盾的分析之上的。他认为资本主义进入帝国主义阶段后，资本主义社会生产社会化和生产资料资本主义私人占有之间的基本矛盾不仅没有消失，而且由它派生出来的三大矛盾已经非常尖锐。这就是帝国主义国家之间的矛盾、帝国主义内部资产阶级与无产阶级之间的矛盾，以及帝国主义同殖民地、半殖民地人民之间的矛盾。其中，帝国主义国家之间的矛盾上升为主要矛盾。列宁强调，

① 列宁．列宁选集：第2卷．3版修订版．北京：人民出版社，2012：650.

② 同①651.

因为存在垄断，所以帝国主义的经济政治发展不平衡规律的作用特别突出。由于世界已经被帝国主义列强瓜分完毕，后起的帝国主义国家如德、奥、意三国于 1882 年结成军事同盟国，随后英、法、俄三国于 1907 年结成军事协约国，双方相对抗，使得帝国主义的世界大战终于在 1914 年爆发。世界大战造成的破坏，必将使帝国主义时代的其他两大阶级矛盾激化，并且上升为主要矛盾，进而引发世界革命，最后必将以无产阶级革命的胜利而告终。列宁说："帝国主义是无产阶级社会革命的前夜。从 1917 年起，这已经在全世界范围内得到了证实。"① 列宁的帝国主义论对当时世界社会主义运动的发展具有重要的指导意义。

2. 列宁关于社会主义革命可能在不发达国家首先胜利的理论

马克思、恩格斯在认真研究西欧资本主义发展状况的基础上，得出无产阶级革命必须在几个发达资本主义国家几乎同时发生才能取得胜利的结论。列宁在深入研究和分析资本主义发展进入帝国主义新阶段的基础上，对无产阶级革命的发展提出了社会主义革命可能在不发达国家首先胜利的理论。列宁新理论的最早表述见于 1915 年 8 月写成的《论欧洲联邦口号》一文。他写道："经济和政治发展的不平衡是资本主义的绝对规律。由此就应得出结论：社会主义可能首先在少数甚至在单独一个资本主义国家内获得胜利。"② 在这里，列宁只是把一国革命作为一种可能性提出来。在 1916 年 8 月写成的《无产阶级革命的军事纲领》中，列宁进一步说明了他的一国革命论："资本主义的发展在各个国家是极不平衡的。而且在商品生产下也只能是这样。由此得出一个必然的结论：社会主义不能**在所有**国家**内**同时获得胜利。它将首先在一个或者几个国家内获得胜利，而其余的国家在一段时间内将仍然是资产阶级的或资产阶级以前的国家。"③ 1917 年 4 月以后，随着形势的发展变化，列宁更加明确地论述了社会主义革命将首先在像俄国这样的落后国家取得胜利的可能性。

列宁着重分析了社会主义可以在经济落后国家首先胜利的条件。这些条件主要是：（1）帝国主义时代资本主义发展的不平衡加剧了。各国在竞争中往往以军事冲突和战争的方式重新瓜分世界，帝国主义内部的冲突加深，从而造成资本主义统治链条中的薄弱环节。（2）帝国主义战争的严重破坏，使一些经济不发达国家的社会矛盾尖锐化，使这些国家的人民除了起来革命之外没有别的出路。（3）在不发达国家，资本主义发展不充分，封建势力存在，造成这些国家资产阶级的软弱性、动摇性甚至叛卖性，他们不可能举起民族民主革命的旗帜，把这些国家引上资本主义发展道路。（4）这些国家的无产阶级人数虽少，但革命性强，有农民做同盟军，有经过尖锐革命斗争锻炼的无产阶级政党的领导。如果这些条件汇合起来，就可以形成一种直接的革命形势。列宁关于社会主义革命可能在不发达国家首先胜利的理论是列宁主义的重要组成部分。

列宁关于社会主义革命可能在不发达国家首先胜利的理论的提出，具有很强的针对性。当时在世界大战的交战国中，俄国是比较落后的国家。俄国在公元 9 世纪开始形成封

① 列宁．列宁选集：第 2 卷．3 版修订版．北京：人民出版社，2012：582.

② 同①554.

③ 同①722.

建制公国，随后不断对周边地区实行军事扩张，到15世纪末建立了中央集权制的农奴制国家。1547年莫斯科大公伊凡四世自封为“沙皇”[①]，此后俄国皇帝都称沙皇。在蒸汽化带动的世界资本主义现代化、全球化浪潮的冲击下，沙皇俄国被迫于1861年自上而下废除农奴制，加速国内资本主义的发展。到20世纪初，俄国也发展到垄断资本主义阶段，继续对外军事扩张，然而封建地主所有制和沙皇专制制度统治依然存在。俄国又成为“民族大监狱”，大俄罗斯主义势力残酷压迫剥削少数民族，实际上对他们进行殖民统治。列宁曾称俄国为“军事封建帝国主义”[②]。可见当时俄国除了帝国主义的三大矛盾之外，还有地主阶级与农民阶级的矛盾、专制制度与人民大众的矛盾。可以说，当时俄国已经成为各种社会矛盾的集中点，革命形势日益具备。列宁关于由俄国带头的社会主义革命新理论就是在这一历史背景下提出来的。列宁认为：帝国主义世界大战已经使无产阶级世界革命的形势成熟，俄国无产阶级夺取政权、取得社会主义革命胜利后，将会引发欧洲发达资本主义国家的无产阶级革命，进而取得无产阶级世界革命的胜利，最终实现世界共产主义。

19世纪80年代俄国出现现代工人运动。1898年建立的工人阶级政党——俄国社会民主工党遭到取缔后，于1903年重新建立。党内因主张革命路线和改良路线的意见分歧而分为布尔什维克（俄文音译，意为多数）和孟什维克（俄文音译，意为少数）两派。1917年俄国二月革命推翻沙皇专制政府后，出现了资产阶级临时政府和工兵代表苏维埃两个政权并存的局面[③]。临时政府依然进行世界大战，屡次战败，引起人民群众的不满，他们要求得到“和平、土地与面包”。这时帝国主义两大军事集团正忙于世界大战，国际和国内形势已经使俄国成为世界帝国主义链条上最薄弱的环节。为了将俄国革命进行到底，列宁凭借非凡的政治智慧和革命气概，抓住时机，激励布尔什维克党人成功地发动了1917年十月社会主义革命，建立了人类历史上第一个工人阶级领导的社会主义国家。当时俄国的经济文化虽然较为落后，但是却拥有工兵农代表苏维埃这种先进的政治组织和政权机关，所以列宁曾经设想通过争取群众，采用和平方式实现“全部政权归苏维埃”。由于屡遭资产阶级临时政府的打压，最后只好举行武装起义夺取政权。十月革命胜利后，全俄苏维埃代表大会成为最高国家权力机关，国名定为俄罗斯社会主义联邦苏维埃共和国，简称苏俄。1922年底又改国名为苏维埃社会主义共和国联盟，简称苏联。苏联与苏俄的区别主要是删去了俄罗斯，表明任何国家革命成功后都可以加入苏联。苏维埃本来只是一个俄文普通名词，1922年后成为国名，这是与列宁当时寄厚望于无产阶级世界革命的思想紧密联系的。

列宁认为帝国主义世界大战的灾难造成无产阶级世界革命的形势，实现世界共产主义的条件已经成熟，应该由俄国革命带头，引发欧、美、亚各洲革命，在世界各国都建立苏维埃共和国，形成世界社会主义苏维埃共和国联邦。俄国社会民主工党于1918年3月带

① “沙皇”这一称号是从古罗马大独裁者“恺撒”而来的，“沙”是“恺撒”俄文变音的音译，“皇”是意译。莫斯科大公伊凡四世要仿效古罗马恺撒大帝建立大帝国，故自称沙皇。

② 列宁．列宁选集：第2卷．3版修订版．北京：人民出版社，2012：517.

③ 苏维埃是俄文音译，意为会议。在俄国1905年革命中首先出现工人代表苏维埃，起先是领导工人进行罢工斗争和武装起义的革命组织，到1917年二月革命胜利后进而出现士兵代表苏维埃和农民代表苏维埃。这时苏维埃已发展为基层革命群众掌权的政权组织。

头改名为俄国共产党（布尔什维克），简称俄共（布），同时号召各国社会民主党或社会党左派都退出原党，另建共产党，还大力帮助其他国家新建共产党。1919 年 3 月在莫斯科成立共产国际（史称第三国际，与 19 世纪的第一国际、第二国际相承接），作为领导世界革命的司令部，各国共产党都是共产国际的一个支部，受共产国际统一领导。十月革命后开展了世界苏维埃运动。1918—1923 年，先后在芬兰、德国、匈牙利和斯洛伐克建立了六个苏维埃共和国，但都只建立了几天或几个月就失败了（1919 年 3 月成立的匈牙利苏维埃共和国存在 133 天，算是最长的了）。列宁建立世界社会主义苏维埃共和国联邦的设想尽管遇到重大挫折，但是他仍然坚信世界革命必将胜利。他一方面致力于发动世界革命，另一方面要全力巩固苏联的苏维埃政权，坚持在一国开展社会主义建设，尽力加强这个世界革命的根据地。

二、列宁对俄国如何实现社会主义的初步探索

俄国走上社会主义道路后如何建设社会主义，对于布尔什维克党人来说，除了 1871 年巴黎公社的历史经验可供借鉴之外，只能根据俄国现实情况探索前进。

1. 列宁实行战时共产主义政策，试图直接过渡到共产主义

（1）实行战时共产主义的最初动因和具体措施。

1917 年 11 月 7 日武装起义胜利当天晚上工兵农苏维埃政权中央政府建立后，首先通过和平法令，宣布退出帝国主义战争，准备与各交战国签订和约；随即实行土地社会化、银行国有化、工人监督、大企业国有化等措施，初步建立起社会主义国有经济，确立了工农当权地位，巩固了新生的苏维埃政权。本来列宁已经拟定了以经济建设为中心开展社会主义建设的计划，但是从 1918 年 3 月起，英、法、日等 14 个国家对苏维埃俄国联合进行武装干涉。外国干涉者与国内反革命势力勾结起来，从四面八方发动进攻，占领了苏俄 3/4 的土地，愈益缩小了对新生政权的包围圈，于是苏俄除了迅速建立战时体制外别无出路。为了对付内战加外战的双重战争，苏维埃政权采取了以下措施：

第一，实行粮食征集制。为了保证军队、城市居民和企业工人的口粮供应，1919 年 1 月苏俄人民委员会（相当于俄国国务院）颁布了粮食征集制法令。这个征集制有三个特点：一是强制性，在战争期间，大规模地组织工人征粮队下乡；二是规定阶级原则，富农多征，中农少征，贫农不征；三是国家下达的征集数额是“余粮”，即除了极少口粮外都算“余粮”。

第二，实行广泛的工业国有化。除了革命胜利初期已经国有化的大企业外，1918 年 6 月 28 日人民委员会颁布法令，规定把一部分中小企业也收归国有。1920 年 11 月 29 日，进而将有机器发动机并雇用 5 人以上或无机器发动机但雇用 10 人以上的私营企业全部收归国有。

第三，为动员全部工业为前线服务，工业管理实行集中制，管理和计划集中于最高经济委员会各部门的总管理局，1920 年总管理局有 52 个。它们直接决定企业生产任务，调拨企业的人力物力，包收企业产品。

第四，私人商业国有化，限制市场流通和私人贸易。一些地方甚至把几乎所有私人商业都国有化了。由于物资奇缺，国家征管的范围越来越宽。到 1919 年年底，除粮食、饲

料之外，肉类和马铃薯也被列为粮食征集制对象。1920 年征集对象几乎是全部农产品。实际上，从事私人贸易已被视为违法活动。

第五，为对付物资奇缺和物价飞涨导致的货币急剧贬值，经济关系被迫迅速实物化。按阶级属性确定口粮标准，工业必需品实行配给制，单位之间停止货币结算。1918 年 12 月进而决定取消货币，1920 年开始实行配给品及生活服务免费制。

第六，为了保证前线胜利和工厂的劳动力，实行了劳动义务制和劳动“军事化”。1918 年 12 月 11 日规定 16 岁至 50 岁的公民，只有完成一定劳动义务，才能领取相应的口粮，否则要强制劳动。

(2) 从应急政策逐步转变为建设社会主义捷径和模式的尝试。

本来，战时共产主义的不少做法都是为了应急而被迫采取的措施。可是由于革命热情的高涨，急于求成，俄共（布）却把它当作建设社会主义的一条捷径，认为由此可以“直接过渡”到共产主义。

战时共产主义政策所反映出来的直接过渡思想之所以在党内得到许多共产党人的赞许，不仅同当时十分流行的社会主义观念有关，而且同 1918 年开始实行的一系列非常措施在战争环境中创造奇迹有关。战时的非常措施，不仅保证了红军的给养，而且建立了工农国家对国民经济全面有力的领导，打击了城乡资产阶级的反抗和投机活动，保障了全国人民的基本生活，开创了一种崭新的生产和生活制度。这使俄共（布）认为可以继续使用这些非常措施，把它们当作建设社会主义的捷径。战时共产主义作为俄国社会主义制度的最初模式，虽然只存在三年时间，但是，它对后来苏联模式的形成及改革的历程都产生了深远影响。

(3) 战时共产主义的局限。

战时共产主义作为一种政策、一种体制、一种模式，虽然在战争环境中建立过不朽功勋，但是从科学社会主义理论高度进行分析，作为小农经济环境和传统社会主义观念的产物，它在战争环境中还可以勉强实行，一旦战争结束，它的局限性就立即暴露出来，具体表现在以下三个方面：

第一，脱离了落后国家的客观现实。在俄国这样经济落后、社会化生产程度很低的国家里，立即实行全面国有化，强调在组织生产、管理和分配方面建立整齐划一的统一措施，并不能真正持久促进社会生产力的发展。

第二，脱离了农民的需求。战时共产主义采用粮食征集制，完全禁止集市贸易和私人买卖，由国家直接实行工农业之间的产品交换。这是广大农民不能接受的。

第三，实行无货币社会是脱离实际的空想。在战时共产主义开始时，否定社会主义条件下的货币商品市场关系只是一种临时措施。当经济实物化已经普遍化的时候，把取消货币当作更加接近社会主义，这实际上是一种空想。

列宁在许多报告、讲话和文章中，多次明确指出：实行粮食征集制、战时共产主义是犯了错误，干了蠢事，是企图在一个小农国家直接过渡，脱离了农民经济的常规①。他还

① 列宁．列宁全集：第 42 卷．2 版．北京：人民出版社，1987：169－177，244－252；列宁全集：第 43 卷．2 版．北京：人民出版社，1987：69－113，274－288．

指出，“在经济战线上，由于我们企图过渡到共产主义，到1921年春天我们就遭到了严重的失败，这次失败比高尔察克、邓尼金或皮尔苏茨基[1]使我们遭到的任何一次失败都严重得多，重大得多，危险得多。这次失败表现在：我们上层制定的经济政策同下层脱节，它没有促成生产力的提高”[2]。

2. 列宁转向新经济政策，对社会主义的再认识

（1）从战时共产主义政策转向新经济政策的背景和经过。

1920年秋冬，战争完全结束。1914—1918年四年的帝国主义战争，1918—1920年三年的外国武装干涉和国内战争，再加上布尔什维克党的政策失误，苏维埃共和国的经济已经面临奄奄一息的困境。这种经济危机又迅速演化成政治危机。

到处都缺少粮食。没有市场，没有贸易，城乡之间的交换渠道完全中断。由于缺少粮食、缺少原料、缺少能源，加上交通不畅，几乎所有的工厂都到了难以开工的地步。1920年工业品产量仅相当于1913年的1/7。大量工人逃往乡下糊口谋生。到1920年春天内战基本结束时，粮食征集制不仅没有取消，反而更加强化。农民对革命政权的不满逐渐演变成骚动。从1920年底到1921年春天，各地普遍发生农民暴动。规模最大的骚动发生在西伯利亚，参加人数有6万余人。最严重的是1921年2月28日发生的喀琅施塔得海军要塞水兵暴动，参加者多是刚刚穿上军装的农民。他们占领要塞，提出“要苏维埃，不要布尔什维克党”“政权归苏维埃，不归布尔什维克党”“立即取消粮食征购队”等口号。士兵们组织了“临时革命委员会”，并发布了《告喀琅施塔得要塞和市民群众书》，声称执政的共产党完全脱离群众，没有力量把群众从全面崩溃的现状中拯救出来，只有靠全体工人的努力和决心，才能给祖国提供面包和燃料，才能让人们穿上衣服和皮靴，才能使共和国摆脱困境。喀琅施塔得水兵暴动表明，国内存在的不满情绪已经到了危及革命政权的程度。此时正值俄共（布）十大召开之际，代表大会被迫暂时休会，并出动6万红军，在3月18日平息了兵变。

在喀琅施塔得水兵暴动的严峻形势下，1921年3月16日，俄共（布）十大一致通过了《关于以实物税代替粮食征集制》的决议。在那些年月里，党内一致通过某项决议的现象是非常罕见的，而且这种政策转变的速度之快，力度之大，也是前所未有的。这是一个具有重大意义的事件，它标志着苏俄进入了探索落后国家如何建设社会主义的新时期，采取了区别于战时共产主义的新经济政策。

（2）新经济政策的实质与特征。

1921年5月末，俄共（布）举行的第十次代表会议根据列宁的报告通过了《关于新经济政策问题的决议》，其主要精神是：新经济政策是一项长期政策；商品交换是新经济政策的主要杠杆；在国家监督下由合作社执行商品交换任务；部分修改大工业生产计划，发展日用品生产；发展中小企业，扩大地方和企业自主权。5月27日，苏俄人民委员会颁布法令，废止1920年11月的国有化法令，随后，大部分企业实行了非国有化，允许私营企

---

① 高尔察克和邓尼金是原沙皇将军，1918—1919年曾组织反革命武装叛乱，反对苏维埃政权。皮尔苏茨基是波兰国家首脑，1920年曾为波兰地主资产阶级重创苏俄红军。——引者注

② 列宁．列宁全集：第42卷．2版．北京：人民出版社，1987：184．

业存在，国营企业则实行经济核算，并参与市场活动。当时，由国家包管的企业共 3.7 万家，经过租赁出租等形式，最后只剩下 4 500 家。1921 年 10 月，重建国家银行，以促进工农和商业资金周转的发展。与此同时，国民经济的组织管理制度也相应发生变化。1921 年 5 月，最高国民经济委员会实行改组，它领导的总管理局由 52 个缩减为 16 个。工业领导工作主要通过地方国民经济委员会和大企业区域联合组织来实现。这样，战时共产主义总管理局制度至此已大为削弱。

1922 年 10 月，列宁在回答英国《曼彻斯特卫报》记者提问时说："新经济政策的真正实质在于：第一，无产阶级国家**准许小生产者有贸易自由**；第二，**对于大资本的生产资料，无产阶级国家采用资本主义经济学中叫作'国家资本主义'的一系列原则**。"[①] 1922 年 11 月 14 日，列宁说：作为新经济政策要素之一的国家资本主义，是在苏维埃政权的条件下，工人阶级有意识准许而又加以限制的一种资本主义。列宁又说："新经济政策＝(1) 检验同农民经济的'**结合**'。(2) 检验同资本主义的（既同商业的，也同工业的）（既同俄国的，也同外国的）竞赛。"[②] 在这里，列宁实际上道出了新经济政策两个最重要的功能：其一，新经济政策易于同农民结合，易于被农民接受；其二，国家通过这种政策可以同资本主义展开经济竞争。

列宁转向新经济政策，开始探索另一种新的社会主义建设模式。这种模式有以下四个重要特征：

其一，以市场为取向。新经济政策的一个核心问题是承认和利用商品货币关系，承认和利用市场的积极作用，实现从产品生产向商品生产的转变。因为只有利用商品市场经济，才能在工业和农业之间建立正常的联系，才能活跃农业，进而振兴工业，建立起社会主义的物质基础；同时，只有利用商品市场经济，才能在国营企业实行"商业化原则"，进行严格的经济核算，改变不讲核算、不重视利润的情况。

其二，多种经济成分共存。转向新经济政策后，改变了战时共产主义时期力图建立单一社会主义公有制的做法，从 1921 年起实行租让制和租借制，即把国家一时还无力经营的部分企业租让给本国资本家或租借给外国资本家经营，调动国内资金，并引进外资，这样有助于推进社会主义经济建设。同时，列宁还主张重视发展合作制，认为这是农民最容易接受的过渡到社会主义的唯一道路。允许多种经济成分同时存在，互相促进，繁荣经济，是落后国家逐步实现社会主义的真正便捷之路。

其三，坚持并改善党的领导。列宁一方面尖锐地指出，对于执政的共产党来说，"最严重最可怕的危险之一，就是脱离群众，就是先锋队往前跑得太远"[③]；另一方面他又非常严厉地批评了当时党内存在的各种官僚主义、特权思想、腐化堕落、违法乱纪、骄傲自满、不负责任等现象。列宁主张从严治党，注意纯洁党的组织。他还提出，为了适应党的中心任务即搞好经济建设的要求，党要改变领导方式，党政之间应有各自的职权范围。他说："必须十分明确地划分党（及其中央）和苏维埃政权的职责；提高苏维埃工作人员和

① 列宁．列宁全集：第 43 卷．2 版．北京：人民出版社，1987：263.

② 同①397.

③ 列宁．列宁选集：第 4 卷．3 版．北京：人民出版社，1995：626.

苏维埃机关的责任心和独立负责精神，党的任务则是对所有国家机关的工作进行总的领导，不是像目前那样进行过分频繁的、不正常的、往往是琐碎的干预。”[①] 实行党政分开，这是列宁对于进行政治体制改革的重要指导思想。

其四，改革过度集权的政治体制，加强对权力的有效监督与制约。布尔什维克党掌握政权后，由于种种原因，造成了权力过度集中的现象。1919 年 3 月俄共（布）中央设立政治局、组织局和书记处，1922 年 4 月俄共（布）中央设立了总书记的职务，斯大林任中央总书记。斯大林 1879 年 12 月 21 日生于格鲁吉亚梯弗里斯州哥里城一个皮鞋匠家庭。1894 年 15 岁时，在当地东正教中学读书，开始参加革命活动，并因此于 1899 年被学校开除。后来当过教员、测量员等，继续从事革命活动。1898 年俄国社会民主工党建党时即加入党，1912 年被选为中央委员。在长期的艰苦革命斗争中，斯大林曾经多次被捕并遭到流放。他锻炼了坚强的革命意志，但同时也形成了冷峻的性格，对待党内同志态度粗暴，喜欢使用行政手段。列宁在生命弥留之际口授的《给代表大会的信》中指出：斯大林担任了总书记，“掌握了无限的权力”，态度“粗暴”，并担心斯大林不能谨慎地使用这一权力。为此，列宁建议代表大会把斯大林从总书记位置上调开，另选他人担任总书记，只要这个人“较为耐心、较为谦恭、较有礼貌、较能关心同志，而较少任性等等”[②]。实际上，当时俄共（布）中央权力过度集中的局面已经出现，例如斯大林身兼党政数职，在党内他担任总书记、政治局委员、组织局委员，在政府中担任民族事务人民委员、工农检察院人民委员、肃反委员会委员等。在转向新经济政策后，这种权力过度集中的政治体制必须进行相应的改革。列宁非常关心在党和国家领导核心内建立有效的分权制度和监督制度。为此，他提出了一系列措施：扩大中央委员会，以加强决策过程的民主基础，吸收工农优秀分子进入党的中央委员会；在党内建立权力制衡机制，确认党代表大会是党的最高权力机关，中央委员会只是党代会的执行机关，政治局、组织局和书记处只是党中央的常设机构，总书记只管书记处的工作（总书记也可译为秘书长），不在政府兼职，设总书记的本意是要实现党政分开，党代表大会要坚持年会制，即每年召开一次；要建立党的中央监察委员会和地方监察委员会，它与党的中央委员会和地方党委会平行，其职责是专门监督中央委员会（包括总书记）和各级党委会，以防止他们滥用职权。在改革党的领导体制的同时，还要对国家机关进行改造，反对官僚主义，建设社会主义民主政治。十月革命后建立起的苏维埃政权，按其性质来说，同旧政权是根本不同的，但却受到官僚主义的严重侵蚀。列宁 1922 年底指出，“我们的机关实质上是从沙皇和资产阶级那里拿过来的旧机关”[③]，“是资产阶级和沙皇制度的大杂烩”[④]。列宁认为，这已影响到国家机关同群众的密切联系，有使苏维埃官员从社会公仆变为社会主人的危险，势必败坏社会主义建设事业。列宁把着眼点放在加强监督和建设社会主义民主政治上，提出把改组工农检察院作为改造国家机关的重点，强调要让工农群众参与和监督国家事务。

同时我们也要看到，列宁最终未能解决好党政分开和过度集权的政治体制问题。1924

① 列宁．列宁全集：第 43 卷．2 版．北京：人民出版社，1987：64.

② 列宁．列宁选集：第 4 卷．3 版．北京：人民出版社，1995：745，746.

③ 同①341.

④ 同①350.

年，他因第三次中风过早病故，年方54岁。列宁留下的有弊病的政治体制主要是以党代政和一党专政的体制。本来从1917年12月至1920年8月，苏俄曾实行过共产党与左派社会革命党的两党合作，随后又与从左派社会革命党中分化出来的民粹主义共产党和革命共产党进行三党合作。可是实际上在1918年3月左派社会革命党被取缔后，俄国已经是俄共一党专政，其他两个小共产党很快都合并到俄共中去了。列宁于1919年7月31日在全俄文教工作者代表大会上的讲话中公开宣称，“我们就是坚持一党专政，而且我们决不能离开这个基地”①。以党代政和一党专政的政治体制，后来弊病更加严重。

总之，第一个社会主义国家，在列宁领导下进行社会主义建设总共约有6年时间。前3年，列宁缺少清醒的认识，急于通过战时共产主义政策直接过渡到社会主义；后3年，列宁在总结实践经验教训的基础上，对落后国家的国情有了较为清醒的认识，初步探索了通过新经济政策迂回、间接过渡到社会主义的新路径。新经济政策的主要精神是认定落后国家要经历更长的从资本主义到社会主义的过渡时期，其间要大力发展商品市场经济，逐步消除自然经济、半自然经济，允许资本主义成分有一定发展，逐步扩大社会主义阵地，最终战胜资本主义，达到社会主义，实现社会主义国家工业化、电气化和政治民主化、工农化，用社会主义现代化来补落后国家未曾实现的资本主义现代化的课程。

新经济政策本来是长期的社会发展战略，然而，自1924年列宁去世后的5年时间里，新经济政策实际上已逐步减弱。到1929年苏联领导层提前结束了新经济政策。这次战略转变所采取的苏联社会主义建设方针以及最终形成的社会主义苏联模式，对苏联乃至以后对其他社会主义国家的政治经济文化体制都产生了巨大、深远的影响。转变的原因是错综复杂的，但归根结底，仍然是对如何在一个帝国主义包围中的落后国家建设社会主义的特殊规律没有取得正确的认识。众所周知，这次转变的结果，是建立起了斯大林模式，即后来持续存在了半个世纪并在第二次世界大战后扩大到欧洲、亚洲、拉丁美洲一系列共产党执政国家的苏联社会主义模式。在过去相当长的一段历史时期内，各国共产党人曾把它看成是科学社会主义理论在20世纪的典型实践和重大发展，可是在发生苏东剧变之后，我们应该重新总结历史经验，更新认识。

第二节 社会主义苏联模式的定型和是非

一、列宁去世后党内的激烈斗争

列宁去世后，俄共（布）面临的一个突出问题就是：是继续执行新经济政策，还是重新回到战时共产主义政策？对于这个重大问题，当时党内是存在不同意见的，而这种争论又掺杂进了个人权力之争。结果，争论很快地发展成为大规模的激烈的党内派别斗争。其中与如何建设社会主义问题的争论直接相关的大斗争有三次：第一次、第二次是反对托洛茨基派和新反对派的斗争，第三次是反对布哈林派的斗争。

---

① 列宁．列宁全集：第37卷．2版．北京：人民出版社，1986：126.

1. 反对托洛茨基派和新反对派的斗争

列宁逝世后，党中央领导人纷纷著书立说，缅怀列宁的丰功伟绩，并力图对列宁主义的理论贡献进行总结和概括。讨论和争论的中心问题是在世界革命转入低潮的国际形势下在苏联一国能否建成以及如何建设社会主义。以政治局委员托洛茨基为首的反对派对如何建设社会主义提出了自己的看法。

首先，托派反对一国建成社会主义理论。托洛茨基认为应该坚持马克思、恩格斯、列宁关于不断革命和世界革命的思想，苏联不能满足于自己在一国取得革命胜利，要“等待”世界革命、促成世界革命；如果没有欧洲社会主义工人阶级的国际援助，苏联的革命是不可能持久的，因为苏联经济落后，无产阶级同农民将要发生不可避免的利害冲突。他断言，社会主义是在一国开始的，但是不能在一国完成，在一国范围内维持无产阶级专政只能是暂时状态。托派认为这是列宁晚年的思想。客观公正地说，列宁晚年的确没有说过苏联一国能够建成社会主义。

其次，托派主张限制和消灭私有经济。托洛茨基从不断革命论的立场出发，认定新经济政策是一种暂时退却，是无产阶级政权的权宜之计，是等待欧洲社会主义革命胜利而采取的临时性措施。他们时常谈论新经济政策的消极后果，认为要对新经济政策时期成长起来的私有经济进行限制，并对富农展开一场新的阶级斗争，进行所谓的“第三次革命”。

再次，托派主张加速工业化，强调在社会主义建设中必须以工业为中心，严格服从国营工业的利益，实行所谓的“工业专政”。他们认为，苏联之所以总是出现粮食收购危机，归根结底还是工业化实行得不够，因此，最终的解决办法不在农业本身，而是必须在超过现在所做的一切的基础上加强工业化①。要解决超工业化的资金来源，就要每年最大限度地把资金从农业抽调到工业，以保证整个工业的最快发展速度，并且提高工业品价格，对农民课以高额赋税。

最后，还应该看到，托洛茨基派除了上述过左、过急的观点外，也提出了不少较为正确的主张。例如要对外开放，加强与“世界资本主义经济的合作”，要有计划地利用世界资本主义的技术成就来刺激苏联工业的发展；对内要增加对富农的税收，并不急于消灭富农；要大力提高工业提供农业机械化的能力，以促进农业集体化；要加快工业化，以消灭失业，改善工人生活，多吸收农村剩余劳动力，降低工业品价格；要协调经济发展，以适应市场，“主要是指农民市场”；尤其是要发展党内民主，反对官僚主义，防止党脱离广大人民群众。

斯大林出于权力斗争的需要，不考虑托洛茨基这些可取的意见，另提出一国建成社会主义理论，驳斥了托洛茨基派有关农民和无产阶级必然发生冲突的论断。斯大林认为苏联建设社会主义主要面临两种矛盾：一是内部矛盾，即无产阶级和农民之间的矛盾；二是外部矛盾，即社会主义国家和其他一切资本主义国家之间的矛盾。他说：“我们面前有两个主要阶级：无产阶级和私有者阶级即农民阶级。他们之间必然产生矛盾。全部问题在于：我们能不能用自身的力量克服无产阶级和农民之间所存在的这些矛盾。人们说：能不能用

① 中央编译局. 托洛茨基言论：下册. 北京：生活·读书·新知三联书店，1979：870.

自身的力量建成社会主义？那就是想说：我国无产阶级和农民之间的矛盾是否可以克服？”“列宁主义对这个问题的回答是肯定的：是的，我们能够建成社会主义，而且我们将在工人阶级领导下和农民一起去建设。”[①] 实际上，一国建设社会主义与一国建成社会主义是有区别的。托洛茨基也认为一国可以建设社会主义，只是反对一国建成社会主义。斯大林自己也不得不又用第二种矛盾解释了社会主义的最后胜利问题。他说：“能不能认为这种矛盾是一个国家完全可以克服的呢？不，不能。因为靠一个国家的努力，即使这个国家是无产阶级专政的国家，也不能完全保障自己免除武装干涉的危险。因此，只有在国际范围内，只有通过若干国家的无产者的共同努力，或者更好是在几个国家的无产者取得胜利以后，才能够有免除武装干涉的完全保障，也就是说，才能够取得社会主义的最后胜利。”[②] 也就是说，在斯大林看来，虽然一国可以解决工农之间的矛盾、成功建设社会主义，但是一国社会主义要取得最终胜利，仍然要实现世界革命。而且斯大林在 1924 年 4 月发表的《论列宁主义基础》中也是认为一国不能建成社会主义。同年 12 月他在《十月革命与俄国共产党人的策略》中却反过来硬说托洛茨基的一国不能建成社会主义论是反列宁主义的。实际上，托洛茨基派与党中央多数人之间尽管思想认识上存在分歧，但是大家都一致主张苏联一国能够建设社会主义，同时，还要实现世界革命。

党内出现认识上的分歧本来是正常的，完全可以通过争论达成共识，即使不能达成共识，也可以求同存异，留待实践检验来解决。在历史上，托洛茨基与列宁早就有分歧。列·达·托洛茨基（1879—1940），1898 年上中学时参加工人运动，被沙皇政府流放到西伯利亚四年，1902 年逃往西欧，参加列宁创办的《火星报》工作，1903 年参加党的二大，后来长期动摇于布尔什维克与孟什维克两派之间，到十月革命前夕他与列宁一致主张进行社会主义革命，才加入布尔什维克党。他入党后在许多问题上与列宁之间仍然存在着分歧。列宁既尖锐地批评他，又善于与他共事，并委以重任。十月革命首都武装起义实际上是托洛茨基领导指挥的，十月革命后他在政府中先后任外交人民委员和陆海军人民委员，1918 年 9 月建立共和国革命军事委员会，他是首任国家军委主席，掌握军权。由于托洛茨基深受列宁器重，在党内有极高威信，他在争论中还敢于提出反对党中央的官僚主义和发扬党内民主问题，他认为“党正在分裂为书记特权阶层和‘普通人’”。这更使斯大林感到总书记权力受到威胁，所以要采取行政措施削弱他的权力。斯大林争取到中央多数的支持后，于 1925 年 1 月 17—20 日召开联共（布）中央委员会和中央监察委员会联席会议，“给予托洛茨基最严厉的警告”，并认为“托洛茨基不能继续在苏联革命军事委员会中工作”。1 月 26 日，苏维埃中央执委会主席团通过决议，解除托洛茨基陆海军人民委员和革命军事委员会主席的职务。至此，托洛茨基的威望和权力均受到决定性的削弱，他基本上退出了权力中心。中央政治局委员季诺维也夫、加米涅夫等人曾经站在斯大林一边反对托派，可是到 1926 年夏天，他们认为托派有理，转向托派一边，形成新反对派。1926 年 7 月，托洛茨基提出“要继续批判斯大林政权”，这使斯大林恼羞成怒，当即以反对派别活动为由，把托洛茨基开除出政治局，同年 10 月又将其开除出中央委员会。1927 年 11 月，

① 斯大林. 斯大林全集：第 7 卷. 北京：人民出版社，1958：92.

② 同①99-100.

托洛茨基与季诺维也夫被开除党籍。托洛茨基于1928年1月被国家专政机关流放到阿拉木图，1929年被驱逐出苏联。这样斯大林就彻底打败了托洛茨基派和新反对派，巩固了他个人在党中央的最高权力。列宁临终前曾向党指出："斯大林同志当了总书记，掌握了无限的权力，他能不能永远十分谨慎地使用这一权力，我没有把握"；而托洛茨基"大概是现在的中央委员会中最有才能的人，但是他又过分自信，过分热衷于事情的纯粹行政方面"。列宁担心"现时中央两位杰出领袖的这两种特点会出人意料地导致分裂，如果我们党不采取措施防止，那么分裂是会突然来临的"①。列宁逝世才三年多，他的担心不幸变成了现实！斯大林反托派，表面上大获全胜，实际上造成苏共和整个世界共产主义运动的长期分裂，后果惨重。

2. 反对布哈林派的斗争

1927年12月联共（布）十五大以后，又爆发了斯大林反对政治局委员布哈林的斗争。这场斗争的直接导火索是粮食收购危机。1929年秋，各个城市出现了"商品荒"，到处出现购买食品和日用消费品的长队。于是，围绕如何看待粮食危机以及怎样解决粮食危机问题，党内出现不同意见，进而演化成又一场激烈的党内派别斗争。尼·伊·布哈林（1888—1938），1906年加入布尔什维克党，1917年当选中央委员，1920年起为政治局候补委员，1924年起为政治局委员。列宁在临终前《给代表大会的信》中称他为"党的最宝贵的和最大的理论家，他也理所当然被认为是全党喜欢的人物"②。还有1924年接替列宁担任人民委员会主席的阿·伊·李可夫（1881—1938）等人都支持布哈林，反对斯大林的意见。

斯大林和布哈林的斗争，从表面上看是他们对发生粮食收购危机的原因及采取的对策看法不一致，更深层次的问题则是他们在苏联社会主义建设的根本方针上存在重大分歧。他们之间的基本分歧有以下三个方面：

首先，斯大林主张优先发展重工业，实际上是把社会主义工业化理解为重工业化，并且把重工业化作为区分社会主义工业化和资本主义工业化两条工业化道路的根本标志之一。他还片面强调工业发展的高速度，强调要有"布尔什维克的速度"。斯大林认为，苏联的工业"将在更大的程度上依靠国内市场，首先是依靠农民市场"③。这样，农民将不得不为国家的工业化做出牺牲。"农民不仅向国家缴纳一般的税，即直接税和间接税，而且他们在购买工业品时还要因为价格较高而多付一些钱，这是第一；而在出卖农产品时多少要少得一些钱，这是第二。""这是为了发展为全国（包括农民在内）服务的工业而向农民征收的一种额外税。这是一种类似'贡税'的东西，是一种类似超额税的东西；为了保持并加快工业发展的现有速度，保证工业满足全国的需要，继续提高农村物质生活水平，然后完全取消这种额外税，消除城乡间的'剪刀差'，我们不得不暂时征收这种税。"④ 在这里，斯大林实际上是接过了托洛茨基于1924—1926年提出的过左、过急的主张。布哈林认为，发展国民经济必须注意综合平衡，尊重客观经济规律，推动协调发展。他指出，社

①② 列宁．列宁选集：第4卷．3版．北京：人民出版社，1995：745.

③ 斯大林．斯大林全集：第8卷．北京：人民出版社，1954：120.

④ 斯大林．斯大林全集：第11卷．北京：人民出版社，1955：139-140.

会主义经济是计划经济，但是如果经济计划制定得不好或者执行得不好，就会破坏平衡，出现危机。1928 年苏联出现的危机就是经济平衡的各种条件遭到破坏的结果。他反对“优先高速重工业化”的观点，主张重工业和轻工业要注意平衡发展，而且工业的发展要同农业的发展结合起来，不能片面加快重工业的发展。他坚决反对要求农民以缴纳“额外贡税”的办法来为工业化积累资金，认为这是对农民实行“军事封建剥削”。

其次，斯大林主张对农业实行全盘集体化，一步跨进社会主义，以保证国家所需要的商品粮。对富农阶级的政策也要求从限制和排挤富农剥削的政策立即转变为剥夺富农财产、消灭富农阶级的政策。布哈林认为，解决粮食问题固然是要通过日益增长的集体化把个体农业生产逐步改造为集体经济，实现农业生产社会化，但是这个问题必须在个体经济也同时增长的基础上得到解决。他根据列宁的合作制理论，反对用行政命令来改变农民的所有制，反对农业全盘集体化。

最后，斯大林提出阶级斗争越来越尖锐的论点，他认为社会主义建设中的一切成就都是阶级斗争的成果。从 1928 年开始，斯大林在不同场合一再强调：社会主义愈是取得胜利，“资本主义分子的反抗将加强起来，阶级斗争将更加尖锐”①。实际上这是把党内决策中的不同意见都上升为阶级斗争的表现。布哈林反对“阶级斗争越来越尖锐”的观点，认为过渡时期的基本路线是阶级矛盾逐步缩小和最后消亡的路线，对资本主义成分应当用竞争的办法，逐步排挤、改造，最后消灭。他要求对富农阶级继续实行限制和排挤的政策，反对实行剥夺政策，反对进行托洛茨基曾经主张的、随后又被斯大林接过去的“第三次革命”。

显然，斯大林和布哈林之间的分歧是带有根本性的路线分歧。斯大林争取到中央多数。党中央于 1929 年 4 月召开全会，斯大林在会上做了《论联共（布）党内的右倾》的报告。斯大林在批判布哈林观点时指出：这场斗争的实质是“路线斗争”，一条路线是党的路线、革命的路线、列宁的路线；另一条路线是布哈林集团的路线，它“用发表反党宣言的方法，用辞职的方法，用诬蔑党的方法，用暗中破坏党的方法，用和昨天的托洛茨基分子为组织反党联盟进行幕后谈判的方法来反对党的路线。这第二条路线是机会主义的路线”②。现在看来，布哈林派的路线实际上是列宁后期新经济政策的继续，但是当时中央全会多数人却不理会布哈林的辩解，反而决定撤销布哈林《真理报》主编的职务。同年 7 月，共产国际执行委员会撤销布哈林担任的主席团委员和政治书记处书记的职务。11 月，布哈林被开除出中央政治局，但保留中央委员；李可夫被开除出政治局和中央委员会，他的人民委员会主席职位由紧跟斯大林的莫洛托夫取代。在此前后，全苏上下掀起“反右倾斗争”。1929 年 11 月 26 日，《真理报》登载由布哈林等签名的声明，表示承认错误。至此，这场斗争暂告结束。

党内派别斗争的结果是，斯大林战胜了托洛茨基反对派、新反对派和布哈林反对派，斯大林的理论和政策主张取得了胜利。这种斗争的结局对苏联社会主义建设产生了重大的消极影响：首先，使社会主义建设偏离新经济政策的道路，为斯大林模式的形成准备了政

① 斯大林．斯大林全集：第 11 卷．北京：人民出版社，1955：149-150.

② 斯大林．斯大林全集：第 12 卷．北京：人民出版社，1955：11.

治条件；其次，助长了理论上和实践上的“左”倾，认为社会主义建设只能有一种模式即斯大林模式，这给苏联社会主义建设乃至国际共产主义运动都带来了不良后果；再次，破坏了党内正常的民主政治生活，把党内不同意见的正常争论都上纲上线，采取外科手术式的办法进行清洗；最后，在党内形成了斯大林的个人集权制，于是列宁的一党专政变为斯大林的一派专政、一人专政。斯大林还使个人崇拜盛行起来。1929 年 12 月 21 日，全苏联大规模祝贺斯大林五十寿辰，书刊中发表大量对他歌功颂德的文字，这是个人崇拜大肆泛滥的开端。

二、社会主义苏联模式的形成与历史成就

斯大林战胜党内三个反对派后，随即发动了高速工业化、农业全盘集体化和“大清洗”三大运动，完全改变了列宁开创的新经济政策的过渡性的模式，形成了后人所称的稳定性的斯大林模式，即社会主义苏联模式。这一模式在某些方面适应了当时国际环境的变化和苏联社会发展的需要，取得了可观的历史成就，但也付出了巨大代价，留下了严重后患。

1. 社会主义苏联模式的形成

社会主义苏联模式是伴随着国家高速工业化、农业全盘集体化和党内干部“大清洗”三大运动而形成的。

1925 年，苏联国民经济恢复时期宣告结束，12 月召开的联共（布）第十四次代表大会把国家工业化确定为党的总路线。到 1928 年，凸显出粮食供应量不能满足规模愈来愈大的工业化建设需要的问题。这时，必须重新考虑是坚持高速度地发展工业，还是根据实际条件把工业化速度降下来。在战胜党内反对派以后，斯大林从理论到实践愈来愈明确地转而采取了比托洛茨基曾经提出过的更“左”的方针。这场工业化运动的特点，一是高速度，二是优先发展重工业，三是采用行政手段。苏联从 1929 年到 1940 年的工业每年平均增长速度为 16.8%，其中 1929—1932 年的工业化高潮时期年均增长速度为 19.2%。在始终优先发展重工业和军事工业的情况下，苏联的生产资料生产在工业总产值中的比重不断增长。这个比重，1928 年为 39.5%，1932 年为 53.4%，1937 年达到了 57.8%，到备战更为紧张的 1937—1940 年更是高达 62%①。苏联从 1928 年 10 月开始实行第一个五年计划。由国家计划委员会编制详尽的各行各业的增长指标，作为指令性计划下达，各部门各地区必须当作法律一样严格执行，把国民经济统得很死。苏联仅用从 1928—1937 年的两个五年计划的时间就实现了国家工业化目标。工业化运动在短时间内建立起比较完整的现代工业体系的基础，同时苏联也形成了重工业过重、农业和轻工业过轻的畸形经济结构和过度集中的指令性计划管理体制。

斯大林的农业全盘集体化运动主要是为配合国家工业化运动而实行的。在新经济政策时期，农业的社会主义改造基本上以列宁的合作社计划作为指导思想，即在帮助个体农民大力发展商品生产的基础上，按照自愿原则广泛组织和发展各种形式的合作社（首先是流通领域的合作社），并通过这些合作社来引导农民加强各方面的合作，以便随着条件的成

① 苏联国民经济统计年鉴. 北京：世界知识出版社，1959：145.

熟逐渐过渡到以生产资料公有制为基础的、高度社会化和机械化的社会主义大农业。因此，集体农庄在整个20世纪20年代发展极其有限，国家需要的农产品主要通过市场交换从个体农民手中收购。到1929年，斯大林为解决粮食问题而采取双管齐下的措施。第一，用非常措施强制收购粮食，以解燃眉之急。第二，实现农业全盘集体化，把“分散细小”的农民组织到集体农庄，借此一劳永逸地解决粮食供应问题。1929年初，斯大林给布哈林等人戴上右倾反党集团的帽子，并对他们进行组织处理后，接着开展清党，清洗农村中“富裕党员”和同富农有“直接联系”的党员。这样就把高层和基层反对农业集体化的势力压了下去，为大规模开展农业集体化运动扫清了障碍。1929年11月，斯大林发表《大转变的一年》一文，标志着全盘集体化作为改造农业生产关系的一场政治运动在全国全面铺开。他认为，“目前集体农庄运动中具有决定意义的新现象，就是农民已经不像从前那样一批一批地加入集体农庄，而是整村、整乡、整区、甚至整个专区地加入了”，“这是什么意思呢？这就是说，中农加入集体农庄了”[①]。斯大林这篇文章的发表，使此前个别地区的全盘集体化发展成急风暴雨式的全国性政治运动。1930年1月，联共（布）中央通过《关于集体化的速度和国家帮助集体农庄建设的办法》的决议，将全国农村分为三类地区，并为每一类地区分别规定了基本实现集体化的时间表，就全国来看，到1934年7月加入集体农庄的农户达到71.04%，播种面积达到87.4%，基本上完成了农业全盘集体化。这场全盘集体化运动的基本特点：一是时间短，速度快；二是行政命令开路，一哄而起；三是全面开花，席卷全国；四是消灭富农阶级，把富农分子全赶到边远地区集中劳动改造。随着全盘集体化运动的基本完成，苏联建立起了一种新的直接为国家工业化服务的农业经济体制。从所有制结构看，有国营农场、机器拖拉机站、集体农庄，前两者是国家所有制，后者是集体所有制。从经济管理的形式看，主要是过度集中的计划经济体制。这种体制的主要功能是便于把农业纳入国家计划控制，而不是通过商品市场流通促进生产发展。

不论是高速工业化运动还是农业全盘集体化运动，都是由国家采取行政命令手段推行的，这必然导致社会关系紧张、党群关系紧张，引起党内外有识之士的怀疑和不满。党内干部“大清洗”运动就是为了压制这种不满而展开的。因此，从某种意义上说，“大清洗”运动是国家高速工业化运动和农业全盘集体化运动的衍生物。当然，绝不能认为“大清洗”运动是社会主义建设过程中的必然现象。事实上，如果不是险恶的国际条件、激烈的党内争论和斯大林个性的缺陷等因素共同起作用的话，这种悲剧是完全可以避免的。自1929年联共（布）中央批判了“布哈林右倾投降主义集团”之后，党内已经没有公开的反对派，但是，党内的不同意见和矛盾仍然存在。由于斯大林在党内斗争中采取压制措施，这些不同意见和党内矛盾无法通过正常途径加以解决，便以其他形式表现出来。这就是20世纪30年代政治事件层出不穷的真正原因。1934年12月1日，联共（布）中央政治局委员、组织局委员、列宁格勒州委书记基洛夫遇害。斯大林利用基洛夫事件，采取了大规模的镇压措施来彻底消灭异己。从某种意义上看，这样做也是斯大林体制的一个组成部分。早在1927年反对托洛茨基派和新反对派、1929年清除布哈林派时，就已经开始了政治“大清洗”。从1934年底到1938年秋的近4年时间，苏联先后出现两次更大规模清

---

① 斯大林. 斯大林全集：第12卷. 北京：人民出版社，1955：118.

洗的高潮。“大清洗”运动表现出三个特点：它以阶级斗争越来越尖锐作为理论幌子；其运作过程脱离党的领导，司法不能独立，完全由情报安全部门严密控制司法机关和司法程序，采取逼供、诱供办法；其主要打击对象是党政军高级干部和知识界精英。党内早先的那些反对派人物首当其冲，季诺维也夫、加米涅夫、布哈林等列宁时期的政治局委员均被当作帝国主义特务、谋杀基洛夫的凶手处死，就连1929年已被逐出国门的托洛茨基也未能幸免，斯大林授意苏联情报机关于1940年派人在墨西哥将其暗杀。在“大清洗”中，参加联共（布）十七大的1 966名代表中有1 108名被捕；139名中央委员和候补委员中有98人被捕或被处决；11名政治局委员中，奥尔忠尼启则因抗议斯大林滥捕滥杀而自杀，科西奥尔和楚巴尔被处决；6名政治局候补委员中，波斯蒂舍夫、鲁祖塔克和埃赫等被杀害。十七大的代表和中央委员有这么多被清洗，显然与斯大林怀疑他们不忠有关。这场“大清洗”运动滥用权力，破坏法治，制造了大批冤假错案，在党内外造成一种可怕的恐怖气氛，严重破坏了社会主义民主、自由和法治，扼杀了干部和群众的主动性、积极性与创造性。与此同时，经过这场“大清洗”运动，斯大林个人的权力进一步加强，党的领导变成个人专权。到1941年5月斯大林进而由党中央总书记兼任人民委员会主席（政府总理）和国防委员会主席，集党政军三大权于一身。这对斯大林个人集权制的形成也起到了促进作用。

不难看出，国家高速工业化、农业全盘集体化与党内干部“大清洗”这三大运动是相互配合、互相促进的，彼此有着紧密的内在联系。斯大林坚持高速度优先发展重工业，要求苏联在10年内跑完资本主义国家50年至100年所走的路。这对小农占优势的国家而言是非常困难的。为了解决高速工业化所需的资金问题，斯大林发动了农业全盘集体化运动，把个体农民组织成为集体农庄，实行义务交售制，将农村纳入国家指令性计划的运行轨道。而为了镇压强制推行高速工业化和全盘集体化造成的不满情绪，斯大林又发动了“大清洗”运动，旨在为实现国家工业化和农业全盘集体化扫清政治障碍。三大运动相辅相成、紧密配合，最终催生了一个以过度集权为基本特征的斯大林体制和斯大林模式。

2. 社会主义苏联模式的历史成就

（1）开创了社会主义现代化、工业化的新路，第一次显示了社会主义制度的优越性。

如前所述，沙皇俄国自1861年废除农奴制度，开始了资本主义现代化、工业化的进程，到1913年，现代工业已占国民经济总量的42.3%。1914年参与第一次世界大战后，经济大受破坏。1917年十月革命胜利后，布尔什维克党要领导国家继续完成被战争中断的现代化、工业化事业，重新开创社会主义现代化、工业化新路。这条新路新就新在以下八个方面：第一，依靠无产阶级专政的苏维埃政权来实现；第二，发动亿万工农群众和各民族人民参与现代化、工业化建设，开展群众性劳动竞赛；第三，大力发展社会主义性质的国营经济和集体经济，消灭私有制；第四，以五年计划形式实现国民经济计划化，排除商品市场经济；第五，以电气化促进工业化，优先发展重工业；第六，大力培养工农知识分子，利用、改造旧知识分子；第七，发展社会主义新城市，改造旧城市；第八，使现代化、工业化成果造福广大民众。

20世纪20—40年代的苏联，无论是社会主义改造顺利的时候还是政策发生失误的时候，无论是战争逼近的时候还是进行战争的时候，整个社会都还是比较稳定的，多民族组成的党和国家也始终保持着统一。虽然一些局部地区发生过社会动荡和民族摩擦，但是在高压之下没有出现全局性的社会动荡。总体上看，苏联在这一时期基本上实现了现代化、工业化，消灭了城市工商业资产阶级和农村富农阶级，建立了全民所有制和集体农庄所有制的社会主义公有制经济基础，增强了工农联盟和各民族人民联盟，社会的阶级结构发生了重大变化。世界上第一个无产阶级专政的国家增强了实力，它同当时动荡不安的国际形势形成鲜明的对照。社会的稳定、国家的巩固，为开展社会主义建设提供了保障。斯大林模式的社会主义以建立美好幸福生活的远景为号召，激励着全体人民的建设热情，从而在极短时间内，使苏联在政治、经济、文化建设等各个方面都取得了相当大的成就。1928—1940 年，苏联共建成约 9 000 个工业企业，整个工业增长了 9 倍，年平均增长 16.8%。这样高的增长速度在世界工业发展史上是极为罕见的。特别是苏联在短时间内建立了较为全面独立的大工业体系和对国民经济技术改造及国防建设具有重大意义的一系列重工业部门，如汽车、拖拉机、机床、飞机、发动机、大型涡轮机和发电机等。到 1937 年，苏联已实现机器设备的自给，并开始出口。在这样短的时间里，苏联从一个落后的小农国家发展为强大的工业国，其意义是十分重大的。1913 年俄国工业在世界上居第五位，到 1940 年，苏联的工业产值已经超过英、法、德三国，跃居欧洲第一位、世界第二位。苏联只用了 15 年时间就跑完了主要资本主义国家用 50 年到 100 年走过的历程。

苏联社会主义现代化、工业化的成就使苏联各部门职工人数从 1928 年的 1 144 万人增加到 1940 年的 3 393 万人，增加约两倍①。职工工资普遍有所增长，生活必需品价格低廉，房租便宜。20 世纪 30 年代苏联是世界上第一个也是唯一一个实行七小时工作制的国家。所有工人每年还有照领工资的两周休假。公费医疗广为推行，义务教育卓有成效。孩子可免费入托儿所、幼儿园和参加少先队夏令营。国家为劳动人民兴建了大批住宅、学校、图书馆、博物馆、电影院、疗养院、医院。社会主义制度第一次显示了造福全体劳动人民的优越性。

（2）取得了卫国战争的伟大胜利，促进了世界社会主义阵营的形成。

1941—1945 年，苏联用四年时间和盟国一起共同打败了德、意、日法西斯国家，成为世界反法西斯战争的主要力量。不仅战前三个五年计划的实现、工业的快速发展使国家大大增强了实力，为打败法西斯奠定了物质技术基础，而且千百万苏联人民高昂的爱国主义、集体主义、英雄主义精神更是战胜法西斯势力取之不尽的力量源泉。苏军在欧洲战场四年间进行了 50 多次集团军方式的大战役，使法西斯军队的损失超过它在西欧战场损失的三倍，共计损失 607 个师。东欧的波兰、匈牙利、捷克斯洛伐克、罗马尼亚和保加利亚五国以及德国东部都是苏军主力解放的。德国于 1945 年 5 月投降后，8 月 8 日苏联又对日本宣战，百万苏军分四路突入中苏边界，在短短一周内击毙日军 8 万多人，俘敌近 60 万人。

不可否认，如果不是过度集权的斯大林模式，如果不是斯大林在战前麻痹大意、准备不足和在战争中的一些失策，苏联在战争中无疑会减少很多损失，但同样不可否认的是，斯大林的果敢领导是反法西斯战争胜利的一个重要原因。在国际上，苏联联合美、英、中

① 周荣坤，等. 苏联基本数字手册. 北京：时事出版社，1982：13.

等国结成广泛的国际统一战线，在国内，宣传动员并且组织军民采取正确的战略战术，对法西斯军队进行了切实有效的打击，终获全胜。

苏联反法西斯战争的胜利有着非常重要的意义，它实际上是一场决定人类走向进步还是倒退的殊死搏斗。作为这场战争的主力军，苏联卫国战争的胜利为人类的和平进步做出了巨大的贡献。这个胜利的影响是巨大的，它使得社会主义苏联的威望空前增长，使得苏联作为世界两大强国之一出现在世界舞台上。随着红军在欧洲、亚洲的推进，在东欧、东亚出现了十多个新生的社会主义国家，这些国家随即组成了以苏联为首的社会主义阵营。所有这些，都推动了战后世界民族解放运动的高涨和世界进步事业的发展。而在所有这些成就中，也都有社会主义苏联模式在当时条件下所起的积极作用。

苏联开创的社会主义现代化、工业化新路，虽然取得了以上重大成就，但也存在着严重弊病。由于这些弊病没有得到及时有效的清除，这条新路便逐渐由崎路、歧路变成绝路、末路，终于导致苏联灭亡。

三、社会主义苏联模式的特征和弊病

1. 社会主义苏联模式的基本特征

社会主义苏联模式的基本特征是过度集权，表现在政治、经济、思想文化和对外关系等诸多方面。

（1）政治方面的表现。

苏联模式政治体制的核心内容是过度集权的党政领导体制、自上而下的干部任命规制、软弱低效的监督机制、地位特殊的国家安全机关。

第一，坚持一党专政。如前所述，在十月革命初期，苏俄实行过共产党领导的两党、三党合作制，1920 年后才变为共产党一党专政。1920 年，一位钳工出身、受过高等教育的共产党员奥索夫斯基鉴于一党专政缺少其他政党合作和监督，易犯错误而难改，在党刊上发表文章，建议恢复和建立其他政党。他立即遭到猛烈批判并被开除党籍。从 1928 年到 1931 年，斯大林还四次取缔所谓的劳动农民党、工业党并打击孟什维克的暗害破坏活动，更加强了一党专政制。1932 年，斯大林也想通过杰出作家高尔基培植一两个知识界的民主党派作为花瓶摆设，高尔基对此不感兴趣，终未办成。一党专政违背现代政党民主政治的常规，这是苏联灭亡的体制性根源。

第二，过度集权的党政领导体制。这里所指的过度集权包括三层意思：国家的权力过度集中于一个党，党的权力过度集中于党中央，党中央的权力过度集中于总书记个人。出现了党政不分、以党代政的严重不正常局面。国家政权机关的重大决策和人事安排都先由党中央政治局决定，然后交给国家政权机关最高苏维埃举手通过，坚决照办。党中央实际上成为凌驾于国家政权之上的最高权力机关，最高苏维埃变成“橡皮图章”或表决机器。例如，1941 年 5 月 4 日（这是星期日），居然由联共（布）中央政治局召开全会，直接任命斯大林为苏联人民委员会主席，即政府总理，而把原主席莫洛托夫变为副主席，第二天才由最高苏维埃公布。这一类实例不胜枚举。党的权力又过度集中于中央，这主要表现在以下三个方面：首先，党的代表大会和中央委员会的权力受到削弱，而中央政治局和书记处的权力则愈益扩大，以至于凌驾于全党全国之上；其次，限制党内民主和频繁清

党；最后，中央监察委员会的职权被削弱。所谓党的权力过度集中于中央，并不是集中到中央委员会，而是更多地集中到政治局，尤其是书记处，最终就形成由总书记个人专权的局面。这主要表现在：首先，党的中央委员会和政治局的会议不能按期召开；其次，许多重大问题一个人说了算。党内形成总书记个人专权的局面，其他政治局委员或中央委员要想表达不同见解就十分困难，更谈不上对总书记的错误进行抵制和修正，集体和个人的关系被颠倒了。

第三，自上而下的干部任命规制。苏维埃政权建立初期很重视贯彻 1871 年巴黎公社民主选举代表和领导人的经验，但是，随着斯大林模式的形成，苏联开始逐步建立起一套与过度集权的政治体制相适应的、自上而下的干部任命规制。党对干部的集中统一管理，最基本的方式就是实行等级授职的逐层任命制。虽然按照宪法、党章规定，选拔调配干部的方式还保留着选举制，但选举制一般都流于形式。苏联实行的选举，其候选人主要由党组织最后内定，而且是等额选举，没有差额，没有竞选，所以实际上仍然是变相的任命制。根据 1871 年巴黎公社的历史经验，工人民主国家的主要领导人应该由公民民主普选产生，并且随时可以罢免，应该用民主选举制取代等级授职制。苏联的做法显然违背了巴黎公社创立的民主选举制的原则。

第四，软弱低效的监督机制。在执政党内部建立有效的监督机制的构想首先是由列宁提出的。1920 年由列宁倡议建立的专门机构——监察委员会，享有很高的地位和权力，它不属各级党委领导，由党代表大会选举产生并向党代会负责，监委是专门监督各级党委的。但到斯大林时期，党的监察委员会的地位受到削弱，权力受到限制。1934 年，斯大林把中监委归中央委员会领导、各级监委划归各级党委领导，用以监督下级是否执行中央的决定，这样，监委根本不能发挥有效的监督作用。斯大林时期的党内监督机关表现出以下几个特点：首先，监察机关的作用极其有限，列宁设计的那种有独立地位、有监督同级党委的职权的监督机制没能实现；其次，只有自上而下的监督，没有自下而上的监督，监督工作成了单行道，只是监督党的决议、国家法令和工作的执行情况，而群众和党组织无法对领导人进行监督；最后，监察机关不仅没有实现对同级党委的决策进行有效的监督，而且成了打击反对派的工具。结果，监察机关不仅没有在防止权力过分集中、维护党的集体领导原则方面发挥应有作用，相反成了维护党委第一把手个人权威的机关。

第五，地位特殊的国家安全机关。十月革命胜利后，苏维埃政权面对敌强我弱的形势，加强无产阶级专政、扩大国家安全机关的权力是必要的。到了和平建设时期，国家安全机关的活动本应严格纳入社会主义法制的轨道，置于最高国家权力机关和中央政府领导与监督之下，但在斯大林时期，由于建立起过度集权的体制，国家安全机关由他个人直接领导，甚至凌驾于党和国家机关之上，拥有特殊的地位，实际上是用国家安全机关对广大干部和群众进行严密的政治与思想控制，使人民长期处于恐惧之中。之所以出现这种状况，同斯大林提出"阶级斗争越来越尖锐"和过分强调国家暴力镇压职能的错误观点有直接联系。斯大林时期出现大批冤假错案，社会主义法制遭到破坏，造成极其严重的后果，这与国家安全机关的特殊地位有着直接的关系。

（2）经济方面的表现。

社会主义苏联模式的特点在经济方面的表现为：过度集中的全民所有制的国家所有

制，过度集中的指令性计划经济体制，过度集中的部门管理体制，过分强调行政手段的经济管理方法，过分强调优先发展重工业和军事工业的发展方针，过分造成干群贫富差距的分配政策。

第一，过度集中的全民所有制的国家所有制。苏联从 1925 年开始排挤私人资本主义，到 1937 年第二个五年计划完成后，生产资料公有制（包括全民所有制和集体所有制）在国民经济中占据了统治地位。在社会主义两种所有制当中，全民所有制的国家所有制占绝对优势。据 1936 年统计，在全国生产基金中，国家所有制占 90%，合作社—集体农庄所有制占 8.7%；在工业产值中，国家所有制占 97.3%，合作社—集体农庄所有制占 2.6%；在农业产值中，国家所有制占 76%，合作社—集体农庄所有制占 20.3%。国家所有制不仅占有绝对优势，而且被看成是社会主义所有制的高级形式，合作社—集体农庄所有制则被看成是社会主义所有制的低级形式。国家占有全社会的绝大部分生产资料的国家所有制表现出以下两个特点：一是生产资料的所有权与经营权都高度集中于国家，绝大部分企业都由中央直接管理。国家既是生产资料的所有者，又全面管理企业的生产经营活动，企业成为国家机关的附属品。国家机关从生产到流通全面控制和管理着企业，生产上实行加工订货制，流通上实行统购包销制，财务上实行统收统支制，基本建设上实行国家包揽制。总之，中央直接掌握着企业的人、财、物权和产供销活动。二是职工缺少参与民主管理的权利。国家所有制形式虽然消除了资本主义社会中生产者与生产资料相对立的现象，但却没有消除生产者与生产资料相分离的现象。国家所有制虽然被称为全民所有制，可是国营企业的职工并不拥有产权，并没有直接管理企业的权利，只有建议权和形式上的监督权。企业的厂长或经理是由上级国家机关任命的。这种全民所有制带有浓重的“官有制”色彩。

第二，过度集中的指令性计划经济体制。对国民经济按计划运作从十月革命胜利后就已开始，然而对国民经济实行过度集中、全面直接的计划运作，则是从 20 世纪 20 年代末开始的，到 20 世纪 30 年代才最终建立起完整的计划经济体制。斯大林时期指令性经济体制有以下四个特点：首先，计划具有法律效力。马克思、恩格斯、列宁都有过社会主义社会要实行计划经济的思想，然而，明确提出要实行指令性计划经济的是斯大林。在这种体制下，计划一经中央批准，即具有法律效力。其次，计划具有无所不包的广泛性。国家对工业企业下达的指标逐渐增加，到 20 世纪 40 年代最多时达到 120 项。再次，计划具有过度集中的统一性。计划由中央统一编制，然后从上到下、按部门或地区把计划指标逐级下达。最后，计划完全排斥市场调节。从 20 世纪 20 年代末开始，随着指令性经济体制的形成，市场调节便从经济活动中被排挤出去了。

第三，过度集中的部门管理体制。斯大林时期，把经济管理方面的权力过度集中于中央各个部门，实行严格的部门管理。这样做主要是由于两个原因。一是部门管理便于实现集中的计划运作，便于国家集中有限的人财物资源发展那些最重要的国民经济部门，特别是优先发展重工业和军事工业。二是部门管理便于对企业实行专业管理。这种管理体制的具体做法是：首先，大批企业收归中央。国家工业化运动展开后，由于害怕地方工业的过分发展会走向资本主义，就开始把地方企业、包括一批地方自产自销的企业都收归中央管理。例如 1933 年初，苏联重工业人民委员部仅直接管辖 32 个大企业，而到 1935 年初就增至335个大企业。到1936年，中央管理的工业已占全国工业总产值的90%。其次，中央经济管理部门直接控制企业的人财物大权和产供销活动，其中包括任命厂长，批准企业的财务收支，统一调拨企业所需物资，审批企业的年度计划、季度计划直至月度计划，甚至“每一块砖头，每一双皮鞋或每一件内衣，都要由中央调配”。最后，中央部门林立。这是强化部门管理体制的必然产物。20世纪30年代初，中央主管经济的部门只有5个，1939年增加到34个，1941年又增加了3个。这种情况造成了“条条专政”的局面。

第四，过分强调行政手段的经济管理方法。在过度集中的指令性计划经济体制下，国家主要依靠行政手段对国民经济实行统一领导和直接管理。国家通过层层行政机关，广泛采用具有强制性质的行政指令和决议，对全国的企业和经济活动进行集中统一的组织、指挥、调节和监督。国家在制定统一的指令性计划时，主要是从现阶段经济发展战略的基本需求出发。至于贯彻实施这种指令性计划，则主要采用行政方法，集中人力、物力和财力来保证其实现，很少发挥甚至完全排斥市场因素对经济的调节作用，很少用经济手段来调动生产者的积极性。

第五，过分强调优先发展重工业和军事工业的发展方针。在斯大林时期，为了赶超西方发达国家和加强战备，过分强调优先发展重工业和军事工业，长期轻视轻工业、民用工业和农业，从而造成国民经济发展的不平衡。同时只追求数量增长的高速度，为了完成指令性任务（特别是军事任务）而不计成本代价，而且通过种种方法把农业创造的大量收入转为发展重工业和军事工业的资金。

第六，过分造成干群贫富差距的分配政策。实行低工资政策，而且在普通职工中平均主义严重，这样既难以扩大差别，又背离按劳分配原则，阻碍职工发挥劳动积极性、主动性和创造性。同时国家对必需品实行计划价格，由国家财政拨款补贴以保证人民的基本需要。这样的做法是违背价值规律的，难以促进生产力的迅速和均衡发展。而党政军领导干部的工资却提升过快，背离了巴黎公社确立的社会公仆不得享有高薪特权的原则。十月革命胜利初期，高低工资差别严格遵守巴黎公社不超过五倍的原则，到20世纪20年代中期扩大到8倍，到20世纪30年代中期猛增至约30倍，到20世纪50年代初期更高达50倍，形成干群之间新的贫富差距。

（3）思想文化方面的表现。

社会主义苏联模式在过度集中的思想文化管理方面的特点表现为：文化团体国家化，领袖言论神圣化，公共舆论一律化。

第一，文化团体国家化。在斯大林时期，思想文化领域的管理权集中于党中央。党中央对思想文化领域的领导，一方面通过从上而下的干部任命制，掌握着对文化领导骨干的任免权；另一方面通过1920年8月建立的党中央宣传鼓动部等机构对思想文化领域业务进行直接控制，来实现对思想文化领域的领导。从20世纪20年代末到20世纪30年代，国家系统的文化管理机构不断地进行改组，各加盟共和国的权力越来越弱，联盟中央的权力越来越强。总之，社会文化团体全部国家化、行政化。社会文化团体本来不同于党和国家机关，属于群众性的组织，应深深扎根于各行各业和各地区各部门的群众之中，但从20世纪20年代末开始，苏联按照统一集中的原则，对各种科学技术学会、人文科学和艺术创作团体进行大规模的改组，使这类组织的性质和职能逐渐发生变化，都加剧了国家化、行政化的倾向，变成准国家机关。

第二，领袖言论神圣化。斯大林作为党的最高领导人，对思想文化领域的问题拥有最终裁决权，他的思想和言论被绝对化、神圣化，以至成为判断真理和错误的绝对标准。这表现在以下两个方面：一是斯大林的言论成为金科玉律，不容置疑。列宁时期党内有民主自由，在报刊和党的会议上时常有人发表不同于列宁的意见。自从斯大林清洗党内三个反对派后，党内党外都是一言堂，别人只能阐释斯大林的言论。斯大林在执政时期参与过两本重要著作的撰写定稿工作，一本是 1938 年出版的《联共（布）党史简明教程》，另一本是 1952 年出版的《政治经济学教科书》。这两本书完全可以说是以斯大林模式的“百科全书”的面目问世的，对于禁锢广大干部的思想起了重要作用。二是斯大林亲自干预一些学术问题的讨论，并为其定性，还做出最后定论。在 20 世纪 20 年代相对宽松的政治气候下，人们在学术问题上可以自由争论，就是对党的领袖人物也可以公开发表看法，展开讨论。进入 20 世纪 30 年代，以往自由讨论的做法开始受到限制，这同斯大林亲自干预一些学术问题的讨论有极大的关系。1948 年，苏联生物界开展有关遗传学的争论，主张米丘林学说和主张孟德尔-摩尔根学说的研究人员在学术上进行自由探讨，但在斯大林亲自过问之后，情况发生了变化。摩尔根学说被说成是“外国输入的敌视苏维埃的唯心主义反动科学”，“是荒谬虚伪、为帝国主义效劳的伪科学”。斯大林这种亲自过问纯学术问题的讨论并为其定性的做法，扼杀了学术自由，严重阻碍了苏联生物学和农业科学的发展。1950 年关于语言学问题的争论、1952 年关于政治经济学问题的争论，也都由斯大林做结论。实践证明，斯大林的许多结论都是不对的。

第三，公共舆论一律化。在斯大林时期，为了维护领袖和现行体制的权威而实行公共舆论一律化。当时的思想文化领域完全依赖行政命令、高压手段来解决思想认识问题和学术争论问题。为了达到公共舆论的一律化，斯大林采用开展“批判运动”的方式来统一思想。在斯大林时期，思想文化界开展了两次大规模的批判运动。第一次发生在 20 世纪 20 年代末 30 年代初，这次批判运动涉及哲学、经济学、史学、文艺学甚至自然科学领域。通过这种大批判和大清理，可以说完全实现了斯大林的指示精神，即把俄国和苏维埃政权早期的马克思主义者，包括普列汉诺夫、波格丹诺夫、布哈林以及梁赞诺夫等人的理论著作，“都彻底翻腾了一遍”，大批了一通，把他们著作中包含的精辟独到的理论观点清理一空，同时也把马克思、列宁那种博大精深、生动活泼、充满革命辩证法的思想学说纳入了教条主义的框架，并由斯大林从理论上加以规范化。第二次是战后 1946—1948 年的批判运动。大批判首先从文艺界开始，而后涉及哲学、经济学、语言学、生物学等社会科学和自然科学领域。在某种意义上说，这是 20 世纪 20 年代末 30 年代初批判运动的继续，同时又具有战后时期的一些特点。从根本上说，这场批判运动反映了在卫国战争时期唤起的而且在战后愈益加强的改革要求同斯大林压制改革之间的冲突。这次批判运动是以思想文化领域中消除西方资产阶级思想影响的面目出现的，实际上起到了强化斯大林模式的作用。

（4）对外关系方面的表现。

斯大林时期苏联对外关系从 20 世纪 20 年代新经济政策阶段的对外开放转向闭关锁国，从社会主义国家与资本主义国家和平共处转向冷战对峙，甚至准备并进行热战对抗。

苏联还立足于领导世界革命，要作为国际共产主义运动的指挥中心、控制中心和统治中心。十月革命以后，苏联的对外政策的主要目标是促进世界革命，成为世界革命的根据地。然而“世界革命”的形势到1923年就过去了。20世纪20年代初，列宁从现实出发，提出了与资本主义国家“和平共处”的方针，但是仍然没有放弃“世界革命”的目标，期待新世界革命高潮的到来。1929年资本主义世界爆发重大危机，斯大林通过共产国际提出“第三时期理论”，即认为第一次世界大战后世界发展经历三个时期：1918年至1923年资本主义危机最尖锐，1924年至1928年资本主义相对稳定，1928年以来资本主义危机又尖锐化。斯大林在20世纪30年代进而提出资本主义总危机理论，认为社会主义在全世界代替资本主义并不是遥远的事情，并把对待苏联的态度看成是无产阶级国际主义的试金石。在20世纪二三十年代，共产国际在某种程度上成为苏联干涉别国共产党内部事务的工具。第二次世界大战结束前夕，斯大林从苏联本国利益出发，与西方国家共同建立了雅尔塔体制[①]，以划分势力范围，但是他并没有放弃以苏联为中心的世界革命。苏联在热战中战胜德、日法西斯后，转向与美国为首的世界资本主义阵营实行冷战对峙，同时大力加强以苏联为首的世界社会主义阵营，大力推广苏联社会主义模式，大力支持资本主义世界的各国共产党。他深信资本主义世界内部还会爆发相互之间的战争和人民革命，这一战争和革命将彻底埋葬资本主义，所以我们认为斯大林主义从特定意义上也可以用24个字定义为：“斯大林探索以苏联为中心实现世界共产主义的思想体系。”在这方面可以说斯大林主义是与列宁主义一脉相承的。但是从另一方面来看，斯大林急于实现社会主义共产主义，又开创个人集权制、职务终身制、指定接班人制、个人崇拜制、高干特权制以及推行大俄罗斯主义、大国主义、大党主义等，斯大林主义又是背离列宁主义的。现在看来，正是斯大林主义的这些严重错误长期未能得到改正，苏共后来的领导人一再延误政治体制改革，使人民大失所望，才助长了右翼势力抬头，导致苏联灭亡[②]。

2. 社会主义苏联模式的重大弊病

苏联模式的重大弊病主要表现在以下五个方面：

（1）政治上过度集权，缺少民主与法治。

苏联模式的过度集权，突出表现在斯大林带头实行个人集权制（集党、政、军三大权于一身）、职务终身制和指定接班人制。这“三制”根本背离民主共和国的权力制约制、权力任期制和权力选举制。同时斯大林还实行消灭异己制、监控干群制、官僚特权制，并且加深了一党专政制、以党代政制、控制选举制、干部任命制。这十种政治体制严重破坏了社会主义民主，使党内民主、苏维埃民主和社会生活民主大为缺失。在这种政治体制之下，领导集团或最高领导人就容易判断失误，独断专行，滥用权力，破坏法治。斯大林时

① 指1945年2月4日—11日，苏、英、美三国政府首脑斯大林、丘吉尔、罗斯福在苏联克里米亚半岛的雅尔塔开会商议，决定战后苏联与英、美等西方资本主义国家划分势力范围：德国东部以及蒙古、日本的一些岛屿和中国东北的旅顺、大连属苏联势力范围，德国西部属英、法、美势力范围。

② 托洛茨基早在1927年《俄国局势真相》中把斯大林主义作为贬义词使用，他认为斯大林主义是机会主义，而苏共领导人赫鲁晓夫、卡冈诺维奇在1936—1939年间则是把斯大林主义作为褒义词提出，他们认为斯大林主义是列宁主义的新发展。参见：高放．狂飙突进，隐藏病根．科学社会主义，2007（5）．

期的镇压规模是很大的。1991 年 6 月 14 日，苏联国家安全委员会主席克留奇科夫在会见社会团体的代表时说：现已查明，在 1920 年到 1953 年期间，苏联约有 420 万人受到镇压，其中 200 多万人是在 1937—1938 年受到镇压的[①]。其中包括大批高级干部和有独立思想的知识分子。这样大肆滥杀无辜，采取伪造材料、严刑逼供、威胁利诱等不正常手段。毛泽东曾经深刻指出，斯大林严重破坏社会主义法制，这样的事件在英、法、美这样的西方国家不可能发生[②]。苏联表面上也制定了宪法、刑法等诸多法律，但实行的是人治而非法治。斯大林时期的大规模镇压，使苏联社会主义的形象在世界上受到极大的损害。

（2）经济上管得过死，缺少效率与效益。

在过度集权体制之下，中央主管部门采用指令性计划的办法，直接领导成千上万的企业，很难进行高效管理。企业缺少自主权，完全是上级主管部门的附属物，它的任务就是不折不扣地完成国家下达的计划指标。地方、企业和职工都少有生产和经营积极性。由于从上到下把一切都管得很死，以至整个经济都缺少生机与活力，只能靠指令性计划和行政手段来推动经济发展，导致速度高而效率低，节奏快而效益少，数量多而质量差。苏联经济的发展进程表明，过度集中只适应于经济粗放型发展时期的需要，因为这一时期主要是为工业发展打基础，追求数量增长，并保证国民经济重点部门的快速发展。然而，随着社会生产力的发展、经济规模总量的扩大、社会分工的日益细密，过度集中的体制就越来越不适应形势了，它在战后苏联所产生的消极作用也就越来越明显。

（3）思想文化上管得过严，缺少独立与自由。

在斯大林时期，对斯大林愈演愈烈的个人崇拜已经成为思想文化领域的一条神圣原则。是否遵循这一原则成为界定公民是否犯法的一条不见诸明文法律的潜规则。斯大林被称为“一切时代最伟大的人物”“我们星球上最伟大的人物”“一切时代科学的泰斗”“永不犯错误的理论家”。对斯大林的个人崇拜，简直变成了宗教狂热。“如果你在斗争中或工作中遇到了困难，一下子对自己的力量产生了怀疑——你就想一想他，想一想斯大林，你立刻就会获得必要的信心。如果你在不该疲劳的时候感到了疲劳——你就想一想他，想一想斯大林，你就可以顺利地完成工作。如果你想找到一个正确的决定——你就想一想他，想一想斯大林，你就会找到这一决定……斯大林说什么，就意味着人民在想什么。”[③] 可见个人崇拜已经发展到何等严重的程度。在这种体制和气氛之中，各种教科书、社会科学论著、文艺作品和报刊舆论都充满对领袖的歌功颂德。甚至一部电影、一本小说、一个音乐作品都要经过党中央领导人的审定，稍有不符合领导人意图的，就要遭到思想批判和组织处理，文化工作者难以独立思考和自由创作。1936 年宪法第 125 条所赋予公民的“言论自由、出版自由”完全没有保障。苏联还通过国家安全机关检查信件，破坏人民的通信自由。例如，作家索尔仁尼琴原是炮兵连长、红军大尉。1945 年 2 月，他因在家信中流露出对领袖的不满被捕，被判刑 8 年，流放 3 年，到 1957 年才获平反。后来他根据坐牢和流放经历写成的《伊凡·杰尼索维奇的一天》和《古拉格群岛》等书，使他成为著名作家。

---

① 李景治，等. 社会主义发展历程. 沈阳：辽宁人民出版社，2001：325.

② 邓小平. 邓小平文选：第 2 卷. 2 版. 北京：人民出版社，1994：333.

③ 真理报，1949-12-18.

（4）对外关系中输出革命，盛行大党主义和大国主义。

斯大林体制的弊病反映在对外关系中，就是搞世界革命、大党主义、大国主义，这导致苏联最终走上霸权主义道路。20世纪30年代，为了说明世界革命的条件已经成熟，斯大林提出资本主义总危机理论，要求各国共产党起来推翻本国政府。尤其是第二次世界大战结束之后，苏联要当社会主义阵营的头，成为世界革命的中心，同美国进行势力范围的划分与争夺。随着苏联力量的增强，斯大林的后继者开始越来越明显地实行同美国争霸世界的战略。虽然与美国争霸是斯大林的后继者干的，但是根子在斯大林那里。可以说，斯大林搞大党主义和大国主义，坚持世界革命和总危机理论，这是苏联走上霸权主义道路的根子。根据有三条：第一，斯大林建立了以苏联为首的社会主义阵营。1952年，斯大林在他的最后一部著作《苏联社会主义经济问题》中说，战后亚洲和欧洲的人民民主国家脱离了资本主义体系，“和苏联一起形成了统一的和强大的社会主义阵营，而与资本主义阵营相对立”①。第二，斯大林要实现世界革命，侧重采取输出革命的方式方法。他从20世纪20年代中期起就通过苏共和共产国际控制、资助、指挥许多国家共产党在本国搞革命。众所周知，在我国第一次和第二次国内革命战争时期，中国共产党领导层中所犯的右的和“左”的路线错误都来源于莫斯科的指示。1940年，他策动波罗的海沿岸三国共产党在国内夺权，使爱沙尼亚、拉脱维亚、立陶宛三国都加入苏联。战后苏联还极力控制东欧走上社会主义道路的国家，准备分两个阶段把所有东欧国家都划归苏联。第一阶段使波兰和捷克斯洛伐克组成联邦，罗马尼亚和匈牙利组成联邦，保加利亚和南斯拉夫组成联邦，第二阶段使这三个联邦都加入苏联②。斯大林直到最后依然要把苏联社会主义道路强加于人。1952年，他在《苏联社会主义经济问题》一书中说，苏联编写的政治经济学教科书“是给予世界各国年轻共产党人的好礼物”，“由于外国大多数共产党的马克思主义发展的水平不够，这样的教科书也会给予这些国家的非年轻的共产党员干部以很大的好处”③。为什么？因为它可以使他们了解苏联的发展道路。他说，对于一切资本主义国家，“这条发展道路是使社会主义获得胜利的唯一可能的和适当的道路”④。第三，斯大林在国内独揽大权，在国际共运中也是一言九鼎，坚决打击违抗者。共产党工人党情报局于1947年成立后，斯大林亲自指挥在东欧国家内进行大规模清洗“铁托分子”的运动，镇压浪潮席卷除南斯拉夫以外的所有东欧国家。斯大林的大党主义、大国主义至少从1940年起就已经使苏联走上了霸权主义道路。

（5）斯大林模式还培植了一个党政军高薪官僚特权集团。

只从工资待遇就可以看出，大致在1921年转入和平建设时期以后，党政军官员的工资水平就不断上涨。1922年，苏维埃国家规定的最高工资和最低工资的差距是8倍，1934年就扩大为30倍。1945年4月，实行特定职务工资制，比原来的职务工资高出一倍半，即提高150%。斯大林逝世的1953年，部长级工资是5 000～6 000卢布，加特定工资6 000～8 000卢布，合计11 000～14 000卢布，而当时最低工资约为250卢布，相差44～

① 斯大林．斯大林选集：下卷．北京：人民出版社，1979：561.

② 德迪耶尔．苏南冲突经历．北京：生活·读书·新知三联书店，1977：143.

③ 同①574.

④ 同①548.

56 倍[①]。苏联实行兼职又兼薪。斯大林身兼数职，当然也就领取几份工资（斯大林个人生活是实报实销，所以他的工资袋从未启用）。更严重的是，党政军官僚集团还享有高薪之外的很多特权，如住房、别墅、汽车、游艇、特殊食堂、特供商店、特供商品等，严重脱离人民群众，后来党政军官僚集团竟发展为苏联社会主义的重要掘墓人。

由于苏联模式的以上五大弊病都是在斯大林领导的近 30 年之中形成的，处处都深深打上斯大林个人的烙印，所以自 1956 年苏共二十大以后，苏联模式也被苏联国内外众多人士称为斯大林模式。斯大林模式的五大弊病使十月革命后列宁开创的社会主义现代化、工业化新路变成了歧路，而且在第二次世界大战后，这条歧路还延伸到其他社会主义国家。

第三节　社会主义苏联模式在国际上的推广

一、战后社会主义从一国到十六国的发展

反法西斯战争胜利的最大成果，是战后在欧亚两洲出现了南斯拉夫、波兰、罗马尼亚、捷克斯洛伐克、匈牙利、保加利亚、阿尔巴尼亚、德意志民主共和国、越南、朝鲜、蒙古、中国 12 个人民民主国家。尤其是中华人民共和国的诞生，对世界具有深远而重大的意义。这些人民民主国家原来情况很不相同。越南、朝鲜、蒙古、中国地处东亚，其余八国都在东欧。战前，德国是工业发达国家，越南和朝鲜却分别是法国和日本的殖民地，波兰和捷克斯洛伐克是资产阶级共和国，南斯拉夫、阿尔巴尼亚、匈牙利、保加利亚和罗马尼亚却都是君主王国，旧中国名为共和国，实为国民党一党专制独裁国家。战争期间，这些国家分属于法西斯阵营和反法西斯阵营。战后，这 12 个国家从 1945—1949 年先后都走上社会主义道路，不仅在地理上连成一片，而且组成一个世界性社会主义制度和体系。说这些国家走上社会主义道路全都是本身瓜熟蒂落、水到渠成，或者说全都是由苏联输出革命、外部强加，都有失偏颇。这些国家大都是落后甚至是很落后的国家，本身并不具备实现社会主义的条件，然而又大都是由苏联红军解放或者在苏联帮助下走上社会主义道路的，因此不得不接受苏联模式的社会主义。有的国家如南斯拉夫，虽然曾经抵制而又变革过苏联模式，但是终究未能摆脱苏联模式的影响，未能革除苏联模式的弊病。

概括地说，这些国家都是在打败法西斯势力的有利国际条件下，依靠本国人民的武装斗争或苏联红军的帮助而获得解放的，但是各国的具体情况不尽相同。南斯拉夫、阿尔巴尼亚和中国，都是共产党领导人民群众，通过艰苦的革命斗争打败了国内外反动派，即主要依靠自己的力量获得解放的；波兰、捷克斯洛伐克和朝鲜，都是共产党在国外（苏联或中国）建立革命武装力量，然后在苏联红军的配合和帮助下打回本国，从而获得胜利和解放的；罗马尼亚和保加利亚则是共产党利用苏联红军进入国土追击德军的大好时机，领导人民举行武装起义，从而推翻法西斯统治和获得全国解放的；越南是在日本无条件投降之

① 宫达非，等. 苏联剧变新探. 北京：世界知识出版社，1998：66.

际，共产党号召人民举行起义，推翻了日本占领者的统治，从而建立起革命政权的；德意志民主共和国和匈牙利，则主要是靠苏联红军的力量获得解放的。

以上国家的国情不同，解放方式各异，因而建立人民民主政权、走社会主义道路的具体过程也各有特点。

南斯拉夫、阿尔巴尼亚和中国的共产党，自身拥有独立的武装力量和干部队伍，在人民民主政权建立之初就确立了自己的领导地位，随后又率领人民进行社会主义革命和建设。南斯拉夫于1941年4月6日被德国法西斯入侵，成立于1919年的南斯拉夫共产党当即建立以党中央总书记布·铁托为首的军事委员会，组织人民解放游击队开展反法西斯武装斗争，1943年，在根据地成立临时政府，经过4年的浴血奋战，1945年5月15日，获得全国解放，同年11月29日建立南斯拉夫联邦人民共和国。阿尔巴尼亚于1939年4月被意大利法西斯入侵，1941年11月8日，建立共产党，由恩维尔·霍查主持临时中央工作，领导人民开展武装斗争，1943年7月成立民族解放军，同年9月意大利投降后，纳粹德国又入侵。1944年10月，民族解放战争取得决定性胜利，成立民主政府，同年11月29日全国解放。中国共产党于1927年建立人民军队，在抗日战争胜利后又进行了3年解放战争，到1949年建立中华人民共和国。

越南于19世纪80年代沦为法国殖民地。1940年日本帝国主义入侵越南。建立于1930年的越南共产党当即领导越南人民组成越南独立同盟，党的领导人胡志明被选为同盟主席。独立同盟发展了人民武装力量，开辟了革命根据地，坚持抗日斗争。1945年8月10日，日本战败发出乞降照会。8月13日，在胡志明主持下，成立了全国起义委员会，并领导了总起义，革命力量迅速解放了北方领土。8月中旬，阮氏王朝的末代皇帝保大被迫退位，越南人民取得了八月革命的胜利。革命结束了长期的封建统治和80多年帝国主义的殖民统治。1945年9月2日，临时政府宣布越南民主共和国独立。1946年3月，组成了以胡志明为首的共和政府，从此走上了社会主义道路。

朝鲜于1910年沦为日本帝国主义的殖民地。1931年，日本发动侵华战争后，以金日成为代表的朝鲜共产主义者积极参加了中国东北的抗日武装斗争，后转到苏联境内活动。1945年8月15日，日本投降，苏联红军解放北朝鲜，金日成等人回到祖国，在苏联军队的帮助下，在朝鲜建立了革命政权。1948年底，苏联军队撤出北朝鲜。美苏两大国于1945年8月打败日本法西斯时，曾经商定以北纬38°线划分势力范围，到1948年朝鲜半岛南北分裂为两个国家。1948年8月15日，在美国扶植下成立大韩民国，同年9月9日，朝鲜民主主义人民共和国也宣告成立。1945年10月10日，朝鲜共产党北朝鲜组织委员会建立，后几经合并与改组，于1949年6月南北两个朝鲜劳动党合并为统一的朝鲜劳动党。

蒙古原属于中国的一部分，在沙皇俄国策动下于1911年宣布“独立”。1921年，由苏俄支持建立人民政权，1924年，进而成立蒙古人民共和国，但是在国际上没有得到承认。1945年，美苏进行幕后交易，允许蒙古于1945年10月名义上通过公民投票、脱离中国宣布独立。在美苏压力和利诱之下，当时的中华民国国民政府被迫同意蒙古独立。20世纪40年代后期，蒙古在苏联指挥下超越社会发展阶段，急于走上社会主义道路。

匈牙利、保加利亚、罗马尼亚三国在第二次世界大战期间本属于法西斯阵营，而且都是君主制国家，战后都成了战败国。根据停战协定，盟国在这三个国家分别设立了监督委员会，由苏联代表担任主席，这对三国政治生活的发展有着重大的影响。以上三国解放初期建立的临时政府都是由各民主政党组成的联合政府，政府总理都不是共产党人。1946年9月，保加利亚举行全民投票，决定废除君主制，随之建立人民共和国。1947年9月，匈牙利成立以匈牙利共产党为首的人民政府。同年12月，罗马尼亚国王被迫退位，新的人民民主国家正式确立。

波兰和捷克斯洛伐克则是另一种情况。两国原是资产阶级共和国，1939年就受到纳粹德国侵略。战争期间，在两国国内进行抵抗的主力是波兰工人党和捷克斯洛伐克共产党领导的人民武装。论贡献、论实力，共产党在战后国家政权中占有重要地位是合情合理的。

德国在战败投降后，由苏、美、英、法四国分区占领。1945年7月，苏占区组成反法西斯民主联盟，其主导力量是德国共产党和德国社会民主党。苏占区进行了民主改革和民主政权建设。1949年9月，美、英、法三国单方面将它们的占领区加以合并，成立了德意志联邦共和国。10月，苏占区的民主政权宣布成立德意志民主共和国，从此走上社会主义发展的道路。

社会主义国家在战后从苏联一国发展到多国，从东欧到东亚，东西南北连成一体，拥有世界1/3人口和1/4土地的强大社会主义世界体系形成了。这个体系的形成，根本改变了战后国际力量对比和世界格局。20世纪60年代，拉丁美洲的古巴走上社会主义道路。1975年印度支那半岛人民抗美战争取得胜利后，柬埔寨、老挝也走上了社会主义道路。至此，共产党领导的社会主义国家达到16个。

上述社会主义国家，在意识形态上都以马克思列宁主义为指导，在政治上都是以共产主义政党为领导的人民政权，在军事上通过双边条约和《华沙条约》组成共同防御同盟（1954年华约缔结时有苏、波、捷、德、罗、匈、保、阿八国参加，1962年以前中国曾派观察员出席会议），在经济上通过双边条约和经济互助委员会组织互助合作，建立起社会主义世界市场（1949年，苏、保、匈、波、罗、捷六国成立经济互助委员会，后来阿、德、蒙、古、越五国也加入，中国和南、老、朝曾以观察员身份出席一些例会）。

欧亚拉美一系列人民民主国家的建立，是世界社会主义运动的又一次历史性胜利。它大大发展了十月社会主义革命的成果，丰富了科学社会主义的理论与实践，充分显示了社会主义制度的巨大优越性和旺盛生命力。

二、东欧国家走向社会主义的新特点、新探索

东欧地区出现一系列人民民主国家，本来一开始就具有不同于苏联的新特点，主要表现为，不是建立一党制的无产阶级专政国家，而是多党制的几个阶级联合的人民民主国家，共产党和其他进步政党一起组成了联合政府。例如，罗马尼亚建立了全国民主阵线政府，参加政府的有共产党、国家自由党、农民阵线等，共产党只掌管内务部、司法部和公共工程部。波兰建立了民族团结政府，参加政府的有工人党（也就是共产党）、社会党、农民党以及流亡在英国伦敦的资产阶级政府的代表等，由社会民主党人莫拉夫斯基担任政府总理，工人党的领导人哥穆尔卡担任政府副总理。捷克斯洛伐克建立了民族阵线联合政

府，其领导人是战前的总统贝奈斯。

当时，东欧各国领导人都表示，要走不同于苏联的道路，建立新型民主国家，要通过人民民主道路向社会主义过渡。1945 年 12 月，瓦・哥穆尔卡在波兰工人党第一次代表大会上提出，要走社会主义的“波兰道路”，苏联实行一党制，波兰则实行多党议会制，波兰的社会制度是人民民主制度。后来他又强调，波兰不能像苏联那样大搞重工业，苏联的农业集体化也不是波兰的样板。捷共领导人克・哥特瓦尔德提出，捷克斯洛伐克必须寻找自己“特殊的道路”，苏联的道路并不是唯一可行的。保共领导人格・米・季米特洛夫也曾强调，各民族应根据自己的特点实现社会主义，不一定完全效法苏联。总之，东欧国家都有主张走不同于苏联的道路，建设符合本国国情、具有本国特色的社会主义的愿望。

但是，后来情况发生了变化。转折点是九国共产党情报局的建立和苏联与南斯拉夫两国关系的破裂。1946 年，苏美之间爆发冷战，为了增加同西方国家对抗的实力，1947 年 9 月，苏联、波兰、捷克斯洛伐克、匈牙利、罗马尼亚、保加利亚、南斯拉夫和法国、意大利九个国家的共产党和工人党决定建立情报局。情报局表面上是各国共产党交流经验、协调行动的机构，实际上主要是苏共控制东欧各党、推广苏联模式的工具。1948 年，南斯拉夫因不遵循苏联模式、不愿被苏联控制而遭到情报局批判，1949 年，被开除出情报局。于是，苏联发起声势浩大的批判南斯拉夫、批判铁托的运动。这个批判运动的目的，一方面是对南斯拉夫施加强大压力，企图强迫南斯拉夫就范；另一方面是力图控制其他东欧国家，强行推广苏联模式。

三、苏联强行推广自己的模式

苏联是第一个社会主义国家，它建设社会主义的好经验本来自然会得到其他社会主义国家和无产阶级政党的高度重视，可是，苏联却自认为苏联社会主义实践经验具有普遍性，是社会主义革命和建设的普遍规律，具有国际意义，非要别国照搬不可，表现出了严重的大国主义、大党主义。例如，1952 年，斯大林在《苏联社会主义经济问题》等论著中仍坚持认为，外国大多数共产党的马克思主义发展水平不够，需要向苏联共产党学习，要在自己的国家利用苏联的经验①。后来几乎所有兴起的社会主义国家都在不同程度上照搬了苏联模式。苏联领导集团推行大国主义和大党主义，更加强化了这种国际影响。斯大林长期把苏联党同其他党的关系看作领导与被领导的关系，甚至是父子党的关系，要求处处以苏联模式为样板，各国党的事务经常受到干涉。在苏联的强大压力之下，许多东欧国家都被迫接受苏联模式，不顾具体国情，照搬苏联那一套政治经济文化体制。

第一，东欧国家被迫照搬苏联过度集权的政治体制。

苏联的政治体制，其基本特点是过度集权。它不是一般的集权、高度的集权，而是过度的、极端的集权。具体说来，这种过度集权表现为一党制、党政一体、个人迷信、个人集权、机构重叠、干部委派、缺乏民主、监督无力、安全机关特权严重、社会团体作用微弱等。苏联的这种政治体制在第二次世界大战以后已变成一种僵化的模式，东欧国家基本上都加以照搬。

---

① 斯大林．斯大林选集：下卷．北京：人民出版社，1979：573-574.

1936年，斯大林做出结论说："在苏联只有一个党，即共产党存在的基础。"[①] 苏联的这种做法在第二次世界大战以后成了东欧国家效法的榜样。东欧国家都把社会民主党同共产党合二为一，向一党制靠拢。早在1946年，民主德国的共产党就同社会民主党合并，成立德国统一社会党；1948年，捷克斯洛伐克的共产党同社会民主党合并，建立捷克斯洛伐克共产党；匈牙利的共产党同社会民主党合并，成立匈牙利劳动人民党；波兰的工人党同社会民主党合并，成立波兰统一工人党。同时，有些东欧国家还取缔其他小的政党，如匈牙利取缔了小农党，罗马尼亚取缔了非共产主义的其他政党。东欧国家的这种做法，都是按照苏联模式搞的。这是把苏联的特殊做法绝对化。其实，东欧国家这样做并不明智，给后来留下很大的隐患。这些国家的社会民主党在本国具有广泛的社会影响，历史悠久，其影响甚至超过共产党。它们同共产党的合并，使社会党人一下子都变成了共产党人。然而，他们的改良主义思想在共产党内也未能对共产党领导人过左过急的路线起什么制约作用，反而增多了、加深了党内矛盾。

当然，东欧国家的政治体制仍稍微保留了自己的一些特点。例如，某些国家仍然保留一些小党，实行共产党领导的多党合作。如波兰有统一农民党、民主党，捷克斯洛伐克有人民党、复兴党、自由党，保加利亚有农民联盟，民主德国有民主农民党、基督教民主联盟、自由党、国家民主党，等等，但是这些国家的多党合作在政治上没有起很大的作用，基本上是花瓶摆设。又如，东欧国家没有采用苏维埃政权的形式，仍保留"阵线"那样的政治统一战线组织。波兰有民族复兴爱国运动，保加利亚有祖国阵线，罗马尼亚有社会主义民主团结阵线，匈牙利有爱国人民阵线，民主德国有全国阵线，捷克斯洛伐克有民族阵线，等等，但这些阵线组织也没有发挥多大的作用。

第二，东欧国家被迫照搬苏联"大清洗"的做法。

苏联向东欧各国派去国家安全顾问，直接指挥这些国家的安全机关，把苏联国内"大清洗"的一套做法也推广到了东欧。1949年6月，匈党政治局委员、外交部部长拉伊克等人被捕入狱，随后被处决，罪名是"铁托的帮凶"。为此受牵连的人很多，后来的匈党著名领导人、当时的内务部部长卡达尔·亚诺什也曾被捕，坐了三年牢。波兰统一工人党中央总书记哥穆尔卡，1948年被批判有"右倾民族主义倾向"，说他同情铁托，结果被撤销总书记职务，随后被开除出党，1951年被作为"间谍"逮捕入狱。阿尔巴尼亚的内务部部长科奇·佐泽，1949年被作为"叛徒""铁托代理人"处决。保加利亚部长会议副主席、保共政治局委员科斯托夫，1949年被撤职，随后被逮捕并处决，罪名是企图将保加利亚并入南斯拉夫。捷克斯洛伐克共产党中央总书记斯兰斯基，1951年被捕，一年后被处决，说他是"托洛茨基-铁托分子"。罗马尼亚司法部部长亚卢·波特拉什卡，1949年被撤职逮捕，说他是为"铁托集团"效劳的"间谍"，随后被处决。东欧国家的这些冤假错案，每一个案件都牵连许多人，镇压的规模很大。例如在捷克斯洛伐克，1952—1954年，党内发生8起政治冤案，处决72名高级干部，蒙冤者多达7万人。波兰统一工人党领导人贝鲁特在1948—1949年搞了3次清洗，全国1/4的党员受到牵连，不少领导人被撤销职务并受到处分。在匈牙利，法院在1949—1953年对39万人判处了徒刑，其时全国

---

① 斯大林．斯大林文集（1934—1952年）．北京：人民出版社，1985：118.

人口才 1 000 万。有材料说，在这场反对“铁托分子”、反对“右倾民族主义”的浪潮中，东欧各国党内被清洗者共达 250 万人，其中被捕入狱者达 12.5 万～25 万人①。这种严重背离科学社会主义理论的违法乱纪的倒行逆施，给东欧国家留下了严重的后患。

第三，东欧国家被迫照搬苏联的计划经济体制。

如前所述，苏联经济体制的基本特点也是过度集权，表现为急于实现工业国有化、农业集体化和国民经济计划化，排斥市场机制，依靠行政命令，优先发展重工业，采取片面追求数量和速度的经济发展战略。苏联的这种经济体制和经济发展战略，东欧国家基本上都照搬过去了。由于脱离本国实际，必然会给各国造成严重的社会和经济困难。以匈牙利为例，它在 1949 年把凡是雇用工人 10 人以上的企业一律收归国有，使国有经济成分在整个国民经济中占据绝对优势，在工业中达到 91.1%，在批发商业中占 93%。1948 年，开始实行农业合作化运动，1950 年，全国共计建立 2 200 多个农业合作社和 3 600 多个机器拖拉机站，使得近 12 万农户走上集体化的道路。匈牙利不顾本国缺少资源的具体条件，提出要把匈牙利建设成为一个“钢铁与机器之国”，最终导致农轻重比例严重失调。

第四，东欧国家被迫照搬苏联的文化专制主义。

东欧国家都像苏联那样大搞个人崇拜。它们不仅大搞对斯大林的“大”个人崇拜，而且大搞对本国党政第一把手的“小”个人崇拜，大肆颂扬斯大林和本国领导人，把他们说成是洞察一切、从不犯错误的圣人。匈牙利的拉科西·马加什、保加利亚的伏尔科·契文科夫和阿尔巴尼亚的恩维尔·霍查就是三个突出的典型。他们在国内搞个人崇拜的程度比之苏联毫不逊色，借斯大林个人在社会主义阵营的威望，树立自己个人在国内的威望。搞个人崇拜、把领袖言论神圣化，势必助长教条主义。

除了搞对领袖的个人崇拜之外，东欧国家也按照苏联模式，对报刊舆论、社会科学著述和文艺作品进行严肃审查、严密控制、严格管理和严厉处置。东欧国家的文化专制主义还带有三个新特点：首先，在意识形态和文化传播方面紧跟苏联，唯苏联马首是瞻。在各国国内持续不断传播苏联的电影、歌曲和各种文艺作品、社会科学论著。苏共中央宣传什么、批判什么，各国都是亦步亦趋，随风转舵。其次，1948 年苏联批判南斯拉夫共产党的民族主义、修正主义之后，东欧各国都集中力量大肆批判铁托主义，以示更紧密地靠近苏联，要与苏联同心同德。最后，批判西方思想文化，坚决反对西方思想文化的侵袭。东欧各国与西欧各国紧邻相依，它们对西方文化不分青红皂白，不辨是非良莠，一概加以批判和抵制。文化专制主义加深文化闭关自守和孤芳自赏，窒息了知识精英的独立思考和自由创作，阻碍了社会主义思想文化的创新与繁荣。

总之，东欧社会主义各国普遍受到苏联模式的影响，它们有的是主动地仿效苏联模式，更多的是苏联向它们推销，甚至强加于人。结果，东欧各国在社会主义建设实践中遇到重重困难。

东亚和拉美的社会主义国家也都普遍受到苏联模式的影响。有关中国、朝鲜、越南、老挝、古巴五国的情况，我们集中在下一章叙述。这里简要介绍一下蒙古和柬埔寨的情况。

---

① 克劳丁．共产主义运动：从共产国际到共产党情报局：下册．北京：求实出版社，1982：220.

1921年3月，蒙古人民革命党在苏俄建立，在苏俄支援下于当年7月宣告蒙古脱离中国“独立”，1924年11月26日，进而宣布成立蒙古人民共和国，并且把非资本主义的发展道路作为蒙古社会发展的唯一道路确定下来。但是，执政的人民革命党并没有仔细考虑蒙古国生产力落后的情况，在苏联大国主义、大党主义干预下，盲目照搬苏联农业集体化的经验。1928年，在全域实行牧业集体化，采用粗暴的行政命令主义，引起社会动荡。1940年，人民革命党虽然提出向社会主义过渡需要很长时期，要为这种过渡准备物质文化条件，但在实践中，还是不顾本国缺少资源和基础落后的实际，提出要建立强大工业的目标。1947年12月，人民革命党开始实施第一个五年计划，到1957年，国营工业和集体合作社的产值占到全部工业的98%。到1959年，98%的牧户加入合作社，基本上建立了牧业生产的社会主义生产方式。1961年，急于宣布进入社会主义社会建设的完成阶段。蒙古照搬苏联模式，留下了严重后患。

柬埔寨共产党成立于1960年，曾经深入山区坚持武装斗争。柬埔寨在1975年取得抗美救国战争胜利后，1976年进而废除君主立宪制，改国号为民主柬埔寨，但实际上并没有实现人民民主，而是柬共一党专政，中央书记兼军委主席和政府总理的波尔布特个人专权，极力推行极左路线。把城市居民全部迁至农村，集体进行生产劳动，工厂、商店等全部没收归国家所有，取消贸易和货币，实行全民供给制，取消家庭，实行夫妻分居，严禁宗教活动，勒令僧侣还俗，取消正规学校，禁用书籍和印刷品，在干部中不断搞“大清洗”。结果造成众叛亲离，招致1978年越南出动10万“志愿军”进行干预。柬埔寨共产党又退到农村整顿，1981年12月，柬埔寨共产党被迫自行解散，成立新的政治组织，称为“民柬方面”，或以“红色高棉”名义进行活动。1989年越南撤军后，柬埔寨实现民族和解，在联合国监督下组成联合政府。红色高棉于1992年11月30日成立柬埔寨民族团结党，依然推行“左”的路线，抵制大选，又一次丧失了回归政坛的历史机遇。到1997年内斗加剧，互相残杀，部队损失了80%。1998年波尔布特死后，残余部队向政府投诚。柬埔寨共产党是一“左”到底、彻底覆灭的典型，也是深受苏联模式影响的典型。

四、南斯拉夫的自治社会主义也未能完全摆脱苏联模式

社会主义苏联模式在国际上推广，其效果和影响存在差异性。这一方面是由于苏联对其他社会主义国家的影响力存在差异性，另一方面是由于走上社会主义道路的各个国家，对苏联模式的借鉴和仿效程度有差异性。由于走上社会主义道路的各个国家具体情况不同，有些执政党对苏联模式的普遍性提出异议，甚至抵制过苏联模式的推广。在社会主义国家中，南斯拉夫最先起来冲破苏联模式束缚，寻找适合本国国情的社会主义建设道路，但是由于条件制约，南斯拉夫虽然抵制过苏联模式，可是也未能完全摆脱苏联模式的影响。

1945年11月29日，南斯拉夫联邦人民共和国正式建立。成立初期，南斯拉夫也一度照搬苏联模式，对国民经济进行大规模的社会主义改造，经过两年多的时间，把生产资料的资本主义所有制改造成为国家所有制形式的社会主义公有制，对关系到国计民生的工业、银行、交通运输和商业都实行了国有化，建立了以国有经济为主体的国民经济体系。南斯拉夫学习苏联模式，采用中央过度集权体制进行社会主义改造和建设。可是，这种体

制的弊病也日益明显地暴露出来：过度集权的管理体制带来了国家机关的官僚主义作风，既影响了人民行使当家作主的权利，又常常造成决策上的失误；中央指令性计划统得过多过死，不利于发挥地方、企业和个人的积极性。南斯拉夫的社会主义建设并不顺利。

恰逢其时，发生了苏南冲突，在苏联的操纵下，1948 年 6 月召开的九国共产党情报局会议通过了《关于南斯拉夫共产党情况的决议》，决议对南斯拉夫共产党领导人及其国内政策进行了指责，硬说南斯拉夫共产党领导篡改马克思主义阶级斗争的学说：否认阶级矛盾和阶级斗争的存在；否认无产阶级革命和无产阶级专政；否认城乡资本主义的存在和发展；把农民尤其是富农看成是“国家最稳定的基础”，起着社会主义“建设者”的作用，从而执行了一条“民粹主义富农党”的路线；极力宣扬阶级合作，调和阶级矛盾，纵容资本主义势力的膨胀；等等。所有这些指责都是捕风捉影、片面夸张的不实之词。根本原因在于南斯拉夫共产党领导人铁托等不听苏联的指挥，要独立自主地探索社会主义新路。由于南斯拉夫共产党不服从这个决议，1949 年 11 月，情报局再次召开会议，进一步通过《南斯拉夫共产党在凶手和间谍掌握中》的决议，无中生有地攻击南斯拉夫共产党已成为帝国主义“侵略政策的工具”，是新战争挑拨者的“帮凶”、英美帝国主义的“奴仆”、法西斯“政治匪帮”。这样，就把南斯拉夫当作了敌人。从此，苏联和东欧各国对南斯拉夫施加更大的压力，断绝与南斯拉夫的外交关系，撕毁与南签订的友好条约和各种经济贸易协定，并对南实行经济制裁和军事封锁，使南斯拉夫陷入空前困难和孤立的处境。

在这种情况下，南斯拉夫开始重新审视苏联模式的一些做法，更加坚定地进行独立探索，试图开创另一种社会主义模式。南斯拉夫共产党根据本国国情，根据自己对社会主义的理解，进行了颇具特色的“自治社会主义”道路的探索。铁托、卡德尔等南斯拉夫共产党领导人认为，马克思、列宁在《共产党宣言》《资本论》《国家与革命》等著作中，都提出了“劳动解放”、“国家消亡”和建立“自由人联合体”的思想。根据这一思想，在政治方面工人阶级的解放应该由工人阶级自己去争取，而不是由国家和党来垄断和包办，工人阶级应当成为国家和社会的主人。而“国家消亡”要从社会主义阶段开始做起，要把社会主义的国家看成是逐渐走向消亡的国家，为此要把国家的职能逐步转交给社会团体，建立工人自治制度。在经济方面，要把国有制改变为社会所有制，要大力发展商品经济，充分利用价值规律，要使计划与市场二者得到最佳配合。

但是，南斯拉夫的“自治社会主义”并未能完全摆脱苏联模式的影响和束缚。例如在政治上仍然是固守斯大林的政治体制，搞个人集权制和领导职务终身制，指定接班人未能成功（铁托内定的接班人卡德尔在 1979 年 69 岁时先于铁托去世）。铁托还于 1974 年在宪法和党章中明文规定他是“终身总统”和“终身主席”。他以为只有用他如铁般的终身制才能保卫南斯拉夫的独立与社会主义。到晚年他已经病重截肢，也不放弃党政军三大权力。他于 1980 年 88 岁高龄谢世，是社会主义国家终身制领袖中活得最长的一位。在失去卡德尔之后，铁托不再指定接班人，转而决定在他之后采取六个自治国第一把手轮流坐庄的办法，每人任期只有一年，这样，任期过短，削弱了中央集权，助长了各个自治共和国的分权。在经济方面，用社会所有制代替国有制也不成功，因为按规定，社会所有制的生产资料不属于任何个人、任何集团或国家，而属于整个社会，属于全体劳动者。这根本就是一种空泛虚幻的所有制，结果生产资料的最终决定权还是掌握在国家机关官员手中。南斯拉夫一直强调市场调节与计划调节相结合，实际上企业还是按照计划搞自治，而不是按照市场搞自治，结果还是没有办法搞好，所以，南斯拉夫的“自治社会主义”最多也只能算是一种探索和实验，实践上并未取得成功。

第四节　社会主义苏联模式的失败及其历史教训

一、战后苏联三次错失改革机遇，使苏联模式陷入困境

随着社会主义苏联模式的弊端日益暴露，社会主义国家体制改革从 20 世纪 50 年代初开始提上日程。但是，改革在多种内外因素的影响和制约下，改改停停、进进退退、反反复复、曲曲折折。尽管几十年间，苏联国内外环境都发生了很大变化，但苏联模式却没有与时俱进、及时实行实质性的改革与创新，以至于连续三次错失改革的机遇。苏联模式的优势与弊病也随之发生转化，以前的优势逐渐减弱，以前的弊病日益凸显。在新科技革命突飞猛进的时代，苏联模式越来越不适应形势发展的需要，陷入步履蹒跚甚至停滞的状态。

1. 斯大林晚年压制改革，第一次错过改革的时机

第二次世界大战结束以后，特别是 1948 年经济基本上恢复到战前水平以后，苏联进入一个新的发展时期。由于国内外形势发生重大变化，苏联面临新的历史选择。从国际条件看，这时社会主义已越出一国范围，苏联不再是资本主义包围之下的社会主义孤岛。从国内条件看，过去被备战和战争所掩盖或缓和的弊病，在战争结束以后日益暴露出来，过度集权的斯大林体制已明显不再能适应现实发展的需要。同时，苏联的经济文化水平已比 20 世纪 30 年代有了相当大的发展和提高，社会主义建设也积累了丰富的正反两方面的经验。战后的苏联已经逐步具备在正常的、和平的条件下建设和完善社会主义的环境，改革的客观条件已经具备，党内外的改革呼声也愈来愈强烈。当时，改革要求通过以下各种形式表现出来：

第一，农村有些地方实行“包产到组”。当时苏联农业问题最为尖锐，1947 年春天，乌克兰库尔斯克地区为了克服饥荒，组织农民进行生产自救，被迫实行大面积包产到组。它的办法是：集体农庄把农具、牲畜、耕地包给生产组，期限至少一年或一个轮作期，生产组独立完成全部农活，按指标给集体农庄上交一部分产品，向国家收购站直接交售一部分农产品，其余由生产组的成员分配。1947 年，乌克兰农业获得好收成，1948 年收成更好。1948 年乌克兰上交给国家的粮食比 1947 年多 11 500 万普特，比战前的 1940 年多 3 300 万普特，全年粮食收购任务比 1947 年提前 5 个星期完成[①]。当时主管农业工作的苏联共产党中央政治局委员、全苏集体农庄事务委员会主席安德烈也夫积极支持包产到组的改革。1947 年 9 月，他在《真理报》上撰文肯定库尔斯克州包产到组的优越性，指出集体农庄劳动越是以小组或个别庄员为基本形式，就越能在物质利益上起到鼓励作用，对发展粮食和畜牧业也越有成效。包产到组的改革调动了农民的劳动积极性，不仅使农民受益，

---

① 赫鲁晓夫言论：第 2 集. 北京：世界知识出版社，1964：174.

而且使整个农业状况大为改善。1949 年 4 月，苏联部长会议通过《关于改善集体农庄组织，提高生产率以及调整劳动报酬的措施》的决议，进一步肯定了这种做法。

然而，这种改革尝试却同既存的社会主义农业观念发生了冲突，包产到组仅实行了一年就遭到严厉批判。1950 年 2 月 19 日，党中央机关报《真理报》发表社论《反对集体农庄劳动组织中的偏向》，认为包产到组破坏了集体农庄所有制。文章说，承包到组是违背从经济上、组织上巩固集体农庄利益的原则的，会使农业工作误入歧途，在这个问题上不应当有任何模棱两可的意见。文章指名批判安德烈也夫。1950 年第 10 期党中央机关刊物《布尔什维克》杂志也发表社论，批判库尔斯克州委犯了严重错误，包产到组是倒退。安德烈也夫被迫承认推行“小组作业”是犯了错误。不久，安德烈也夫被撤职，库尔斯克州委被改组，包产到组被废止，对农业体制的有限改革被压制下去。不仅如此，1950 年还进一步采取措施发展社会主义大农业，在全国开展集体农庄合并运动。经过一番合并，集体农庄由 1950 年 1 月的 25.4 万个合并为 1952 年 9 月的 9.7 万多个。这样集体农庄的地域范围、劳动规模都相应扩大了，核算形式也改变了。

第二，要求对现行经济管理体制和经济结构实行改革。苏联共产党中央政治局委员、部长会议第一副主席和国家计委主席沃兹涅先斯基（1903—1950）从实际情况出发，提出一些改革主张，认为国家对经济过分集中的领导必然产生官僚主义，并造成浪费。他强调重视价值规律的调节作用，利用 20 世纪 20 年代新经济政策时期的一些措施来促进经济的发展，赞同扩大地方和企业的自主权，加强经济核算，注重物质利益。他特别重视国民经济的综合平衡发展，要在工业和农业、生产资料和消费资料生产、扩大产品生产和发展运输业、积累和消费之间保持一定的比例关系。他还指出了战后苏联继续优先发展重工业的经济战略和过度集中的管理体制的弊病。但是，沃兹涅先斯基的观点不仅没有被采纳，而且被当作资本主义复辟的代表严厉批判，沃兹涅先斯基不仅被撤职，而且还于 1950 年以“叛国罪”被处决（1956 年获得平反）。

第三，在政治领域，提出政治改革的要求。1946 年苏联新宪法草案和 1947 年苏联共产党新党纲领草案都没有公开发表，只是在党和国家干部的狭小范围内进行讨论，但在讨论中提出了许多有关民主化的重要思想：诸如经济实行分散化管理；给地方和各人民委员部下放权力；取消战时特别法庭，特别是运输法庭和军事法庭；扩大党内民主；实行干部轮换制原则等①。但是这些意见都没有被采纳，而且还不许扩散。

第四，在司法领域，1947 年 5 月 26 日，苏联最高苏维埃主席团颁布废除死刑的法令。当时的《劳动报》发表题为“历史性的文件”的社论，认为真正的民主制度已经在苏联如此巩固和坚强，我们已经无须用死刑这种最严厉的惩罚来对付我们的敌手了。显然，这项法令是有预防 20 世纪 30 年代“大清洗”重演的意义，在一定程度上也是对斯大林“阶级斗争越来越尖锐”理论的一种纠偏。可是直到 1949—1951 年，斯大林还根据诬告材料制造了所谓里通外国、与英国间谍有联系的“列宁格勒案件”。在该案中，列宁格勒州委全体成员几乎全部被捕，成千上万无辜者被殃及，其中许多人在囚禁中含冤而死。此案还涉及上述提出经济改革建议的沃兹涅先斯基等主要党政领导人。苏联解体后解密的材料表

① 祖布科娃. 1945—1964 年的社会与改革. 莫斯科：青年俄罗斯出版社，1993：51.

明：如果1953年斯大林不去世的话，他还要继续斩除他身边的一批暗藏的“人民敌人”①。可见，只要存在个人集权制与领导职务终身制，就无法实现民主，维护法制，实现法治。斯大林除带头实行个人集权制、职务终身制之外，还实行指定接班人制。1949年底全世界各国共产党人热烈祝贺他的七十大寿、极力歌颂他的伟大功绩之后，他也日益感到年事已高，精力不足。1951—1952年，党中央书记处已经由格·马·马林科夫主持工作。1952年10月召开苏共十九大时，他指定中央书记马林科夫取代他做中央工作总结报告，显然是有意选定马林科夫为接班人。可是他又感到马林科夫不善于独立思考，因此不大满意。他还没有挑选好满意的接班人，就于1953年3月5日因脑溢血猝然离世了。

事实证明，正是由于斯大林思想僵化、脱离群众、脱离实际，错估了国内外形势，压制了党内外出现的改革要求，错过了战后第一次改革的时机。

2. 赫鲁晓夫急躁冒进，第二次错过改革的机遇

斯大林逝世后，世界力量对比已达到某种稳定和均势状态，国际形势开始出现缓和趋势，为苏联的改革提供了良好的外部环境。与此同时，苏联国内的政治经济形势出现严重困难，个人崇拜的危害已经暴露无遗，农业和轻工业的落后已经引起人民群众的不满，过度集权体制的弊端也已表现得更加明显。苏联的改革已经迫在眉睫，势在必行。

马林科夫接班后显得软弱无力，1953年3月14日，即以实现党政领导职务分开为由被免去党中央书记职务，只担任部长会议主席（也就是政府总理），到1955年2月又被降为部长会议副主席。尼·谢·赫鲁晓夫于1953年9月担任苏联共产党中央第一书记后，对苏联模式开始进行第一次大规模改革。它不仅范围很广，而且具有一定深度，有些改革措施甚至触及斯大林模式的要害——过度集权，对斯大林模式形成了强大冲击。赫鲁晓夫的改革主要有以下措施：加强集体领导，把党中央总书记改称第一书记，改革党政领导体制，实行党政领导职务分开，党中央第一书记不兼政府首脑；加强法制，整顿改组内务部机构；调整农业政策，改革农业管理体制；改组工业和建筑业管理体制；建立干部更新制度，取消高级干部的一些特权，降低他们的工资待遇；把党组织划分成工业党和农业党等。

但是，赫鲁晓夫的改革错综复杂。其中有些改革一时效果显著，如开垦荒地，增产粮食；有些改革既有成绩，同时伴有错误，如取消国营拖拉机站，把拖拉机卖给集体，但急于求成又使集体农庄负债累累；有些改革很不彻底，前后不能贯彻始终，如规定党中央第一书记不得兼部长会议主席，可是自1958年起他又身兼二职，独揽党政大权；有些改革则是心血来潮的蛮干，危害很大。特别是赫鲁晓夫的主观主义和唯意志论越来越严重，改革中的错误也越来越突出。例如，1957年，赫鲁晓夫把工业和建筑业的部门管理改为地区管理，撤销管理经济的中央各部，成立为数众多的地区国民经济委员会。这种改革，既不是利用价值规律，也没有发展市场取向，而是维持行政命令体制，仅仅是换了一个“婆婆”，把中央的行政命令变成地方的行政命令。结果，改革未见成效，反而产生严重的地方主义和分散主义，阻碍了经济的发展。又如，在农业方面，赫鲁晓夫虽然改变了农业计划制度，赋予国营农场和集体农庄以一定的自主权，但同时又强调“一大二公”，用合并

① 蓝英年. 斯大林与政治局的较量//冷月葬诗魂. 北京：学苑出版社，1999：67-73.

的办法进一步扩大集体农庄的规模，并把许多贫穷的、亏损的集体农庄改为国营农场。在整个国民经济中，国家所有制和集体所有制一统天下的局面没有丝毫改变。再如，1962—1963年，苏联展开经济学家利别尔曼建议的大讨论，强调利润、工资、奖金等经济刺激手段。但他不是集中精力去搞“利别尔曼实验”，而是忙于把统一的党组织划分成为工业党和农业党，引起混乱。

赫鲁晓夫的改革保留了苏联模式的基本框架，很不彻底。他又搞起新的个人集权、新的个人崇拜，“左”的指导思想和路线基本上没有改变，相反，急躁冒进、急于过渡的思想又膨胀起来。在1961年苏联共产党二十二大上，他不切实际地提出：苏联将在20年内基本建成共产主义，并在新的党纲中对向共产主义过渡进行了详尽的论证和具体的规划。这在理论上是错误的，在实践上是有害的。他在苏联共产党二十二大上还提出全民国家和全民党的理论，这是要急于过渡到共产主义，但又不愿意使国家和党很快消亡而炮制出来的、脱离实际的“左”的观点。我国理论界迄今还有人认为赫鲁晓夫的全民党、全民国家理论否认党和国家的无产阶级性质，是右倾机会主义、修正主义。实际上他是形右实“左”。他提出“两全”是急于过渡到共产主义。整体说来，由于赫鲁晓夫改革不是沿着扩大党内外民主、引进市场机制的方向前进，而是急躁冒进，在过度集权的框框里寻找出路，使苏联又一次错失改革的好时机。

我国理论界至今还有不少人误认为苏联改革的失败源于赫鲁晓夫全盘否定斯大林、大肆推行“三和”（和平过渡、和平共处、和平竞赛）、“两全”（全民党和全民国家）的右倾机会主义、现代修正主义的路线。其实，尽管赫鲁晓夫自1956年苏共二十大秘密报告起确实用过很多过激、不当的言辞揭发、批判了斯大林的错误，然而他在秘密报告中和其他场合也都多处肯定过斯大林的历史功绩。况且，不仅他的“两全”主张是少右多“左”、形右实“左”，而且他的“三和”观点也含有“左”的成分。他提出资本主义国家可能通过议会民主、合法斗争和平过渡到社会主义。如前所述，马克思、恩格斯晚年早就有过这个设想。是否可能和平过渡，这要由各国共产党依据本国实际情况独立自主进行探索，而赫鲁晓夫主张和平过渡则是大党主义强加于人。赫鲁晓夫主张苏联同资本帝国主义国家和平共处与和平竞赛是缓兵之计，他依然要以苏联共产党为中心、以他为首推行世界革命，彻底埋葬帝国主义。当然，赫鲁晓夫也有明显的右倾观点，如鼓吹当今就要争取实现“没有军队、没有武器、没有战争”的“三无”世界。

3. 勃列日涅夫只搞“完善”，第三次错过改革的机遇

赫鲁晓夫因没有掌握军权，于1964年10月被一场政变赶下台[①]，表面上以健康原因辞去党政领导职务，接替他的是58岁的列·伊·勃列日涅夫。勃列日涅夫时期的国际形势虽然存在冷战和对抗，但总的来说保持了和平共处的局面。由于苏美两国在核武器方面已经形成均势，发生新的世界大战的可能性变得更小了，到20世纪70年代末，和平与发展越来越明显地开始成为时代主题。新的时代主题和新的国际形势既对苏联产生了巨大的

① 赫鲁晓夫不像斯大林那样兼任国防委员会或苏联武装部队总司令，他把军权交给国防部长、他的亲信和妹夫马林诺夫斯基。他没有料到，他的心腹后来对他的思想和作风也十分不满，倒向勃列日涅夫一边，趁赫鲁晓夫到黑海海滨休息，策划了一场政变，撤换了赫氏的警卫队，逼使他辞职。

压力，同时也为苏联的改革提供了空前有利的时机。但是，勃列日涅夫根本看不到实行改革的必要性和紧迫性，继续固守传统模式，因循守旧。在他执政的 18 年间，对苏联模式修修补补，只谈完善，不谈改革。

第一，在政治方面，过度集权、缺乏民主的传统政治体制没有得到应有的改革，相反，个人迷信、个人专断、党政融合、以党代政、干部特权、领导职务终身制等弊病更加固定下来，并有所发展。1966 年，他又把第一书记改称为总书记，他虽然没有兼任部长会议主席，却从 1977 年 6 月起兼任最高苏维埃主席团主席，又兼任国防委员会主席，依然仿效斯大林，独揽党、政、军三大权。他还把高级干部与普通职工的工资差别扩大到 100 多倍。尤其是党的领导集团严重老化，思想保守，极不利于改革创新，难以开创新的局面。1981 年苏共中央政治局 14 名成员，70 岁以上有 8 人，60 岁至 70 岁有 4 人，60 岁以下只有 2 人，苏共中央领导层 5 个核心成员平均年龄高达 75 岁，成为不折不扣的“老人政治”。

第二，在经济方面，过度集权的计划经济体制没有多少改变。1965 年虽然实行过部长会议主席柯西金领导的新经济体制改革，但只是略为减少计划的指令性指标，扩大企业的自主权，改革的办法不多、步子不大，并没有突破原有的计划经济体制的束缚。即使这样的改革，到 1971 年苏联共产党二十四大前后也不再进行了。从此，苏联对原有体制只讲“完善”，讳言“改革”，实际上倾向于加强集中管理。当时，还组织了对所谓“市场社会主义”理论的批判，把计划经济等同于社会主义，把市场经济等同于资本主义，认为“市场社会主义”是资产阶级、修正主义思潮。特别是，面对世界科技革命的新浪潮，勃列日涅夫只是空谈科技革命和生产集约化，不采取实际的有效措施，仍然死守不合理的传统经济结构，偏重发展重工业和军事工业部门，使苏联的科学技术（除军事技术外）和经济水平越来越落后于西方。

第三，在对外政策方面，一方面闭关锁国，只同经济互助委员会国家发展“经济一体化”，自我孤立于国际经济体系之外；另一方面又进一步推行扩张主义，到处伸手，扩大势力范围，加紧军备竞赛，同美国争夺世界霸权，耗费了大量的资源，使得国家元气大伤，不仅经济上背上沉重包袱，而且在国际上处于孤立境地。

勃列日涅夫又一次错过了苏联历史上难得的最好的一次改革时机。这一时期，苏联政局和社会比较稳定，综合国力大为提高，人民生活也有了较大改善，实行改革的条件已相当成熟，但是，勃列日涅夫不进行改革。

勃列日涅夫又搞终身制，于 1982 年 76 岁病故，接替他的 68 岁的病人安德罗波夫只在任 1 年零 3 个月就去世了，后继者是 72 岁的病人契尔年科，只在任 1 年零 1 个月又去世了。这种现代世界上史无前例的病人轮番接班的老人政治把紧迫的改革任务一再延误了！

总之，苏联在战后长达 40 年的时间里，三次丧失了社会主义体制改革的机遇，促使党政领导过度集权的体制凝固化、绝对化，积累了大量的社会矛盾，使得社会主义改革越来越难以正确有效地进行，为随后苏联东欧的剧变和苏联模式的失败埋下了祸根。

二、苏东剧变与社会主义苏联模式的失败

1. 东欧改革与东欧剧变

到 20 世纪 80 年代末 90 年代初，东欧掀起新一轮改革浪潮，只短短几年时间，局势

就迅速失去控制。东欧各国相继发生了社会制度的剧变。在这些国家，共产党被迫下台，大都自行解散或者改变为社会民主党，一批新党、新人通过民主选举掌握了政权，原有的社会主义制度被摧毁，转而走上资本主义发展道路。东欧的剧变连同随之发生的苏联剧变，使国际共产主义运动和世界社会主义事业遭到重大挫折，使本来处于低潮的社会主义跌入谷底，同时也根本改变了整个世界格局，极大地影响了国际形势的发展。

(1) 东欧国家改革浪潮的起落。

如前所述，东欧各国几乎都照搬了苏联过度集权的模式，先后废除了多党制，实行一党制，或实质上的一党制，把多种经济成分改变为单一的工业国有制和农业集体所有制，并实行指令性的计划经济。这种体制在一段时间内，在恢复和发展东欧各国的经济中，曾经起过一定的积极作用，但是从根本上来看，这种过度集权的体制不适合东欧国家的国情。随着东欧各国社会经济和政治的发展，这种体制的弊端日趋暴露。再加上苏共大党大国主义的很多干预，曾先后在东欧激起过一连串的事件，如前所述的1948—1949年的情报局事件，还有以下将要提到的1953年的东柏林事件，1956年的波兰事件、匈牙利事件，1968年的捷克事件等。这些事件不同程度地反映了东欧国家要求独立自主、对不符合国情的苏联模式进行改革的要求，改革势在必行。

东欧社会主义国家从20世纪50年代初起逐步掀起改革的浪潮。由于各国国情不同，改革的思路、主张和方针政策也有不同的特点。总的来看，改革的范围由一国逐步发展到多国，改革的要求由被动逐步变为主动，改革的内容由个别或局部问题逐步扩展到涉及政治、经济、意识形态和外交等诸方面的全局问题，对改革的认识也由比较肤浅而逐步走向深化。然而，实践证明，社会主义国家的体制改革任重道远。为什么要改革、改革什么、如何改革、要改革成什么样子等问题不断困扰着人们，要求人们在实践中不断探索，总结经验教训，以做出正确的回答。东欧社会主义国家体制改革，发端于20世纪50年代初的南斯拉夫，到1989年东欧剧变之前，大致掀起过三次改革浪潮，可以分为以下两个阶段：

第一阶段从20世纪50年代初到20世纪60年代中期，是改革的起步阶段。如前所述，南斯拉夫在苏南冲突的背景下，首先冲破了苏联社会主义模式，自1950年起开始"自治社会主义"的建设。1953年3月斯大林逝世后，6月就发生东柏林事件。从6月15日起，约有30万工人卷入罢工浪潮，不少人上街示威游行，要求减少工作定额、改善生活等，进而发展为撕毁领袖像、放火焚烧德苏友好大厦等暴动。苏军出动坦克镇压，导致21人死亡。结果政府被迫取消增加工作定额的决定，苏联也取消民主德国尚未还清的25亿美元赔款。如前所述，苏联本国在1953年斯大林去世后也开始了改革。苏联在社会主义阵营的地位决定了它所进行的改革必将对其他社会主义国家产生巨大的影响。在1956年2月苏联共产党二十大后，又发生波兰波兹南事件和匈牙利事件。6月，波兰波兹南工人罢工、游行，并冲击监狱、法院，要求改革工资制度等，遭到政府镇压，死亡55人，受伤575人。10—11月，匈牙利发生学生、工人、市民参加的要求改革、发展社会主义民主自由的群众运动，结果也被镇压，造成上万人伤亡，结果党和政府也都改组。这些事件表明，有严重弊病的苏联模式非进行改革不可，因此在苏联开始改革之后，民主德国、波兰、匈牙利、保加利亚、捷克斯洛伐克等国也开始了改革，但由于传统模式和保守思想根深蒂固，再加上改革的指导思想不甚明确，改革的方针政策不同程度地都存在着缺陷。这些改革虽然一时缓解了某些局部的困难和矛盾，但也造成了某些混乱和不安定。因而在1964年赫鲁晓夫被迫下台前后，苏联东欧大多数国家的改革，或被看作修正主义而加以否定，或处于停滞状况。

第二阶段从20世纪60年代下半期到20世纪80年代上半期，是改革缓慢发展的阶段。在这一阶段，苏联自1965年起陆续实行以经济刺激为主体的新经济体制的改革，并促进东欧掀起了改革的热潮。民主德国提出了改革国民经济计划与管理体制的方案，罗马尼亚自1965年起开始加入改革的行列，匈牙利从1968年起推行新体制，保加利亚从1971年开始推行新经济体制，随后波兰也开始实行新体制战略。这一阶段最突出的事件之一是1968年春天捷克斯洛伐克的“布拉格之春”。捷共中央于4月间通过指导改革的行动纲领，提出建设“新的、十分民主的、符合捷克斯洛伐克条件的社会主义社会”的任务，在政治、经济和文化领域开始重大改革，被世人称为“布拉格之春”。可是苏联当局却认为这种改革是“复辟资本主义”，是“反社会主义势力”的“颠覆活动”，并且于8月20日夜派出20余万部队侵捷，撤换捷共中央领导人，取消各种改革措施。“布拉格之春”被苏联镇压后，东欧多数国家的改革在较长时间内处于缓慢发展或停滞的状态。总的来看，在这一阶段中，改革不同程度地触及了体制问题，但仍然没有能摆脱传统体制的束缚。在政治体制改革方面，虽然东欧各国曾做过某些努力，但实际上并无多少进展，中央集权过多，个人集权制、终身制和领导集团的老化，以党代政、党政不分、政企不分等现象并没有实质性的改变。党内的腐败现象和脱离人民群众的现象日趋严重。苏联的持不同政见者开始公开活动，波兰以团结工会为代表的反对派组织也在不断发展。经济体制改革，虽然深入到了经济运行机制的内部并取得了一定程度的进展，但主要还是局限在维持传统的计划经济范围内做某些局部的调整和改革。自20世纪70年代后期起，经济发展的速度逐步下滑。可以说，苏联东欧在20世纪80年代初已普遍出现了不同程度的危机。这和同期西方资本主义国家经济发展相对稳定和繁荣的状况形成了鲜明的反差。

（2）东欧国家剧变，改革失败。

20世纪80年代中期东欧国家掀起的第三次改革浪潮，在匈牙利等国取得较明显成效，生产大有起色，消费品供应较为充足，但是过度集权的政治体制未变，好景不长。1989—1990年，东欧社会主义国家的政局在国际大气候和国内小气候的相互作用和巨大冲击之下，发生了急剧的变化。这场剧变是从社会主义向资本主义的演变。东欧剧变，综合来看，各国大体都经历了三个阶段：一是执政的共产党党内出现了反对派，并与党外的反对派相呼应；二是执政党在国内外的各种压力下不断对反对派妥协退让，承认反对派合法地位，与反对派对话或召开“圆桌会议”，等等，而反对派则乘机扩大势力；三是反对派向执政的共产党夺权，或通过大选，或通过不断制造动乱、不断施加压力，个别国家甚至通过武装冲突，最后实现政权更迭。东欧国家由于毗邻西欧发达资本主义国家，地缘政治、经济、文化的压力与冲击力更大，所以先于苏联发生剧变。东欧八国的剧变，也有三波浪潮。

第一，波兰、匈牙利掀起剧变第一波浪潮。

波兰本来一直由统一工人党掌握政权。1980年9月22日，团结工会在罢工浪潮中建立。会员人数很快发展到数百万人，最多时达到一千多万人，其中波兰统一工人党党员有

100 万人之多。1981 年 12 月，波兰当局宣布取缔团结工会。1988 年，团结工会利用当时的经济困难和改革浪潮，在西方国家支持下，在各地发动空前规模的大罢工。1989 年 1 月，波党中央全会被迫决定实行“政治多元化”和“工会多元化”。2—4 月，波党召开有团结工会参加的“圆桌会议”，决定实行西方式的三权分立制和议会民主制，允许团结工会参选。6 月，举行议会选举，团结工会获得胜利。7 月，在议会选举总统时，波党第一书记雅鲁泽尔斯基以一票的微弱多数当选为总统。8 月，议会批准团结工会的马佐维耶茨基为政府总理。9 月，团结工会领导的联合政府成立，波党由执政党变成参政党。12 月 29 日，议会决定把波兰人民共和国改名为波兰共和国。1990 年 1 月，波党举行十一大，宣布停止活动，随即召开新党成立大会，大多数代表赞成把波兰统一工人党改名为波兰社会民主党，以民主社会主义作为指导思想和奋斗目标。

匈牙利与波兰不同，反对派主要出在党内。1988 年 5 月，卡达尔被解除总书记职务，波日高伊等人进入政治局，他们主张实行西方式的多党竞争制、三权分立制和议会民主制。1989 年 2 月，匈社会主义工人党中央全会决定实行多党制。6—9 月，匈党召开“圆桌会议”，同意修改宪法，改变国家性质，党组织从各单位撤出。10 月 6 日，匈牙利社会主义工人党召开十四大，决定改名为社会党，提出要建立民主社会主义，从而导致匈牙利社会主义工人党的分裂。1990 年 3—4 月，匈牙利举行国会选举，反对派民主论坛取得优势，组成内阁。改了名的社会党失去执政地位，沦为在野党。

第二，民主德国、保加利亚、捷克斯洛伐克、罗马尼亚掀起剧变第二波浪潮。

民主德国原是社会主义各国中经济水平最高的国家，但同联邦德国相比，差距还是很大。例如，1987 年，联邦德国人均国民生产总值为 14 400 美元，高于民主德国约 1 倍。除经济差距外，民主德国还多方限制人民的民主自由权利。为了防止人民逃往联邦德国，在苏联指挥下民主德国政府于 1961 年 8 月 13 日动工，在东西柏林之间修建了 160 多公里长、3.965 米高的垛墙，即所谓的柏林墙。1984 年 3 月又筑起高约 1 米的第二道墙，但还是无法防止人民逃跑。从 1989 年 8 月开始，民主德国大批居民逃往西柏林。10 月 18 日，民主德国统一社会党召开中央全会，昂纳克被迫辞去总书记职务，由克伦茨接任，随后宣布举行自由选举。11 月 9 日，隔离东西柏林 28 年之久的柏林墙被推倒，两德边界全部开放。12 月，民主德国统一社会党举行特别代表大会，决定将该党改名为德国统一社会党-民主社会主义党，不久又改名为民主社会主义党。1990 年 3 月，举行人民议院选举，由反对派组成的德国联盟取得胜利，成立以德梅齐埃为总理的政府，民主社会主义党沦为在野党。同时，两德合并的步伐加快。1990 年 10 月 3 日，德国实现统一，民主德国并入联邦德国，结束了德国分裂 41 年的历史。

保共于 1989 年 11 月 10 日举行中央全会，被迫解除日夫科夫的党政领导职务，选举姆拉德诺夫为总书记。1990 年 1 月 16 日，保共开始同反对派举行“圆桌会议”。1 月 30 日，保共召开十四大，通过《民主社会主义宣言》，宣布实行多党竞争制和议会民主制。4 月 3 日，该党改名为保加利亚社会党。同日，议会通过宪法修改法、政党法和选举法，姆拉德诺夫在国民议会当选为总统。6 月，社会党在议会选举中获胜，组成以卢卡诺夫为首的社会党政府。然而，反对派在议会内外发动多次夺权斗争。7 月，姆拉德诺夫被迫辞去总统职务，由民主力量协调委员会主席热列夫取而代之。11 月，卢卡诺夫政府也被迫辞职，12 月，由无党派人士波波夫组成联合政府。1990 年 11 月 15 日，保加利亚人民共和国改名为保加利亚共和国。

捷克斯洛伐克作为联邦制国家，剧变后分立为两个国家。1989 年 11 月 20 日，七七宪章等 12 个反对派组织联合成立公民论坛，组成全国委员会，向当局发起进攻。11 月 29 日，联邦议会批准修改宪法，取消捷共领导地位等宪法条款。12 月 10 日，“民族谅解政府”成立。在 21 名政府成员中，共产党人仅占 10 名。这是 41 年来捷共首次在政府中处于少数地位。12 月 20—21 日，捷共召开非常代表大会，通过了民主社会主义的纲领。12 月 29 日，曾经被判坐牢的反对派领袖、剧作家哈韦尔当选为总统。1990 年 1 月，捷共十八大将党组织改为联邦制，全称为“捷克斯洛伐克共产党联邦委员会”。1990 年 3 月 29 日，捷联邦议会决定将捷克斯洛伐克社会主义共和国改名为捷克斯洛伐克联邦共和国。1991 年 8 月，捷共联邦委员会又决定把党的名称改为捷克-摩拉维亚共产党和民主左派党联盟。12 月，斯洛伐克民主左派党退出联盟，与之分道扬镳。1993 年 1 月 1 日，捷克和斯洛伐克分别成为两个独立的共和国。此后，捷克-摩拉维亚共产党和民主左派党联盟又发生了数次分裂和改组。现在捷克和摩拉维亚共产党（简称捷摩共）是原东欧各国共产党中唯一保留共产党名称并且在继续活动的在野党。

罗马尼亚的剧变带有突发和暴力性质。多年来，罗共中央总书记、共和国总统、国防委员会主席兼武装部队和爱国卫队总司令齐奥塞斯库拒绝改革，并且实行高压统治，引起广大人民不满。1989 年 12 月 16 日，抗议活动首先在西部城市蒂米什瓦拉发生，随后示威活动波及全国。示威者包围了总统府，齐奥塞斯库下令由他绝对领导的爱国卫队开枪镇压，爱国卫队拒绝向人民开枪，并发生哗变。齐奥塞斯库夫妇在出逃途中被捕。22 日晚，罗马尼亚救国阵线委员会正式成立，原被齐奥塞斯库撤职的罗共中央书记扬·伊利埃斯库当选为主席。救国阵线委员会当即宣布接管政权，并把国名从罗马尼亚社会主义共和国改为罗马尼亚。25 日，齐奥塞斯库被特别军事法庭宣判后处决。1990 年 1 月，伊利埃斯库宣布罗共为非法组织。5 月，举行多党竞争的大选，伊利埃斯库当选总统，救国阵线在议会两院均取得多数，保持了执政党地位。

第三，阿尔巴尼亚、南斯拉夫掀起剧变第三波浪潮。

阿尔巴尼亚劳动党从 20 世纪 60 年代起就与苏共分道扬镳，受苏联的直接影响较少，因此剧变发生得稍晚一些。1990 年 12 月 8 日，首都地拉那大学生举行抗议活动。12 月 11 日，劳动党中央全会被迫决定实行“多元化”“多党制”。1991 年 4 月 10 日，阿公布新宪法草案，取消有关劳动党领导和马列主义指导的条款。4 月 26 日，人民议会决定将国名由阿尔巴尼亚社会主义人民共和国改为阿尔巴尼亚共和国。4 月 30 日，劳动党中央总书记阿利雅以超过 2/3 选票当选首任总统。5 月 15 日，阿爆发全国性大罢工，提出提高工资等 17 项要求。6 月中旬，劳动党召开十大，决定改名为社会党。1992 年 3 月，民主党在人民议院的选举中取得执政地位。4 月，民主党领导人萨利·贝里沙当选为总统，阿尔巴尼亚社会党成为在野党。

南斯拉夫脱离苏联的影响最早，它独树一帜，搞“自治社会主义”。该国的剧变同国家解体联系在一起，也发生得稍晚一些。南斯拉夫社会主义联邦共和国是多民族国家，由塞尔维亚、斯洛文尼亚、克罗地亚、马其顿、黑山、波斯尼亚和黑塞哥维那六个自治共和国组成，执政党原来是南共联盟。1989 年 10 月，南共联盟中央决定实行多党制。1990 年初，南共联盟分裂解体，各自治共和国的“共盟”先后改名为社会党并独立活动。7 月，南联邦议会通过《政治结社法》，导致各种政党纷纷出现。这一年，各共和国先后举行议会选举。结果，除塞尔维亚和黑山两个共和国议会仍是原南共联盟占优势外，其他四个共和国的议会均被反对派控制。反对派掌权后，各共和国加紧进行独立活动，最后导致南联邦解体。斯洛文尼亚和克罗地亚于 1991 年 6 月宣布独立，马其顿于同年 11 月、波黑于 1992 年 3 月宣布独立。塞尔维亚和黑山这两个自治共和国于 1992 年 4 月组成了新的南斯拉夫联盟，到 2003 年 2 月，这两个共和国又分别独立。这样统一的南斯拉夫联邦最终就一分为六，成为六个独立的共和国，南斯拉夫作为一个国家名称从此就消失了。

东欧八国的剧变各有各的特点，具体情况不尽相同。从时间上说，波、匈、民主德国、保、捷、罗六个国家是在 1989 年发生剧变的，时间较早；阿、南两个国家是在 1990 年以后发生剧变的，时间稍晚一些。从方式上看，有的国家是执政的共产党本身改变了性质，变成了社会党，从而导致社会发展方向的改变；有的国家则是共产党被迫向反对派让权，从而使国家政权的性质发生了变化；多数国家的剧变是和平演变，个别国家如罗马尼亚的领导人一“左”到底，硬要用强力镇压群众，结果被人民以暴力推翻了原有政权。

但是，东欧各国剧变的性质是相同的。第一，共产党的性质发生了根本变化。原来执政的共产党转变成了社会党，它们不仅改变了党的名称，而且改变了党的性质、指导思想、组织原则、政治地位和奋斗目标。第二，政权的性质发生了根本变化。掌握政权的，不是反共反社会主义的政党，而是由共产党转变而来的社会党。第三，社会制度发生了根本变化。原来的社会主义制度被彻底摧毁，各国搬用西方式的多党竞争制、三权分立制、自由选举制和议会民主制，实行大规模的私有化和西方式的市场经济，转轨到资本主义道路。

在东欧剧变及随之发生的苏联解体的冲击下，亚洲的蒙古也发生了剧变。1990 年 2 月，蒙古第一个反对党民主党宣告成立，随即有社会民主党、民主联盟、新进步联盟等组织纷纷出现，强烈要求实行多党竞争制。面对反对党咄咄逼人的进攻，执政 69 年的蒙古人民革命党于 1990 年 4 月召开特别代表大会，做出了一系列转折性决定，如实行多党竞争制、放弃党对国家政权的领导；党纲中删除“共产主义”，宣布该党是“向一切阶级和阶层敞开大门的群众性政治组织”等。1992 年 1 月，蒙古第十二届大人民呼拉尔第二次会议进而通过新宪法，在宪法中删去了“社会主义”“革命”等提法，把国名“蒙古人民共和国”改为“蒙古国”，将原国徽上象征社会主义的向左奔驰的白马改为展翅飞向右方的飞马，并删去了国旗上象征革命的红五星，对原国歌的歌词也做了重大修改。这标志着蒙古社会制度已经脱离了社会主义。可以看出，蒙古的剧变是执政党自己搞的，并非通过反对派把执政党赶下台才改变国家性质的。1992 年 7 月，在蒙古举行的第一次多党竞争制议会选举中，人民革命党获胜，占议席总数 70%以上，继续执政。但是在 1996 年大选中，人民革命党败北，由民族民主党与社会民主党共同组成的民主联盟上台执政。在 2000 年大选中，人民革命党又上台执政，但这时该党的指导思想已经改变为民主社会主义，并且已于 1999 年加入社会党国际。在 2004 年大选中，人民革命党继续执政。2009 年以来改为蒙古民主党执政。十多年来，蒙古私营经济得到较大、较快发展。

2. 苏联剧变与社会主义苏联模式的失败

苏联剧变是逐步发展的过程。戈尔巴乔夫于1985年3月当选苏联共产党中央总书记后，也有一个逐步变化的过程。从1985年3月到1988年6月的苏共第十九次代表会议，苏联的改革仍坚持共产党的领导和社会主义的方向。不过，这一时期改革并未突破“左”的框框。苏联的剧变，主要发生在戈尔巴乔夫改革的后期，从1988年苏共第十九次代表会议①开始。剧变同戈尔巴乔夫实行“人道的、民主的社会主义”路线有密切关系，它们基本上是同一个过程。这大体上又可分为以下三个阶段：

（1）以“人道的、民主的社会主义”作为指导思想。

这一阶段是从1988年6月到1990年7月，即从苏共第十九次代表会议到苏共第二十八次代表大会。在此期间，苏联把政治体制改革“放在首位”，提出并推行“人道的、民主的社会主义”思想路线，改革的方向发生重大改变。结果，社会动乱和民族冲突大规模爆发，反共势力迅速壮大，苏共地位急剧下降，并在许多重要地区丧失政权。国民经济出现负增长，1990年国内生产总值比上年下降4%。这一阶段发生的以下四件大事，成为苏联剧变过程中的重要里程碑。

第一，苏共在1988年6月28日—7月1日召开第十九次代表会议，有三项重要内容。一是强调现行政治体制已成为改革的“障碍”，必须把政治体制改革放到“首要地位”。二是为了扩大劳动人民政治民主参与的权利，建立“人民代表大会”，并强调“自由选举”。三是提出“人道的、民主的社会主义”主张。1989年5—6月间召开第一次人民代表大会，作为最高国家权力机关，把最高苏维埃变为它的常设机构，戈尔巴乔夫当选最高苏维埃主席。这种改革名为扩大人民民主权利，实际上是推行西方式议会民主制。

第二，戈尔巴乔夫在1989年11月26日发表《社会主义思想与革命性改革》一文，提出背离科学社会主义的新论点。一是要“根本改造整个社会大厦：从经济基础到上层建筑”，改革已不是对原有社会主义的完善。二是主张“三权分立”，强调应保证行政权和立法权的分开以及司法权的独立。三是论证苏联正在建设的“不仅是人道的社会主义，而且是民主的社会主义”。

第三，苏共中央于1990年2月5—7日召开二月全会，做出几项关系到党和国家命运的决定。一是提出修改宪法，取消1977年宪法第六条关于苏共是苏维埃社会的领导和指导力量的规定；二是准备实行多党制；三是建议实行总统制。二月全会勾画了“人道的、民主的社会主义”政治体制的基本面貌。1990年3月，苏联第三次人民代表大会决定实行总统制，并且选举戈尔巴乔夫为苏联首任总统。

第四，苏共于1990年7月2—13日举行二十八大。这时党内已经明显形成三派：以政治局委员、中央书记利加乔夫为首的“传统派”或“保守派”，主张对苏联体制做些小修小改；以原政治局候补委员、中央书记、莫斯科市委第一书记叶利钦为首的“激进派”或“自由民主派”，主张彻底推倒极权化、官僚化、特权化的苏联模式，转轨到西方自由民主的资本主义；以戈尔巴乔夫为首的“中间派”或“社会民主派”，主张对苏联模式进

① 代表会议本来是苏联共产党在两次代表大会之间召开的一次重要会议，本来也是实行年会制度。第十八次代表会议是1941年召开的，后来相隔47年之久，才又召开第十九次代表会议。

行大手术，转轨去搞欧洲社会民主党那种“人道的、民主的社会主义”。三派在大会上针锋相对，争论不休。斗争结果是，利加乔夫落选，叶利钦宣布退党，戈尔巴乔夫第一次在党代表大会直接选举中重新当选中央总书记。大会还通过了纲领性声明《走向人道的民主的社会主义》、党章以及其他一系列决议。这次大会的内容，主要是朝着改旗易帜的改变共产党性质的错误方向迈出了一大步。这表现在以下五个变化上：一是党的指导思想变了，一方面还讲要“创造性地发展马克思、恩格斯、列宁的思想”，另一方面又从科学社会主义转向民主社会主义。二是党的奋斗目标变了，一方面讲苏共是“以共产主义为前景的党”，另一方面又讲“以在国内建立人道的、民主的社会主义为自己的目标”。三是党的阶级性质变了，一方面还讲苏共“捍卫工人阶级的利益”，另一方面又讲苏共是“按自愿原则联合苏联公民”的“政治组织”。四是党的地位作用变了，不再讲苏共是“政治体制的核心”和“社会的领导力量”，宣布苏共同其他政党、社会政治团体将是平等竞争的合作伙伴关系。五是党的组织原则变了，一方面还讲民主集中制是党的组织原则，另一方面又允许党员“按纲领进行联合”。总之，苏共二十八大确定了民主社会主义党的基本框架，搞乱了党员的思想，使苏共在反共势力的进攻面前削弱了战斗力。尽管戈尔巴乔夫在大会闭幕词中还志满意得、信誓旦旦地宣称：“苏联共产党现在存在并将一直存在下去。”可是仅一年多，由他自己建议，苏共自行解散了。

（2）两种政治力量激烈斗争。

第二阶段从 1990 年 8 月到 1991 年 8 月，即从苏共二十八大到“8·19”事变，“传统派”与“激进派”进行激烈斗争。这一阶段的前期“传统派”占优势，后期“激进派”占上风。打着“中间派”旗号的戈尔巴乔夫，前期倾向“传统派”，后期又转向怂恿“激进派”。

第一，“传统派”展开反攻。苏共二十八大后，国内形势更加危急。大规模的集会和示威此起彼伏；民族分裂主义越闹越凶，联盟国家出现解体危机；有些共和国开始组织自己的军队，非法武装组织越来越多，它们袭击军警和军事设施，危害社会秩序和公民的生命财产；苏共党员大批退党，广大党员对党的前途失去信心。从 9 月上旬开始，“激进派”掀起猛烈进攻，矛头直指苏共和联盟中央。先是刮起倒阁风，迫使部长会议主席（也就是政府总理）雷日科夫下台，后又发动一场宣传攻势，指责军队要发动军事政变。10 月，以叶利钦为首的“民主俄罗斯”运动正式成立，形成一支强大的反对派力量，与苏共展开夺权斗争。

面对严重危机，多数群众的政治态度很鲜明。1991 年 2 月 23 日，莫斯科 30 万人举行集会，声明支持国家统一，反对叶利钦。3 月 17 日，全苏举行公民投票，76.4%的公民投票赞成保留联盟，保留苏联国名，反对分裂国家。“传统派”对戈尔巴乔夫施加强大压力，要求他采取强硬措施，稳定局势。戈尔巴乔夫态度有所转变，局势出现某种转机。这表现在：一是组成了一个倾向“传统派”的领导班子，如确定亚纳耶夫为副总统，并以此为基础组成“国家安全会议”；二是采取若干强硬措施，如戈尔巴乔夫于 4 月 9 日提出反危机纲领，对不执行上级机关决定的行政机关和官员要绳之以法；三是加强舆论导向；四是公开同以叶利钦为首的“激进派”对抗。

与此同时，“激进派”也发动攻势，公开向联盟中央“宣战”，要戈尔巴乔夫立即下台，要中央政府成员辞职。3 月 10 日，“激进派”在莫斯科组织 30 万人的集会，表示支持叶利钦，还发动了持续两个月（3—4 月）的百万矿工大罢工。

这时双方斗争异常激烈，“传统派”略占优势，但戈尔巴乔夫向“传统派”靠拢只是策略性转变，一到关键时刻，他就后退让步。例如 1991 年 3 月 28 日，“激进派”在莫斯科举行 10 万人的示威，政府派出 5 万军警企图制止，双方发生对峙。戈尔巴乔夫却下令撤走军警，于是大长了“激进派”气焰。

第二，“激进派”后来居上。1991 年 4 月下旬，戈尔巴乔夫态度急剧变化，从倾向“传统派”变为倾向“激进派”，从批评叶利钦变为同叶利钦联手合作。这种变化的标志是 4 月 23 日发表的“9＋1”联合声明。这里有三点特别值得注意：一是“9＋1”会议本身违背宪法。它撇开合法产生的国家最高权力机关，由苏联总统戈尔巴乔夫同 9 个加盟共和国的领导人来决定整个国家的命运。这实际上是“激进派”一贯主张的“圆桌会议”。二是该联合声明规定，在签订新联盟条约后半年内，要通过新宪法，重新选举苏联人民代表、最高苏维埃和总统，建立新的中央政府。这实际上是要推翻合法产生的、任期尚不到一年的国家最高权力机关。三是该联合声明规定，签订的新联盟条约把国名改为“主权共和国联盟”，突出了各共和国的“主权”，删去了反映联盟性质的“社会主义”。这意味着苏联将改变国家性质、破坏统一的联盟和抛弃社会主义。

1991 年 6 月 12 日，叶利钦以 57.3%的多数票在俄罗斯第一次举行的总统直选中击败了俄联邦共产党候选人雷日科夫等人（雷日科只得票 16.8%），当选为俄联邦总统。叶利钦以无党籍人士参加竞选，他之所以能击败共产党人主要是由于他打出“反极权、反特权、反官僚主义”的旗号，击中共产党的要害，从而争取到了多数选民。这说明“激进派”的势力已超过“传统派”。7 月 20 日，叶利钦签署“非党化”的总统令，宣布禁止政党在俄联邦政府机关和国营企业进行活动，矛头直指执政的共产党。

（3）苏联共产党垮台，苏联解体。

第三阶段从 1991 年 8—12 月，即从“8・19”事变到苏联解体。由副总统亚纳耶夫为首的包括国防部长和克格勃主席在内的“传统派”人士于 8 月 19 日宣布组成“国家紧急状态委员会”，并宣布戈尔巴乔夫由于健康原因已不能履行总统职务，自即日起由亚纳耶夫履行总统职务，国家全部权力在 6 个月内移交给该委员会行使。这样做旨在维护统一的联盟国家、共产党的领导地位和社会主义制度，但是由于广大人民害怕回到旧体制，没有给予支持。俄罗斯总统叶利钦却乘机反击，指出这是“反宪法的政变”，呼吁全国举行总罢工，军队和克格勃也不听“国家紧急状态委员会”的指挥，拒不去抓捕民选总统叶利钦。结果这场事变只持续了三天。戈尔巴乔夫于 21 日在被软禁的黑海休养地发表声明，说他已完全控制了全国局势，恢复了一度中断的同全国的联系。22 日，戈尔巴乔夫飞回莫斯科主持工作，这一天叶利钦下令把亚纳耶夫等 4 名“国家紧急状态委员会”的成员拘留审查。这样，“国家紧急状态委员会”最终遭到失败。此后形势急转直下，苏联出现“亡党亡国亡制（社会主义制度）”的局面。

第一，苏联共产党垮台。“8・19”事变后，苏联政府的全体成员均被撤换，从联盟中央到各地方的政权均为“激进派”控制。同时，全国掀起大规模的反共浪潮。叶利钦发布命令，停止俄罗斯联邦共产党活动，没收其财产。戈尔巴乔夫为保住自己苏联总统职位，竟又向叶利钦的反共举措退让，于 8 月 24 日宣布辞去苏共中央总书记职务，并要苏共中央“自行解散”。次日，苏共中央书记处竟发表声明，宣布接受自行解散苏共的决定。随后，《真理报》等苏共报刊被停止出版，苏共中央大楼被查封，苏共档案被接收。各共和国的共产党也被禁止活动，某些领导人甚至被追捕。至此，建党已有 93 年、执政已有 74 年、尚拥有约 1 500 万党员的苏联共产党最终自行解散了。没有工农大众和广大党员起来保卫这个已经丧尽民心、党心和军心的党了！

第二，苏联解体。“8·19”事变后，联盟迅速走向解体。加速苏联解体的重槌一击最早来自俄罗斯联邦，其领土、人口与经济实力在全苏联均约占一半以上。俄联邦最高苏维埃于 1990 年 6 月 12 日发表《国家主权宣言》，宣布俄联邦在其境内拥有“绝对主权”，这无异于宣布脱离苏联独立。重槌一击其次来自乌克兰，1991 年 8 月 24 日，乌克兰宣布独立。乌克兰是苏联仅次于俄罗斯联邦的第二大共和国，它的独立说明苏联已经难以维持。12 月 8 日，俄罗斯、乌克兰、白俄罗斯三国领导人在明斯克签署协议，决定成立“独立国家联合体”，宣布“苏联作为国际法主体和地理政治现实已不存在”。12 月 21 日，11 个共和国领导人在阿拉木图签订议定书，决定共同创建“独立国家联合体”，正式宣布“苏维埃社会主义共和国联盟停止存在”。12 月 25 日，戈尔巴乔夫无可奈何地宣布辞去苏联总统职务。至此，克里姆林宫上空的红旗终于落地，已存在 74 年之久的第一个社会主义国家苏联自行解体了。苏共亡党丧权、苏联解体后，苏联的社会主义公有制等一套社会主义制度也就逐步都被废除了。

三、社会主义苏联模式失败的根本原因及其历史教训

苏联东欧的剧变，给各国共产党人和世界人民留下了许多值得深思的问题。但如何总结苏东剧变的历史教训，是一个十分复杂的问题。在西方资产阶级看来，苏东剧变是大好事，它说明社会主义必然失败和灭亡，资本主义将永世长存。而在世界进步人民和各国共产党人看来，苏东剧变只是社会主义苏联模式的失败和灭亡，它并不能改变资本主义必然发展到社会主义的社会发展规律，只要善于总结教训，社会主义事业依然会发展壮大起来。我们只有用马克思主义的立场、观点和方法来分析苏联东欧的剧变，才能得出正确的结论。

1. 社会主义苏联模式失败的三个基本原因及根本原因

马克思主义认为，重大的历史事变都是一种“合力”的结果，又是各派势力博弈的产物。苏联剧变的原因也是错综复杂的，既有外因，又有内因；既有近因，又有远因；既有客观原因，又有主观原因；既有经济因素，又有政治因素，以及理论、思想、外交、民族、社会等各方面的因素。所以，要进行综合的、全面的分析，同时又要抓住关键，分清主次和深浅。

现在看来，苏联剧变大致有三个方面的基本原因：第一是原有苏联模式积弊太深，第二是戈尔巴乔夫错误的改革路线，第三是西方从外部推行和平演变战略。现在，学术界无论持何种观点，都承认这三个方面的原因是苏联剧变的基本原因，而学术界不同观点的分歧在于对这三个方面原因的侧重点有所不同。有的人侧重于外部原因，认为西方从外部搞和平演变是苏联剧变的根本原因，因而自然得出结论认为，应该把反对西方和平演变战略放在首要地位。可是，事物的发展外因只是条件，内因才是根据，外因要通过内因起作

用。可见，我们不能把反对西方和平演变战略放在首位，内因才是首要的。有的人侧重于戈尔巴乔夫本人，认为戈尔巴乔夫作为最高领导人，其所作所为是苏联剧变的最根本原因，因而自然得出结论认为，应该把选好接班人放在首要地位，防止党内出现戈尔巴乔夫式的人物。戈尔巴乔夫当然应该对苏联改革失败负主要的、直接的责任。然而苏共为什么有 74 年执政的经验，竟选不好接班人，而全党全国竟无法无力撤换他？可见苏共、苏联原来的体制大有问题，太缺少党内民主和人民民主。我们侧重于原有苏联模式积弊太深，认为这是苏联剧变深层次的最主要原因。苏联几任领导人一再延误政治体制改革，一再坚持权力过度集中于党中央总书记的体制，坚持一党专政和以党代政等，这是苏联模式最终失败的最突出原因。我们认为，苏联模式并非无药可救，并非必死无疑，并非不改革只能是等死，并非要改革也只能是找死。如果善于对苏联模式进行体制内的根本改革，转变并且开创一种新的模式去代替旧模式，经过凤凰涅槃，苏联社会主义还是有可能在浴火中获得新生的。如不进行重大改革，就无法避免被西方和平演变过去，也无法选好党政接班人。外因通过内因起作用，远因通过近因起作用，近因是浅层次的表面现象，远因才是深层次的本质体现。因此，坚持社会主义改革才是社会主义的唯一出路，尽管成功改革是一项相当艰巨和复杂的任务。

苏联剧变，社会主义苏联模式失败，绝不只是戈尔巴乔夫个人改革路线错误的问题。戈尔巴乔夫的所作所为绝不是孤立偶然的个人行为，它反映的是一种社会势力和社会思潮。为什么戈尔巴乔夫提出的走向“人道的、民主的社会主义”的纲领性声明会在苏联有那么大的影响？有那么多人拥护？会在 1990 年 7 月 11 日苏共第二十八次代表大会上获得几乎全部 4 500 多名代表的一致通过呢？应当承认，苏联社会主义模式的弊端实在严重，实在太不人道、太不民主。人道与民主本来是科学社会主义应有的内容，苏联模式在这个基本点上是背离科学社会主义的。

苏联模式的弊端总括起来说，主要有三个方面，表现为社会长期存在三大矛盾。第一，过左的急于求成的路线使生产关系超前于生产力水平，过早建立的、僵化的社会主义公有制难以持久地促进社会生产力的尽快发展。超前、僵化的生产关系同相对落后的生产力的矛盾，使人民群众的生活水平难以更快地提高。第二，过度集权的政治、经济、文化、社会管理和对外关系的体制同社会主义要求尽快发展社会主义民主与自由的矛盾。这个矛盾极大地限制了广大人民的民主与自由，损害了人民的权益，越来越引起广大人民群众的不满。第三，党政军官僚特权集团与人民大众的矛盾雪上加霜，更引起广大人民群众的不满。这三大矛盾是执政的苏联共产党本身的错误制造出来的，再加上苏联还存在旧社会遗留下来的民族矛盾，等等，社会矛盾更加复杂多样。可以说，凡是推行苏联模式的社会主义国家不同程度上都存在上述三大矛盾。这些矛盾最早在 20 世纪 30 年代中期苏联宣布基本上建成社会主义时就已出现，经过斯大林、赫鲁晓夫、勃列日涅夫三代领导人搞三代终身制①，这三大矛盾更加激化、更加严重了，而且随着苏联模式在国际上的推广，这

① 赫鲁晓夫从 1953 年到 1964 年执政只有 11 年就被赶下台，如果他不下台，也会搞终身制。1961 年苏共二十二大新党章已为他搞终身制开了绿灯。党章第 25 条规定：党中央领导人“一般最多只能连续当选三届。某些党的活动家，由于他们享有公认的威信，具有高度的政治品质、组织者品质和其他品质，可以在最长的时间内连续选入领导机关”。参见：中共中央党校党建教研室. 苏联共产党章程汇编. 北京：求实出版社，1982：209.

三大矛盾也在社会主义国家普遍化、国际化了。如何解决这三大矛盾呢？苏联共产党后期党内形成的“左”、中、右三派都拿不出正确的路线来妥善加以解决。利加乔夫、亚纳耶夫等人的传统保守主义得不到广大人民群众的支持，戈尔巴乔夫的民主社会主义在苏联社会也没有很大的市场，而叶利钦的自由资本主义则利用苏联共产党的四大矛盾（上述三大矛盾加上大俄罗斯主义势力和各少数民族之间的民族矛盾）把苏联共产党、苏联彻底搞垮了。东欧各国党内后期大体上也存在与苏共类似的情况。

由上述可见，苏联模式失败的根本原因在于苏联、东欧各国共产党主要领导人长期背离科学社会主义。先是斯大林、赫鲁晓夫、勃列日涅夫等人从“左”的方面背离科学社会主义，推行急于求成，急于过渡到社会主义、共产主义的路线，形成并维护过度集权的体制和官僚特权集团；后是戈尔巴乔夫、叶利钦等人从右的方面背离科学社会主义，转向搞民主社会主义或自由资本主义。这样“左”右交混，先“左”后右，终于把社会主义的苏联模式彻底埋葬了。苏联模式的掘墓人主要是苏联共产党和东欧各国共产党自己培植的官僚特权集团，它不代表先进生产力的发展要求，不代表先进民主政治的必然趋势，不代表先进文化的前进方向，因此不代表最广大人民群众经济、政治和文化的根本利益，结果终于被人民群众抛弃了。

2. 社会主义苏联模式失败的三条历史教训

社会主义苏联模式的失败，是 20 世纪末震撼世界的最重大事件，是十月革命胜利以来世界社会主义运动遭受的最严重挫折。根据以上对社会主义苏联模式失败的根本原因的分析，我们认为，社会主义国家在建设和改革中必须从中吸取以下三点主要的历史教训：

（1）要警惕右的，但主要是坚决彻底纠正“左”的错误。

社会主义苏联模式的主要弊病，是“左”的教条主义与封建专制主义残余相结合所形成的保守僵化的理论观念、急于求成的基本路线和过度集权的具体体制。如果在社会主义建设和改革中长期不能克服“左”的错误（如过分强调阶级斗争与党内斗争，指令性计划经济，以党代政、党政不分，急于建成社会主义共产主义，维护党政官员特权等），很容易滋生右的东西，造成先“左”后右，合葬社会主义。戈尔巴乔夫在改革中前三年依然是固守“左”的一套，后三年走中间路线，他反“左”不得法又不得力，愈益向右倾斜，倒向右的一边，终遭失败。事实证明，借助于“左”的东西来反右，顶多一时管用，从长远来看，是不能达到目的的。邓小平在1992年初的南方谈话中指出：“现在，有右的东西影响我们，也有‘左’的东西影响我们，但根深蒂固的还是‘左’的东西。”“‘左’带有革命的色彩，好像越‘左’越革命。‘左’的东西在我们党的历史上可怕呀！一个好好的东西，一下子被他搞掉了。右可以葬送社会主义，‘左’也可以葬送社会主义。中国要警惕右，但主要是防止‘左’。”① 这不仅是对中国共产党历史，而且是对第三国际以来世界社会主义运动历史经验的最重要、最全面、最深刻、最精辟的总结。第三国际以来各国共产党长期都受苏联共产党“左”的经济、政治、文化、思想和组织路线的深刻影响，宁“左”勿右几乎成了各国共产党的通病。当然，反“左”还要防右，不能调和折中，而是要真正站在不带引号的左派的立场上。看来不彻底消除、根治“左”的流毒和顽症，终究

① 邓小平．邓小平文选：第3卷．北京：人民出版社，1993：375．

会助长右的抬头，会葬送共产党和科学社会主义。这绝非危言耸听，而是从深层次总结苏东剧变历史教训的盛世危言。

（2）改革必须坚持并发展科学社会主义。

苏联东欧国家的一个惨痛教训就是它们的改革选择了错误的方向。它们的改革不是为了坚持和改善共产党的领导，而是取消、否定共产党的领导；它们的改革不是为了完善社会主义，而是放弃了社会主义，走上了资本主义道路。我们认为，改革要把握正确的方向，最基本之点就是要在理论上坚持并发展科学社会主义。其中首要的关键是在总结历史经验的基础上认清不发达国家实现社会主义的特殊规律，进而按照这个特殊的基本规律来制定切实可行的基本纲领、基本路线、基本方针和基本政策。不发达国家与发达国家的区别主要有两点：一是封建主义落后遗产厚重，二是资本主义文明成果稀少。因此不发达国家实现社会主义的特殊规律主要体现为：第一，彻底铲除封建主义落后遗产，不仅限于消灭封建土地私有制和地主阶级，更艰巨的任务还在于改造自然经济和半自然经济，清除君主专制制度的影响（如个人集权制、职务终身制、指定接班人制、官僚等级制、官僚特权制等），不搞个人崇拜，反对文化专制主义，等等。不清除这些渗透到社会主义体制中来的封建主义糟粕，社会主义模式就不可能更新和创新。第二，要充分利用资本主义的文明成果，包括现代化大生产、企业经营管理机制、遵守宪法、民主政治体制、政党活动规则、言论自由范式、依法治国轨迹、保障人权措施、科学技术与学术文化成果等，不能不分青红皂白地全盘否定资本主义文明成果，不但不能急于废除资本主义私有制，而且还要充分发挥私营经济有利于国计民生的作用。第三，要经历更长的过渡时期，不能急于过渡到“一大二公三高四纯”的社会主义。苏联和东欧各国都犯过急于过渡到社会主义的错误。第四，更不能急于从社会主义过渡到更高级的共产主义。苏联在 20 世纪 30 年代、20 世纪 40 年代和 20 世纪 60 年代犯过三次急于从社会主义过渡到共产主义的错误。苏联模式的失败正由于背离了不发达国家实现社会主义的特殊规律。要认清不发达国家实现社会主义的特殊规律，就要明确不发达国家在相当长的时间内还只是处于社会主义的初级阶段，在这个阶段要发展多种经济成分，要对传统的社会主义公有制进行大力改革，要从传统的计划经济转变到社会主义市场经济；要对过度集权的传统政治体制大力进行改革，发展社会主义民主政治；要对传统的文化专制主义进行大力改革，发展社会主义先进文化；要自上而下废除各种官僚特权，真正贯彻 1871 年巴黎公社所开创的公职人员的普选制与限薪制，防止社会公仆变为社会主人；要以维护民族平等、尊重各民族权益、促进团结互助、反对大民族主义和民族分裂主义、坚持爱国主义与族际主义等原则，妥善处理民族问题。只要以科学社会主义为指导，就必能使社会主义改革取得成功。

以科学社会主义为指导来进行改革，还要正确处理好改革、发展和稳定三者的相互关系。改革、发展、稳定三者存在不可分割的内在联系，它们是相辅相成、相互促进的。发展是硬道理，提高经济水平、增强综合国力、改善人民生活、巩固和完善社会主义制度，这一切都离不开发展。改革是经济和社会发展的强大动力，只有通过改革，才能进一步解放和发展生产力。稳定则是发展和改革的前提条件，发展和改革必须要有稳定的政治和社会环境，否则就无法发展和改革。第二次世界大战后历届苏联共产党领导人都没有正确处理好改革、发展和稳定三者的相互关系。斯大林只求稳定与发展，但是压制改革；赫鲁晓夫也想发展，但是不顾稳定，胡乱改革；勃列日涅夫只求稳定，而少谈改革和发展；戈尔巴乔夫却是只讲改革，而不顾稳定和发展。

以科学社会主义为指导来进行改革，还要正确对待共产党的历史和社会主义的实践。在改革的年代，回顾和总结过去的历史是完全必要的，改革就是要克服以往工作中的缺点和错误，消除原有体制的弊病。在总结历史经验和教训时，敌对势力乘机歪曲和污蔑共产党的历史，否定社会主义的历史实践，也是难以避免的。问题在于共产党本身采取什么态度。正确对待共产党的历史和社会主义的实践，是关系到党和国家命运的重大原则问题。对于历史问题，要宜粗不宜细，对历史上所犯的严重错误要心中有数，着眼于改革，不要引导人们热衷于揭疮疤，往伤口上撒盐。对共产党的历史和以往的社会主义实践，应该一分为二进行全面分析，既要充分肯定成就，又要坚决改正错误，不能讳疾忌医，文过饰非，拒不认错，以免失去民心，使人民对改革失望，也不能在“公开性”“民主化”的旗号下，听任社会上有些人把过去的历史描绘成一团漆黑，把社会主义建设说成是灾难。不能正确对待历史的做法既违背历史真实，否定共产党执政的合法性，又会使广大不明全面真相的群众轻率地抛弃共产党和社会主义制度。

(3) 要警惕世界资本主义的和平演变。

苏联东欧之所以发生剧变，世界资本主义的和平演变战略起了重要作用。这虽然不是导致剧变的决定性原因，但却是一个重要的外部因素。自世界上出现共产党领导的社会主义国家以来，西方资本主义国家就把颠覆社会主义国家作为自己的根本战略目标。当使用武力难以奏效时，它们就转而采用和平演变的办法。然而世界资本主义的和平演变能否得逞，关键在于社会主义国家对此持何种态度、采取什么对策。社会主义国家不能为了防止和平演变而倒退到对外封闭、与西方国家冷战对峙的旧格局中去，也不能对西方资本主义的和平演变漫不经心、满不在乎。在对外开放以及与西方和平共处、合作、竞争和斗争的过程中，一定要维护社会主义国家的主权、安全与利益，不能过分迁就与退让，对西方腐朽、反动的思想与文化要进行抵制和批判。更加重要的是，要加快内部体制的改革，避免给西方的和平演变找到可加利用的突破口。从上述苏东剧变的进程可以明显看出，到 20 世纪 80 年代末 90 年代初，西方和平演变的战略之所以能够得逞，是以新科技革命的巨大成就作为物质后盾的，再加上运用商品市场经济、多党民主政治和多元自由文化三大武器。所以社会主义国家要防止被西方和平演变过去，必须加快发展新科技革命，发展社会主义市场经济，发展社会主义民主、自由与法治。西方长期宣扬的多党平等竞争、轮流执政的那种多党制在和平演变中起了重要的突破作用，它是针对社会主义国家一党制、缺少党内民主的弊病的。苏、罗、匈、南、阿五国是一党制，党内缺少民主，盛行个人集权制。可是东欧有四个国家（波、捷、德、保）本来不是一党制，而是实行共产主义政党领导的多党合作制，然而民主党派缺少实权，不能对共产主义政党进行切实有效的监督与制约。所以要从根本上防止西方的和平演变战略得逞，只有发展共产党党内民主，发展人民民主，在实行多党合作的国家还要发展党际民主，进一步提高民主党派的地位，进一步发挥其作用。这样，广大人民群众就会深切感受到在一党制或多党合作制条件下，也能对共产党进行切实有效的监督与制约，也能惩治共产党官员的特权与腐败，也能使人民群众真正当家作主，真正做到民主选举、民主决策、民主管理和民主监督。这样，西方那种平等竞争、轮流执政的多党制在人民群众中就会失去吸引力和诱惑力，共产党领导的社会主义江山才能固若金汤，愈益秀美。

思想理论界还有人认为，苏联东欧国家执政的共产党是被西方社会党或社会民主党和平演变过去的，其主要根据是苏联东欧国家执政的共产党都是因为在指导思想上从科学社会主义改变为民主社会主义、在党的性质和名称上把共产党改名为社会党或社会民主党而遭到失败和灭亡的。如果我们深入本质观察问题，就能认清：正是苏联东欧各国执政的共产党长期在很多方面背离科学社会主义原则而且拒不进行切实有效的改革，致使广大党员和干部对执政的共产党及其坚持的被扭曲的社会主义越来越感到失望。而资本主义世界的众多社会党或社会民主党通过议会民主竞选取胜上台执政后，却能促进社会经济发展、保障公民自由民主权利、逐步改善社会保障制度、为劳动人民谋取诸多福利，所以有越来越多的共产党员和党的干部逐步转向社会党的民主社会主义。在 1989—1991 年间，苏联、东欧各国共产党竟几乎不约而同地改名为社会党或社会民主党，都从科学社会主义转向民主社会主义。出现这种共产党改变为社会党的政党转型的普遍现象，绝不能简单归结为社会党运用民主社会主义把共产党和平演变过去了，潜在的深层原因在于共产党自身长期不能切实进行重大改革，不能真正坚持并发展科学社会主义，不能让人民大众享有社会主义民主、自由、法治和丰厚福利，而广大党员又不愿意回归资本主义，于是他们只好转向社会党的民主社会主义去另外寻求一条社会主义的出路。要防止共产党被社会党民主社会主义和平演变过去，唯有适当借鉴民主社会主义，大力发展科学社会主义，尤其是要加快发展社会主义民主自由法治，朝着建设本国特色社会主义大道阔步前进。

复习思考题

1. 战时共产主义向新经济政策转变为我们提供了哪些启示？
2. 试述社会主义苏联模式的历史成就、基本特征和重大弊病。
3. 如何认识社会主义苏联模式失败的根本原因和历史教训？

第三章
当今社会主义国家对本国社会主义的新探索

苏联东欧发生剧变后，以科学社会主义为指导的共产党执政的社会主义国家减少到五国。当今社会主义各国走上社会主义道路后，在社会主义革命和建设的进程中，曾经取得成就，但是由于深受苏联模式弊病的影响，也都走过弯路，遭遇过挫折。当今这五国都在不同程度地吸取苏联模式失败的历史教训，坚持科学社会主义基本原则与本国实际相结合，努力探索和建设具有本国特色社会主义。中国共产党自 1978 年十一届三中全会端正了党的指导思想和基本路线以来，坚持以经济建设为中心，坚持四项基本原则，坚持改革开放，成就显赫，举世公认。邓小平 1982 年在中共十二大开幕词中第一次明确提出："把马克思主义的普遍真理同我国的具体实际结合起来，走自己的道路，建设有中国特色的社会主义，这就是我们总结长期历史经验得出的基本结论。"① 1988 年 5 月 18 日，他同外宾谈话时更明确地指出："坦率地说，我们过去照搬苏联搞社会主义的模式，带来很多问题。我们很早就发现了，但没有解决好。我们现在要解决好这个问题，我们要建设的是具有中国自己特色的社会主义。"② 可见，当今社会主义国家要建设具有本国特色的社会主义，首要之点是要克服照搬苏联模式所带来的诸多弊病，切实从本国实际出发，逐步形成自己的特色。

中国自 1978 年底开始改革开放后，经济体制逐步从单一公有制的计划经济体制转轨到社会主义公有制为主体、多种经济成分并存的市场经济体制，对外关系从闭关锁国转向对全世界各国开放，政治体制改革、文化体制改革也大有进步。苏东剧变后，我国从 1992 年起更明确地以转轨到社会主义市场经济为目标，对外开放要达到全方位、宽领域、多层次。当今我国要高举中国特色社会主义伟大旗帜，全面贯彻习近平新时代中国特色社会主义思想，解放思想，改革开放，凝聚力量，攻坚克难，在党和人民创造性实践中奋力开拓中国特色社会主义更为广阔的发展前景，奋力谱写全面建设社会主义现代化国家崭新篇章。

苏东剧变后，越南、老挝、朝鲜、古巴四国也都从本国国情出发独立自主地探索社会主义新路。由于这四国的国情、党情都有所不同，改革的方针和进度也有所不同，所以取

---

① 邓小平．邓小平文选：第 3 卷．北京：人民出版社，1993：3.

② 同①261.

得的成就也有所区别。其共同点是都在认真总结国内外的经验教训，积极应对国内外的挑战，逐步加大革新与开放的步伐，都取得了不同程度的新进展。

总的看来，当今社会主义国家对本国社会主义的新探索是继19世纪科学社会主义形成、20世纪苏联模式社会主义兴衰之后，21世纪人们对社会主义认识第三次飞跃的一个重要组成部分。

第一节　建设中国特色社会主义的理论与实践

一、毛泽东思想与中国社会主义建设道路的初步探索

新民主主义革命时期，以毛泽东同志为主要代表的中国共产党人，把马克思列宁主义基本原理同中国具体实际相结合，对经过艰苦探索、付出巨大牺牲积累的一系列独创性经验做了理论概括，开辟了农村包围城市、武装夺取政权的正确革命道路，创立了毛泽东思想，为夺取新民主主义革命胜利指明了正确方向。进入社会主义革命和建设时期，以毛泽东同志为主要代表的中国共产党人，结合新的实际提出关于社会主义建设的一系列重要思想，丰富和发展了毛泽东思想。毛泽东思想是马克思列宁主义在中国的创造性运用和发展，是被实践证明了的关于中国革命和建设的正确的理论原则和经验总结，是马克思主义中国化的第一次历史性飞跃。

1. 新民主主义革命时期的可贵构想

早在农村革命根据地建设时期，中国共产党人就提出了建设新中国的基本构想。1927年后，党的工作重点由城市转入农村，建立革命武装和工农政权，开创了以农村包围城市、最后夺取全国胜利的革命道路。这一时期的革命政权，从名称到具体组织形式都照搬苏联。国家体制的确存在不足之处。例如，权力机关和执行机关的职责不十分明确，执行机关有时实际上成了权力机关；党政不分，时有以党代政的情况发生。毛泽东早在1928年《井冈山的斗争》中总结早期红色政权的经验教训时就指出："以后党要执行领导政府的任务；党的主张办法，除宣传外，执行的时候必须通过政府的组织。国民党直接向政府下命令的错误办法，是要避免的。"[①] 在这里，毛泽东在革命政权建立初期就已精辟地论及党政关系问题。

抗日战争时期，中国共产党领导的抗日民主根据地曾有近1亿人口，共计19块地区。在这些地区，都陆续建立了民选的共产党和各抗日党派及无党派代表人物合作的政府，亦即地方性的联合政府。这时革命政权的名称、组织机构、实施方针都与第二次国内革命战争时期革命根据地的政权不同。例如，不再称"苏维埃"，而改称"参议会""人民代表会议""人民政府"等。这表明中国共产党人已开始摆脱苏联影响，在初步独立探索中国未来通往社会主义之路。

以毛泽东同志为主要代表的中国共产党人总结了中国革命实践的新经验。毛泽东在《中国革命和中国共产党》（1939年）、《新民主主义论》（1940年）、《论联合政府》（1945

① 毛泽东．毛泽东选集：第1卷．2版．北京：人民出版社，1991：73.

年）和《论人民民主专政》（1949 年）等论著中，较为系统地提出了新理论，形成了毛泽东思想。1945 年七大党章规定："中国共产党，以马克思列宁主义的理论与中国革命的实践之统一的思想——毛泽东思想，作为自己一切工作的指针。"实践还证明，毛泽东的新民主主义理论是科学社会主义中国化的第一个理论形态。从探索中国特色社会主义这个角度来看，毛泽东的新民主主义理论当时主要是明确认识了以下四个问题：

第一，纠正早期中国共产党人犯过的右的和"左"的错误倾向，认识到中国既不能像西欧各国那样先走资本主义道路，建立资本主义社会，然后再进行社会主义革命，实现社会主义；也不能像俄国那样，在民主革命胜利后立即转变为社会主义革命，实现社会主义。半殖民地半封建的中国，要先进行无产阶级领导的新民主主义革命，然后建设新民主主义国家和新民主主义社会，将来经过较长期建设，再逐步过渡到社会主义社会。

第二，确立新中国国体和政体的基本框架。新中国的国体既不是效法欧美资产阶级专政的资本主义共和国，也不是照搬苏联无产阶级专政的社会主义共和国，而是采取几个革命阶级联合专政的新民主主义共和国。也就是工人阶级、农民阶级、城市小资产阶级和民族资产阶级，在共产党的领导下，以工农联盟为基础，实现人民民主专政。新中国的政体采取人民代表大会制，不搞一党专政，而实行多党合作。

第三，提出新中国新民主主义经济的主要原则。也就是要把官僚买办资本性质的大银行、大工业、大商业收归国有，建立具有社会主义性质的国营经济，有步骤地实现国家工业化，允许有利于国计民生的私人资本主义经济的发展，实现"耕者有其田"，发展各种具有半社会主义性质的合作经济，逐步实现农业社会化。

第四，指出新民主主义文化是无产阶级领导的、人民大众的、反帝反封建的文化。它以共产主义思想为指导，是民族的、科学的、大众的文化，注重吸收中国古代文化中进步性的精华，剔除其封建性的糟粕。

以工人阶级（经过共产党）领导的、以工农联盟为基础的人民民主专政的国体，以人民代表大会为特点的体现民主集中制原则的政体，以国营经济和农民合作经济为主体的经济体制，再加上有民族特点的、科学的、人民大众的文化，这就构成了中国未来新民主主义制度的基本蓝图。它是中国新民主主义革命经验的概括和总结，也是中国共产党对未来中国通往社会主义的初步构想。

2. 新中国成立初期的借鉴与创新以及随后出现的差错

中华人民共和国成立后，我国的政治体制并不是全盘照搬苏联模式，而是借鉴中又有创新。同苏联模式相比，我国的政治体制具有如下三个突出的特点和优点：

第一，通过共产党领导的多党合作和政治协商的方式创建政治体制。1949 年 9 月召开的中国人民政治协商会议第一届全体会议，代行全国人民代表大会职权，通过了起临时宪法作用的《共同纲领》和《中央人民政府组织法》，选举产生了中央人民政府委员会。其中有 3 位民主党派和无党派人士担任中央人民政府副主席，有 15 位民主党派人士担任政务院 15 个部门的部长（或主任），建立了联合政府，实行共产党领导的多党合作和政治协商制度。这与苏联的一党制是不同的。

第二，确立了人民民主专政的国体和以人民代表大会制为特征的政治体制。1954 年的《中华人民共和国宪法》规定全国人民代表大会为最高国家权力机关，国务院是其执行机关，即最高国家行政机关。在此之前，大约在1954年2月中旬前后，党中央曾考虑照搬苏联模式，采用部长会议制，但最终并没有这样做，而是创建了中国特色的政治制度和政体结构。

第三，坚持中央统一领导与民族区域自治相结合的制度，而不照搬苏联的联邦制。中国共产党历史上也曾仿效苏联，主张用联邦制解决民族问题。后来于1947年5月建立了内蒙古自治区取得了新经验。1949年通过的《共同纲领》明确规定，我国将建成多民族的单一制人民共和国，在中央人民政府统一领导下，实行以少数民族聚居地区为基础的区域自治。

但是，我们党在全国范围执政后节节胜利，对社会主义发展前景估计过于乐观，加上倒向苏联等社会主义国家一边，难免受苏联模式影响，无法借鉴资本主义文明成果。在内部和外部多种因素的交叉作用下，过早地结束了中国共产党人独立探索的新民主主义社会理论，急于及早过渡到社会主义。1953年提出过渡时期总路线，预计用三个五年计划或更长一点时间过渡到社会主义。实际上只经过第一个五年计划，到1956年就提前完成了农业、手工业和资本主义工商业的社会主义改造，宣布进入了社会主义社会。

1956年2月的苏共二十大批判斯大林搞个人崇拜、个人专断等严重错误，促使中共纠正因照搬苏联经验而出现的缺点和偏差，进一步探索有中国特点的社会主义道路。1956年4月，毛泽东发表《论十大关系》的讲话，提出对苏联暴露出来的社会主义建设中的错误“要引以为戒”，要正确处理好重工业和轻工业、农业的关系，党与非党的关系，中国与外国的关系，等等。1957年2月，毛泽东又发表《关于正确处理人民内部矛盾的问题》的讲话，提出要用民主的方法解决大量存在的非对抗性的人民内部矛盾，还提出用“百花齐放、百家争鸣”的方针来促进艺术发展和科学繁荣，主张共产党同各民主党派“长期共存、互相监督”。

然而，由于并没有真正认清苏联模式的根本弊端，又对1956年秋后国际上发生的波兰和匈牙利事件以及1957年春夏国内整风运动中社会各界发表的各种意见做出错误分析与判断，加之缺少党内民主，党的指导思想和基本路线自1957年起逐渐转向“左”的方面。中国社会主义建设道路的初步探索遭遇挫折。

虽然历经坎坷和曲折，但新民主主义革命的胜利，社会主义基本制度的建立，毕竟为当代中国一切发展进步奠定了根本政治前提和制度基础。党在社会主义革命和建设中取得的独创性理论成果和巨大成就，为在新的历史时期开创中国特色社会主义提供了宝贵经验、理论准备、物质基础。

二、邓小平理论与中国特色社会主义的形成

党的十一届三中全会以后，以邓小平同志为主要代表的中国共产党人，团结带领全党全国各族人民，深刻总结新中国成立以来正反两方面经验，围绕什么是社会主义、怎样建设社会主义这一根本问题，借鉴世界社会主义历史经验，科学回答了建设中国特色社会主义的一系列基本问题，创立了邓小平理论，成功开创了中国特色社会主义。

1. 解放思想，创新理论，奋力推进社会主义改革开放伟大事业

中共于1976年10月结束了历时十年的“文化大革命”，从而使我国进入了一个新的

历史发展时期。但是，当时党的主要领导人仍然坚持和推行“凡是毛主席作出的决策，我们都坚决维护，凡是毛主席的指示，我们都始终不渝地遵循”的方针，阻碍人们解放思想、纠正毛泽东晚年的错误，阻碍拨乱反正工作。这种情况引起普遍不满，也促使理论界开始认真思考和讨论一些问题。其中影响最大的，是关于真理标准问题的讨论。1977 年 5 月，邓小平在一次谈话中指出，我们必须“用准确的完整的毛泽东思想来指导我们全党、全军和全国人民”①。在这次谈话中，邓小平更明确地表示，“‘两个凡是’不行”，“不符合马克思主义”②。同年底，时任中共中央党校副校长的胡耀邦提出研究党史要以实践作为检验路线是非的标准。1978 年 5 月 10 日，中共中央党校《理论动态》发表《实践是检验真理的唯一标准》一文，第二天即以“《光明日报》特约评论员”的名义在《光明日报》上登载。此文在全社会引起强烈反响。这样，一场关系到党的思想路线的原则争论就广泛展开了。关于真理标准的争论，是思想路线问题，关系到对科学社会主义的态度，关系到党和国家的前途和命运。这次讨论，对于我们党完整、准确地理解和运用毛泽东思想，解放思想、实事求是地评价过去的工作，以及对全国各项工作的拨乱反正，起到了巨大的推动作用，为中共十一届三中全会重新确定马克思主义的正确路线奠定了理论基础，也为建设有中国特色社会主义理论的形成创造了思想条件。

1978 年 12 月召开的中共十一届三中全会集中解决了如下几个重大问题：

第一，确定了解放思想、实事求是的思想路线。全会坚决批判了“两个凡是”的错误方针，高度评价了关于真理标准问题的讨论，要求全党必须完整地、准确地掌握毛泽东思想的科学体系，确定了“解放思想，开动脑筋，实事求是，团结一致向前看”的指导方针。

第二，确定了马克思主义的政治路线。全会果断地决定停止使用“以阶级斗争为纲”的错误口号，把全党全国工作的重点转移到社会主义现代化建设上来。

第三，确定了党的正确组织路线。全会彻底否定了极左的组织路线，把一批卓越的老同志选入中央领导机关；相应调整了中央的组织机构，决定成立中央纪律检查委员会。这就为保证中共十一届三中全会路线的贯彻执行奠定了组织基础。

第四，恢复了党的民主传统和优良作风。大家在马列主义、毛泽东思想的基础上，解放思想、畅所欲言，发扬党内民主以及党的理论联系实际、密切联系群众、批评与自我批评的优良作风，增强了团结。会议强调，一定要保障党员在党内对上级领导直至中央常委提出批评的权利。

第五，强调要健全社会主义民主，加强社会主义法制。全会指出，在过去一个时期，民主集中制没有真正实行，离开民主讲集中，民主太少，当前要强调民主。全会认为，要保障人民民主，就必须加强社会主义法制，使民主制度化、法律化，做到有法可依、有法必依、执法必严、违法必究。

第六，指出了经济体制改革的必要性、迫切性和基本方向。其主要内容是：大胆下放权力，让地方和工商企业有更多的经营管理自主权；大力精简各级经济行政机构；克服党政企不分、以党代政、以政代企的现象，实行分级分工分人负责，健全考核、奖惩、升降

---

① 邓小平．邓小平文选：第 2 卷．2 版．北京：人民出版社，1994：39.

② 同①38.

等制度；重新确定按劳分配的原则，允许一部分人先富起来。

中共十一届三中全会的召开，标志着党的工作实现了历史性的伟大转折。从此，党重新确定了马克思主义的思想路线、政治路线和组织路线，结束了1976年10月以来在徘徊中前进的局面，掌握了拨乱反正的主动权，开始全面地、认真地纠正“文化大革命”中及以前“左”的错误，有步骤地解决新中国成立以来的许多遗留问题和现实问题，使建设中国特色社会主义理论的探索重新步入正轨。

1980年8月18日，邓小平在中央政治局扩大会议上做了《党和国家领导制度的改革》的重要讲话，并经政治局讨论通过。其中着重谈到要解决我国政治体制中权力过分集中、党政不分、以党代政、领导职务终身制、个人专断、特权、官僚主义等严重弊端，要肃清思想政治方面的封建主义残余影响。这个文献对于指导我国改革具有极其重要的深远意义。1982年9月，邓小平在中共十二大开幕词中指出：“我们的现代化建设，必须从中国的实际出发。”“照抄照搬别国经验、别国模式，从来不能得到成功。这方面我们有过不少教训。把马克思主义的普遍真理同我国的具体实际结合起来，走自己的道路，建设有中国特色的社会主义，这就是我们总结长期历史经验得出的基本结论。”[①] 这是邓小平第一次明确提出“建设有中国特色的社会主义”这个重要命题和基本理论。中共十二大以建设有中国特色的社会主义为指导思想，制定了全面开创社会主义现代化建设新局面的纲领。

1987年10月举行的中共十三大高举建设有中国特色社会主义的伟大旗帜，全面阐述了社会主义初级阶段理论，制定了党的基本路线。大会宣布：**“在社会主义初级阶段，我们党的建设有中国特色的社会主义的基本路线是：领导和团结全国各族人民，以经济建设为中心，坚持四项基本原则，坚持改革开放，自力更生，艰苦创业，为把我国建设成为富强、民主、文明的社会主义现代化国家而奋斗。**坚持社会主义道路、坚持人民民主专政、坚持中国共产党的领导、坚持马克思列宁主义毛泽东思想这四项基本原则，是我们的立国之本。坚持改革开放的总方针，是十一届三中全会以来党的路线的新发展，它赋予四项基本原则以新的时代内容。坚持四项基本原则和坚持改革开放这两个基本点，相互贯通，相互依存，统一于建设有中国特色的社会主义的实践。”[②] 大会第一次把建设有中国特色的社会主义理论概括为十二个要点，指出这一理论初步回答了我国社会主义建设的阶段、任务、动力、条件、布局和国际环境等基本问题，规划了我们前进的轨道。大会还明确提出了我国社会主义现代化建设分三步走的战略目标：第一步实现国民生产总值比1980年翻一番，解决人民温饱问题；第二步到20世纪末，国民生产总值再增长一倍，人民生活达到小康水平；第三步到21世纪中叶，人均国民生产总值达到中等发达国家水平，人民生活比较富裕，基本实现现代化。

十年改革开放取得了巨大成就。社会生产力迅速发展，国家经济实力显著增强，城乡人民生活明显改善。据统计，1979—1988年，按可比价格计算，我国国民生产总值平均每年增长9.6%，超过1953—1978年平均每年增长6.1%的速度，大大高于世界绝大多数国家平均每年增长2%～4%的速度。十年间，扣除价格上涨因素，农民人均纯收入平均每

① 邓小平．邓小平文选：第3卷．北京：人民出版社，1993：2-3.

② 中共中央文献研究室．十三大以来重要文献选编：上．北京：人民出版社，1991：15.

年增长 11.8%，城镇居民人均收入平均每年增长 6.5%，城乡共建住宅约 80 亿平方米。在吃、穿、用、住全面改善的基础上，城乡居民储蓄存款由 1978 年末的 211 亿元增加到 1988 年末的 3 802 亿元。实践证明，中共十一届三中全会以来确立的建设有中国特色社会主义的理论是正确的，我国社会主义现代化建设第一个战略目标即解决人民温饱问题已经实现。

2. 邓小平理论的正式提出和社会主义改革开放伟大事业的大发展

1992 年邓小平的南方谈话和中共十四大的召开，推动了建设有中国特色社会主义理论的进一步发展。1992 年初，邓小平到南方视察，先后在武昌、深圳、珠海和上海等地发表重要谈话，精辟地总结了中共十一届三中全会以来改革开放的基本经验，明确地回答了在实践中和理论上经常困扰我们思想、影响我们前进的许多重大问题。邓小平指出，社会主义的本质是解放生产力，发展生产力，消灭剥削和两极分化，最终达到共同富裕。他要求改革开放胆子要大一些，敢于试验，敢于闯，不能因为怕资本主义的东西多了，走了资本主义道路，就不敢大胆改革。判断的标准，应该主要看是否有利于发展社会主义社会的生产力，是否有利于增强社会主义国家的综合国力，是否有利于提高人民的生活水平。计划经济不等于社会主义，资本主义也有计划；市场经济不等于资本主义，社会主义也有市场，计划和市场都是经济手段。他强调，要始终不渝地坚持党的基本路线。他批评了违背基本路线的“左”、右两种错误倾向，强调要警惕右，但主要是防止“左”，因为右可以葬送社会主义，“左”也可以葬送社会主义，而且“左”的东西根深蒂固，带有革命的色彩，好像越“左”越革命①。

1992 年 10 月召开的中共十四大强调我国还处在社会主义初级阶段，这是一个至少上百年的很长的历史阶段，制定一切方针政策都必须以这个基本国情为依据，不能脱离实际，超越阶段。大会第一次在科学社会主义历史上把“建立社会主义市场经济体制”写进新党章的总纲。中共十四大以后，在建设有中国特色社会主义理论的指引下，我国的改革开放，特别是建立社会主义市场经济体制的改革，不断深化，社会主义现代化建设的各项事业不断发展，开创了新局面。

1997 年 2 月 19 日，我国社会主义改革开放和现代化建设的总设计师邓小平病逝，享年 93 岁。他于 1989 年 11 月 7 日致信中共中央政治局常委，辞去他担任的中共中央军委主席职务，带头以实际行动废除自斯大林以来国际共运中盛行的领导职务终身制。中共中央、全国人大常委会等党、政、军最高领导单位于 1997 年 2 月 19 日联合发布的为邓小平病逝《告全党全军全国各族人民书》中，称邓小平为“建设有中国特色社会主义理论的创立者”。1997 年 9 月召开的中共十五大，把建设有中国特色社会主义理论简明概括为邓小平理论，并充分肯定了它的历史地位和指导意义。中共十五大在党章中把邓小平理论确立为党的指导思想，明确规定：“中国共产党以马克思列宁主义、毛泽东思想、邓小平理论作为自己的行动指南。”中共十五大报告指出：“邓小平理论是当代中国的马克思主义，是马克思主义在中国发展的新阶段。”②

---

① 邓小平. 邓小平文选：第 3 卷. 北京：人民出版社，1993：370-375.

② 江泽民. 江泽民文选：第 2 卷. 北京：人民出版社，2006：9.

邓小平理论属于科学社会主义中国化的第二个理论形态。这是因为，第一，邓小平理论坚持解放思想、实事求是，在新的实践基础上既继承前人又突破陈规，开拓了马克思主义新境界，成功开创了中国特色社会主义。邓小平于1978年冲破“两个凡是”的禁锢，1992年在南方谈话中提出判断方针政策正确与否的“三个有利于”标准，为我们党制定了一条正确的思想路线。第二，邓小平理论坚持科学社会主义理论和实践的基本成果，抓住“什么是社会主义、怎样建设社会主义”这个根本问题，深刻揭示了社会主义本质，从“以阶级斗争为纲”转为以经济建设为中心，从僵化封闭转为改革开放，从计划经济转为社会主义市场经济，使我国实现了历史性转变。第三，邓小平理论坚持用马克思主义的宽广眼界观察世界，对当今时代特征和总体国际形势，对世界上其他社会主义国家的成败、发展中国家谋求发展的得失、发达国家发展的态势和矛盾，进行正确分析，做出了当今时代主题是和平与发展等新的科学判断。第四，邓小平理论形成了新的建设有中国特色社会主义理论的科学体系。它第一次比较系统地科学回答了中国社会主义的发展道路、发展阶段、根本任务、发展动力、外部条件、政治保证、战略步骤、党的领导和依靠力量以及祖国统一等一系列基本问题，指导我们党制定了在社会主义初级阶段的基本纲领和基本路线，制定了到21世纪中叶分三步走、基本实现社会主义现代化的发展战略。

总体上看，20世纪90年代我国坚持深化改革、稳步健康发展的政策方针，较好地协调了改革、开放、发展三者之间的关系，取得了令全世界瞩目的伟大成就，为中国各项事业的进一步腾飞打下了坚实的基础。十余年间，我国的综合国力进一步增强。1990—2001年间，国内生产总值增长了近两倍，年均增长速度达到9.3%，大大高于同期世界3.2%的平均增长速度，在世界各国中的位次上升到第6位。产业结构更趋现代化，第一产业在国内生产总值中所占比重已降至15%左右，第三产业的比重上升到33.6%。2001年，我国城镇人均可支配收入达到6 860元，年均增长7.1%，农民人均纯收入达到2 366元，年均增长4.3%。进出口贸易总额从1989年的1 117亿美元上升到2001年的5 098亿美元，在世界各国中的位次上升到第6位。外汇储备从1989年的56亿美元上升到2001年的2 500多亿美元，位居世界第二。经过全党和全国各族人民又一个十年的共同努力，到20世纪末，我国社会主义现代化建设“三步走”战略的第二步目标，即人民生活达到小康水平，也已经基本实现。

三、“三个代表”重要思想与科学发展观：中国特色社会主义的新发展

1. “三个代表”重要思想的提出和21世纪初中国特色社会主义迈出新步

党的十三届四中全会以后，以江泽民同志为主要代表的中国共产党人，团结带领全党全国各族人民，坚持党的基本理论、基本路线，加深了对什么是社会主义、怎样建设社会主义和建设什么样的党、怎样建设党的认识，形成了“三个代表”重要思想，成功把中国特色社会主义推向21世纪。

2000年2月，江泽民在广东考察期间指出，“总结我们党七十多年的历史，可以得出一个重要结论，这就是：我们党所以赢得人民的拥护，是因为我们党在革命、建设、改革的各个历史时期，总是代表着中国先进生产力的发展要求，代表着中国先进文化的前进方

向，代表着中国最广大人民的根本利益"[①]。这一表述后来经《人民日报》等媒体的概括和广泛宣传，引起强烈反响。5月，江泽民在党建工作座谈会上的讲话中进而明确提出，"始终做到'三个代表'，是我们党的立党之本、执政之基、力量之源"[②]，并且要求把"三个代表"重要思想贯彻落实到党的全部工作中去。后来江泽民又多次阐发"三个代表"重要思想。2002年11月召开的中共十六大进一步把它定位为党的指导思想。

中共要始终代表中国先进生产力的发展要求，是指党的理论、路线、纲领、方针、政策和各项工作都必须努力符合生产力发展的规律，体现不断推动社会先进生产力的解放和发展的要求。这是因为：第一，生产力是最活跃、最革命的社会动力，是社会发展的最终决定力量。只有大力发展先进生产力，才能增强社会主义国家的综合国力，不断改善人民的生活。为此，我们党必须坚持以经济建设为中心，调整和改革社会主义生产关系和上层建筑中不适应的部分，以进一步解放和发展生产力。第二，科学技术是第一生产力，这是先进生产力的集中体现和主要标志。为此必须大力推进科技进步和创新，努力实现我国生产力的跨越式发展。第三，人是生产力中最具决定性的力量。为此就要不断提高全国人民的思想道德素质以及劳动技能和创造才能，充分发挥他们的积极性、主动性和创造性。第四，生产力与生产关系是不可分割的。为此要打破公有制程度越高生产关系就越先进的传统观念。在社会主义初级阶段，要发展能够促进先进生产力的以新形式公有制为主体的多种经济成分。

中共要始终代表中国先进文化的前进方向，是指党的理论、路线、纲领、方针、政策和各项工作必须努力体现发展面向现代化、面向世界、面向未来的，民族的科学的大众的社会主义文化的要求，努力促进全民族思想道德素质和科学文化素质的不断提高，以便为我国经济发展和社会进步提供强有力的精神动力和智力支持。第一，发展先进文化，就要建设精神文明，培养一代又一代有理想、有道德、有文化、有纪律的公民，帮助越来越多的人树立正确的世界观、人生观和价值观。第二，发展先进文化，必须继承和发扬中华民族优秀的文化传统，同时吸收世界文化的精华，做到古为今用，洋为中用。第三，大力发展健康有益文化，努力改造落后文化，坚决抵制腐朽文化，这是建设中国特色社会主义文化的基本方针。第四，为了发展和繁荣社会主义文化，应当坚决贯彻"百花齐放、百家争鸣"的方针，鼓励和保护不同学术观点的争论，鼓励和保护不同学术流派的发展。要努力掌握和发展各种现代传播手段，丰富文化形式，以提高社会主义文化的感召力和吸引力。

中共要始终代表中国最广大人民的根本利益，是指党的理论、路线、纲领、方针、政策和各项工作必须坚持把人民的根本利益作为出发点和归宿，充分发挥人民群众的积极性、主动性、创造性，使人民群众不断获得切实的经济、政治和文化利益。党是中国工人阶级的先锋队，也是中国人民和中华民族的先锋队。共产党的根本宗旨就是全心全意为人民服务，立党为公，执政为民，绝不能搞特权，绝不能口是心非、言行不一。我们党要始终代表中国最广大人民的根本利益，还必须从严治党，不断健全党的各项民主制度，不断改进党的民主作风，不断加强共产党的先锋模范作用，坚决铲除损害人民群众利益的以权

① 江泽民．江泽民文选：第3卷．北京：人民出版社，2006：2.

② 同①15.

谋私、贪污腐败的现象和各种既得利益集团。

江泽民在2001年庆祝中国共产党建党八十周年的讲话中强调要按照“三个代表”的要求加强党的民主建设，鲜明提出要“充分发扬党内民主”，“通过发展党内民主，积极推动人民民主的发展”，“继续推进政治体制改革，发展社会主义民主政治”。可以这样理解：充分发扬党内民主和人民民主、推进政治体制改革，才是真正全面落实“三个代表”重要思想的重要途径和中心环节。这样才能表明我们党不仅代表了先进生产力的发展要求、先进文化的前进方向和最广大人民的根本利益，而且也代表了先进民主政治的必然趋势①。

2002年11月的中共十六大指出，“三个代表”重要思想是对马克思列宁主义、毛泽东思想和邓小平理论的继承和发展，是全党集体智慧的结晶。从中共十六大起，我们党的文件还把“有中国特色社会主义”的提法改为“中国特色社会主义”。这样不仅更加精练、精密、精粹，而且包含有精深的要义至理，即既要遵循科学社会主义的基本原则，又要从中国实际出发，超越科学社会主义②。总之，中共十六大标志着中国特色社会主义的理论与实践在21世纪初又跨出了重要的一步。

2. 科学发展观的提出与中国特色社会主义在新的历史起点上成功推进

党的十六大以后，以胡锦涛同志为主要代表的中国共产党人，团结带领全党全国各族人民，在全面建设小康社会进程中推进实践创新、理论创新、制度创新，深刻认识和回答了新形势下实现什么样的发展、怎样发展等重大问题，形成了科学发展观，成功在新形势下坚持和发展了中国特色社会主义。

2003年4月，胡锦涛针对我国面临的新形势、新问题，在广东考察时提出要坚持全面的发展观。8月，他在江西考察工作时第一次使用“科学发展观”概念。10月召开的中共十六届三中全会明确提出了“坚持以人为本，树立全面、协调、可持续的发展观，促进经济社会和人的全面发展”；强调“按照统筹城乡发展、统筹区域发展、统筹经济社会发展、统筹人与自然和谐发展、统筹国内发展和对外开放的要求”，推进改革和发展。此后，胡锦涛等中央领导同志与理论界对“科学发展观”进行了详细的阐发和论证，“树立和落实科学发展观”成了各级领导干部指导各项工作的基本指针。

2007年10月召开的中共十七大和2012年11月召开的中共十八大对科学发展观进行更为系统的阐述，并把它作为党的指导思想写进了党章。中共十八大报告指出：“科学发展观是马克思主义同当代中国实际和时代特征相结合的产物”，“是中国特色社会主义理论体系最新成果”③。

“科学发展观，第一要义是发展，核心是以人为本，基本要求是全面协调可持续，根本方法是统筹兼顾。”首先，必须把推动经济社会发展作为深入贯彻落实科学发展观的首要任务，牢牢扭住经济建设这个中心，聚精会神搞建设、一心一意谋发展，着力把握发展规律、创新发展理念、破解发展难题，加快形成符合科学发展要求的发展方式和体制机制，不断解放和发展社会生产力，不断实现和谐发展、和平发展，为坚持和发展中国特色

---

① 高放．充分发扬党内民主，继续推进政治体制改革．马克思主义与现实，2001（4）．

② 高放．“中国特色社会主义”提法之我见．北京日报，2003-04-07．

③ 胡锦涛．胡锦涛文选：第3卷．北京：人民出版社，2016：617-618．

社会主义打下牢固基础。其次，必须把以人为本作为深入贯彻落实科学发展观的核心，始终把实现好、维护好、发展好最广大人民根本利益作为党和国家一切工作的出发点和落脚点，克服官本位的积习陋规，尊重人民首创精神，保障人民各项权益，不断在实现发展成果由人民共享、促进人的全面发展上取得新成效。再次，必须把全面协调可持续作为深入贯彻落实科学发展观的基本要求，全面落实经济建设、政治建设、文化建设、社会建设、生态文明建设“五位一体”总体布局，促进现代化建设各方面相协调，促进生产关系与生产力、上层建筑与经济基础相协调，不断开拓生产发展、生活富裕、生态良好的文明发展道路。最后，必须把统筹兼顾作为深入贯彻落实科学发展观的根本方法，统筹改革发展稳定、内政外交国防、治党治国治军各方面工作，统筹城乡发展、区域发展、经济社会发展、人与自然和谐发展、国内发展和对外开放，统筹各方面利益关系，充分调动各方面积极性，努力形成全体人民和谐相处的局面。

深入贯彻科学发展观，旨在积极构建社会主义和谐社会。和谐社会是中国特色社会主义的本质属性。科学发展和社会和谐是内在统一的。没有科学发展就没有社会和谐，没有社会和谐也难以实现科学发展。要按照民主法治、公平正义、诚信友爱、充满活力、安定有序、人与自然和谐相处的总要求和共同建设、共同享有的原则，着力解决人民最关心、最直接、最现实的利益问题，努力形成全体人民各尽所能、各得其所而又和谐相处的局面，为发展提供良好的社会环境。

中共十八大报告指出：“十年来，我们取得一系列新的历史性成就，为全面建成小康社会打下了坚实基础。我国经济总量从世界第六位跃升到第二位，社会生产力、经济实力、科技实力迈上一个大台阶，人民生活水平、居民收入水平、社会保障水平迈上一个大台阶，综合国力、国际竞争力、国际影响力迈上一个大台阶，国家面貌发生新的历史性变化。”①

四、中国特色社会主义进入新时代与习近平新时代中国特色社会主义思想的创立

党的十八大以来，中国特色社会主义进入新时代。以习近平同志为主要代表的中国共产党人，坚持把马克思主义基本原理同中国具体实际相结合、同中华优秀传统文化相结合，坚持毛泽东思想、邓小平理论、“三个代表”重要思想、科学发展观，深刻总结并充分运用党成立以来的历史经验，从新的实际出发，创立了习近平新时代中国特色社会主义思想，实现了马克思主义中国化新的飞跃。

1. 中国特色社会主义进入新时代

党的十八大以来，以习近平同志为核心的党中央举旗定向、运筹帷幄，以巨大的政治勇气和强烈的责任担当，采取了一系列战略性举措，推进一系列变革性实践，实现一系列突破性进展，取得一系列标志性成果，攻克了许多长期没有解决的难题，办成了许多事关长远的大事要事，经受住了来自政治、经济、意识形态、自然界等方面的风险挑战考验，党和国家事业取得历史性成就、发生历史性变革。

第一，党的十八大以来，以习近平同志为核心的党中央，坚持加强党的全面领导和党

① 胡锦涛．胡锦涛文选：第3卷．北京：人民出版社，2016：617．

中央集中统一领导，全面加强党的建设，坚决改变了管党治党宽松软状况，实现了全党思想上统一、政治上团结、行动上一致，极大增强了党的凝聚力、战斗力和领导力、号召力。

第二，党的十八大以来，以习近平同志为核心的党中央，领导人民科学把握社会主义本质要求和发展方向，正确认识我国经济发展阶段性特征，果断做出我国经济发展进入新常态的重大判断，提出创新、协调、绿色、开放、共享的发展理念，加快完善使市场在资源配置中起决定性作用、更好发挥政府作用的体制机制，推动我国经济由高速增长阶段转向高质量发展阶段。

第三，党的十八大以来，以习近平同志为核心的党中央，带领人民贯彻依法治国基本方略，坚定不移走中国特色社会主义法治道路，不断推进国家治理体系和治理能力现代化，扎实推进全过程人民民主，社会主义民主政治建设迈出重大步伐。

第四，党的十八大以来，以习近平同志为核心的党中央，积极发展社会主义先进文化，不断加强党对意识形态工作的领导，全面推进党的理论创新，极大增强了党在意识形态领域的主导权和话语权，主旋律更加响亮，正能量更加强劲，文化自信得到彰显，国家文化软实力和中华文化影响力大幅提升，思想文化建设取得重大进展。

第五，党的十八大以来，以习近平同志为核心的党中央，深入贯彻以人民为中心的发展思想，突出保障改善民生，一大批惠民举措落地实施，社会事业得到大力发展，人民群众获得感显著增强。社会治理体系更加完善，社会大局保持稳定，国家安全全面加强。

第六，党的十八大以来，以习近平同志为核心的党中央，把生态文明建设摆在更加突出的位置，倡导“绿水青山就是金山银山”的理念，实行最严格的生态保护制度，全党全国贯彻绿色发展理念的自觉性和主动性显著增强，忽视生态环境保护的状况明显改变。我国生态环境治理全面提升，环境状况得到改善，已经成为全球生态文明建设的重要参与者、贡献者、引领者。

第七，党的十八大以来，以习近平同志为核心的党中央，着眼于实现中国梦强军梦，坚持政治建军、改革强军、科技兴军、依法治军，推动国防和军队改革取得历史性突破，使人民军队体制一新、结构一新、格局一新、面貌一新，国防和军队现代化建设发生深刻变革，强军兴军开创新局面。

第八，党的十八大以来，以习近平同志为核心的党中央，果断对外交总体布局做出战略谋划，坚持统筹国内国际两个大局，全面推进中国特色大国外交，形成全方位、多层次、立体化的外交布局，为我国发展营造了良好外部条件。实施共建“一带一路”倡议，倡导构建人类命运共同体，促进全球治理体系变革。我国国际影响力、感召力、塑造力进一步提高，为世界和平与发展做出新的重大贡献。

第九，党的十八大以来，以习近平同志为核心的党中央，果断做出全面从严治党战略部署，持之以恒正风肃纪，着力解决人民群众反映最强烈、对党的执政基础威胁最大的突出问题，深入开展党的群众路线教育实践活动和“三严三实”专题教育，推进“两学一做”学习教育常态化，出台中央“八项规定”，严厉整治“四风”，坚决反对特权，以零容忍态度惩治腐败，坚持“打虎”“拍蝇”“猎狐”一起抓，一体推进不敢腐、不能腐、不想腐，反腐败压倒性态势已经形成并巩固发展，全面从严治党成效卓著，党内良好政治生态不断形成和发展。

这些变革力度之大、程度之深、范围之广、效果之显著、影响之深远，在党史、新中国史、改革开放史、社会主义发展史、中华民族发展史上具有里程碑意义。党的十九大明确提出："经过长期努力，中国特色社会主义进入新时代，这是我国发展新的历史方位。"[①]这是着眼于中国特色社会主义事业长远发展做出的重大政治论断。

中国特色社会主义进入新时代，我国社会主要矛盾已经转化为人民日益增长的美好生活需要和不平衡不充分的发展之间的矛盾。虽然我国社会生产力水平总体上显著提高，社会生产能力在很多方面进入世界前列，但仍然是世界上最大的发展中国家，还处在社会主义的初级阶段，发展不平衡不充分是社会面临的突出问题，成为满足人民美好生活需要的主要制约因素。发展不平衡，主要指各区域各领域各方面发展不够平衡，制约全国发展水平的提升；发展不充分，主要指一些地区、一些领域、一些方面还存在发展不足的问题，发展任务仍然很重。我国全面建成小康社会，人民美好生活需要日益广泛，不仅对物质文化生活提出了更高要求，而且在民主、法治、公平、正义、安全、环境等方面的要求日益增长。我们必须在继续推动发展的基础上，着力解决好发展不平衡和不充分问题，大力提升发展质量和效益，更好满足人民群众在经济政治文化社会生态等方面日益增长的需要，更好推动人的全面发展、社会全面进步。

我国社会主要矛盾的转变是关系全局的历史性变化，对党和国家工作提出了许多新要求。党的十九大综合分析国际国内形势和中国发展条件，在对决胜全面建成小康社会提出明确要求的同时，又对全面建成社会主义现代化强国做出了战略部署，总的战略安排是分两步走，即从2020年到2035年基本实现社会主义现代化；从2035年到本世纪中叶把我国建成富强民主文明和谐美丽的社会主义现代化强国。即将召开的党的二十大将对全面建成社会主义现代化强国两步走战略安排进行宏观展望。

总之，新时代两步走的战略安排，把基本实现我国社会主义现代化的时间提前了，目标提升了，要求提高了，丰富了党的第二个百年奋斗目标的内涵，体现了我国发展量的提升和质的飞跃的统一。

中国特色社会主义进入新时代这一重大政治判断，是在科学把握时代趋势和国际局势重大变化，科学把握世情国情党情深刻变化，科学把握实现"两个一百年"奋斗目标历史交汇期的新情况新问题基础上做出的，具有丰富的思想内涵和重大意义。

中国特色社会主义新时代，是承前继后、继往开来、在新的历史条件下继续夺取中国特色社会主义伟大胜利的时代，是决胜全面建成小康社会、进而全面建设社会主义现代化强国的时代，是全国各族人民团结奋斗、不断创造美好生活、逐步实现全体人民共同富裕的时代，是全体中华儿女勠力同心、奋力实现中华民族伟大复兴的中国梦的时代，是我国不断为人类做出更大贡献的时代。中国特色社会主义进入新时代，意味着近代以来久经磨难的中华民族迎来了从站起来、富起来到强起来的伟大飞跃，迎来了实现中华民族伟大复兴的光明前景；意味着科学社会主义在21世纪的中国焕发出强大生机活力，在世界上高举起了

① 习近平. 决胜全面建成小康社会 夺取新时代中国特色社会主义伟大胜利：在中国共产党第十九次全国代表大会上的报告. 北京：人民出版社，2017：10.

中国特色社会主义伟大旗帜；意味着中国特色社会主义道路、理论、制度、文化不断发展，拓展了发展中国家走向现代化的途径，给世界上那些既希望加快发展又希望保持自身独立性的国家和民族提供了全新选择，为解决人类问题贡献了中国智慧和中国方案。因此，“中国特色社会主义进入新时代，在中华人民共和国发展史上、中华民族发展史上具有重大意义，在世界社会主义发展史上、人类社会发展史上也具有重大意义”①。

2. 习近平新时代中国特色社会主义思想的创立

中国特色社会主义进入新时代，既是我国发展新的历史方位，也是习近平新时代中国特色社会主义思想产生的时代背景。

新时代孕育新思想。当今世界正在经历百年未有之大变局，当代中国正经历着我国历史上最为广泛而深刻的社会变革，也正在进行着人类历史上最为宏大而独特的实践创新。习近平新时代中国特色社会主义思想，是在把握世界发展大势、应对全球共同挑战、维护人类共同利益的过程中创立并不断丰富发展的，是在中华民族迎来从站起来、富起来到强起来的伟大飞跃中创立并不断丰富发展的，是在不断推进党的自我革命，实现党自我净化、自我完善、自我革新、自我提高的过程中创立并不断丰富发展的，是在对科学社会主义理论与实践的深邃思考、深刻总结，对坚持和发展中国特色社会主义的不懈探索、砥砺前行中创立并不断丰富发展的。

党的十八大以来，国内外形势变化和我国各项事业发展给我们提出了重大的时代课题，这就是必须从理论和实践结合上系统回答新时代坚持和发展什么样的中国特色社会主义、怎样坚持和发展中国特色社会主义，建设什么样的社会主义现代化强国、怎样建设社会主义现代化强国，建设什么样的长期执政的马克思主义政党、怎样建设长期执政的马克思主义政党，包括新时代坚持和发展中国特色社会主义的总目标、总任务、总体布局、战略布局和发展方向、发展方式、发展动力、战略步骤、外部条件、政治保证等基本问题，并且要根据新的实践对经济、政治、法治、科技、文化、教育、民生、民族、宗教、社会、生态文明、国家安全、国防和军队、“一国两制”和祖国统一、统一战线、外交、党的建设等各方面做出新的理论概括和战略指引，以利于更好坚持和发展中国特色社会主义。以习近平同志为主要代表的中国共产党人，顺应时代发展，从理论和实践结合上系统回答了这些重大时代课题，创立了习近平新时代中国特色社会主义思想。

习近平新时代中国特色社会主义思想是对马克思列宁主义、毛泽东思想、邓小平理论、“三个代表”重要思想、科学发展观的继承和发展，是当代中国马克思主义、二十一世纪马克思主义，是中华文化和中国精神的时代精华，实现了马克思主义中国化新飞跃。习近平新时代中国特色社会主义思想，是全党全国人民为实现中华民族伟大复兴而奋斗的行动指南，必须长期坚持并不断发展。党的十九大把这一思想确立为我们党必须长期坚持的指导思想并写进党章，十三届全国人大一次会议郑重地把这一思想载入宪法，实现了党和国家指导思想的与时俱进。

3. 习近平新时代中国特色社会主义思想的科学体系

习近平新时代中国特色社会主义思想，是一个系统完备、逻辑严密、内在统一的科学

---

① 习近平．决胜全面建成小康社会　夺取新时代中国特色社会主义伟大胜利：在中国共产党第十九次全国代表大会上的报告．北京：人民出版社，2017：12.

体系。这一科学理论，紧紧围绕坚持和发展中国特色社会主义这个鲜明主题，从理论和实践结合上系统回答了新时代坚持和发展什么样的中国特色社会主义、怎样坚持和发展中国特色社会主义，建设什么样的社会主义现代化强国、怎样建设社会主义现代化强国，建设什么样的长期执政的马克思主义政党、怎样建设长期执政的马克思主义政党等重大时代课题，深刻回答了新时代坚持和发展中国特色社会主义的基本问题，并根据新的实践提出了坚持和发展中国特色社会主义的基本方略。

习近平新时代中国特色社会主义思想内涵十分丰富，其中最重要最核心的内容，就是“十个明确”和“十四个坚持”。

“十个明确”，就是明确中国特色社会主义最本质的特征是中国共产党领导，中国特色社会主义制度的最大优势是中国共产党领导，中国共产党是最高政治领导力量，全党必须增强“四个意识”、坚定“四个自信”、做到“两个维护”；明确坚持和发展中国特色社会主义，总任务是实现社会主义现代化和中华民族伟大复兴，在全面建成小康社会的基础上，分两步走在本世纪中叶建成富强民主文明和谐美丽的社会主义现代化强国，以中国式现代化推进中华民族伟大复兴；明确新时代我国社会主要矛盾是人民日益增长的美好生活需要和不平衡不充分的发展之间的矛盾，必须坚持以人民为中心的发展思想，发展全过程人民民主，推动人的全面发展、全体人民共同富裕取得更为明显的实质性进展；明确中国特色社会主义事业总体布局是经济建设、政治建设、文化建设、社会建设、生态文明建设五位一体，战略布局是全面建设社会主义现代化国家、全面深化改革、全面依法治国、全面从严治党四个全面；明确全面深化改革总目标是完善和发展中国特色社会主义制度、推进国家治理体系和治理能力现代化；明确全面推进依法治国总目标是建设中国特色社会主义法治体系、建设社会主义法治国家；明确必须坚持和完善社会主义基本经济制度，使市场在资源配置中起决定性作用，更好发挥政府作用，把握新发展阶段，贯彻创新、协调、绿色、开放、共享的新发展理念，加快构建以国内大循环为主体、国内国际双循环相互促进的新发展格局，推动高质量发展，统筹发展和安全；明确党在新时代的强军目标是建设一支听党指挥、能打胜仗、作风优良的人民军队，把人民军队建设成为世界一流军队；明确中国特色大国外交要服务民族复兴、促进人类进步，推动建设新型国际关系，推动构建人类命运共同体；明确全面从严治党的战略方针，提出新时代党的建设总要求，全面推进党的政治建设、思想建设、组织建设、作风建设、纪律建设，把制度建设贯穿其中，深入推进反腐败斗争，落实管党治党政治责任，以伟大自我革命引领伟大社会革命。

“十四个坚持”，就是坚持党对一切工作的领导，坚持以人民为中心，坚持全面深化改革，坚持新发展理念，坚持人民当家作主，坚持全面依法治国，坚持社会主义核心价值体系，坚持在发展中保障和改善民生，坚持人与自然和谐共生，坚持总体国家安全观，坚持党对人民军队的绝对领导，坚持“一国两制”和推进祖国统一，坚持推动构建人类命运共同体，坚持全面从严治党。

“十个明确”“十四个坚持”有机融合、有机统一，凝结着我们党坚持和发展中国特色社会主义的宝贵经验，反映了以习近平同志为核心的党中央对中国特色社会主义规律性认识的深化、拓展、升华，体现了理论与实际相结合、认识论和方法论相统一的鲜明特色。

习近平新时代中国特色社会主义思想，贯通马克思主义哲学、政治经济学、科学社会主义，贯通历史、现实和未来，贯通改革发展稳定、内政外交国防、治党治国治军等各领域，既坚持了老祖宗，又讲了很多新话，使我们党以全新的视野深化了对共产党执政规律、社会主义建设规律、人类社会发展规律的认识，为发展马克思主义做出了原创性贡献。

解放思想、实事求是、与时俱进，是马克思主义活的灵魂，也是习近平新时代中国特色社会主义思想活的灵魂。习近平新时代中国特色社会主义思想，植根于坚持和发展中国特色社会主义新的伟大实践，是不断发展的开放的理论，在指导新时代伟大社会革命和伟大自我革命的历史进军中，必将随着中国特色社会主义伟大实践的深入推进而持续发展、不断丰富、更加完善。

新时代孕育新思想，新思想指导新实践。党的十八大以来，党和国家事业之所以取得全方位、开创性历史成就，发生深层次、根本性历史变革，根本在于以习近平同志为核心的党中央的坚强领导，根本在于习近平新时代中国特色社会主义思想的科学指导。在当代中国，坚持和发展习近平新时代中国特色社会主义思想，就是真正坚持和发展马克思主义，就是真正坚持和发展科学社会主义。

第二节　越南、老挝的社会主义革新与开放

一、越南为建设独立、民主、富强、公平、文明的社会主义而奋斗

1. 越南社会主义共和国国情

越南地处中南半岛东部，北与中国接壤，西与老挝、柬埔寨相邻。国土面积 329 566 平方公里，人口 9 826 万（2021 年）。越南国内有 54 个民族，其中 86%是越族（也称京族）。全境 4/5 为山地和高原，北部的红河三角洲和南部的湄公河三角洲是越南主要的稻米产区。全国划分为 58 个省和 5 个直辖市。

公元 968 年，越南成为独立国家，到 1802 年最后一个封建王朝才定国号为越南。越南历史上属于汉字文化圈，“越南”之名源于古代定居该地区南部的瓯越、雒越人部落名称①。1884 年越南沦为法国的殖民地，1940 年被日本侵占。越南人民在印度支那共产党的领导下进行了抗日武装斗争。1945 年 8 月，越南人民举行了八月革命。9 月，越南民主共和国成立。此后遭法国和美国入侵，越南人民又先后取得了抗法战争（1945—1954 年）和抗美战争（1961—1973 年）的胜利，并进而推翻了盘踞南方的阮文绍政权，1975 年 5 月南方全部解放。1976 年 4 月举行全国普选，7 月宣布全国统一，定国名为越南社会主义

① 传说越南早期历史上相继出现过文郎国和瓯貉国。瓯貉源于古代的西瓯越和雒越（也称“骆越”）两个部族之名。这是越南国名中“越”字的来源。至于“越南”之称谓则是很晚才出现的。历史上越南各王朝长期臣服于中国，自南宋经元明至清嘉庆年间，中国都曾正式诏赐当时的越南为“安南国”。1802 年（清嘉庆七年），越南历史上最后一个封建王朝阮朝建立时，曾以“南越”之国号请封。1803 年（嘉庆八年），清朝改“安南国”为“越南国”，册封阮朝创立者阮福映为“越南国王”。据《嘉庆重修一统志》卷五五三记载：“上谕大学士等曰：‘南越’之名，所包甚广。考之前史，今广东、广西地亦在其内。阮福映即有安南，亦不过交趾故地，何得遽称‘南越’？该国先有越裳旧地，后有安南全壤。天朝褒赐国号，著用‘越南’二字，以‘越’字冠其上，仍其先世疆域；以‘南’字列于下，表其新赐藩封；且在百越之南，著于《时宪书》内，将‘安南’改为‘越南’。”从此，“越南”之名一直沿用至今。

共和国。

越南于 1946 年、1959 年、1980 年、1992 年、2013 年制定过五部宪法。国会是越南最高国家权力机关，任期五年，通常每年举行两次例会，由国会常务委员会召开。国会常务委员会是国会的常设机关，由国会主席、副主席及委员组成。现为第十五届国会，共有 499 名国会代表。现任国会主席王庭惠。国家主席是越南国家元首，是国家对内对外的代表，由国会代表选举产生，并对国会负责，向国会报告工作。国家主席任期与国会任期相同。现任国家主席为阮春福。越南政府是国会的执行机关，是最高国家行政机关。政府任期与国会任期相同。现任总理范明政。

越南共产党是越南的执政党，其前身是 1930 年 2 月由胡志明等人创建的越南共产党，同年 10 月改名为印度支那共产党。1951 年 2 月，在印度支那共产党二大上，又更名为越南劳动党。1976 年 12 月，在越南劳动党四大上，重新更名为越南共产党。截至 2021 年越共十三大时，有党员 540 多万人。现任总书记阮富仲。

越南本来还有民主党和社会党两个政党参政。民主党成立于 1944 年，代表小资产阶级和资产阶级，社会党创建于 1946 年，代表爱国进步知识分子。越南社会主义革命完成后，这两个党仍得以保留。1988 年，两党被解散，越南也成为一党制国家。

越南还有祖国阵线，这是越共领导的政治联盟组织，由各政治组织、社会组织以及各阶级、阶层、民族、宗教和在海外定居的各界代表自愿组成。

2. 越南的社会主义改造与建设照搬苏联模式，经济濒临崩溃

按照 1954 年 7 月《日内瓦协定》，越南北方获得解放。越南北方解放后不久就照搬苏联模式，开始了社会主义改造和建设。1955—1956 年，越南北方实行了土改。1958—1960 年，基本完成农业集体化。到 1960 年底，北方农村有 68%的土地和 85%的农户加入了合作社[①]。1971 年农业合作化运动转向大型化，初级社不断转为高级社。从最初的“一村一社”发展到“几村一社”甚至是“一乡一社”。到 1981 年，全北方的合作社与 1960 年相比减少了 2/3 以上。1976 年全国统一后，到 1985 年底，南方农业合作化也基本完成。农业合作化运动彻底改变了农村的生产关系，确立了社会主义公有制经济制度，但也侵犯了农民的利益，挫伤了农民的生产积极性，导致粮食产量持续下降，不得不靠进口粮食维持民生。同时，工业领域也通过利用、限制和改造的办法进行大规模国有化。到 1960 年，国有经济成分在北方已占绝对优势。1976 年南北统一后，南部企业也开始迅速国有化。越南从 1961 年开始进入全面的、有计划的社会主义建设时期，主要是仿效苏联的工业化模式，强调优先发展重工业，导致农业和轻工业严重滞后，人民生活水平提高缓慢。政治上，越南在黎笋（1907—1986）主政期间（1960—1986 年）实行过度集权制和终身制。黎笋 1958 年任党中央委员会代理总书记，1960 年任第一书记（1976 年改称总书记）直至 1986 年去世。1980 年起又兼任党中央军事委员会书记。他在党内打击异己，培植亲信，严重破坏党内民主。在对外政策方面，越南政府在 1976 年越南统一后实行排华政策，加上越南出兵柬埔寨，中越关系迅速恶化，并直接导致了 1979 年的中越战争。

由于经济发展战略失当，政治民主建设不健全，加上奉行地区扩张的对外政策，越南

① 谷源洋. 越南庄园经济的发展及其存在的问题. 学术探索，2005 (5).

自20世纪70年代末开始出现明显的经济危机，物价飞涨，货币贬值。1981—1982年，国家掌握的物价一年内上涨200%。1984年自由市场的物价指数比1980年上涨了15倍。1985年11月至1986年7月的9个月间，通胀率高达700%。当时用1美元可以换回一大捆越南盾，4美元就可以做一套西装。更严重的是，1976年越南的粮食产量仅为200万吨，1977年是170万吨，1979年进一步下降到160万吨。最困难时期国家供应的粮食每人每月只有8公斤，其中只有1公斤大米。国家不得不大量进口粮食。1976年进口120万吨，到1980年达到200万吨。生活的困顿加上大规模排华政策更深化了危机（华侨多经营工商业），200多万越南人先后背井离乡，被迫漂洋过海远赴澳大利亚、马来西亚、菲律宾、香港等地谋生。越南的国民经济到了崩溃的边缘。

3. 越南的革新历程

早在20世纪60年代，越南农村就开始探索摆脱困境的出路。1962年，坚江省和海防市的一些地方出现了偷偷承包现象。1966—1968年，永富省一些地方的农民进行了更大范围的承包到户的试验，效果显著。永富省农民的自发探索得到了省委的支持，但最终因为其与国家集体化的总体方针相悖而被党中央否定。永富省省委也因此受到批判。20世纪70年代中期以后，一些地方的农民再次搞起了地下家庭承包，并且逐渐走向公开。经济的困境加上承包本身所表现出的活力与成效，促使越共中央开始松动农村政策。1980—1981年，越共中央对家庭承包制表示公开支持。在农业领域取得突破的同时，工业方面也悄然实行效益工资等政策。1981—1982年，越南开始进行“价格、工资、货币的同步改革”。1985年底改革受到重挫。当时党内高层对于改革的争论相当激烈。以1976年越共四大上当选政治局委员、书记处书记的胡志明市市委书记阮文灵为代表的改革派力主改革，但是被一些保守派官员讥讽为“一下飞机，就可以闻到胡志明市的资本主义味道”[①]。阮文灵也因此在1982年越共五大上丢掉了政治局委员和书记处书记的职位。但1985年6月的五届八中全会肯定了阮文灵在南方搞的改革试验，使得他又重返政治局，并于次年再次出任书记处书记。1986年7月，黎笋去世。长期受排挤的党内元老长征当选总书记。阮文灵邀请新任总书记亲临胡志明市进行实地考察。一向被认为思想保守的长征却出人意料地对胡志明市的改革成效给予了充分肯定。9月，阮文灵出任书记处常务书记。在1986年12月召开的越共六大上，由于得到长征的力荐，阮文灵当选为越共中央总书记。从此，越南革新的闸门正式开启。

越共六大是在越南传统体制已经没有出路而“价格、工资、货币的同步改革”又遭到失败，越南经济陷入更加混乱、更加严重危机的关键时刻召开的。大会认为，越共过去犯的主要是超越阶段的错误，确定越南尚处在向社会主义过渡的初级阶段。大会强调，只有革新才有出路，决定把工作重心转移到经济建设上来。长征本人以年事已高（时年79岁）为由坚决请求辞去总书记职务，让位给较年轻的阮文灵（时年71岁）。阮文灵对越南革新路线和政策的设计做出了重大贡献。他提出并坚持实行“有原则的革新”，即“革新要牢牢坚持社会主义既定方向，坚持并加强党的领导，尊重并发挥人民当家作主的权利”[②]。自

① 欧阳斌．越共政改20年．决策与信息，2006（7）．

② 黎可漂．在阮文灵追悼大会上的悼词//凌德权．越南为阮文灵举行葬礼．人民日报，1998-04-30．

此，越南社会主义事业进入新的发展阶段，即革新阶段。

但是越南革新进程开始不久，即遭遇了苏东剧变的困扰。苏东剧变不仅使越南与苏联和东欧社会主义国家的传统贸易以及苏联的对越援助突然中止，而且代表着越南自统一以来就一直刻意学习和仿效的苏联社会主义模式突然之间宣告失败。在苏东剧变浪潮的巨大冲击下，越南党内的争论进一步激化。是放弃革新路线，还是实行东欧国家和苏联那样的改革，抑或是沿着越南既定的革新路线继续前进？1991 年 6 月召开的越共七大做出了明确的回答。越共七大继承和发展了越共六大全面革新的路线，继续强调以经济建设为重心，同时强调党的建设是关键，并提出了一系列深化改革的步骤和措施。大会明确提出以社会主义为定向、多种经济成分并存、由国家管理市场经济的经济革新战略，强调政治革新要逐步推行，并确定了独立自主、广泛开放、全方位、多样化的外交路线。经过艰苦努力，越南不仅在苏东剧变的冲击下站稳了脚跟，而且各项事业都取得了突出成就。到 1995 年，旧的统包统管的经济体制得到根本改变，国家管理的市场经济体制初露端倪。

1996 年 6 月底 7 月初召开的越共八大宣布越南已经摆脱持续 15 年的经济与社会危机，进入继续推进国家工业化、现代化的新时期，并在总结 10 年革新经验教训的基础上确定了到 2000 年和 2020 年的发展目标。2001 年 4 月的越共九大是进入 21 世纪后召开的一次承前启后、继往开来的大会。大会把“社会主义定向的市场经济”确定为经济体制改革的目标模式，并明确把民主确定为越南社会主义的理想目标之一。2006 年 4 月，越共召开了十大。大会确定越南 2006—2010 年的总目标是：为在 2020 年成为现代工业化国家奠定基础。大会的另一个亮点是政治体制改革迈出了较大的步子，开始了党的最高领导人差额选举的尝试。

2011 年 1 月召开的越共十一大和 2016 年 1 月召开的越共十二大分别总结了越共建党以来 80 年和革新以来 30 年的革命、建设和革新经验，描绘了越南建设社会主义现代化工业国家蓝图。2021 年 1 月召开的越共十三大提出越南未来发展的短期和中长期目标：到 2025 年南方实现解放和国家统一 50 周年时，建成拥有现代化工业的发展中国家，并超过中低收入水平；到 2030 年越南共产党成立 100 周年时，建成拥有现代化工业、中等偏高收入的发展中国家；到 2045 年越南建国 100 周年时，建成高收入发达国家。

4. 越南革新的主要决策和措施

(1) 经济革新的主要举措。

第一，大力推广和不断完善农村承包制，鼓励和支持农村庄园经济的发展。

1988 年 4 月，越共中央出台关于改进农业生产承包制的决议，把全部生产环节都承包给农民，承认农户是农村基本生产单位，拥有生产经营自主权，国家只收土地税，土地承包期限延长至 15 年，同时降低承包定额。1989 年 3 月，越共中央决定放开粮食市场，农户在完成合同任务后，剩余产品可在市场上自由出售。1993 年 7 月，越南国会通过的《土地法》规定农民可以长期使用土地，种植一年生作物的耕地使用期为 20 年，种植多年生作物的耕地使用期为 50 年，而且土地可以转让、交换、租赁、继承和抵押。这样，农民不仅拥有对承包地的生产经营自主权，而且还拥有占有、收益和处置的权利。国家还削减土地税，实行农产品价格补贴制，大力发展创汇农业。

随着农业的进一步发展，国营农场、林场、渔场等逐步瓦解或实行承包制。农村逐渐形成了包括农户经济、合作经济、庄园经济在内的多种经济模式。其中尤以庄园经济最具越南本国特色。庄园的生产规模和土地使用面积较大，高于一般农户。庄园规模小者5～30公顷，规模大者300～500公顷，也有1 000～2 000公顷的特大庄园①。庄园经营项目从农、林、牧、畜、渔到水果、蔬菜、咖啡种植等，种类繁多。有综合经营的，也有单项经营的。其土地一部分来自分配的承包地，另一部分来自个人的开荒，还有一部分来自土地使用权的流转，是从其他农户处租借或抵押来的。庄园经济具有生产规模化、商品化、高效化等特点。庄园主既是管理者，又是生产者。庄园雇用一定数量的农业工人，少的有几人，多的有几十人甚至几百人。庄园经济在开拓土地种植面积、增加农民收入、创造农村就业机会、繁荣农村经济、加速农村工业化进程等方面发挥着重要作用。首先，它使得荒芜土地得到了充分利用。其次，它突破小农经济框架，把零散的个体农田整合为具有一定规模的农场，有助于提高农业的机械化程度和科技含量。再次，它有利于农村经济结构的调整，有利于加速农村工业化和市场化进程。最后，它有利于资本和技术注入落后的农村和农业，既可以吸纳城市的资金和技术，又可以减轻国家财政的负担。庄园经济在国家政府的鼓励和政策支持下发展迅速。

第二，大力推进国有企业改革，积极扶持非公有制经济的发展。

国有企业是国民经济的支柱。在过去计划经济体制下，企业统包统管，缺乏自主权，经营状况不佳。国有企业改革的核心是全面实行自主经营。1987年，越南停止各级政府对企业经营管理的包办代替，强调企业有权根据实际情况制定计划、组织生产和出售产品。1989年，越南把企业推向市场，让企业彻底转变经营机制，适应市场的变化。同时，国家尽量减少指令性计划。1991年越共七大之后，企业被进一步推向市场，只有一些特定部门和领域维持国家的垄断经营。2001年8月越共九届三中全会后，越南加大了改造国有企业的力度，着力推进国有企业的股份制改革，完善有关股份制改革的政策、条例和法规，同时通过修订《国有企业法》，明确了国有企业的权利和义务，对国有企业的重组、解散、破产等都做了明确规定。经过大规模的改组、合并及民营化，越南国有企业数目锐减。越南的国有企业分为四类，一是国家掌握100%资产的企业，二是国家掌握75%股份的企业，三是国家掌握65%股份的企业，四是国家掌握51%以上股份的企业。据2021年10月越南政府发布的第399号报告，越南国有控股企业共有807家。

在大力改革国有企业的同时，越南还积极扶持非公有制经济的发展。1986年越共六大之后，政府允许私有企业进入农业、养殖业、手工业、服务业和小型制造业。1992年宪法承认和保护私有财产，允许私有企业进入除军工生产以外的任何领域，可自由选择合伙人和职工，给予某些私有企业外贸经营权，较大幅度地提高私有企业使用其外汇收入的比例。2001年越共九大进一步明确提出：国家将在法律不禁止的生产、经营部门鼓励私人资本主义经济广泛发展，在政策和法律上创造有利条件，让私人资本主义经济向国家优先的方向发展，包括向国外投资，或发展成劳动者的股份制或半股份制企业。随后进而提出要将大力发展私营经济视为推动社会主义定向的多种成分经济发展的一项长期战略。2001年12月通过的宪法修正案则明确把私人资本主义经济、个体经济、外资经济与国有

① 谷源洋．越南庄园经济的发展及其存在的问题．学术探索，2005（5）．

经济、集体经济一起视为社会主义定向的市场经济的重要组成部分。越南私有经济已经初具规模，在经济发展中发挥了重要作用。

第三，大力调整产业结构，积极推进重点经济区发展。

革新以来，越南在优先发展优质农业、加强服务业的同时，也开始注重产业结构的调整，各产业内部结构也在逐步走向合理化。在农业内部，加快了传统农业向现代农业的转变，农业商品化程度明显提高。在工业内部，着力发展纺织、服装、制鞋等具有比较优势的劳动密集型产业，加快发展能源工业，同时重视机械工业。在第三产业内部，随着批发、零售、餐饮业的壮大，一批新型物流企业迅速崛起，同时，交通运输、电信、旅游、房地产、金融、保险、证券业也得到迅猛发展。

为了缩小地区间的发展差距，越南确立了重点经济区发展战略，以此推动整个国民经济的快速发展。为此，1991 年越共七大以来先后建立了南部、北部和中部的重点经济区，目的是最大限度发挥地区潜力、比较优势，推动创新，助推本地区乃至国家的发展。2020 年 9 月，越南政府出台《关于发展重点经济区的任务和促进方案》，要求重点经济区所在地方政府尽快完善区域协作的政策体制机制，促进重点经济区开展主动、有效的协作；制定有前瞻性、有利发挥各地区潜力、现有优势和各区域独特协作性的 2021—2030 时期、面向 2050 年的国家级规划与区域规划；制定基于 2021—2025 阶段国家预算的适当的社会资源与投资资源动员的特殊政策机制，用于发展重点经济区的基础设施。

第四，实行全方位的对外开放，大力促进经贸合作，加快融入世界经济，提升越南经济的国际化水平。

越共清醒地认识到，在全球化与区域经济一体化的时代，只有实行全方位对外开放，积极融入世界经济，才能解决发展所需要的资金、技术和先进的管理经验，尽快摆脱国家的落后状态。为此，越南出台了一系列相关政策。首先，出台吸引外资的相关法律法规。1987 年越南政府颁布《外国在越南投资法》，1996 年又出台了更为完善的新的外资法。根据法律，越南向外国投资者开放除军工生产以外的一切经济部门，允许外国人投资兴办合资与独资企业，在进口原材料、中间产品和机器设备以及利润汇出和个人所得税等方面给予优惠的课税待遇。其次，革新对外贸易体制。自 2001 年起，用稳定的进出口商品管理法规取代过去每年确定一次的做法，逐步减少进而完全取消限制贸易的进出口商品许可证制度，放宽对部分商品进出口配额的限制，降低国家在外贸经营中的垄断程度，扩大部门、地方和大企业的进出口经营权；进一步放宽对外资投资的限制，简化外商投资申请手续，取消国内企业与外资企业的双重收费标准。再次，大力促进双边经贸合作。越南和世界上 150 多个国家和地区建立了贸易关系，主要贸易对象为中国、美国、欧盟、东盟和日本。又次，不断扩大对外开放区域。为了招商引资，借鉴中国深圳等经济特区和上海浦东开发区以及菲律宾的苏比克特区的经验，越南陆续建立了数十个工业园区、出口加工区、自由贸易区等，如 1994 年批准芒街为“口岸经济区”，1997 年设立新清自由贸易区，2003 年 6 月在中部建立茱莱开放经济区，等等。最后，稳步融入国际经济，提升越南经济的国际化水平。越南于 1995 年 7 月加入东盟，按计划将逐步减税，到 2015 年降至零关税。从 1995 年起经过 11 年的艰苦历程，2006 年 11 月，世界贸易组织成员大会正式接纳越南成为它的第 150 个成员。现在同越南建交国家达 189 个，经贸关系广为发展。

中越两国于1950年1月18日建交，后来在长期的革命斗争中结下了“同志加兄弟”的深厚友谊。从20世纪70年代起两国两党关系逐渐恶化，到1991年11月才实现正常化。1999年3月，中越两党总书记在北京确认了两国“长期稳定、面向未来、睦邻友好、全面合作”的21世纪关系发展框架，这标志着两国关系进入全面发展的新阶段。中越双边贸易额1991年仅为0.32亿美元，到2007年已上升到151.15亿美元，提前三年实现了两国确定的2010年两国贸易额达到150亿美元的目标。2018年，中越双边贸易额达到1 067.06亿美元。中国成为与越南有贸易关系的200多个国家和地区中双边贸易额突破1 000亿美元的首个贸易伙伴。2021年双边贸易额达到2 302亿美元。

（2）政治革新的主要措施。

越南自革新以来，在民主政治建设方面也进行了许多积极探索，并取得了颇具越南本国特色的成果。

第一，干部更新逐渐常态化、制度化。由于黎笋时期的独断专行和终身制给党和国家带来了灾难性的后果，自长征开始，越共就开始尝试打破领导职务终身制并取得了成功。1986年之后，总书记阮文灵（1986—1991年）、杜梅（1991—1997年）、黎可漂（1997—2001年）在任满一届后都没有连任两届（杜梅任满第七届后，第八届任了一年半，即于1997年12月退休）。农德孟在任满九大的一届（2001—2006年）后又在2006年的十大上获得连任。在越共十一大上，阮富仲当选总书记，并于2016年的十二大和2021年的十三大上获得连任。越共每届党代表大会选出的中央委员更新幅度相当大，这意味着每隔5年就会有一大批新人走上中央领导岗位。例如越共十大160名中央委员会中79人为首次当选，14名政治局委员中有8名新成员；十一大175名中央委员中有87人首次当选，14名政治局委员中有6名新成员；十二大180名中央委员和20名候补委员中新当选者为96人，19名政治局委员中有12名新人。十三大180名中央委员中有61人为首次当选，18名中央政治局委员中有10人为首次当选。

第二，积极稳步推进选举制度改革。从1992年起，越南国会代表即由间接选举改为直接选举。候选人提名需经过所在单位、居民社区和祖国阵线三轮投票。获得提名的候选人在经过信息公开与选民质询后，最后还要通过最高超过30%的差额直选才能当选。党内民主也有长足进步。从九届中央开始，中央委员会开始实行差额选举，如越共十大中央委员和候补中央委员的差额比例分别为29.4%和119%，十一大分别为24.57%和144%。由于差额比例较大，结果出现了政治局提名的候选人意外落选的情况。为了进一步完善党内民主选举制度，使党内的人事选举更加公开透明和有章可循，配合“扩大民主同时强调集中”的党的领导体制改革目标，2014年5月，越共十一届九中全会通过了《党内选举规则》（简称《规则》）。根据该《规则》，各级党委的选举必须采用差额选举办法，但差额比例最多不超过30%，其中党委可超额推举10%～15%，个人和代表团可超额推举15%～20%。《规则》还规定，新一届中央政治局委员、书记处书记的候选人必须由上一届中央委员会推举，并经新一届中央委员会投票表决后产生。此外，《规则》还明确了除“特殊情况”外，首次当选政治局委员者不得超过60岁，再次当选者不得超过65岁；首次当选中央委员者不得超过55岁，首次当选中央候补委员者不得超过50岁。但允许有“特殊情况”，而作为“特殊情况”处理的必须经中央委员会投票表决。越共十二大和十三大都启动了“特殊情况”程序，推举阮富仲进入新一届政治局，之后当选为新一届党的中央总书记。

第三，中央委员会享有决策权和质询权。越共最高权力机关是党的全国代表大会。自1986年六大起规定每隔五年召开一次。两届之间，中央委员会是领导机关，中央委员会一般半年举行一次全会。2001年越共九大取消了政治局常委制，设置书记处，负责领导日常工作。中央委员会对重大事项享有决策权，重大政策主张、重大人事任免、大型工作计划都要在集体讨论的基础上无记名投票表决。自2002年起，中央委员会建立了质询制度，每位委员都可以对包括总书记在内的其他委员提出质询，也可以对政治局、书记处、中央检查委员会集体进行质询，直到得到满意答复为止。

第四，吸取黎笋时期个人集权的教训，国家权力配置有制约。越南最高权力体制一般被称为“四驾马车”，这是指总书记、国家主席、国会主席和政府总理分别由四个人担任。党的总书记不兼任政权机关职务；国家主席是国家元首，兼任武装部队总司令和国防与安全委员会主席，统率全国武装力量；国会主席领导国会；政府总理掌管行政。党权、军权、立法权与行政权有分工与制约。从国际共运史的角度看，这是对斯大林体制的改革，是对列宁体制的恢复和调整①。2018年10月6日，越共十二届八中全会上中央委员会以100%的赞成率提名越共中央总书记阮富仲为新一届越南国家主席人选，接替9月去世的陈大光。10月22日越南第十四届国会第六次会议通过了越共中央的提名阮富仲就任越南国家主席。但这一安排并非制度性变革。阮富仲于2021年4月在第十四届国会第十一次会议上卸任国家主席。

第五，自1986年越共六大开始，越共高层逐渐形成了公开道歉与容忍批评的传统。此前，越南经济陷入严重困难。长征在向越共六大提交的政治报告以及新任总书记阮文灵在会上的发言都就越共中央在经济问题上所犯的错误坦诚地做了检讨，明确表示这些错误的责任首先在于中央委员会、政治局、书记处和部长会议，并就此公开进行了道歉。这一传统一直延续下来。在每次党的代表大会上，上届中央委员会向大会所做的政治报告都会对过去五年工作中存在的问题和不足进行检讨和批评。例如，党的十二大政治报告在回顾前五年工作时，既总结了五年里取得的成就和经验，也明确承认一些社会经济指标未能达到计划要求，到2020年把越南基本建成现代化工业国的奋斗目标的许多指数未达标。报告指出，虽然造成这些问题的原因很多，但“最直接的、决定性的原因还是主观原因”，即“党的十一大提出的任务指标过高”。正是基于这一认识，十二大才对十一大的目标任务进行了重新调整。

第六，国会的权力逐步得到强化。越南自阮文灵时期即开始试图解决党政分开问题，把党的职权限定在为国家发展提供基本路线和方向性指导，强化国会的最高权力。2011年5月，越南举行第十三届国会选举。由于经济发展趋缓、物价飞涨、腐败丛生等因素，官方提名的182名候选人中有15人落选，包括1名中央委员，而15名自荐候选人中则有

① 直至1922年列宁晚年苏俄政治体制是“四驾马车”：列宁任人民委员会主席（也就是政府总理）、托洛茨基任共和国革命军事委员会主席（苏共中央从未设立中央军委）、加里宁任全俄苏维埃代表大会中央执行委员会主席（相当于国家主席、国会主席）、斯大林任党中央总书记（不在政府兼职）。到1941年改变为斯大林集党、政、军三大权于一身，作为国家最高权力机关的最高苏维埃及其主席团主席加里宁被架空了。

4人当选。国会于每年5—6月和10—11月间举行两次例会，每次40天左右。国会代表审议法律草案时否决了不少条款，如个人所得税的征税起点、禁止罢工等条款。2010年，国会投票否决了总理阮晋勇提出的价值560亿美元的连接河内和胡志明市的高铁计划。国会代表有权就某一问题质询包括总理在内的任何一位政府成员，质询场面向全国直播。每次国会会议都会有一些部长受到质询。像2006年初的交通部上至副部长下至普通公务员近200人参与的公款赌球大案，不仅导致交通部部长下台，而且在2006年6月召开的国会会议上，接连几天代表反复就交通部集体渎职案质询总理潘文凯，指责他没有履行好职责，要求他为交通部腐败承担责任。潘文凯为此公开向全国人民表示深深的歉意，并表示愿意承担责任，遂引咎辞职，且为国会代表投票通过。2012年11月，越南国会通过法案，政府高级官员必须接受国会信任投票。根据法案，国会代表将对官员分别做出“非常信任”、“信任”和“信任度低”的投票。如果半数以上国会代表连续两年对某一官员投“信任度低”的票，该官员将接受不信任投票。如果投“信任度低”票的代表多达2/3，该官员将立即面临不信任投票。如果不信任投票通过，该官员将辞职或被解职。2013年6月，国会进行首次信任投票，总理阮晋勇获得近三成低度信任票，反映出国会对政府应对经济问题不力的不满。

第七，实行信息公开化，注重提高全民的政治参与意识。例如，1986年越共筹备召开六大时，提前两个月下发政治报告草案，在全党进行讨论，后做重大修改，才正式提出革新路线。1991年越共七大和1996年越共八大坚持了这一做法。2001年越共九大进而通过媒体提前公布报告草案，向党内和党外征求意见。2006年越共十大更是在报纸和互联网上公布报告草案，引发了全民大讨论。越共十一大、十二大和十三大召开前，也曾将提交代表大会讨论的有关文件草案在主流媒体上公布，交由全民讨论，征求社会各界意见。在广泛收集各方意见的基础上，党的中央全会专门听取研究社会各界呈递的意见和建议，对文件草案进行修改、补充和完善。再如，在党内举行中央委员选举与国会代表选举前，包括总书记在内的所有候选人的基本情况、家庭地址、联系电话都向全社会公开。

第八，持续不断地开展反腐败斗争。1990年1月和6月，越共中央书记处和越南部长会议先后发布指示和颁布决定，部署全国范围的反腐败斗争。1992年11月，越南成立反贪污走私委员会，中央各部委、各行业和各级地方政府随即都成立了反贪污走私的常设机构，并制定了一系列规章制度。1994年3月，越共中央书记处又发出关于加强反官僚主义、反贪污腐化的指示。1996年，出台了《国家干部道德法规》。1997年5月，国会通过修改后的《刑法》，其中规定，骗取公款或社会主义财富5亿盾以上者判处无期徒刑或死刑，受贿1亿盾以上者判处无期徒刑或死刑（约1.4万盾合1美元）。1999年，国会先后颁布了《反腐败法》和《干部、公务员法》。同年越共发起了为期两年的整党运动。2003年制定的《国会监督法》对监督权限、监督方式和各自对应的监督对象做了明确规定。2004年通过的《检查法》扩大了检查范围，并鼓励媒体参与揭露腐败案件。《预防和打击贪污法》于2006年6月正式生效。反腐败法律的频频出台，既说明腐败确实已经成为越南的“国难”，又表明越南严厉打击腐败的坚定决心。从实践上看，越南在查处腐败案件中也是重拳出击，绝不姑息和纵容。例如，仅2000年至2004年的五年间，全国64个省市先后查处干部贪污案8 808起，涉案官员包括政府正副部长在内的12 300人。其中最大的一起案件便是农业农村发展部副部长阮米河案，涉案人员多达113人，该部部长黎辉午也被迫辞职。2002年，越南600名知识分子联名上书，要求越共中央查处包庇黑帮人物张文琴一案。这件被媒体称为“琴老五案”的案件最后牵扯出公安部副部长、最高人民检察署主任和副主任等高级官员，两名国会代表、两名政治局委员也受到影响。如前所述，2006年初曝光的“交通部特大公款赌球案”则导致了交通部部长和政府总理相继引咎辞职。2010年8月，越南船舶工业总公司涉嫌违规经营招致重大损失案曝光并掀出系列丑闻。该公司9名高管于2012年3月被判刑。2012年3月，越南最大的国有航运公司多名高官因贪腐案被捕。该公司原董事长在潜逃数月后在柬埔寨被抓获。2012年8月，越南金融大亨、越南第四大银行亚洲银行董事局副主席阮德坚因涉嫌非法商业活动被捕。2012年10月，总理阮晋勇被迫在越南第十三届国会第四次会议上就政府对国有企业监管不力向国会和人民道歉，并特别表示要为越南船舶工业公司和越南国家航运公司两大国有航运公司的重大损失承担个人责任，同时承诺加速推进任务艰巨的国有企业改革。随后，国会以94.98%的赞成票通过了《反腐败法》修正案。该法案第46条第一款要求领导干部必须填写“公开财产申报表”，第二款则规定领导干部有“解释新增财产的义务”。修正案反映了越南希望通过制度反腐败从根本上遏制腐败的决心。党的十二大以来，越南在反腐方面取得了突破性进展，查处了一批性质恶劣、案情复杂、金额巨大、舆论关注的大案，并且将反腐利剑指向越共高层，大批高级干部、国有企业高官纷纷落马。例如，原越共中央政治局委员、胡志明市市委书记丁罗升以渎职罪和贪污腐败罪被判处30年监禁，越南石油系、银行系国企高管和一批涉案政府官员，有的已被宣判，有的还在调查审理中。这是越南首次把一位在位的越共中央政治局委员拉下马。党的十三大进一步强调要以更大的政治决心和更强有力、彻底、有效的行动遏制腐败、浪费现象，坚持反腐无禁区、无特例，严肃惩处违法违纪干部，加强权力制约监管，建设不贪腐、不浪费的节俭文化，扩大反腐败国际合作等。

（3）越南革新的理论成果。

越共十分重视理论工作，1996年10月专门设立了越共中央理论委员会，集中一批理论家专门研究重大理论问题。越共在革新的实践探索中，逐渐形成了对社会主义的新认识。

第一，越南仍处于向社会主义过渡时期。越共对过渡时期的认识有一个不断深化的过程。1982年黎笋掌权的越共五大曾提出过渡时期应当在1990年完成。1986年越共六大认为过去党所犯的最重大、最具有全局性的错误就是“没有充分认识到社会主义过渡时期是一个相当长的历史过程，要经过许多阶段”。越共六大指出，由于越南是从小生产起步跨越资本主义发展阶段而直接走上社会主义的，因此，这一过渡时期将是长期而且充满艰辛的，目前越南尚处在向社会主义过渡的初级阶段。此后，越共的理论认识不断深化和完善。1991年，越共七大第一次提出了向社会主义过渡时期的建国纲领。1996年，越共八大提出，越南大致将在2020年建成民富国强、社会公平和文明的工业国家。2006年，越共十大提出，目前越南处在过渡时期的第二阶段，这个阶段存在国家经济、集体经济、私人经济（个体经济、小业主经济、私人资本主义经济）、外国资本经济和外国投资经济共五种经济成分，其中国家经济起主导作用，目标是实现国家工业化。越共强调，即便到

2020 年基本实现了工业化，越南仍将处于向社会主义过渡时期。2011 年，越共十一大对过渡时期理论又有所修正，明确提出，越南结束社会主义过渡时期的总体目标是：基本建成社会主义经济基础以及与之相适应的政治、思想和文化等上层建筑，为成为一个日益繁荣和幸福的社会主义国家奠定基础。从现在到 21 世纪中叶，全党、全国人民必须努力奋斗，把越南建设成为一个社会主义定向的现代化工业国。越共十二大和十三大都继续保留了越南社会主义发展阶段为过渡时期的基本定位。越共十三大根据综合发展水平、工业水平和收入水平的标准确定了越南未来发展的三个阶段，但这三个阶段结束后是否就是过渡时期的结束，报告没有涉及。

第二，社会主义不存在统一、固定的模式。革新以来，越南逐步摆脱了社会主义苏联模式的桎梏，开始探索自身的发展道路。越共认为，苏联和东欧各国社会主义制度的瓦解，使社会主义暂时陷入低潮，但并没改变时代的性质，人类仍处于从资本主义向社会主义的过渡时期。但是，各社会主义国家只有建设社会主义的共同原则和共同目标，而没有建设社会主义的统一的、可供各国共同仿效的固定模式。越南式的社会主义只能是建立在越南国情和文化传统基础上的社会主义。越南革新取得重大成果的一条重要经验就是从越南社会的实践和生活出发进行革新，既参考世界的好经验，又不照搬任何现有的模式。例如，鉴于 3/4 以上的越南人民是广义的宗教信徒，所以越共从 1990 年起允许党员信教，并且积极在宗教徒和僧侣、专职人员中发展党员。

第三，确立胡志明思想作为越共的指导思想。越共认为胡志明思想是马克思列宁主义同越南实践相结合的理论成果。胡志明（1890—1969）出生于一个知识分子家庭，早年当过教师、海员和勤杂工，1912 年以海员身份到法、英、美、德等国考察，1920 年加入法共，1924 年参加共产国际五大，同年年底到中国广州从事革命活动，1930 年在香港创建越南共产党，1941 年回国领导革命斗争。1945 年 8 月革命胜利后，1946—1969 年任越南民主共和国主席，1951 年起任党中央主席，为越南的独立和解放做出了重大贡献。1991 年越共七大明确指出，越南共产党“以马克思列宁主义和胡志明思想为基础和行动的指南”。2001 年，越共九大进一步系统阐述了胡志明思想：胡志明思想是关于越南革命基本问题的一套全面、深刻的理论和政治观点体系，是在越南具体条件下创造性运用和发展马克思列宁主义、继承和发展优良民族传统价值观以及吸收人类文化精华的产物。胡志明思想包括关于民族解放、阶级解放和人类解放的思想，关于民族独立与社会主义紧密联系、民族力量与时代力量相结合的思想，关于人民力量和民族大团结的综合力量的思想，关于人民当家作主和建设真正属于人民、人民作主、为了人民的国家的思想，关于全民国防和建设人民武装力量的思想，关于经济和文化发展以及不断改善人民物质与精神生活的思想，关于革命道德、勤奋、节俭、诚恳、正直、为公和无私的思想，关于培养未来革命接班人的思想，关于建设廉洁和强大的党以及把党的干部与党员锻炼成为既是领导者又是真正忠于人民的公仆的思想，等等。此后党的历次代表大会都明确把坚持马克思列宁主义和胡志明思想写进大会文件。

第四，发展社会主义定向的市场经济。革新之前，越南一直把计划经济视为社会主义的基本特征，并把它与商品经济相对立。1986 年越共六大突破了这一传统认识，使用了“有过渡时期特点的有计划的商品经济”的提法，1991 年越共七大进而提出，越共六大以来经济革新的成就之一是“初步形成了在国家管理下按照市场机制运行的多种成分的商品经济”。1996 年越共八大政治报告阐述了商品生产与社会主义的关系，强调越南将建立坚持社会主义方向、与国家管理相对同步的市场机制。2001 年越共九大政治报告指出，越南党和国家一贯主张和长期推行“按市场机制运行、由国家管理和坚持社会主义方向的市场经济”，简称“社会主义定向的市场经济”。“社会主义定向的市场经济是处于向社会主义过渡时期的越南所采取的总的经济模式。”① 其目的是发展生产力，发展经济，建设社会主义的物质基础，提高人民的生活水平。社会主义定向的市场经济包括多种所有制形式、多种经济成分、实行按劳分配为主的多种分配方式。2006 年越共十大提出“继续完善社会主义定向的市场经济体制”的要求②，并且在具体做法上放开原先管制的经济部门和领域，包括发展资本和货币市场、发展不动产、积极开发科技市场、大力发展个体经济和各类私有企业。越共十一大指出，继续完善社会主义定向的市场经济体制是推动结构重组、改变增长方式、稳定宏观经济的重要前提。十一大报告还对社会主义定向的市场经济进行了较为全面的概括。越共十二大报告对十一大的概括又做了进一步的完善：越南社会主义定向市场经济是完全、同步按市场经济规律运行的经济体制，同时保证社会主义的方向并与国家的每个发展阶段相符合。它是现代的、融入国际的市场经济，由越南共产党领导、受社会主义法权国家管理，旨在实现民富、国强、公平、民主、文明的目标。越共十三大提出要统一和提高对发展社会主义定向市场经济的认识，继续完善社会主义定向市场经济体制。

第五，确立越共的奋斗目标与党的性质。1991 年越共七大把越南社会主义的理想目标概括为“民富国强”，1996 年越共八大进而将其表述为“民富国强，社会公平、文明”。在此基础上，2001 年越共九大又增加了“民主”一词，概括为“民富国强，社会公平，民主文明”。越共把“民知、民议、民为、民查”视为人民的基本民主权利，把“近民、解民、重民、有责于民”解读为党和群众关系的基本方针。2006 年越共十大的表述是：“建设一个独立、民主、富裕和强大的越南，把越南建设成为一个没有剥削的公平、文明社会，最终目标是成功实现社会主义和共产主义。”2011 年越共十一大对越共的奋斗目标在表述上再次进行了修正，提出建设“民富、国强、民主、公平、文明”的目标任务。革新之后的相当长一个时期里，越共一直把自己定性为“越南工人阶级的先锋队”，规定党员不能从事私营经济，否则一些党员就会逐步演变为资本家，这将会直接影响党的性质。但 2006 年越共十大新党章明确规定：“越南共产党是越南工人阶级的先锋队，也是越南劳动人民和越南民族的先锋队，越南共产党是工人阶级、劳动人民和越南民族的忠实代表。”③ 这一规定是一个重大突破，它扩大了党的阶级基础和社会基础。大会上曾就党员是否可以经营私人企业问题进行了激烈辩论，最后大会通过的政治报告指明：“党员经营私营经济必须模范地遵守国家的法律和政策，严格执行党章及党中央委员会的具体规定。”④ 越共十一大在政治报告中第一次明确提出将“试点把符合要求的私营企业家吸收入党”。

① 许宝友. 越共九大政治报告的新特点. 国外理论动态，2001（7）.

② 越南共产党第十次全国代表大会文件摘译（中文版）. 河内：越南世界出版社，2006：24.

③ 同②38.

④ 同②37.

十二大报告指出，在新吸收的党员中来自各经济成分的劳动者和私营企业主的数量比上一届有所增长。报告还要求认真总结落实越共中央《关于党员从事私人经济和试点接纳符合条件的私营企业家加入党组织的规定》的情况。

5. 越南革新的成就与问题

总体上看，经过30多年的探索，越南的革新事业取得了巨大成就。首先，越南的经济呈持续高增长的态势。自1986年起，经过十年的调整和发展，到1996年越共八大时，越南宣布已“摆脱了经济社会危机”。虽然由于受到1997年东南亚金融危机和2008年世界金融危机的影响，越南的经济发展在个别年份有所放缓，但总体上看，自实施革新政策以来，越南经济发展速度居世界前列，经济年均增速高达7%～8%。其次，人民生活稳定改善。人均国内生产总值持续增长。按世界银行标准，越南自2009年起已迈入中低收入发展中国家行列。当年越南人均国内生产总值达到1 052美元，超过了世界银行中低收入国家标准的下限976美元。2021年，越南人均国内生产总值达到3 680美元。全国贫困户和贫困地区的数量持续减少。城乡教育、医疗、卫生事业都有长足进展。通信设施发展迅速。再次，越南由大米进口国迅速转变为大米出口国。革新之初，越南每年尚需进口大米数十万吨。1989年越南粮食产量首次突破2 000万吨，达2 100万吨。同年出口大米142万吨，一跃成为世界第三大米出口国。此后大米出口量逐年增加。到2021年，越南大米出口量达到了660万吨。又次，越南的产业结构发生了重大变化。1987年，农业产值占国内生产总值的40.6%，制造业占28.4%，服务业占31%。到2004年，上述比例已变为：农业占21.8%，制造业占40.1%，服务业占38.2%。2021年，越南农业产值占国内生产总值的比例已降至12.36%，而服务业的比例已达到40.95%。最后，越南融入世界经济体系的程度越来越深，步伐也越来越快。越南已于1995年、2006年先后成为东盟和世界贸易组织成员国。

但是，在肯定越南革新事业巨大成就的同时，也应该清醒地看到它面临的一些严重问题与严峻挑战。(1) 工业基础设施薄弱。最突出的问题，一是交通运输能力不强，仍然是制约经济发展的瓶颈。二是机械工业层次低，且涉及领域狭小，主要集中在制造与农业、食品加工业相关的各种小型机器和工具上。三是国有企业设备陈旧、生产规模小、技术含量低、效率低下、竞争力不高，在融入国际经济环境时的管理能力低，革新速度缓慢。(2) 人口增长的压力巨大。越南人口膨胀是从20世纪60年代开始的。1960年越南人口为3 000万，1985年为6 000万，2000年达到8 000万。2021年已突破9 800万。虽然越南加大了计划生育工作力度，规定每个家庭最多只能生两个孩子，但基数巨大的农村人口的增长率很难得到有效控制。人口数量的激增使人地矛盾突出，也加大了社会就业的压力。人口的高速增长导致失业率上升和资源的掠夺性开放，从而给经济的可持续发展带来极大问题。(3) 贫富悬殊现象严重。随着以市场为导向的革新进程的深化，城乡、地区、行业、部门以及个人之间的贫富差距在逐步拉大。总体上看，城乡居民收入相差数倍，农村富裕户与贫困户之间的收入差距达十几倍，南方的收入普遍高于北方。(4) 反腐败斗争任重道远。虽然近年来越共加大了反腐力度，但腐败现象仍有愈演愈烈之势，它已深入社会生活的各个角落。严重的腐败现象激化了社会矛盾，直接影响到社会的稳定与和谐。反腐工作艰难复杂，需要进行长期、艰巨的斗争。(5) 市场经济发育不成熟，埋藏着巨大的经济隐患，处置稍有不慎，就可能引发经济危机。例如，前些年过多外资进入，导致越南股市虚高，而随着通货膨胀及货币贬值，大量外资的出逃又必然会把越南股市推向深渊。越共十三大报告指出，越南仍然面临经济增长质量不高，科技创新能力不强，市场环境、基础设施亟待改善，生态环境问题较为严重，党建工作面临内外风险挑战等问题。越南的革新事业仍然面临着巨大挑战。

二、老挝正在稳步走向社会主义

1. 老挝人民民主共和国国情

老挝人民民主共和国，简称老挝（东南亚华侨另用谐音称为寮国）。其国名是用占老挝2/3人口的佬族人，即现译为老龙族的族名命名的。老挝位于中南半岛北部，北临中国，南接柬埔寨，东临越南，西北与缅甸接壤，西南与泰国交界，是东南亚唯一的内陆国家。面积23.68万平方公里。境内80%为山地和高原，且多被森林覆盖，有“印度支那屋脊”之称。地势北高南低，自北向南分为上寮、中寮和下寮。2021年老挝总人口为733.8万。全国共分为17个省、1个直辖市（首都万象市）。主体民族为老龙族（平原地区的老挝人，约占全国人口的68%）、老听族（坡地上的老挝人，约占全国人口的22%）和老松族（高山地区的老挝人，约占全国人口的9%）。此外还有少量越南裔和华裔居民。

因缺乏史料，学界对14世纪前的老挝历史有较大争议，通常认为在现今老挝疆域相继出现过堂明国、南掌国（澜沧国）等国家。1353年始建立统一的澜沧王国，到18世纪，逐渐形成琅勃拉邦、万象和占巴塞三国鼎立的局面。15世纪和16世纪曾遭越南、缅甸入侵，1778年至1893年被暹罗征服。1893年沦为法国保护国。1940年9月被日本占领。1945年9月15日宣布独立，10月成立自由政府。1946年3月再度被法国占领。1954年7月法国撤军后美国势力进入。1957年、1962年两次成立过以富马亲王为首相、苏发努冯[①]亲王为副首相的联合政府。1964年美国支持亲美势力破坏联合政府，进攻解放区。老挝人民进行了英勇的抗美救国战争。1973年2月，老挝各方实现民族和解，1974年4月，又成立了以富马为首相的新联合政府和以苏发努冯为主席的民族政治联合委员会。这三次建立的联合政府都有左、中、右政党参加，即以苏发努冯为首的爱国战线党、以富马为首的联合和平党、以萨纳尼空为首的人民大会党等。由于联合政府屡遭右派破坏，老挝人民武装自1955年起坚持长期解放战争。到1975年5月，利用越南、柬埔寨取得抗美救国战争全面胜利的有利时机，在全国各地开展军民结合的夺权斗争，建立了各级革命政权，于1975年12月2日召开全国人民代表大会，宣布废除君主制，建立老挝人民民主共和国。

老挝是农业国，农业是其主要经济支柱。农业从业人口230万，约占全国总人口的74.1%。农业生产（主要是稻米）占国民生产总值60%以上。工业基础薄弱，工业劳动人口仅19.5万，占全国总人口的6.3%。工业产品极少，只占总产值16%，主要是轻工业。服务业基础薄弱，起步较晚，但执行革新开放政策以来，服务业取得很大发展。2010年服务业生产总值约为27.8亿美元，占国民生产总值的39.3%；从业人数60万，占总人口

① 苏发努冯（1909—1995），前老挝党和国家主要领导人之一，生于琅勃拉邦王族家庭，同情支持革命运动，被称为“红色亲王”，三次与其异母兄弟富马亲王共同参加联合政府，为老挝的民族独立和解放事业做出了巨大贡献。

的 19.5%。交通主要靠公路、水运，2008 年 8 月正式开通的由泰国政府投资修建的贯通老挝和泰国的一条全长 5.3 公里（老挝境内 3.5 公里）的友谊铁路直达泰国首都曼谷，这是老挝历史上的首段铁路。中老铁路于 2015 年 12 月奠基，2021 年 12 月竣工通车。老挝被联合国列为最不发达和最贫穷的国家之一。据世界银行提供的数据，2021 年，老挝国内生产总值约 186 亿美元，人均国内生产总值 2 514 美元。由于全国居民 75%以上信仰小乘佛教，佛教是老挝国教，所以老挝党自 1991 年起规定党可吸收佛教徒，并且允许党员参加一些宗教活动。目前，老挝全国只有 5 所大学，学生 4.5 万人；各类专业学院 159 所（主要为私立学院），学生 7.7 万人。

老挝人民革命党是执政党和唯一政党，前身是越南胡志明于 20 世纪 30 年代创建的印度支那共产党老挝地区委员会。1951 年党的二大决定越南、老挝、柬埔寨三国分别建党。1955 年 3 月，原老挝籍党员代表 300 多人开会成立老挝人民党，选举凯山·丰威汉①为党中央总书记。1972 年老挝人民党二大时改称老挝人民革命党。建党后即领导军民开展解放斗争，直到 1975 年取得全国政权。老挝人民革命党在领导人民走向社会主义的过程中有如下特点：第一，在越南协助之下建党，仿效越南党建立老挝人民党。与越南党关系密切，受其影响大。第二，党长期处于地下秘密状态，一直以爱国战线党的名义活动，直到 1972 年后才逐渐公开。第三，走上社会主义道路充满曲折，采取先联合后夺权的斗争方式。在民族民主革命斗争时期，老挝党曾与其他政党连续三次组成民族联合政府。实力壮大后于 1975 年开展“夺权运动”，取得全国政权。第四，党代会召开逐渐形成规范机制。1955 年召开一大，时隔 17 年和 10 年后召开二大和三大。1986 年四大以后，同越共一样，党代会每五年举行一次，1991 年召开五大，1996 年召开六大，2001 年召开七大，2006 年召开八大，2011 年召开九大，2016 年召开十大，2021 年召开十一大。党章规定：老挝人民革命党是老挝工人阶级的政治参谋部和有组织的先锋队，是老挝各族人民和爱国与进步劳动者利益的代表，是老挝人民民主制度政治体系的领导核心。其宗旨是领导全国人民进行革新事业，建设和发展人民民主制度，建设和平、独立、民主、统一和繁荣的老挝，为逐步走上社会主义创造条件。实行民主集中制的组织原则。现任党中央总书记通伦·西苏里，于 2021 年 1 月党的十一大上当选为党中央总书记，老挝人民革命党现有 34.8 万名党员。

2. 1976—1986 年照搬苏联社会主义模式，陷入困境

作为经济文化落后的小国，老挝走上社会主义道路受国际因素的影响较大。苏联、越南对老挝党实力的发展与壮大提供了巨大支持。老挝人民民主共和国成立后，老挝党提出“老挝将不经过资本主义发展阶段而直接进入社会主义”，不顾本国国情，照搬苏联模式，实行极左路线，急于过渡。在全国开展生产关系革命、科学技术革命和思想文化革命，以便“彻底改造和消灭资产阶级”，解决“社会主义与资本主义两条道路谁胜谁负的问题”②，

① 凯山·丰威汉（1920—1992），老挝前国家主席、老挝人民革命党前主席。自幼在越南读书，曾在河内大学法学院学习。1942 年参加反法、反日学生运动。1946 年加入印度支那共产党，成为旅越老侨反法运动领导人之一。1955 年当选老挝人民党（后称老挝人民革命党）总书记。1975 年老挝人民民主共和国成立，任政府总理。1982 年任部长会议主席。1991 年任老挝人民革命党主席。1991 年 8 月至 1992 年 11 月任国家主席。1992 年 11 月 21 日逝世。

② 陶红．老挝人民革命党对社会主义的认识与实践．国外社会主义研究动态，1995（19）．

造成了生产力的倒退和生产关系的破坏，使经济陷入困境。

从1976年开始，老挝对私营工商业实行社会主义改造，急于采取直接或变相的没收手段，把私营企业变成国营企业或公私合营企业。进行公私合营时，政府不投资，却要占51%的股份。加上派去的企业领导人不懂经济、不善经营、缺乏管理经验，企业年年亏损。片面强调由国家垄断贸易，严格限制私商的经营活动和经营范围，禁止收购稻谷和牲畜，禁止从事进出口贸易，规定以原价的1/20的价格强行收购私商已进口的商品，规定私商销售的商品必须从国营商店进货，并对销售价格做了严格规定，甚至还以“征用”或“代管”的名义占用私商的汽车和货物。

1976年9月，政府颁布《农业税条例》，规定除扣除每人100公斤免税粮外，剩余部分按“少产少征、多产多征”的原则，500公斤以下征税8%，501～1 000公斤征税12%，1 001～1 500公斤征税16%，1 501～2 000公斤征税20%，2 001～2 500公斤征税25%，2 501公斤以上征税30%。“征收的结果使得农民宁可不生产，甚至放弃果园、牧场，以逃避税收”①，极大地挫伤了农民的生产积极性，也导致了政府同农民关系的恶化。老挝党还脱离农民的思想觉悟水平和农村生产力水平，采取过激的农业合作化政策，认为“除了紧迫地开展农业合作化运动，引导农民走集体经营道路以外，没有别的道路”②。1978年5月，发布《开展农业合作化运动的命令》，10月建立“中央农业合作化运动指导委员会”，要求在1980年底基本实现农业合作化。为了达标，基层干部采取种种措施，如规定学校只招收社员子女入学，供销社只为社员提供服务等，强迫或变相强迫农户入社，并以“本人系自愿入社，土地、耕牛无偿交集体使用”为由，无偿占有入社农户财产。这种强制推行的、牺牲农民利益的合作化政策引起了广大农民的强烈不满与反抗。有些地区的农民宁肯砍倒果树、宰掉牲畜，也不愿把它们交给合作社。虽然合作社发展速度惊人，从开始的近300个发展到1979年底的2 600多个，但粮食增产目标不但没有实现，而且1977—1979年每年缺粮20万～35万吨，在国际社会的援助下才渡过难关。

在政治上实行“残酷斗争，无情打击”的清洗政策，实行一党制。取缔各地的政治集团和政党组织。逮捕、杀害所谓的“异己分子”，不加区别地将大批旧职人员集中送到山区的“再教育学习班”。据估计，1980年底，被关押在学习班的人数仍有5 000～10 000人③。如前所述，老挝历史上曾实行过多党制，1957年、1962年、1974年曾三次组成有左、中、右政党参加的民族联合政府，建国后，老挝取缔其他政党，实行一党制和领导职务终身制。外交政策上“一边倒”，只同苏联、越南等少数几个国家往来，对资本主义国家闭关锁国。经济困境和政治迫害促使外逃人数急速上升。从1975年到1981年初，至少有25万人离开老挝，约占总人口的8%，教育人才和公职人员中的80%外流④。

1979年11月，老挝党二届七中全会对经济工作失误进行反省，随后开始调整经济政策。如允许多种经济形式（国有、集体、个体、私营、公私合营）并存；取消省际贸易限制政策；放宽对商品流通的控制，允许农民在市场上自由出售自己的产品；进行货币改

① 史如林. 近年来的老挝经济. 东南亚纵横，1985（4）.
② 殷和才. 老挝的农业合作化运动. 东南亚纵横，1986（3）.
③ 蔡文枞. 老挝的改革. 东南亚研究，1988（3）.
④ 同①.

革，大幅提高政府职员和工人工资；取消特殊商店，发放生活津贴、家庭补贴、艰苦工作补贴和加班费；放宽对私商从事贸易活动的限制，允许私商从事日用品的进出口贸易；实行新的物价政策，提高粮食、牲畜和其他农产品的收购价格；等等。1980年6月，老挝党中央发布《关于整顿农业合作化运动中若干问题的紧急指示》，整顿农业合作社，要求各地严格按照"自愿"、"国家、集体、个人共同受益"和"民主管理"三项原则，把原定1980年底基本实现农业合作化的计划推迟到1985年，并对指标进行了调整。同年8月颁布的《关于农业税规定的通告》，对过去的农业税收政策进行调整，废除"多产多征"的税收政策，把按农户收成征税的政策改为按土地优劣征税，规定新垦土地免税3～5年，以鼓励农户开垦荒地。1984年起又陆续解散了一些农业合作社。1985年，凯山·丰威汉提出"把责任与劳动成果挂钩，实行承包制"的主张，并开始在部分合作社进行试点。同时，发布《关于管理政策的命令》，调整工业国有化政策，随即废除"工商业国有"、"工商业社会主义改造"和"政府统包制"等政策，提出工业体制改革的方针，把生产经营权下放至企业，实行企业核算，自负盈亏，开始国营经济体制改革试点。

经济调整政策初见成效。1980年，稻谷产量首次突破105万吨。1985年与1980年相比，农业总产量增长42%，出口额增长3.2倍，进口额增长13%，国家预算收入增长11倍，普通学校学生增长8%，中高等学校学生增长58%，医生增长59%[①]。

但是，由于此次调整未触及过度集权管理体制的核心，对社会经济的发展未起到根本的作用。1982年召开的老挝党三大仍然强调"要坚持不经过资本主义发展阶段直接走上社会主义是老挝革命的必由之路"[②]的"左"倾路线。合作社仍不断增加，1982年1 900多个，1983年2 144个，1984年2 546个，到1985年已达3 420个，入社农户占全国农户的52.65%，已接近要求在1985年底达到的入社农户占全国农户60%～65%的指标。

3. 1986年以来实行"有原则的全面革新"

（1）理论与国策的反思。

1986年11月，老挝人民革命党召开具有历史转折意义的四大，提出革新开放政策，以此为标志，老挝进入全面革新时期。凯山·丰威汉在老挝党四大政治报告中承认："前十年，在社会主义改造中犯了主观、急躁的错误，没有把社会主义改造和社会主义建设结合起来，想一下子消除非社会主义经济成分。"[③] 1991年老挝党五大进而提出，"老挝正处在继续建设和发展人民民主制度，为逐步走上社会主义创造起码因素的阶段"；1996年六大和2001年七大继续重申这一提法；在2006年3月召开的八大上，老挝党更进一步认识到："为了最终实现社会主义目标，根据老挝的国情特点，老挝需要用很长的时间，经历很多的发展过程，目前，老挝的革命建设仍然处于向社会主义过渡的初期。"

1991年老挝党五大改变了社会主要矛盾是先进的政权和政治制度与落后的生产关系的矛盾的这一旧提法，提出现阶段的主要矛盾是极端落后的生产力同日益增长的社会需求的矛盾。发展生产力成了当前最紧迫的任务。这就为党的工作重心转移到经济建设上奠定

① 赵和曼．近年来老挝经济政策的变化．东南亚纵横，1988（3）．
② 杨瑞林．老挝对社会主义运动的调整与探索．东南亚纵横，1998（4）．
③ 谭荣邦．走向全面革新的老挝．科学社会主义，2001（1）．

了理论基础。

1989年东欧剧变，社会主义国家大多局势动荡，对老挝造成极大冲击，党员群众一度出现思想混乱的情况，对社会主义前途产生怀疑，反政府武装①也趁机发动骚乱。面对内外困境，老挝党于1989年10月党的四届八中全会提出了在革新过程中必须遵循的六项基本原则，即坚持社会主义目标、坚持马列主义是党的思想基础、坚持党的领导、坚持民主集中制、坚持人民民主制度、坚持爱国主义与国际主义相结合。随后历届党代会反复强调必须始终坚持这六项基本原则，进行体制改革。

（2）经济革新稳步推进。

自1986年实行革新开放政策之后，农村的不少农业合作社相继解散，家庭承包制迅速铺开。1993年5月颁布的《土地法》规定，国家“保护农民长期享有土地使用权，包括继承权和承认土地可以按国家规定作为财产担保，享有转让权”②。这极大地调动了农民的生产积极性。同时，实行优先发展农林业的方针。以农林业的发展作为工业发展的基础，强调经济的重心首先是发展农业，鼓励农业利用现有的自然资源进行生产，进而实现工业现代化。

在所有制方面，允许多种经济成分长期共存。1991年8月通过的第一部宪法规定：“国家保护和促进国内外所有投资者在老挝的投资方式，包括国家所有制、集体所有制、个体所有制和私人所有制。国家鼓励所有经营单位进行竞争和相互合作的经营活动，所有经营单位在法律上一律平等。”

进行国营企业改革。建立新体制，使经济管理机制与生产经营机制分开，把生产经营权下放到企业，实行企业核算与自负盈亏。1988年，老挝党四届五中全会提出政企分开，取消行政指令性的管理方式，实行企业责任制。1990年，颁布《关于把国营企业转变为其他所有制形式的决定》，规定除在经济、社会和国防中有重要的企业外，对其他不需保留的国营企业，以租赁、出售、股份制或承包经营的形式转为其他所有制形式。

扩大对外经济合作。老挝党四届五中全会提出要吸引外商投资，学习和借鉴外国先进的管理经验和技术。1988年7月，《外国在老挝投资法》出台。1990年3月，又对其进行部分修改，延长对外国投资者的优惠期限。1994年3月，通过《外商投资促进与管理法》，该法规定原则上不限制外商投资领域，并简化申请程序。1994年4月，老挝国会修订外资法，规定政府不干涉外资企业的事务，允许外资企业汇出所获利润；外商可以在老挝建独资、合资企业，并获五年免税优惠。2001年3月，又出台了《促进和管理外国投资法实施细则》。2002年1月，宣布建立第一个经济特区——“沙湾—色诺特区”。老挝政府极力引导外资投向优势产业开发和重要基础设施建设。2004年，老挝进一步补充和完善了外商投资法，放宽了矿产业投资政策。

深化市场化导向的改革。放宽对商品流通的限制，逐步取消商品流通的中间环节、价格双轨制和各种关卡，废除各省、市、县之间的关税壁垒和商品流通检查站，扩大商品流

① 反政府武装主要指苗人反政府武装。20世纪60年代开始，美国大力扶持与资助老挝苗人青年军官王宝的地方武装，使其发展成一支“特种部队”。1975年后，王宝武装部队被老挝军队击溃，人员大量逃往泰国，继续从事企图颠覆老挝政府的活动。

② 马树洪．老挝近况：1991年的回顾和1992年的发展趋势．东南亚纵横，1992（2）．

通渠道。1995 年，实行浮动货币兑换制度，实行金融、税收和外贸体制改革。1997 年亚洲金融危机后，老挝尽力复兴其国有商业银行，进行重组和资本结构调整。

老挝的经济革新取得了令人瞩目的成绩：农牧业在国民经济总产值中的比重逐步下降，工业、服务业所占比重显著上升，旅游业成为新兴产业。农牧业从 1976—1985 年占国民经济比重的 80%下降到 2002 年的 50%[①]；2005 年服务业产值占 GDP 比例达到 25.2%。对国营企业实行私营化改革，到 2007 年，老挝的私有经济已占国民经济的 50%以上[②]。2015—2016 财年老挝吸引外资 12.7 亿美元。自 2001 年至 2018 年，老挝吸引外资总额累计达 346.41 亿美元。主要投资国家包括中国、泰国、越南、韩国、美国和澳大利亚等。近年来，受新冠肺炎疫情影响老挝国内生产总值增速下滑，但仍维持在 3%以上，如 2020 年同比增长 3.28%，2021 年是 3.5%。

老挝国家发展战略的长远目标是脱离世界最不发达国家的行列，把老挝建设成为繁荣昌盛，人民富裕幸福，社会民主、公正与文明的国家。

综观老挝经济革新的举措，可以看出如下几个特点：第一，坚持逐步渐进原则，从农村到城市，从家庭承包制到城市工商业改革，都是逐步推进的。第二，突破意识形态束缚，逐渐开放，大胆利用非社会主义经济成分，重视外资外援对老挝经济的拉动作用。第三，改革的目标是发展生产力，将自然经济、半自然经济转化为商品经济，不断提高人民生活水平。创造性地提出把家庭作为实施自然经济向商品经济转变的基本单位，允许党员干部在工作之余从事第二职业。第四，中央权力不断向地方、企业下放。未来几年，国家将向省区下放更大的财政自治权。第五，发展资源型经济，尤其是水电、林业、旅游资源。老挝对可持续发展特别关注，如 1996 年开始实施《森林法》，2005 年制定森林发展战略，注重发展木材深加工工业。成立国家木材贸易委员会，加强对林业工作的监督，禁止未加工原木出口。与中国、越南不同，老挝目前仍尚未明确提出要建立社会主义市场经济体制，但继续深化经济体制改革是其必然趋势。

（3）政治革新的谨慎探索。

老挝党认为，必须革新官僚集中的政治体制，不革新就没有出路。但同时也强调，“改革政治体制，不是用其他制度来取而代之，而是在巩固人民民主政治体制和明确规定各部门职责的基础上，改革工作方法，维护和增强党的领导作用和能力”[③]。在这一原则指导下，老挝党进行了审慎的政治革新。

在 1986 年 8 月召开的部长扩大会议上，凯山·丰威汉提出实施政治体制改革的任务，调整、精简党政机关，进行政府机构改革。明确各部、局的责任和权限，合并国家部委，裁减机关人数，撤销部分行政部门，提高国家行政管理工作效率。2011 年党的九大后，老挝撤销了国家邮电署、科技署、水资源与环境管理署和公务员管理署，新成立了邮电通信部、科技部、自然资源与环境部和民政事务部，原教育部与国家体育总局合并为教育体育部，原新闻文化部和国家旅游局合并为新闻文化与旅游部。2021 年党的十一大提出，为

① 马树洪，方芸. 老挝. 北京：社会科学文献出版社，2004：147.

② 陈江生，毛惠青. 老挝的经济改革与发展. 中共石家庄市委党校学报，2007（10）.

③ 杨瑞林. 老挝对社会主义运动的调整与探索. 东南亚纵横，1998（4）.

进一步深化落实革新路线，推动经济社会高质量发展，必须革新行政管理体制机制，建设坚强、廉洁、高效的政府，精简机构，建设职责明确的现代化组织网络，提高公务人员素质，实行政务公开，依法行政，加强群众监督，完善行政管理层级权责。

加强党建工作，提高党的领导水平和领导能力。1991年老挝党五大强调要提高党对社会的责任心。1996年老挝党六大强调提高党员素质，在党章修改案中特别增加了党员有“努力学习外语”的义务。2001年老挝党七大提出要从政治思想、组织建设、领导方法、监察管理、干部建设五个方面着手，巩固党的领导地位，建设一个思想政治成熟稳定的党。2006年老挝党八大突出“党要管党”的原则，提出把党建成一个纯洁、强大和稳健的执政党。2011年老挝党九大对于未来党的建设，提出要加强党的政治思想建设、组织建设、整顿党的领导作风、加强对党的检查监督和党员干部队伍建设。2016年老挝党十大强调以后将重点加强党建工作，首次将凯山思想作为党的指导思想。2021年党的十一大强调要进一步采取切实有效的措施，提高党的领导能力和领导质量。

加强监督机制建设。老挝党在1992年的五届五中全会上明确提出了反腐败问题，通过了《反贪污腐败条例》。设立党政监察委员会，反对和遏制贪污专门事务委员会，加强对党员干部的反腐倡廉教育和思想政治教育，加大反腐败力度，积极探索有效的反腐措施。2006年老挝党八大提出要加强党和人民团体的合作，加强监督。

加强基层政权建设。老挝把基层党建与农村全方位开发创造性地结合起来，开展建设“坚强、善于全面领导的基层党支部”运动及配套的“基层第一把手工程”“建设文明村工程”“无犯罪村工程”。

总体而言，老挝政治革新的探索有如下几个特点：第一，在坚持社会主义原则的前提下灵活处理一些重大问题。如党章中没有明确说明党员能否有宗教信仰；使用“人民民主制度”代替“社会主义制度”；在宪法中没有明确采用马克思主义或社会主义的提法，而只提到“民主集中制”“老挝人民革命党的领导”；宪法把建国后长期使用的政治口号“将老挝建设成为和平、独立、民主、统一和社会主义的国家”中的“社会主义”修改为“繁荣昌盛”，把国徽图案中的五角星、镰刀、铁锤改为老挝民族的象征——塔銮佛塔。第二，重视理论与实践相结合，总结改革经验。1996年老挝党六大提出了“五条经验”：加强全党全民团结统一和发扬爱国主义、独立自主自强精神，是革新事业成功的决定性因素；依靠人民、发挥人民的巨大力量、一切为了人民的利益，是党在各革命阶段始终贯彻的一条重要经验；维护政局稳定和社会安宁，是革新的必要条件；加强党对各个领域的领导和提高国家机关的管理效能，是革新事业沿着党的路线和目标前进的保证；本国的力量与时代的力量相结合，有原则地争取国际支持与援助，是老挝经济建设和发展必不可少的国际条件。第三，注意领导干部队伍的革命化、知识化和年轻化相结合。2006年老挝党八大新选出的55名中央委员中，有48名是在1975年以前参加革命的，有7名是1975年后参加革命，并有18位有研究生以上学历，占全体委员的37.72%；平均年龄57岁，年龄最大者79岁，最年轻者38岁，60岁以上20人，60岁以下35人。2011年老挝党九大新选出的61名中央委员中，1975年以前参加革命的有47名，占77.04%，1975年以后参加革命的有14名，占22.95%；知识结构明显优化，当选中央委员均具有中级以上理论水平，其中博士有20人（较上届的8人多12人），占32.78%；以中、老为主，青年为辅，60岁以上的有24名，占39.34%，45～59岁的有35名，占57.37%，44岁以下的有2名，占3.3%，最高年龄75岁，最低年龄42岁，平均年龄58岁。2016年老挝党十大新选出的69名中央委员中，博士有34人，初次当选的有30人。2021年十一大选出的中央委员81人（包括中央候补委员10人）中除总书记通伦75岁外，60岁以上和60岁以下各占一半。具有硕士学位者27人，具有博士学位者28人。总体上看，老挝党在新时期不仅重视领导班子的革命化、年轻化，而且越来越注重领导班子的知识能力、专业能力和技术能力建设。第四，强调推进政治体制改革必须以经济改革为前提，只有经济发展、人民生活改善、社会保持稳定，才能为政治体制改革创造必要的条件。

老挝的政治革新虽然举动谨慎，但也取得了一定成绩：第一，下决心狠抓反腐倡廉工作。1999年，老挝财政部部长和中央银行行长被免职。2003年，罢免了有严重经济问题的波乔和甘蒙两省的省委书记兼省长。第二，在推进政治民主建设方面取得突破。1989年，举行了建国后的首次全国最高人民议会①代表的差额选举，从全国17个选区的121名正式候选人中选出79名代表。1996年老挝党六大首次采用差额选举的办法，从56名候选人中选出49名中央委员。2011年九大召开前夕，会议秘书处还召开新闻发布会，较为详细、透明地对外公布九大主要议程，这是老挝历届党大会上所没有的。九大党章修正案增加了“党的总书记不得连任两届”这一条，从而以法规的形式正式废除领导职务终身制，并多次在党章修正案中强调要坚持民主集中制原则和少数服从多数原则。第三，党员人数不断扩大。从1972年二大时的2万多人增加到2021年的34.8万人，基层党组织增加到1.9万个，扩大并增强了党的执政基础。第四，加强法律化和制度化建设。1991年，制定第一部宪法，随后颁布《国会议员选举法》《外商投资促进与管理法》《劳动法》《土地法》等一系列法律法规。第五，改变统战政策。从1985年起把对在国外的难民的称呼由“流亡者”改为“居住在外国的同胞”，鼓励他们帮助国家建设。

总体上看，老挝的政治革新仍处于初步探索阶段，党和国家的民主化、制度化建设仍有待进一步加强。

（4）外交政策的重大变化。

革新开放后，老挝开始推行以谋求经济援助和经济发展为目标的全方位务实外交。1986年老挝党四大提出，“随时准备扩大与各国正常的经济合作，在互利和相互尊重独立与主权的基础上首先考虑与泰国及东南亚各国人民发展经贸关系”②。在“多交友，少树敌”的方针指导下，老挝的外交工作取得根本性的突破：第一，从最初只同少数几国交往发展到2021年已同144个国家建交。第二，不受意识形态束缚，加强同资本主义国家的交往。第三，积极融入国际社会，改善国际形象，提高国际影响力。2012年11月，老挝成功举办了第九届亚欧峰会。

老挝奉行和平、独立和友好合作的外交路线，主张在和平共处五项原则基础上同世界各国发展友好关系，重视发展同周边邻国关系，改善和发展同西方国家关系，为国内建

① 1992年8月，老挝最高人民议会改为老挝国会，是国家最高权力机构和立法机构，负责制定宪法和法律。国会每届任期5年，每年召开两次会议，特别会议由国会常委会决定或由2/3以上的议员提议召开。国会议员由地方直接选举产生。

② 马树洪．老挝的经济改革与对外开放．东南亚，1989（4）．

设营造良好外部环境。2021 年老挝党十一大重申将继续坚持和平、独立、友好与发展合作的外交路线，开展多方位、多形式、多层次的对外交流合作，积极落实与战略伙伴之间的合作协定，深化与越南的伟大友谊、特殊团结和全面合作关系，发展与中国长期稳定的传统友谊、全面战略合作伙伴关系，加强与其他社会主义兄弟国家以及俄罗斯的传统友谊，主动融入国际和地区一体化进程，为维护地区与国际和平稳定、合作发展做出贡献。

越南与老挝历史上关系密切。越南对老挝的政治、经济、外交各领域都有强大的影响。1945 年 9 月，越南独立，10 月老挝也宣布独立。1962 年 9 月，两国正式建立外交关系。1975 年 4 月，越南解放，实现全国统一；同年 12 月，老挝宣布成立老挝人民民主共和国。两国于 1977 年 6 月签订了《友好合作条约》。越南派出大批顾问和几万名越南军队驻扎老挝境内。1986 年越南开始进行革新，老挝同时开始革新。1992 年两国同时成为东盟观察员。20 世纪 80 年代中期以后，老挝扩大同其他国家的交往，同越南的特殊关系略有降温。1989 年，越南军队撤出老挝。但由于历史和地缘政治因素，老挝仍把发展同越南的“特殊的团结传统和全面合作关系”置于其外交政策的首要位置。两党中央政治局每年定期会晤。据越通社报道，到 2022 年 6 月，越南在老挝投资项目共有 417 个，投资总额达 43 亿美元，在对老挝投资国家和地区中居第三位。老挝是越南对外投资最多的国家。两国双向贸易额逐年增加，2021 年达到 13.7 亿美元。

中国和老挝山水相连，有着传统的友谊。两国于 1961 年 4 月 25 日建立外交关系。但随着 20 世纪 70 年代末中越关系的恶化，中老关系也迅速恶化。革新开放后，老挝表达了改善对华关系的愿望。经过双方的共同努力，1988 年 6 月，两国关系实现正常化。1989 年 10 月，老挝人民革命党总书记凯山·丰威汉访华。1990 年 3 月，老挝政府把中国列为 4 个友好国家之一。1991 年 3 月，中共首次派代表出席老挝党五大，实现两党关系正常化。此后，两国领导人频繁互访，在政治、经济、军事、文化、卫生等领域的友好交流与合作不断深化，双方在国际和地区事务中保持密切协调与合作。进入 21 世纪以来，两国友好合作关系不断得到加强。2006 年 6 月，老挝党中央总书记、国家主席朱马利·赛雅颂访华。同年 11 月，中共中央总书记、国家主席胡锦涛访问老挝，决定进一步深化两党两国传统友好与全面合作。自 2003 年中老双边贸易额首次突破 1 亿美元关口以来，双方经贸关系一直稳步发展并呈增长势头。目前我国是老挝第二大贸易伙伴和第一大出口国。2021 年中老双边贸易额达到 43.5 亿美元。两国已解决诸如难民、边境等历史遗留问题，没有历史包袱。两国在农业农村改革、人才培训、禁毒、边境安全等领域有着广泛合作的前景。老挝已郑重建议中方派出专家，为老挝经济社会发展战略计划出谋划策，以使老挝北部各省的经济发展与中国实施的西部大开发战略联系起来。中老两国将建立更为紧密的友好合作关系。中国 2015 年开始为老挝修建的连接首都万象与中国边境的铁路已于 2021 年 12 月通车。老挝党十一大报告强调要积极发展与中国的全面战略合作伙伴关系，积极推动老中命运共同体建设，积极响应中国“一带一路”倡议，建设老中经济走廊。

老挝在 1997 年成为东盟正式成员国之后，积极参与东盟事务，发展与东盟友好合作关系。2004 年成功举办东盟峰会及东盟与对话国领导人会议，在东盟内发挥积极作用。2016 年，老挝再次担任东盟轮值主席国，主办东亚合作系列会议，老挝与越南、柬埔寨三国也有加强昔日密切联盟关系的趋势。三国政府首脑自 1999 年在老挝首都万象举行首次峰会以来，每两年左右就会举行一次峰会。2010 年 11 月举行的第六届三国政府首脑会议就进一步加强三国各领域合作，尤其是推进改革柬老越交界三角发展区建设进程等议题深入交换了意见并达成广泛共识。会议发表了《金边宣言》，并签署了《三角发展区优惠计划修正谅解备忘录》，将三国间互利合作提升到了一个更高水平。

革新开放以来，老挝不以意识形态、社会制度为标准划线，积极改善同资本主义国家的关系，以得到西方国家的经济援助和贷款。1989 年，凯山・丰威汉出访日本和法国。1991 年，日本上升为老挝最大的援助国。老挝与美国的关系也明显改善。1991 年，老美关系从代办级升格为大使级。两国在搜寻在老失踪美军遗骸、军事交流、禁毒等方面展开积极合作。2003 年 9 月和 2004 年 12 月，美国国会正式批准了《老美双边贸易协定》，结束了自 1976 年以来长达 27 年的不正常的贸易关系。2005 年，美国正式给予老挝正常贸易关系待遇。2007 年 6 月，美国逮捕苗人反政府武装头目王宝等人，指控其犯有密谋颠覆老挝现政府等罪行。这一举动对改善两国关系有重要意义。此外，老挝党日益加强同其他政党包括资本主义政党的党际交往。老挝党五大首次邀请西方外交官参加开幕式和闭幕式，显示其日益灵活、开放、自信的姿态。总的来看，老挝的外交政策日益呈现出独立、自主、灵活、务实的特点。

（5）民族与宗教政策的大力调整。

老挝虽是一个小国，却有 50 个民族，还有一些民族属于跨国民族，如苗族。建国初期，老挝试图在短期内改变一些民族的传统习俗、部落式生活方式和刀耕火种的耕作方式，强迫其加入农业合作社，遭到大多数民族的抵制。20 世纪 80 年代后，老挝党逐步改变工作方式，在肯定民族传统文化的同时，说服山地民族迁移和放弃落后的耕作方式。总体而言，老挝大力调整民族政策取得了一定的成功，主要表现在：第一，实行民族平等，更多关怀少数民族。第二，注重培养选拔少数民族干部。在老挝党和政府机构中，少数民族干部约占 20%①。在少数民族地区的基层组织和地方行政机构中，少数民族干部占主导地位，一把手基本上是少数民族干部。第三，促进少数民族地区社会经济的发展。发展山区农、林加工工业，开展边境贸易，提高生活水平，缩小并逐渐消除各民族之间的差距。实施改植计划，改种罂粟（作为药材）、棉花等经济作物。第四，加强基础设施投资，改造山区道路，增加对山区医疗、文化教育事业的投资，保护民族传统文化和习俗，发展民族教育，对山区少数民族子女一律免收学杂费。第五，继续开展民族迁移政策。对人口稀少的高山林区，政府派遣工作队去动员、帮助和组织少数民族搬迁到平原地区居住，政府除无偿提供用地外，还帮助其购买生产工具并提供部分生活用品等。虽然困扰老挝政府的苗人反政府武装威胁仍在，但总的来说，目前老挝国内民族较为团结，社会较为安定。少数民族的脱贫依然任重道远，全国 39%极其贫困的人中有一半是少数民族。

老挝是一个有广泛宗教信仰的国家。佛教徒占全国人口的 65%，另有 32.9%的人信奉原始宗教，1.3%的人信奉基督教。建国初期，老挝党一度采取了过激的宗教政策，如限制基督教，驱逐神父，教堂改作办公、会议场所或学校、再教育学习场所，组织僧侣在寺内进行再教育学习和外出进行政治宣传等。1986 年革新以来，老挝党开始大力调整宗

① 翟坤．老挝民族宗教概况．国际资料信息，2003（9）．

教政策，做法更加务实。第一，强调“宗教是人民群众和社会团体的精神寄托，党和国家尊重人民信仰宗教和不信仰宗教的自由权利”①。第二，确立佛教的主流宗教地位。由于老挝人民大多数信仰佛教，因此老挝党必须注意掌握、利用这支重要力量，以维护社会稳定，增进民族团结。为防止其他宗教影响扩大，政府甚至鼓励、引导原无宗教信仰地区的百姓信奉佛教。第三，重视佛教组织。全国有佛教协会，享有同妇联、工会等组织同等的待遇。各级建国阵线和各级政府机构均有僧侣参加。老挝党四大甚至邀请四位高僧列席会议。第四，政府大力扶持佛教事业。兴建佛教学院，培养佛教人才，弘扬佛教文化。重视寺庙和其他设施的建设。每逢塔銮节（皇塔节）和宋干节（佛历新年），领导人参与佛教活动，与百姓一起听经、斋僧、拜佛等。第五，利用佛教进行爱国主义教育与公民道德教育。把佛教教义融合到党的政治路线和政策中，力图在宗教和社会主义制度之间寻找结合点，淡化宗教与党的意识形态的差异。第六，对基督教、原始宗教等，政府采取不提倡也不反对的政策。第七，自1991年起可吸收佛教徒入党，并且允许党员参加一些宗教活动。

4. 老挝继续迈向社会主义的有利因素与面临的挑战

1986年全面革新开放以来，老挝在政治、经济、社会、文化领域均取得了令世人瞩目的成就。在经济领域，1986—2006年，老挝经济年均增长率超过6%。2006—2010年，经济年均增长率达到7.9%，2006年的国内生产总值达到34亿美元，人均国民收入达到500美元。2012年国内生产总值为92.17亿美元，2018年国内生产总值为179亿美元，人均2 599美元。受新冠肺炎疫情影响，近年经济增速下滑，但仍维持着3%以上的增长。老挝的粮食产量（主要指稻谷、玉米和薯类等）1985年为136万吨，1990年为149.2万吨，1995年为157.7万吨，2000年为243.6万吨。稻谷产量已从2003年的237万吨增至2016年的343万吨。人民的生活水平有显著提高。贫困家庭比例已从2002—2003年的27.7%下降到2009—2010年的20.4%。小学入学率由1991年的51%提高到2010年的93%。普及公共卫生，国家职工和普通居民均享受免费医疗，完全消灭了小儿麻痹症。人均寿命从1980年的50岁增加到了2017年的67.2岁。

2021年老挝党十一大的主题是：“提高党的领导能力，加强全国人民大团结、维护政治社会稳定，深化落实革新路线，推动经济社会高质量发展，提高人民生活质量，努力摆脱最不发达国家状况，向社会主义目标迈进。”大会回顾了过去五年的成就，明确了未来五年的发展目标和主要任务，认真分析当前面临的机遇和挑战，提出新时期要在有原则的革新路线指引下，进一步完善人民民主制度，走绿色、可持续、高质量发展道路，实现经济社会发展持续好转。

老挝实现经济和社会持续高速发展、继续迈向社会主义的潜在优势包括：第一，老挝拥有丰富的水力、矿藏、森林资源和巨大的旅游业市场；第二，老挝位于大湄公河次区域中心，具有沟通中国与中南半岛各国之间水、陆过境通道的战略优势地位；第三，老挝人口增长与人口年轻化将为老挝的发展带来红利；第四，老挝国内基础设施在持续不断地得到改善；第五，老挝积极参与国际事务，对外开放和融入国际社会的程度不断深化，为自身发展提供了良好的外部环境；第六，老挝与中国关系越来越紧密，中国日益提升的国际

① 李培文．老挝执政党对宗教的认识和处理：上、下．共产党员，2006（7）（8）．

地位以及“一带一路”倡议为中老关系发展注入新活力，给老挝经济和社会发展带来了新契机。

同时，老挝仍然面临严峻的问题：第一，经济上，产业结构落后，工业基础薄弱，过多依赖农业，国有资产流失严重，国际收支不平衡，外债增多。第二，社会治安还存有隐患。苗人反政府武装不时从事各种破坏活动，严重影响老挝的国际形象和外国投资者的信心。第三，国民教育仍处于落后状况，尤其缺乏高素质人才。第四，贫富差距加大。第五，仍需大力改善落后的基础设施。虽然老挝的社会主义道路仍面临很多问题与挑战，但在老挝人民革命党的领导下，老挝的各项建设事业必将取得更大成就。

第三节　朝鲜、古巴的社会主义之路

一、朝鲜主体社会主义的理论与实践

1. 朝鲜民主主义人民共和国国情

朝鲜民主主义人民共和国位于亚洲东部朝鲜半岛北半部。北部与中国为邻，东北部与俄罗斯接壤，东临日本海，南接韩国。国土面积12.3万平方公里。境内多山，山地约占国土面积的80%。全国划分为1个直辖市、2个特别市和9个道。人口约2 500万（2021年）。全国为单一的朝鲜族，通用朝鲜语。

朝鲜半岛历史上属汉字文化圈。在中国古文献中，朝鲜既是地理概念，也是部族称谓。朝鲜，意为朝（zhāo）日鲜明。远古历史上曾有古朝鲜国。1392年，朝鲜半岛原高丽国权臣李成桂代高丽而兴，建立李朝，定国名为朝鲜，这便是近代历史上的朝鲜王朝。朝鲜1910年沦为日本殖民地。1945年8月，日本投降，朝鲜半岛光复。苏联和美国的军队分别进驻朝鲜北南两部，两国商定以北纬38°线为界南北分治。金日成率部从苏联回到朝鲜后，于1948年9月成立朝鲜民主主义人民共和国。金日成任内阁首相，1950年又兼任朝鲜人民军最高司令官。朝鲜建国后，首先进行土地改革，清除日本殖民统治的影响，完成民族民主革命任务，同时积极备战，以便在适当时候以武力解决半岛统一问题。1950年6月25日，朝鲜战争爆发，并迅速演变成一场局部性的国际战争。1953年7月，主要交战方签订停战协定，朝鲜半岛仍处于南北分裂状态。停战后，朝鲜人民在紧张的国际环境中艰难地开展社会主义建设事业。

朝鲜的执政党是朝鲜劳动党。1946年8月，朝鲜半岛北部的共产党与新民党合并为北朝鲜劳动党，同年11月，南部的共产党、新民党与人民党合并为南朝鲜劳动党。1949年6月，北朝鲜劳动党与南朝鲜劳动党合并成单一的朝鲜劳动党，金日成任中央委员会委员长（1966年改称总书记）。朝鲜劳动党现有党员400多万人，按人口比例计算是目前世界上最大的党。2012年4月，金正恩当选朝鲜劳动党第一书记。2016年5月，在朝鲜劳动党第七次代表大会上，金正恩当选新设立的朝鲜劳动党委员长。2021年1月，在朝鲜劳动党第八次代表大会上被推举为朝鲜劳动党总书记。朝鲜劳动党的指导思想是金日成提出的“主体思想”（2012年改称金日成-金正日主义），朝鲜式社会主义长期被称为“主体社会主义”。朝鲜采用主体纪年，以金日成诞生的1912年为主体元年。

除朝鲜劳动党外，朝鲜还有两个政党，即朝鲜社会民主党（原名朝鲜民主党，1945年11月成立，1981年1月改为现名，主要由中小企业家、商人、手工业者、农民和基督教徒组成）和天道教青友党（1946年2月成立，主要由信仰天道教的农民组成）。这两个党在朝鲜政治生活中所起的作用很小。此外还有祖国统一民主主义阵线、祖国和平统一委员会、金日成社会主义青年同盟等社会团体和组织。

朝鲜国家最高权力机关是最高人民会议，行使立法权。最高人民会议代表由选举产生，每届任期5年。最高人民会议常任委员会是最高人民会议休会期间的常设机构，现任委员长崔龙海（2019年4月当选）。国务委员会是朝鲜最高政策领导机关，由最高人民会议选举产生，对最高人民会议负责，任期5年，现任委员长金正恩（2016年6月当选，2019年4月连任）。内阁是国家最高权力的行政执行机关和全面管理国家的机关，任期也是5年，现任内阁总理金德勋（2020年8月当选）。

2. 从“主体思想”到金日成-金正日主义

朝鲜劳动党认为，“主体思想”发端于抗日战争时期。1955年底，金日成在劳动党宣传工作会议上提出了“克服教条主义和形式主义，树立主体”的问题。1965年4月，金日成在印度尼西亚共产党“阿里亚哈姆”社会科学院发表演说时，首次比较系统地阐述了“主体思想”的内涵。此后不久，“主体思想”成为朝鲜社会主义建设的指导思想。1970年11月，朝鲜劳动党五大规定，党的指导思想是把马克思列宁主义创造性地体现于朝鲜现实的“主体思想”。1972年12月通过的朝鲜社会主义宪法规定，朝鲜民主主义人民共和国以朝鲜劳动党的“主体思想”作为自己活动的指导方针。1980年10月召开的朝鲜劳动党六大通过的党章规定，朝鲜劳动党以伟大领袖金日成同志的革命思想——“主体思想”作为党的唯一的指导方针。可见，所谓“主体思想”，实际上就是金日成思想。

20世纪60年代，金日成将“主体思想”概括为：“思想上树立主体，政治上自主，经济上自立，国防上自卫。”思想上树立主体，就是要有自己是革命和建设的主人这样的自觉性，要有一切都以本国革命和建设为中心去思考与实践、用自己的智慧和力量去解决一切问题的观点和态度。政治上自主，就是要捍卫本国的民族独立和主权，依靠本国人民的力量，从本国革命和人民的利益以及本国的具体国情出发，独立自主地制定和实施政治路线与政策，在对外活动中行使完全的平等权和自主权，反对别国干涉，反对事大主义（侍奉大国）。经济上自立，就是要在经济建设中坚持自力更生原则，用现代技术“装备”经济，大量培养民族技术人才，牢固地建立自己的原料和燃料基地，避免对他国的经济依赖。国防上自卫，就是要用自己的力量建设强大的国防力量，来保卫国家的独立自主，保证本国免遭敌人的侵犯。到20世纪70年代，“主体思想”的内涵被进一步延伸为“以人为主的哲学”。按照金日成的解释：“人是一切的主人，人决定一切，这是主体思想的基础。”“世界上最宝贵的是人，最有能力的存在也是人。我们的一切工作都是为了人，这一切工作能否取得成就也取决于怎样做人的工作。”① “主体思想”就是要调动“人”的积极性、主动性，为“主体社会主义”服务。

---

① 金日成. 金日成文选（1968—1979年）. 北京：人民出版社，1982：188.

金日成是“主体思想”的提出者和主要阐释者，金正日则继承和发展了“主体思想”。金日成培养他的儿子金正日作为接班人。早在1973年，31岁的金正日就担任朝鲜劳动党中央书记，从1974年起主政朝鲜党、政、军日常工作。1991年12月，金正日任朝鲜人民军最高司令官。1993年4月，任国防委员会委员长。1994年，金日成以82岁高龄病逝后，金正日守孝三年，1997年，任朝鲜劳动党总书记。金正日把“主体思想”进一步系统化，使其形成“主体的思想、理论、方法的完整的体系”，并称之为金日成主义。他认为：“金日成主义是同马克思列宁主义有区别的独创的革命思想。”① 金正日认为，马克思主义对社会主义制度建成后如何继续进行革命，如何建设社会主义、共产主义等问题，没有做出正面的解答，没有把建设社会主义、共产主义的具体途径作为面临的任务提出来，而“主体思想”则解决了这一历史性课题。他强调：“在许多国家，社会主义执政党瓦解了，社会主义制度推翻了，这一沉痛教训要求我们进一步深入领会我们党的主体的党的建设路线的正确性，更加有力地开展贯彻这一路线的斗争。”② 1998年，朝鲜最高人民会议通过的新宪法继续将“主体思想”规定为朝鲜的指导思想。这表明，金日成去世后的朝鲜仍然继续坚持“主体思想”。

2011年12月，金正日逝世，其子金正恩继掌朝鲜大权。金正恩于2012年4月6日发表文章《竭诚拥戴伟大的金正日同志为我们党永远的总书记，出色地完成主体革命事业》，代表朝鲜劳动党宣布：朝鲜劳动党的指导思想更改为金日成-金正日主义。2012年4月11日召开的朝鲜劳动党第四次代表会议通过了《关于修订朝鲜劳动党章程》的决议，确认了金日成-金正日主义作为朝鲜劳动党的唯一指导思想的地位。2016年5月举行的朝鲜劳动党第七次代表大会强调朝鲜全社会的金日成-金正日主义化是朝鲜劳动党的最高纲领，认为朝鲜革命进入了高举伟大的金日成-金正日主义旗帜，全面实现人民自主的理想和愿望的历史性阶段。2021年1月召开的朝鲜劳动党第八次代表大会对金日成-金正日主义进行了明确、全面的阐述，指出金日成-金正日主义是“以主体思想为基础、全面加以体系化的革命和建设的百科全书，是真理性和生命力在实现人民群众自主性的实践斗争中得到科学验证的革命思想”，是劳动党“永恒的指导思想”，党的最高纲领就是“实现全社会金日成-金正日主义化”。

3. 朝鲜式社会主义建设与改革的基本状况

在“主体思想”指导下，朝鲜劳动党领导人民展开了社会主义建设和改革的探索，有成就也有挫折。几十年来，朝鲜的“主体社会主义”正在曲折地发生多方面的变化。

（1）经济建设的探索。

社会主义制度在朝鲜建立后，朝鲜逐步确立了“经济主体”思想，形成了生产资料全民所有制，建立了计划经济体制，基本上还是照搬苏联模式。“经济主体”思想由金日成在1956年12月提出。在这一思想指导下，朝鲜形成了又“大”又“公”的生产资料全民所有制，确立了计划经济理论在国家经济理论中的支配性地位，并建立了过度集中的计划经济体制，由国家统制一切经济要素，实行国家计划的“一元化和细部化”。“一元化”，

① 肖枫．社会主义向何处去：冷战后世界社会主义运动大扫描：上卷．北京：当代世界出版社，1999：388.

② 金正日．进一步促进社会主义建设．平壤：外国文出版社，1993：165-166.

即把分布在全国的计划机关组成一个计划体系，在国家计划委员会统一领导下工作，保障计划的统一性。“细部化”，即要求每个基层生产单位的计划指标必须和整个国家的计划相衔接，与整个计划形成有机的统一体。如 1958 年 8 月完成农业合作化任务后，朝鲜建立了专门的国家（中央农业委员会）及地方（道农村经济委员会、郡合作农场经营委员会）农业领导机构来逐级领导农业工作。1957 年，朝鲜开始实行第一个“五年计划”。1958 年 9 月，朝鲜开始在全国开展千里马运动。1959 年，朝鲜劳动党四大把千里马运动确定为党的社会主义建设总路线。1961 年，朝鲜又转而开始执行第一个“七年计划”（1961—1967 年）。在特定时期内，高度集中的计划经济体制在医治战争创伤、改变朝鲜经济落后面貌等方面发挥了积极作用，如 1960 年朝鲜的国民生产总值仅为 46 亿美元，人均国民生产总值为 438 美元，而到 1975 年，这两项经济指标分别上升为 158 亿美元和 994 美元，分别增长了约 243%和 126%。这一时期，朝鲜为国民提供几乎免费的吃、穿、住等，并提供免费医疗、教育等。

20 世纪 80 年代后，高度集中的计划经济体制的弊端日渐显露，朝鲜经济面临不少困难。在这种情况下，朝鲜开始逐步改革，主要是：在坚持计划经济的同时，在部分领域逐步引入一定规模的市场经济因素，逐步放松对经济要素的绝对统制，发展一定程度的私有经济，以促进整个经济的发展。这在农业、工业方面都有所表现。

第一，农业上由“分组管理制”到“分组承包制”再到“家庭营农制”的转变。1962 年初，朝鲜把农业合作社改为合作农场，合作农场内实行“分组管理制”，即将一定数量的土地、耕牛、农机具和劳动力等固定给不同的“组”，按照国家计划来制定“组”的生产计划，并以“组”为单位确定分配份额。国家对粮食实行统购和配给，不允许私人参与。严格限制农贸市场，禁止私人进行农产品贸易。20 世纪 80 年代末以来，一系列严重的自然灾害严重削弱了朝鲜农业的生产能力。1993 年的冻灾，1994 年的冰雹袭击，1995 年和 1996 年连续两年的特大水灾，1997 年的旱灾、海啸、台风，以及 1998 年的霜冻等，这一系列天灾致使朝鲜的农作物大面积减产、损失，粮食年产量尚不足 20 世纪 80 年代的一半，使得朝鲜面临严重的粮荒。20 世纪 90 年代，朝鲜的粮食年产量一直徘徊在 300 万～400 万吨，距离所需至少还有约 200 万吨的缺口。农业生产能力的下降和粮食的匮乏，给朝鲜国民经济的正常发展、国家的政治稳定、“主体思想”的权威性带来了严重的消极影响。由于粮食饥荒，学生在校率急剧下降，一度仅维持在 20%左右。为了提高农业生产能力，解决粮食问题，朝鲜提出了“农业第一主义”战略，开始对农业进行改革，实行“分组承包、合理计划、超产自留、余粮可卖”的措施。这些措施在一定程度上克服了“组”无分配权、超产只能多得工分的弊端，一定程度上调动了农民的生产积极性。2001 年开始，朝鲜进而在一些农村推行以家庭为单位的“家庭营农制”，即把各“组”的成员减少到以家属、亲属为基本组成单位的 5～8 人，以更广泛地调动农民的生产积极性，提高生产效率。2002 年开始，朝鲜又推行了以调整粮价为中心的新的农业改革。长期以来，朝鲜对粮食统购统销，实行以国家财政补贴为支撑的低价收购、低价销售的做法。这种做法不仅加重了国家的财政负担，也不利于调动农民生产粮食的积极性。粮价改革改变了朝鲜传统的粮食购销价格体系，按照实际价值，大大提高了粮食的收购和销售价格，使广大农民得到了实惠，调动了他们生产粮食的积极性。此外，朝鲜政府还推行了其他一些配套措施，以促进农业经济的发展。上述农业改革措施一定程度上推动了朝鲜农业的发展，特别是促进了粮食产量的增加。虽然粮食的增产仍不能满足国内需求，但已经有所缓解。特别是朝鲜推行的各种农作物“革命”，如“土豆革命”，仅 2000 年就生产土豆 400 多万吨，这些土豆作为“代替粮”，在一定程度上缓解了粮食的短缺。近年来，农业始终是朝鲜重点发展的领域之一。朝鲜在继续推行原有农业发展和改革措施的同时，也在尝试推行新的改革措施。但由于多方面的原因，很多措施并未真正推行。金正恩在 2013 年新年贺词中再次提出，要把国家的力量集中于农业，提高农业生产科学化、集约化水平。朝鲜在部分合作农场试点推行新的“分组管理制”，缩小分组的规模。农民被允许将超出生产配额的部分进行自由支配。近年来，金正恩一再强调坚持“人民群众第一主义”，尊重人民迫切的生活需求和意愿。在这一思想指导下，朝鲜农业改革稳步发展，取得了一定成效。2021 年 6 月，劳动党八届三中全会强调搞好农业生产是朝鲜党和国家要最重视、最优先解决的任务，要求集中全党、全国力量保障农业生产。2021 年 12 月召开的劳动党八届四中全会进一步提出了推动乡村振兴的中长期发展战略。

第二，工业领域谨慎地尝试突破计划经济体制。冷战时期，受苏联模式经济发展战略的影响，承受外部的强大压力，朝鲜非常重视重工业，实行以重工业为主导的发展战略。在工业管理模式方面，1961 年 12 月，金日成在参观一家电气制造厂时提出了指导工业发展的“大安工作体系”。在这种模式中，建立了集中统一的生产指导体系，“以党委员会为每个经济单位的最高领导机关，在企业管理中建立了党委员会的集体领导体系”，“党建立了统一而集中的生产指导体系”[①]，统一领导生产，并建立了自上而下的原材料供应体系和全面负责职工生活的后勤供应体系。这实际上使得国营企业与集体企业成为国家的附属，成为只是实现国家计划的生产单位，缺乏基本的自主权。从此，“大安工作体系”成为朝鲜工业系统中模范的、主导的模式而在整个工业系统推广。这一工业发展战略和工业管理模式在特定时期曾一定程度上为朝鲜社会主义建设提供了支持，但其弊端也随着建设的深入不断暴露出来。自 20 世纪 90 年代起，朝鲜逐渐改变为推行“双行线”的工业化战略，即一方面使重工业部门合理化，另一方面扩大轻工业的生产基础，增加对轻工业的投资，提出了“轻工业第一主义”战略。目前，重工业和军事工业仍然在朝鲜工业发展战略中占据主导地位。1998 年宪法修正案规定，在经济管理方面，国家将实行企业独立核算制度。其目的是使企业自负盈亏，以调动企业的生产积极性，并首次提出了盈利的概念。朝鲜还改革了价格体制和工资制度。1997 年，朝鲜颁布了《价格法》，1999 年，制定了《人民经济计划法》，开始推行以价格为导向的经济政策。2002 年 7 月，朝鲜实施了以“扩大奖励制度”、“废除配给制度”和“改善双重价格制度”等为核心内容的价格改革。这次价格改革的力度很大，各种生活日用品普遍涨价，大米的收购价格由过去的每公斤 0.6 朝元（1 美元约合 2.2 朝元）提高到 40 朝元，而销售价格则由每公斤 0.8 朝元提高到 43 朝元。与此相适应，工资也相应地提高，工资涨幅最大的是教育、科研工作者以及厂矿企业的一线职工，如大学一般教授在收入提高后工资平均可达 4 000～5 000 朝元，如果拥有博士学位或院士头衔，更可达到

① 金日成. 关于人民政权的建设（2）. 平壤：外国文出版社，1978：333.

7 000～8 000 朝元，一般工人工资平均可达 2 000～2 500 朝元，较收入提高前增长了 15～20 倍。2009 年 11 月 30 日，朝鲜政府突然宣布实施货币改革，启用新货币，原有货币停用，进行新旧货币兑换活动。不同于世界各国通行的货币改革措施，朝鲜的货币改革有强烈的“朝鲜特色”。第一，朝鲜政府规定现金兑换率为 100∶1，即 100 元旧币兑换为 1 元新币，15 万元以下银行存款的兑换比率为 10∶1，超过 15 万元的银行存款的兑换比率为 1000∶1。对于持有旧币的外国人，可以持本人护照和常住证明兑换新币，兑换比率为 100∶1。第二，严格限制兑换的时间和额度，规定兑换时间为 2009 年 11 月 30 日至 2009 年 12 月 6 日，每户居民兑换的上限为 10 万旧币，后因民众抗议又将兑换限量增至 15 万旧币，并最终限制在 50 万旧币以内。第三，强制存款并限制存款额度，即每户居民超过兑换上限的现金必须存入银行，并将存款额度的上限规定为 30 万元，后又改为 300 万元，对于超额部分，只要说明原因，就允许以全额兑换的形式存入银行。第四，禁止直接使用外币，外币需要兑换成朝鲜货币才能使用，这项措施因为遭受重重阻力而被迫取消。这是朝鲜自 1947 年以来第五次更换货币。朝鲜这次货币改革有抑制通货膨胀和打击黑市交易的双重目的，但事与愿违，它不仅没有达到预期目标，反而引发了更严重的通货膨胀和黑市交易，并导致一些民众的恐慌和不满。之后，朝鲜政府采取了一系列补救措施，但并没有完全消除民众的恐慌和不满情绪，造成了一定的社会混乱局面。

2018 年 4 月，朝鲜劳动党七届三中全会确立了“集中全力搞经济”的国家发展新战略路线。党的八大在制订未来五年发展计划时明确指出，“集中力量抓好经济发展的中心环节，搞活整个国民经济，奠定改善人民生活的牢固平台，就是国家经济发展五年计划的总方向”。这表明党的七届三中全会以来“集中全力搞经济建设”的新战略路线会继续得到贯彻执行。2012 年以来，朝鲜国内的市场经济因素明显增多，按照市场经济方式运营的企业越来越多。朝鲜政府对市场经济因素也更加“宽容”，允许部分地区的企业在保证国家供应定额的前提下，将多余产品在市场上销售以获利，同时允许职工分享这部分赢利。朝鲜还尝试将一些优质资源从计划经济体制剥离出来，按照市场经济的路子进行管理、开发。此外，为了解决能源短缺问题，朝鲜加大了能源领域的开发和技术改革力度，当前主要是以水力资源开发为中心，积极促进煤炭资源开发，并有效结合风力、地热、太阳能等资源开发。

（2）科技文化领域的创新。

“主体思想”强调要用现代技术“装备”经济，要大量培养民族技术人才。冷战期间，朝鲜对科学技术的重视主要体现在发展相关的农业、工业技术方面；冷战结束后，则突出地表现在重视信息技术的发展上。面对全球范围内新一轮科技革命大潮，朝鲜多次表示，要依靠科学技术振兴国家。1990 年 10 月，朝鲜建立了国家计算机中心，1996 年，该中心直属内阁管理。1996 年，朝鲜独立开发和建立了全国性的“光明科技网”，该网络覆盖面广，兼容性强，功能强大且使用方便。朝鲜还自主开发了英、法、德、日、中、俄、朝七种语言即时翻译系统，这是目前世界上语种最多的电脑翻译系统，共包含 200 多万个词条。近年来，朝鲜在全国所有具备条件的中学开设了计算机课程，在大部分大学开设了计算机系，金日成综合大学、金策工业综合大学等高校还成立了力量相对强大的信息技术研发中心，专门培养计算机人才的“计算机专科学校”也应运而生。同时，为了紧跟世界步伐、发展计算机技术，朝鲜积极寻求海外合作，已与中、日、韩、俄等 10 多个国家开展了良好的学术交流和研发合作。目前，朝鲜的信息技术和信息产业整体上尚不发达，面临着很多困难，但只要政策得当，不懈努力，完全有可能实现跨越式发展。此外，朝鲜在航天和核技术研发方面也取得了较大进展。

朝鲜重视文化教育。“主体思想”重视人才，这也是建设朝鲜式社会主义强盛大国的智力保证，即使在国家经济困难的境况下，朝鲜也不遗余力地发展教育事业。1956 年，朝鲜开始实施普遍的初等义务教育制；1958 年，实施普遍的中等义务教育制；1967 年，实施普遍的九年制技术义务教育制；1975 年，实施普遍的十一年义务教育制。2012 年 9 月，朝鲜发布了实施普遍的十二年义务教育的法令。经过几十年的发展，朝鲜的文化教育事业获得了快速的发展，到 2022 年初，朝鲜几乎所有的劳动者都具有中学以上文化水平，在全国劳动人口中，平均每 6 个人中就有 1 名专业技术人员，这样的教育水平在世界范围内也是一流的。虽然由于种种原因，普及教育的效果暂时没有凸显，但这将为朝鲜未来建设和改革储备丰富的人力资源。

（3）军事和安全能力的强化。

冷战期间，虽然有苏联等社会主义国家的军事支持与援助，但朝鲜半岛南部存在的强大且日益现代化的军事力量仍让朝鲜感觉到很大的压力。同时，在朝鲜半岛，统一是长久的话题，无论朝鲜还是韩国，都没有放弃统一的最终目的。强大的外部军事压力以及统一朝鲜半岛的不懈动力，促使朝鲜始终保持强大的军事力量，推行“先军政治”，把军队建设提高到最重要的位置，全力发展军事力量。1998 年，朝鲜提出了以军事为中心的社会主义强盛大国战略。金正恩主政后，虽有强化党政权力、淡化军方权力的迹象，但不会从根本上改变军队在朝鲜的巨大影响力，朝鲜重视军队建设的立场也不会改变。朝鲜目前仍实行普遍义务兵役制，并保持较高的军费开支。朝鲜的正规军约 110 万人，按人口比例计算，是世界上相对数量最多的国家军队之一。朝鲜也不断强化全民武装化、全国要塞化，大幅增加预备役军事力量，加强战备物资的储备等。朝鲜还将开发核武器作为重要的安全筹码。20 世纪 90 年代初，朝鲜核问题开始引起国际社会的关注。1993 年和 2003 年，朝鲜以国家安全为由，先后两次宣布退出其于 1985 年底加入的《不扩散核武器条约》。2006 年 10 月，朝鲜进行了首次核试验，并正式宣布成为有核国家。朝鲜同时宣布，本次核试验是“百分之百”依靠自己的技术进行的，这也是贯彻其所倡导的“要用自己的力量建设强大的国防力量”的“主体思想”。朝鲜迄今已进行过六次被证实的核试验。2018 年 4 月，朝鲜决定停止核试验。国际社会虽然进行了艰苦努力，却至今未能破解朝核问题的困局。

（4）对外交往空间的拓展。

冷战时期，朝鲜外交的主要对象国是社会主义国家及发展中国家，20 世纪 50 年代，朝鲜即与苏联、中国等社会主义国家结成了同盟关系，而同美国、韩国、日本等国家的关系基本处于“隔绝”和敌对状态。冷战结束后，朝鲜调整了对外政策，在继续发展同中国、越南、古巴、老挝等社会主义国家传统关系的同时，本着自主、和平、友谊的原则，奉行全方位外交政策，积极发展同西方发达国家以及韩国、东盟等周边国家和发展中国家的关系。2000 年以来，朝鲜与意大利、澳大利亚、菲律宾、英国、荷兰、比利时、西班牙、加拿大、德国、卢森堡、希腊、巴西、新西兰、科威特、阿联酋、危地马拉等国建交或实现关系正常化。2000 年 7 月，朝鲜成功加入东盟地区论坛，成为它的第 23 个成员。2001 年，朝俄签订睦邻友好合作条约。2001 年，朝鲜与欧盟建交。目前朝鲜已同 160 多个国家建立了外交关系。

中国和朝鲜自古以来就是唇齿相依的友好邻邦。1949 年 10 月，中朝两国正式建交。1950 年 6 月，朝鲜战争爆发。在美军越过三八线北进、中国人民面临战争威胁的情况下，应朝方请求，中国派志愿军入朝参战。中国人民志愿军与朝鲜军民并肩浴血奋战。1953 年 7 月停战后，中国积极援助朝鲜战后经济恢复建设。1961 年 7 月，两国签署了《中朝友好合作互助条约》。中朝两国在政治上长期保持着传统的友好合作关系，两国党和国家领导人经常往来。朝鲜领导人金日成生前数十次访华，金正日生前八次访华，中国领导人也曾多次访问朝鲜。进入新世纪以来，两国本着继承传统、面向未来、睦邻友好、加强合作的精神，不断探索新形式、开拓新思路、丰富新内涵，推动中朝关系全面深入发展。在双方共同努力下，中朝关系在 2018 年掀开了新的历史篇章。朝鲜最高领导人金正恩于 2018 年 3 月首次访问中国后，在不到一年的时间四次访华。2019 年 6 月，中共中央总书记，中国国家主席习近平应邀对朝鲜进行国事访问。最高领导人互访展示了两党、两国的密切关系。在冷战时期，中国在经济上对朝鲜提供了大力援助。冷战结束后，中国是朝鲜的主要贸易伙伴。双边贸易不断增长。2012 年以来，因联合国对朝鲜的贸易制裁等原因，中朝双边贸易也受到影响，但中国是朝鲜主要贸易伙伴的地位未改变。多年来，中国向朝鲜提供了力所能及的援助。中朝两国在军事、文化、教育、科技、体育等各个领域也都始终保持着较为密切的交流与合作。

冷战期间，朝韩两国关系是社会主义与资本主义国家中最敌对、最僵化的双边关系之一。随着冷战结束，1991 年，朝鲜和韩国同时加入联合国，两国关系开始出现缓和迹象。2000 年 6 月，韩国总统金大中访问平壤。双方实现了首次首脑会晤，并签署了《北南共同宣言》，宣言呼吁北南双方团结起来，自主地解决朝鲜半岛统一问题，并开展各个领域的交流与合作，以增进彼此的信任。随后，双方在经济、政治、军事以及民间文化等各个领域开始了频繁的对话、交流与合作。2000 年 8 月，双方实现了离散家属访问团互访。2000 年以来，朝韩实现了空中直航、海上直航和跨界公路通车，并于 2007 年 5 月实现了跨界铁路通车。2007 年 10 月，韩国总统卢武铉访问平壤，双方实现第二次首脑会晤，并签署了《北南关系发展与和平繁荣宣言》。宣言指出，双方将超越思想和制度差异，把双边关系转变为相互尊重和信任的关系。2007 年 11 月，朝鲜总理金英日率团访问首尔，双方举行首次总理会谈。此外，北南双方的人员互访频率也明显加大。但是，由于双方在朝核等问题上的僵局难以打破，双边关系的进一步发展受到阻滞并逐渐发生逆转。2010 年 3 月和 11 月相继发生的天安舰事件和延坪岛炮击事件使朝韩矛盾更加激化，双方关系也随之降至低谷。2013 年 2 月，朝鲜进行第三次核试验更使双边关系雪上加霜。2014 年以来，朝韩关系持续改善。2018 年 4 月，朝鲜最高领导人金正恩和韩国总统文在寅在板门店举行历史性会晤，并发表了《为实现半岛和平、繁荣和统一的板门店宣言》。2018 年 9 月，文在寅访问朝鲜，朝韩双方发表了《平壤共同宣言》。2019 年 6 月，文在寅陪同美国总统特朗普访问朝韩非军事区，在板门店同金正恩再次会面。朝韩双方还采取了一些实际行动来改善双边关系。

朝鲜的对外经济关系不断拓展。长期以来，“主体思想”强调要自力更生地发展民族经济，对外贸易要服从于国内经济发展。朝鲜对外贸易的两大基本原则是：第一，政府垄断性控制及管理下的对外贸易计划与执行的原则；第二，社会主义国家之间相互贸易优先的原则。实质上，朝鲜对外贸易额占国民生产总值的比例很低，如1988年朝鲜对外贸易额占国民生产总值的比率仅约8.7%。冷战结束后，朝鲜积极发展对外贸易，提出“贸易第一主义”战略。1998年7月，朝鲜同美国建立了旨在协调两国企业界投资和贸易合作的经济联合委员会。2000年以来，朝鲜同意大利、澳大利亚、新加坡、马来西亚、印度尼西亚等国都发展了经贸关系。与韩国的经贸关系也不断增强，2007年10月，朝韩签署的《北南关系发展与和平繁荣宣言》明确表示，将在互利共荣和互通有无的原则下继续扩大和发展经济合作，谋求民族经济的均衡发展和共同繁荣。为此，双方决定建立包括朝鲜海州地区在内的“西海和平合作特区”，并加快开城工业园区的开发，在东海岸的安边郡和西海岸的南浦市建立造船合作园区，同时推进农业、医疗卫生、环境保护等各领域的合作。为了顺利推进北南经济合作，双方决定将现有的“北南经济合作促进委员会”升格为副总理级的“北南经济合作共同委员会”。到2022年初，朝鲜已经同100多个国家和地区建立了经贸关系，主要贸易伙伴是中国、韩国、日本及广大发展中国家。朝鲜于1992年颁布了《外国人投资法》、《外国独资企业法》和《合作法》，1993年以来又颁布了《自由经济贸易区法》《外汇管理法》《外国投资企业及外国人税收法》等20多部法律，并积极推进“自由经济贸易区”、“保税区”和“经济特区”建设。到2012年，朝鲜已同28个国家签订了投资奖励与保护协定，与15个国家签订了防止双重征税协定。1996年9月，朝鲜将罗津—先锋作为自由经济贸易区向世界开放。1997年10月，朝鲜在元山、南浦、海州、新浦等沿海城市建立加工和贸易保税区，在这些地方降低外商所得税，并计划在一些港口和内陆城市设立经济特区。2002年9月，朝鲜将新义州设为特别行政区，并颁布了《新义州特别行政区基本法》。2002年11月，朝鲜加大了开城的开放力度，制定了《开城工业地区法》。同年11月，朝鲜宣布，金刚山地区为免税特别旅游区，正式对外开放，允许外国人到该地区旅游、投资，并可享受免税待遇。2010年1月，朝鲜将位于中、朝、俄接壤处的罗先市升格为特别市，并修订了《罗先经济贸易地带法》，放宽了外国企业进入该市的审批手续。同年3月，成立了政策性和商业性相结合的国家开发银行，负责筹措资金，为发展朝鲜与他国的经贸和金融关系服务。此外，为进一步吸引中国资金，朝鲜决定同中国共同开发鸭绿江边的黄金坪岛和威化岛。2012年8月，中朝正式签署了黄金坪和威化岛合作开发协议，成立了由中方人员担任主任的“黄金坪和威化岛经济区”管委会，对两岛实施“共同管理、共同开发”，力图借助中国资金促进两岛开发，并发挥经济辐射效果，带动区域经济发展。朝鲜为此专门制定了《黄金坪和威化岛经济区法》。2012年以来，朝鲜重视经济开发区建设。2013年5月，颁布了《经济开发区法》，并在全国范围内设置了十多个经济开发区，目的是吸引更多外资，带动国内经济的发展。此外，朝鲜越来越重视并不断加强对外经济合作，特别是与一些“友好国家”的经济合作。不过，总体上看，由于国内投资环境尚不理想，外国人在朝投资还较少。

4. 朝鲜式社会主义建设与改革的前景

金正日主政朝鲜后，坚定地走“朝鲜式社会主义”道路，带领人民进行“苦难行军”，并提出建设“社会主义强盛大国”的战略目标。金正恩主政朝鲜后多次强调，要继续为实现这一战略目标而努力。金正恩主政朝鲜后提出，经济强国建设是朝鲜在社会主义强盛国家建设中面临的最重要任务，把实现这一目标视为朝鲜今后的重点工作之一。2021年1月召开的朝鲜劳动党八大对朝鲜社会主义建设进行了新的部署。金正恩在大会闭幕总结时特别强调，必须实行艰苦斗争以执行新的国家经济发展五年计划，建设社会主义经济是朝鲜今天最重要的革命任务。朝鲜式社会主义建设与改革走向何方成为很多人关注的焦点。

朝鲜式社会主义建设与改革受到一系列因素的影响。有利的因素主要体现在：朝鲜位于亚欧大陆的东北部，与中国、韩国、俄罗斯等国相邻。东北端有不冻港罗津港，西海岸的南浦港是朝鲜最大的国际贸易港。随着朝韩空中、海路、公路、铁路的开通，朝鲜的地理条件优势更明显。中国、俄罗斯的资源，韩国、日本的资金和技术，可以便捷地到达朝鲜。联合国的图们江区域开发计划为朝鲜的进一步改革和发展提供了契机。朝鲜具有一定优势的科学技术、整体上普及的基础教育和相对发达的高等教育。“主体思想”（金日成-金正日主义）形成了统一的思想和意志。相对稳定的政局可以为朝鲜社会主义建设与改革提供一定的保障。近几年来，朝鲜对中国改革开放的评价趋于客观，并积极研究、学习、借鉴中国改革开放中的某些经验。新义州、罗先等特区已陆续运营，可以在朝鲜的建设与改革中发挥某种试验和示范作用。从金正恩当政后的各种表态看，他似有推进朝鲜改革开放的动力和较大意愿。

朝鲜式社会主义建设与改革也面临诸多制约因素。过度集权的政治经济文化体制对朝鲜社会主义建设与改革的消极影响不容低估。金日成按照斯大林模式实行的个人集权制、职务终身制、指定接班人制、个人崇拜制、以党代政制等都没有变革。朝鲜领导人认为根据朝鲜国情，采取指定血统接班人最可信赖。这种体制要经受长期实践的考验和检验。朝鲜党内民主和人民民主有待进一步发展和完善。同时，以备战为第一目标的发展战略，在增强军事力量、提升国防能力的同时，将大量有限的国家财政收入投到国防上去，客观上造成了国家其他方面的投资不足。目前朝鲜仍然面临复杂的外部环境，在与美国、韩国、日本等国家的关系没有取得根本性突破的形势下，朝鲜式社会主义建设与改革任重而道远，必然只能谨慎地前行。

二、古巴社会主义建设的理论与实践

1. 古巴共和国国情

古巴共和国位于加勒比海西北部，由古巴岛、青年岛等1 600多个岛屿组成，总面积109 884平方公里，是西印度群岛中最大的岛国，自然资源丰富。古巴这个名称源于古巴岛上的一个村落的地名，它得名于印第安人历史上一位英勇善战的领袖的名字，另说古巴在当地印第安人语言中就是“地区”之意。古巴东南西北分别与海地、牙买加、墨西哥、美国隔海相望。人口1 118.2万（2021年）。全国划分为15个省和1个特区（青年岛）。古巴是世界上种族最为复杂的国家之一，其中白种人占66%，混血种人22%，黑种人11%，黄种人1%。大多数居民信奉宗教，主要有天主教、基督教新教、古巴本土宗教等。官方语言为西班牙语。

古巴历史上先后被西班牙、美国等国占领，经历了极其漫长的殖民主义时期。古巴人民为自身的独立与解放进行了持续不断的斗争。1492年哥伦布发现古巴后不久，西班牙便开始了对古巴的征服与殖民统治。1762—1763年，古巴还曾一度被英国占领。1868年和1895年，古巴先后爆发两次独立战争。1895年，古巴革命党领袖何塞·马蒂发动反对殖民主义的武装起义。正当古巴独立战争即将取得全面胜利之时，美国势力乘虚而入。美国1898年对西班牙战争胜利后占领古巴，1902年扶植成立“古巴共和国”，1903年强租古海军基地两处，其中关塔那摩海军基地迄今未还。美国扶植的“古巴共和国”徒有其名，历届政府几乎都受美国控制。美国在1906—1909年、1912年、1917—1922年多次对古巴内政肆意干涉，甚至实施军事占领。

1952年3月，古巴独裁者巴蒂斯塔在美国支持下通过政变上台，建立亲美政权后，加强反动统治。青年革命家菲德尔·卡斯特罗（1926—2016）于1953年7月26日发动武装起义，掀开了古巴人民武装夺取政权的序幕。起义失败后，卡斯特罗被捕并被判刑，后流亡墨西哥。1955年，卡斯特罗等人创建革命组织“七·二六运动”，翌年12月回到古巴，在马埃斯特腊山地区建立革命根据地，坚持武装斗争。1959年1月，卡斯特罗领导的革命军队推翻了巴蒂斯塔独裁政权，建立了民主革命政权。革命胜利后，美国对古巴采取敌视甚至入侵颠覆政策，而苏联等社会主义国家则对古巴的新生政权给予了热情支持。在这一背景下，1961年4月，古巴在粉碎了美国雇佣军入侵吉隆滩后，正式宣布古巴革命是社会主义性质的革命，是一场贫苦人所有的、由贫苦人进行的、为了贫苦人的社会主义民主革命。古巴遂成为拉丁美洲乃至西半球唯一的社会主义国家，也是国际共运史上第一个由民主主义政党领导走上社会主义道路的国家。

根据2019年4月颁布实施的新宪法，全国人民政权代表大会是古巴最高国家权力机构，每届任期5年，每年举行两次例会。国务委员会为全国人大常设机构，国务委员会主席、副主席由全国人大主席、副主席兼任。共和国主席是国家元首，国家主席由全国人大选举产生，任期5年，可以连任一届。现任国家主席是迪亚斯-卡内尔。部长会议为古巴最高行政执行机构，由总理、副总理、各部部长和秘书长等人组成。总理、副总理、部长和秘书长由总统提名，全国人大通过。部长会议成员，最高法院、最高检察院及选举委员会成员均不得担任国务委员会成员。

古巴共产党是古巴唯一的合法政党。1961年之前，古巴存在着三个革命政党。其一是1925年8月成立的古巴共产党，它于1940年同革命联盟党合并，成立共产主义革命联盟，1944年改名为人民社会党。人民社会党曾在巴蒂斯塔首任总统期间参政，主张以和平方式恢复宪政，反对搞武装斗争。该党于1957年开始改变态度，支持卡斯特罗的武装斗争。其二是代表学生的革命组织“三·一三革命指导委员会”。该组织1955年底成立时原称革命指导委员会，后为纪念1957年3月13日攻打总统府的革命行动改名为“三·一三革命指导委员会”。其三是前述卡斯特罗领导的“七·二六运动”。1961年7月，“七·二六运动”、“人民社会党”和“三·一三革命指导委员会”三个组织合并成“古巴革命统一组织”，1963年5月，更名为“古巴社会主义革命统一党”，1965年10月，又改称“古巴共产党”。从1961年三党合并到2011年古共六大，一直由菲德尔·卡斯特罗任党中央第一书记，他的弟弟劳尔任党中央第二书记。在2011年4月召开的古共六大和2016年召开的古共七大上，劳尔当选为古共中央第一书记。在2021年4月召开的古共八大上，迪亚斯-卡内尔当选为古共中央第一书记。据统计，古共八大召开时党员人数超过 70 万。

2. 苏东剧变前古巴探索社会主义道路的曲折历程

20 世纪 60 年代初，古巴急于改变过去落后的经济模式，过渡到共产主义，宣布在短短几年内“就能把古巴人民的生活水准提高到美国人和俄国人之上”①。为此，在经济结构方面，古巴提出迅速工业化和农业多样化的主张，力图在短期内改变经济结构长期以蔗糖业为主的单一局面，受挫后重新把蔗糖生产放在优先地位，但不切实际的生产高指标，造成国民经济比例严重失调，经济状况恶化。在经济体制方面，采用高度集中的计划经济，实行否定商品货币作用的簿记登记制。在社会领域实行高福利政策，免费和补贴政策几乎覆盖了从教育到医疗、从社会娱乐到生活食品补贴的社会生活的方方面面，而且力度较大。如免除各级各类学校费用和学生的食宿交通制服费用；所有病人不仅看病和住院治疗免费，还免除包括陪床人员在内的食宿费；国家还对食品进行补贴，工厂免费提供午餐；等等。这些政策严重超出了古巴经济与财力的限度。政治领域推行直接民主模式，如举行全民性群众集会，对革命政府颁布的各种重要法律草案组织全民性讨论，群众组织和社会团体直接参与法律的制定和国家重大政策的实施，等等，为广大工人和农民的参政提供了前所未有的机会，但因领导不得力而往往流于形式。总之，冒进和理想主义的模式给古巴当时的建设造成了严重危害。

从 20 世纪 70 年代开始，古巴逐渐抛弃主观主义，实施经济、政治各方面改革，基本上确立了“经济领导和计划体制”与“人民政权”政治体制。经济上，古巴纠正了 20 世纪 60 年代许多过激的做法，提出“把目前的发展程度提高到东欧国家的水平，实现生产结构的合理化和国际经济合作的一体化和专业化”的战略目标。1972 年，古巴加入经济互助委员会，同苏联签订到 1980 年的长期经济协定，初步实现了同苏东国家的经济一体化。与此同时，还提出了 1973—1975 年的三年经济计划。在 20 世纪 70 年代前五年中，古巴年经济增长率达到 16.3%。1976 年，古巴正式提出“经济领导和计划体制”方案，实施第一个五年计划（1976—1980），要求国家通过各级的计划和规划进行财政控制。企业作为基本核算单位，可自筹资金，扩大经营自主权，发挥价值规律作用，利用信贷、利润、物价、预算和税收等市场手段来调节经济。此外，政府还加快了农业合作化进程，大力进行智力投资，开办经济管理学院培训干部。但是，由于国际糖价暴跌，收入减少，指标偏高，不易完成，新体制在推行过程中又遇到各种困难，因此这一计划的执行情况并不理想，年增长率并没有达到预定的 6%，仅为 4%。到 20 世纪 70 年代末，古巴经济再次面临困难。政治上，1970—1977 年，古巴仿照苏联模式对政治体制进行改革，初步建立了人民政权体制。其主要措施有：（1）完善党组织，召开古共代表大会。古共于 1965 年成立后一直没召开代表大会，到 1975 年古共才召开一大，大会通过了党纲、党章、社会主义宪法草案、第一个五年计划，选出新的政治局、书记处和中央委员会，完善了党的职能和机构，卡斯特罗兄弟当选为古共中央委员会第一书记和第二书记。（2）改革政治机构。首先，成立部长会议执行委员会，增设副总理职位。卡斯特罗兄弟担任总理和第一副总理。其次，制定新宪法，完善国家行政机构。古巴革命胜利后 1959 年颁布的《根本法》

① 肖枫，王志先. 古巴社会主义. 北京：人民出版社，2004：66.

一直起着共和国宪法作用，该法规定古巴实行总统制，由多尔蒂科斯担任总统，卡斯特罗任政府总理。1976年2月，全民投票通过了新的宪法，古巴取消总统制，实行人民政权代表大会制。同年12月召开由选举产生的国家权力机构——全国人民政权代表大会；选出国务委员会作为代表大会闭会期间的常设机构，其主席同时主持部长会议，也是武装部队最高统帅，卡斯特罗当选国务委员会主席和部长会议主席，成为国家元首兼政府首脑，同时为最高武装统帅和中央委员会第一书记，集党、政、军、国大权于一身。（3）对武装部队进行重大改组。1973年，全部民兵转入预备役，并三次颁布新军衔制，军队日益正规化。（4）恢复和加强工会、青年、妇女、学生、小农和保卫革命委员会等群众组织，使其作用得到加强。20世纪70年代，古巴经济政治制度化的过程实际上更接近苏联模式。这种做法使古巴在美国的威胁下得以生存和发展，同时也使古巴严重依赖苏联。

1980年12月，古共召开二大，通过了第二个五年计划。20世纪80年代前半期，古巴执行了一系列“新经济政策”，全面推行经济领导和计划体制。1980年，开放农民自由市场，实行新的工资制度；1981年，开放农副产品贸易市场，改革价格制度，减少物价补贴，并取消一些免费服务项目；1982年，颁布《外国投资法》，有限度地实行对外开放。然而，20世纪80年代中期以后，古巴国际国内情况都发生了变化。国际上，大多数社会主义国家纷纷进行改革，苏联对古巴出现疏远迹象，美国在加勒比地区则采取进攻性姿态。古巴领导层认为，造成古巴困难的原因，既有国际因素的影响，也有新经济体制本身的问题。因此，必须重新对新体制进行审视，纠正偏差。1986年2月古共三大通过的党纲认为古巴正处于全面建设社会主义时期。大会闭幕不久，4月19日，在纪念吉隆滩战役胜利25周年的纪念集会上，卡斯特罗提出要在全国掀起一场纠正错误和不良倾向的进程即纠偏进程，宣布：（1）关闭农民自由市场，恢复国家统购统销制。（2）实行增收节支政策。从1987年起在全国范围内实行削减政府开支、取消机关工厂免费用餐制度，提高乘车和平行市场中商品价格等27项措施。（3）整顿经济秩序，严惩腐败行为和经济犯罪。纠偏运动虽然取得一定成效，但由于完全取消了私人经济等原因，经济缺乏活力，年平均增长5%的指标没有达到，经济增长速度还有所下降，外欠债务约合300多亿美元。

总体来看，古巴独立后到苏东剧变前的30年间，国民政治经济体系逐步形成，公平分配原则基本实现，社会保障制度也不断完善。但是，由于这一时期的建设主要是效仿苏联模式，因此也存在弊端，如急于建成社会主义、经济过度集中、管理机制不健全等。另外，为适应与苏东经济一体化，古巴接受苏联的分工和对口合作，使古巴畸形的单一经济——蔗糖经济一直不能改变；农业也相对落后，对苏东国家的依赖较为严重，苏联各种援助达到古巴国内生产总值的近30%；对外经贸关系过于单一化，与苏东国家的对外经济额占其对外贸易总额的85%。这些都为苏联剧变后古巴陷入困境埋下了隐患。

3. 苏东剧变后古巴“稳步改革”政策的实施

1989年，东欧发生剧变，东欧各国同古巴的经贸关系几乎全部中断，使古巴陷入困境。1990年初，古巴宣布进入“和平年代的特殊时期”，实施了一些稳定政局的应急措施，主要包括：实施“食品计划”，动员全社会支持食品生产；采取紧缩措施，压缩消费，扩大向居民供应日用品的范围；肯定个体经济作用，积极吸引外资等。1991年10月，古共召开四大，强调坚持社会主义，绝不后退，进而宣布把古巴何塞·马蒂思想与马列主义并列为党的指导思想。1991 年苏联解体，更使古巴雪上加霜。俄罗斯宣布停止对古巴的一切援助，唯一还维持的蔗糖贸易也大幅下降。俄罗斯向古巴提供的石油也由 1989 年的 1 200 万吨下降到 1992 年的 600 万吨，使古巴能源严重短缺，直接导致了其工业生产的下降，经济损失约 40 亿美元。与此同时，美国加紧封锁，出台了对古巴的新禁运法，并支持古巴国内反对派进行颠覆活动，加大了古巴政局的不稳。而 1993 年，古巴国内又遭受了飓风和暴风雨灾害，更是加深了古巴的困境。正如卡斯特罗所说："苏联消失的时刻发生了真正急剧的变化，我们实际上不得不承受双重的封锁。社会主义阵营的垮台使我国在各方面遭受到沉重的打击，我们遭受到政治上的打击、军事上的打击，尤其遭受经济上的打击。"①

到 1993 年年中，古巴国内外形势发生了新的变化，古巴人民在共产党的领导下初步抵挡住了苏东剧变的冲击，稳住了局势。1993 年 2 月，全国人大代表改为由选民直选，获得巨大成功，表明古巴人民对古共领导和社会主义的认可。1993 年 7 月 26 日，在纪念攻打"蒙卡达"兵营 40 周年大会上，菲德尔·卡斯特罗宣布为了拯救革命、拯救社会主义，必须采取几项重大经济改革措施，这标志着古巴改革正式开始。到 2007 年，改革取得阶段性成果，其主要措施有：

（1）加强党的建设，提高执政能力。

在组织建设方面，强调精简机构，吸收新鲜血液。首先，从 1990 年开始，古共大幅精简中央和各省市委机构并精减人员。1991 年，古共四大又取消了中央书记处和各级党组织候补委员编制，只保留中央委员会和政治局。1997 年，古共五大决定将中央委员会委员和中央政治局委员精减至 150 人和 24 人，分别比上届减少了 75 人和 2 人。其次，大力发展新党员。古巴传统上是个天主教国家，国内 40%以上的人是天主教徒，古共自 1991 年四大后已吸收 5 000 多名先进宗教徒入党，还有几名神职人员。这种务实政策有利于减少以至消除广大天主教徒对共产党人无神论者的畏惧和对立情绪。最后，注重培养和提拔德才兼备的年轻干部，形成老中青相结合的领导集体。1997 年，古共五大选出的中央委员会和政治局委员的平均年龄分别为 47 岁和 54 岁，省领导班子的成员多为三四十岁的年轻干部，为古共注入了新鲜血液。

在思想建设方面，重视完善党的指导思想，发展党校教育。如上所述，1991 年，古共四大创造性地把具有民族特色的何塞·马蒂思想融入党的指导思想，突出了古共的民族性和本土性，有利于把坚持社会主义与维护民族独立结合起来，有利于增强党和人民的凝聚力。另外，古共每年积极组织各级党员干部到党校学习，每年到高级党校学习的各种学员有 4 000 多名，使他们增强社会主义信念，提高认识水平，这有助于提高党的执政能力。同时，古共还针对美国意识形态渗透与和平演变战略，举行各种论坛，创办"圆桌会议"，通过电视节目进行思想战，广泛而深入地宣传社会主义思想。

在作风建设方面，加强党风廉政建设，进一步增强党的公信力。首先，1989 年，古巴在政府部门和军队中掀起了一场严厉的肃贪反腐运动，将因贩毒、走私和挪用公款的古巴驻安哥拉军队司令阿纳尔多·奥乔亚中将等 14 名高级干部逮捕，随后又在 1998 年、2001 年、2004 年开展多次整肃，因贪污渎职而先后被解职的高级干部有：卡马圭省省长、

① 徐世澄，贺钦．古巴．北京：社会科学文献出版社，2018：94.

原卡斯特罗的贴身警卫和卫队长、内务部部长何塞·阿夫兰特斯中将，渔业部部长奥兰多·罗德里格斯，旅游部部长易卜拉欣·费拉达斯等。2006年，党中央政治委员胡安·卡洛斯·鲁滨逊·阿格拉蒙特又因滥用职权、以权谋私而被开除出党，撤销职务，并判处12年徒刑。其次，从法律上约束党政干部行为。1996年7月，古共颁布的《国家干部道德法规》对国家干部提出27条规定，如高档礼品一律上缴，部以上干部及其家属不能在企业兼职或担任名誉职务，不允许高级干部子女经商，不允许企业领导人把家属和亲戚安排在本企业工作，等等。最后，积极完善监督机制。2001年，成立审计和监察部，并设立中央、省和市三级纪律监察委员会，分别由同级党代会选举产生，受理对党员和党员干部违纪行为的举报、申诉和审理。同时发动群众进行监督，要求各级干部与普通民众生活在一起，随时受群众监督。古共还在基层进一步加强"全国统一监护体系"，在各地设立保卫革命委员会，政治局委员和省、部级干部与普通居民一样，都要接受其管理和监督。古共深刻总结苏东剧变的教训，提出"四个一切"原则：一切立足于群众，一切依靠群众，一切重大决定广泛听取群众意见，一切活动要有群众配合。古巴建立了各级群众信访办公室，在社区、饭店、公园、汽车站等公共场所派专人搜集各方面意见。古共还制定了领导干部定期下基层视察制度，规定中央政治局委员每年至少6次到地方视察，其中4次必须深入基层。这些措施为领导层及时准确地了解民情提供了保证。

（2）完善全国人民代表政权制度建设。

古巴于20世纪90年代以来对政权制度进行了重大改革。第一，建立基层组织"人民委员会"。古巴总结苏东国家政权机构与基层民众脱节的教训，决定将政权建制延伸到基层选举区，在市（县）人代会和居民之间建立人民委员会，由基层选出的代表组成，对所在辖区的一切机关和事业单位进行领导和监督，这一机构的设置加强了政权机构同人民群众的联系。第二，实行各级人大代表直选。为完善政治体制，扩大民主权利，1992年7月，全国人代会采纳古共四大提出的"全国和省级的人大代表均由基层选民直接选举产生"的建议，对宪法进行相应修改。这一改革扩大了人民参政议政的权利，有利于人民对代表和政府的监督。1993年2月，古巴举行公民投票，直选产生了第四届全国人民政权代表大会和省级政权代表大会代表。这是古巴革命胜利后举行的第一次全国性的无记名直接民主选举。2007年10月到2008年2月，古巴进行了新一届全国人民政权代表大会选举，全国840多万名选民选出了614名全国代表和1 202名省级代表，投票率高达96%。这次选出的新人民政权代表中，妇女占43%，远远高于世界其他国家；代表年龄趋于年轻化，60.9%的代表出生于1959年以后。在2008年2月召开的古巴第七届全国人民政权代表大会上，古巴完成新旧领导人交接，劳尔·卡斯特罗正式接替菲德尔·卡斯特罗的职务，当选为国务委员会主席。

（3）实行改革更新，推动经济恢复与发展。

苏东剧变后，古巴不仅失去了社会主义阵营的经济援助，还面临着美国变本加厉的经济封锁，1989—1993年，古巴国民生产总值下降35%，人均产值下降38%，进口总额下降了79%①。为摆脱困境，古巴开始了艰难的经济体制改革和更新进程。第一，实行财税

① 格拉．在中国拉美学会纪念古巴革命40周年大会上的讲演．拉丁美洲研究，1999（3）．

改革，整顿金融秩序。1993年，古巴财政赤字高居国内生产总值的33.5%，财经秩序混乱。为扭转这一局面，1994年初，古巴建立起统一的税收制度，强化国家预算体制，逐步减少国家物价补贴；1998年，又加大征税力度，加强了税收管理；按照1997年5月通过的172号法令，古巴对银行等国家金融体系进行整顿，建立起以中央银行为主导、国有专业银行为主体、多种金融机构分职并存的金融体系；对美元实行灵活政策，1993年，为缓解外汇紧张状况，承认私人持有美元合法化；2004年，为反击美国不断加强的封锁，又结束了实施长达11年的美元流通。这些政策充分体现了古巴更新的务实性和灵活性，最大限度地维护了古巴利益。第二，进行工业管理体制改革，完善经济成分。古巴在1998年正式开始减少政府对企业的直接干预，使企业拥有更多的自主权，建立准确反映企业经济运行情况的财税制度，实行按劳分配。国有企业经过企业自我评估—提出改革方案—实行新管理体制，使经济效益逐步提高，企业亏损面下降，据古巴国家统计局对396家企业的统计，2002年，销售额和利润分别增长2%和25%，生产率提高13%。古巴政府还出台条例，设法安置下岗职工，规定各单位设立下岗人员安置机构，负责职业培训和再就业工作。在进行国有企业改革的同时，古巴政府还支持非公有制经济的发展，1993年以来，个体经济年均增长率高达38.8%。此外，随着对外开放步伐的加快，外国独资、古外合资经济也迅速增加。第三，调整和优化农村经济结构。1993年，古巴宣布允许把国营农场改建为规模较小的“合作生产基本单位”，实行自主经营；1994年，又在全国开放农牧业市场，促进了农产品贸易的增长。2002年，古巴颁布《农牧业生产合作社、信贷和服务合作社法案》，进一步扩大合作社自主经营权。目前小农产品已超过全国产量比重半数以上，活跃了经济，推动了经济发展。第四，形成新的经济和产业结构。为适应经济全球化发展，古巴根据国际市场需求和本国资源特点，对长期单一的产业结构进行了逐步调整，重点发展采镍、旅游和高新技术等出口创汇部门，减少长期依赖的初级产品产业。2002年，古巴全面调整制糖业，关闭156家糖厂中的71家，为扭转古巴单一经济结构奠定了基础；古巴还大力利用资源优势，发展旅游业，2006年，旅游业外汇收入达21亿美元，为1989年的12倍之多，成为古巴最大的创汇部门；古巴还吸引外资开发本国丰富的镍资源，曾先后与加拿大、中国、委内瑞拉等国签署协议合作开发，镍产量已从1989年的4.7万吨上升到2007年的7.6万吨，增长近62%。另外，古巴大力推动本国生物技术、药品、医疗器械制造等高新技术产业的发展，近年来开发了生物参数监视仪、干扰素等新产品，受到国外欢迎，增加了国家外汇。第五，积极扩大对外开放。面对经济全球化日益加强的趋势，为求生存和在国际经贸关系中重新赢得一席之地，古巴愈来愈认识到改革开放的重要。为此，古巴调整了外资政策，扩大对外开放，努力吸引外资，引进先进技术，古巴早在1982年就颁布了第一部外资法规，但实施效果并不明显，1995年，古巴正式制定了《外国投资法》，1996年，又制定了《自由区和工业园区法》，鼓励外国投资，同时还取消了国家对外贸易垄断权，扩大企业的对外贸易自主权，以吸引外资，吸收先进技术与设备。目前古巴与160多个国家有贸易关系，主要贸易伙伴有委内瑞拉、中国、西班牙、加拿大、荷兰、德国等，2006年，古巴与这些国家的进出口贸易额占总贸易额的比例分别达到了35.4%、14.9%、8.2%、7.3%、6.9%、5.5%，其中与委内瑞拉和中国的贸易最多，几乎占古巴总贸易额的一半以上。近年来古巴进出口贸易额不断增长，从2002年到

2006 年古巴进出口总额分别达到 55 亿比索、63 亿比索、78 亿比索、95 亿比索和 122 亿比索（按当时官方比价 1 美元约等于 1 比索），2011 年达到 199.97 亿比索。

古巴的经济改革使古巴逐步摆脱了困境，走向了发展的新时期。从 1994 年古巴经济开始恢复增长后，到 2006 年经济增长达到 12.5%，为 1959 年古巴革命胜利后经济增长最快的一年，2007 年增长约 7.5%①。

（4）坚持以人为本，注重社会公正。

古巴党政军高级干部不搞特权，其最高工资比之工人最低工资不超过 5 倍。这是共产党执政的社会主义国家长期坚持 1871 年巴黎公社原则的典范。菲德尔·卡斯特罗在 20 世纪 90 年代末答记者问时说："我的月工资同 40 年前大体持平，甚至还要少一些。"② 近几年广大职工工资有所增长，而高级干部依旧保持艰苦朴素的生活，他们的住房、供应和老百姓一样。例如国务委员会副主席、主持政府工作的拉赫一直住在他出生时自家的旧房子里，家中陈设简陋，一如平民。再如，20 世纪 90 年代以来，在上下班时间，领导干部的公务车如有空位，群众一招手，就要停车让群众搭乘，否则任何人均可举报。这样严格防止官本位的举措真正做到了以人为本，维护了社会公正。

20 世纪 90 年代以来，古巴顶住经济大幅下滑的压力，仍然在教育、医疗、社会保障等方面取得了为全世界所瞩目的成就。首先，努力提高教育水平。即使在最困难的年代，古巴教育经费仍占财政支出的 10%左右，到 2004 年教育支出所占比重升到 20%，远远超出了联合国建议的 6%的水平。现在小学入学率达到 100%，中学达到 98.5%。现代化计算机教育和电化教育迅速得到普及，2003 年时已实现全国各类学校每个教室配备一台电视机。为提高教育质量，古巴实行小班教学，加强教师对每个学生的指导。其次，积极发展医疗卫生事业。即使 20 世纪 90 年代的预算医疗支出减少，但全民免费医疗政策并未停止实施。人人都享有免费看病和免费治疗的权利。目前，古巴是世界上拥有医生最多的国家之一，平均每一万个居民中就有 591 名医生，超过美国（549 名）、挪威（356 名）、加拿大（209 名）等发达国家水平。古巴已做到使所有成员"病有所医"。2007 年，古巴婴儿死亡率仅为 5.3‰，在拉丁美洲（26‰）居于领先地位，低于美国（6‰），预期寿命从 61.8 岁升至 77.08 岁。为了突破封锁，古巴还利用脑外科、眼科、器官移植等技术发达的优势积极推行医疗外交，有拉美、西欧、日本的众多患者慕名来就医。古巴还实施治疗眼疾的"神奇手术"计划，有 3.7 万名古巴医务工作者在 79 个国家的偏远地区工作，已有 100 万人在古巴医生的帮助下复明。此外，有 121 个国家的 2.3 万人在古巴学医③。古巴作为"世界医院"，它向世界六七十个国家（主要是拉美和非洲国家）派出医生、送去医药，切实帮助缺医少药的民众。这种医务外交为古巴重塑了国际形象。社会主义国家从以往苏联模式的"输出革命"改变为当今的"输出保健"，改变了社会主义的国际形象④。最后，社会保障制度覆盖全国。古巴自 1963 年第一部《社会保障法》颁布以来，社会保障制度不断发展完善，"从襁褓到坟墓"无所不保，对生（生育保险）、老（养老保险）、病

---

① 殷永健. 古巴经济 2007 年增长 7.5%. 山西日报，2007-12-30.

② 陈文长. 卡斯特罗与古巴：出使岛国见闻. 长沙：湖南人民出版社，2002：218.

③ 殷永健. 古巴外长说 2007 年古巴外交取得重大胜利. 新华网，2007-12-28.

④ 尹伊文. 古巴：世界医院. 经济导报（香港），2013（6）.

（疾病保险）、残（残疾人养老金）、伤（工伤保险）等实行补助，对无收入和低收入家庭给予经济上的保障。20世纪80年代，社会保障体系覆盖率就已达100%。近几年来，古巴政府加大了对社会弱势群体的救助力度，2005年，古巴提高了职工最低工资和最低社会救助金标准，使大约300万人受惠，为社会稳定提供了保障。

（5）推行全方位外交政策。

苏东剧变、经互会解体使古巴失去大部分对外经贸关系，美国的封锁成为古巴发展的最大障碍。为扩大生存空间、拓展经贸合作、打破封锁、摆脱困境，古巴及时调整外交战略，推行全方位外交政策。一方面以积极融入拉美为战略重点，另一方面又广泛谋求与亚非等国的交往与合作，努力发展同欧盟、加拿大、日本的关系，并且不放弃与美国的工商业联系。

古巴的外交重点首先是积极发展与拉美近邻的关系。1993年，古巴以创始国身份加入加勒比国家联盟，从此与多米尼亚、海地、牙买加等国广泛开展双边贸易。2003年，阿根廷新总统基什内尔执政不久，阿外长访古，双方签署10项协议，确定了80个合作项目。2004年，委内瑞拉总统查韦斯访古，同卡斯特罗主席签署了实施“美洲玻利瓦尔选择”的协议，规定了两国实施一体化的原则和步骤；2005年4月，两国又签署了一体化计划，内容涉及贸易、能源、农业、通信等方面；2007年12月，古巴和委内瑞拉又签署了有关提高石油冶炼能力，发展石油化工业，提高金、铜、锌、铬等金属的开采和冶炼能力等方面的14项新合作协定，以加强双边合作。20世纪90年代以来，中古两国在政治、经济、文化等领域的往来与合作不断加强，两国关系已进入全面发展的新阶段。双方政治互信加强，高层来往密切。1993年和2001年，江泽民主席先后两次访古，随后古巴主席卡斯特罗应邀先后于1995年和2003年两次访问中国，2004年和2008年，胡锦涛主席对古巴进行国事访问。在双方高层互访加强的同时，两国在贸易、经济、文化方面的交流也不断发展，2004—2006年，中古签署了一系列协议，其中包括中国向古巴提供贷款，中古合作在生物技术方面进行开发、建立企业等；2007年，古巴签署协议，向中国出口40万吨蔗糖。2007年，中古贸易额达到22亿多美元，中国在古巴贸易伙伴中居第二位。在文化交流方面，中国曾多次参加古巴的“新拉美电影节”，古巴在国内举办了古巴中国文化节，播放中国电视节目，使更多的古巴人民了解中国。古巴还积极发展与亚非各国关系，领导人互访频繁。1997年，老挝总理、马来西亚总理访古，古巴外长访问文莱、新加坡、印度、日本和马来西亚，并同文莱、新加坡建交；1995年和2003年，卡斯特罗两次访问越南，越南领导人分别于1999年、2000年、2002年访古，双方签署了合作协议。非洲和中东国家领导人也频繁出访古巴，长期保持了友好关系。古巴还积极发展同欧盟的关系。2004年3月，西班牙工人社会党上台执政后，古西关系得到改善。2005年，古巴恢复与欧盟八国（法、德、英、意、葡、奥地利、希腊、瑞典）和荷兰、捷克、斯洛伐克、波兰等国的官方接触。目前，古巴已同世界上186个国家建立了外交或领事关系，大大提高了其在国际上的影响和地位，赢得了国际社会的支持。广大拉美国家发出了“要古巴，不要封锁”的呼声。欧盟15国、加拿大和英国也对美国的做法持反对态度。在联合国大会上，就美国结束对古巴封锁的决议已连续15次通过。迫于国际社会压力和出于自身利益考虑，美国对古巴的封锁已有所松动。2000年10月，美国参众两院通过了解除对古巴食品和药品禁运的法案。2001年12月6日，古美实现了自1962年美国对古巴禁运以来的首次直接食品贸易，截至2006年，古美之间贸易总额已超过15亿美元。这为古巴的国内建设赢得了更加宽松、有利的外部环境。

（6）理论认识的提高。

经过多年的探索，古共在实践过程中逐渐形成了一些与以往不同的理论观点，对社会主义的认识在逐步提高，不断深化。

在总的方面，古巴深刻认识到，要坚持社会主义、实现社会主义，一定不能照搬外国模式，要“寻找自己的道路，自己的办法”，坚决走建设有古巴特色的社会主义道路。实践证明，社会主义改革与建设并没有固定的模式和方法，只有从本国实际出发才能取得成功。在古巴这样饱受帝国主义侵略和威胁的国家，一定要把社会主义与民族独立联系在一起。古巴的历史就是一部古巴人民争取和维护国家主权和民族独立的历史，这种特殊的历史环境使古巴人民形成了强烈的独立意识。苏东剧变以后，古共把民族独立英雄何塞·马蒂的思想写入党章，把社会主义与民族独立和维护国家主权的民族传统融合在一起，加强了古巴人民视社会主义与国家独立为一体的意识，只有这样才能为古巴在被美国封锁40多年后仍然能克服困难屹立于西半球奠定精神基础。

在生产资料所有制结构方面，古巴认为应始终坚持以公有制为主体，但允许非公有制经济发展。古共认为，国营企业等公有制企业是国家发展的基础和推动力，必须加强公有制企业的发展。古巴领导人也认识到必须向私人学习管理，允许私有经济的存在。非公有制经济会给国家带来可观的社会和经济效益，如扩大就业机会、增加国家税收等，有利于改善人民生活。但是，古巴必须坚持以全民所有制经济为主，凡是适合并可以继续为全民所有或集体所有的企业都不会被私有化①。

在资源配置方面，古巴坚持不放弃计划经济体制。一直面临美国的敌视和威胁的特殊环境，使古巴在如何建设社会主义等问题上形成了自己的认识，认为“没有计划就没有也不可能有社会主义，市场是一个无人能驾驭的疯狂野兽”，所以，古巴强调要坚持计划经济。卡斯特罗在1997年古共五大上指出：“不能把我们的社会经济交给市场的盲目规律……我们将继续实行我们的纲要、计划，同时实行必要的监督，以免陷入资本主义无政府状态。”②

在政治上，坚持共产党的领导的一党制，不搞多党制。卡斯特罗在1997年古共五大上强调：“我们应该设法在漫长的历史时期保障党的领导。在与帝国主义和资本主义的长期斗争中，更不能放弃党的领导……对我国而言，在政治、社会和历史方面可能会出现最严重最可怕最悲惨的疾病是，某一天我们的革命被我们这些革命者自己毁掉了。有鉴于此，必须做到百分之百的免疫。要保证这一点，党的领导是关键。”③ 古共五大重申古巴绝不放弃一党制。因为坚持一党制是从长期革命斗争的实践中得出的结论，古巴人民一致赞成只有古共才能作为国家的政治领导，应该把党建设成一个钢铁般坚强的党，同时要重视

① 王枚．卡斯特罗就社会主义前途、私有化和全球化问题答马约尔问．社会主义经济理论与实践，2001（3）．
② 肖枫，王志先．古巴社会主义．北京：人民出版社，2004：114．
③ 肖枫．社会主义向何处去：冷战后世界社会主义运动大扫描：上卷．北京：当代世界出版社，1999：514．

发展党内民主，防止个人专断。

在国际问题上，主张世界多极化，并在此基础上建立稳定、公正、民主的国际关系体系。古共认为当前世界处于全球化过程中，全球化是不可避免的历史阶段，但当前的全球化是新自由主义的全球化，它不但未能推动世界经济的发展，反而还造成了世界经济的贫困。“多个国家内部和多个国家之间贫富差距不断扩大；生态环境遭到无情的、几乎不可逆转的破坏。”而美国等发达国家却利用新自由主义的扩张攫取了可观的资金和财物。因此卡斯特罗认为，“问题不在于全球化，而在于全球化的类型”①。资本主义的全球化是不会长久的，主张建立在正义基础上的社会主义、共产主义的全球化。古巴主张世界各发展中国家应该团结起来，为建立公正人道的、丰富物质和精神财富得到合理使用与分配的全球化而努力。

由于古共采取及时正确的反危机战略和措施，在广大人民的共同努力下，古巴已经逐步摆脱了苏东剧变造成的困境，经济建设取得了较为显著的成就，国内食品、燃料、电力供应等有较大起色，财政趋稳，流通领域开始活跃。社会安定，社会保障体系为全世界所称道，其完善程度令许多富国亦望尘莫及。政治稳定，社会主义建设有条不紊。

4. 新时期古巴更新社会主义的初步成就与挑战

2008年以来，受全球金融危机和三次飓风自然灾害的影响，主要出口产品镍的价格大幅下降，旅游业也很萧条，加之全球粮食价格上涨，古巴财政出现赤字，经济发展缓慢，经济形势非常严峻。面对经济困境，劳尔开始探索新的发展之路。2011年古共六大通过《经济和社会政策纲要》（简称《纲要》），称这次改革为“更新”。2016年古共七大又通过了《古巴社会主义经济社会模式的理念》和《到2030年全国经济社会发展计划》，进一步深化与完善了《纲要》。2021年古共八大继承了古共六大、七大精神，在对过去五年工作进行总结的基础上，对古巴经济社会中长期规划进行了一定调整，并制定了《2021年至2026年纲要更新》等文件，为古巴党和政府下阶段推进经济社会模式更新提供了指南。更新使古巴在经济、政治、社会和外交方面都发生了积极变化。

经济方面，古巴仍以计划经济为主，但承认市场作用，并将私人所有制和混合所有制写入新宪法。六大以来，古巴非国有经济的比例在不断扩大，个体经济的经营活动范围不断扩大，主要集中在食品加工和销售、交通运输、住房出租、雇佣劳动等领域，截至2018年，59.3万户古巴人登记为个体劳动者。大幅减少国有部门冗员，从2009年起到2014年2月，国有部门已减少冗员96 500人。国有部门的就业人数所占总就业人数的比例从2010年的81.2%减少到2015年的70.8%②。通过颁布实施《外国投资法》和设立马里埃尔特区吸引外资，助推经济发展。农业问题是古巴经济模式更新的核心之一，2008年，政府正式宣布允许农民承包闲置土地，以增加粮食产量；确定个人（自然人）最多承包的土地26.84公顷，承包期20年，法人（合作社）承包期无限制；颁布解除禁止农民购买农用物资的规定：取消国家对农产品收购后销售的垄断，允许农民直接将农产品销售给旅游饭店。民生上，逐步取消供应本，逐步放开生活用品的购买和转让。宣布古巴民众可以在商店中购买到电脑、电视机等各种电子日用产品；民众还可以通过签约获得移动通信服务，

① 卡斯特罗. 全球化与现代资本主义. 北京：社会科学文献出版社，2000：56.

② 徐世澄. 古巴社会主义建设和改革中非公有制经济的理论、政策和实践. 统一战线学研究，2019（3）.

购买手机；实施公房私有化，允许住房买卖和转让，但限制一户最多只能在市区和郊区各占一处房子；允许买卖1959年前生产的老爷汽车，允许银行向个人发放小额贷款。这些变化受到了多数民众的欢迎。古共七大明确强调，在坚持主要生产资料全民所有制的前提下，允许私有经济存在和发展绝不意味着资本主义复辟，计划与市场并不相悖，二者是可以并存互补的。2019年的新宪法赋予了私营、外资等非公经济形式更多参与经济生产的权利，为经济社会模式更新冲破旧的体制机制束缚提供了法理依据。2021年，古巴启动了货币和汇率改革进程，首次公布了非公有经济负面清单，经济更新步伐在加快。

政治方面，提倡干部任期制和年轻化，新老交替渐进有序推进。2012年1月，古共首次召开的全国代表会议决定，应定期召开党的代表大会，中央委员会每年至少召开两次全会，个人担任党和国家重要职务的最长任期不得超过两届10年，这可以说是古巴革命胜利以来最有力的政治改革之一。为加快推进领导层年轻化，2016年，劳尔在古共七大上不仅重申上述规定，还建议今后古共中央委员会新当选委员的年龄不能超过60岁，进入中央领导层的成员年龄不应超过70岁，并承诺自己将于2018年卸任国务委员会主席与部长会议主席职务。七大选举产生了新一届中央委员会，仍由劳尔·卡斯特罗担任第一书记。2018年古巴第九届全国人大召开，劳尔兑现卸任承诺，年仅58岁的迪亚斯-卡内尔当选新一届国务委员会主席与部长会议主席。新一届国务委员会委员平均年龄54岁，比上届下降3岁，古巴已逐步完成最高领导层的新老交替与平稳过渡，老中青结合的集体领导局面形成。2019年4月10日，第二部《古巴共和国宪法》正式生效。新宪法恢复了1976年前的国家主席（总统）、总理制，实行双首长制，意味着国家最高权力开始相互制衡；并首次设定了国家主席（总统）任期两届10年，首任年龄不得超过60岁的制度，为古巴日后的权力平稳交接与集体领导提供了法律依据与制度保障。2019年10月，迪亚斯-卡内尔当选国家主席，马努埃尔·马雷罗出任政府总理，国家和政府最高领导人代际更替顺利完成。2021年4月的古共八大上，迪亚斯-卡内尔当选古共中央第一书记，政府总理马雷罗进入中央政治局。以劳尔·卡斯特罗为代表的老一代领导人正式退出古共中央领导层，实现了党的最高领导人代际交替。八大选出的中央政治局委员、中央书记处书记多为1959年革命胜利后出生，中央政治局委员平均年龄62岁，较上届69岁明显降低。“革命之子”一代正式走进古巴政治舞台中心。

社会方面，放松在文化和个人出入境旅游等方面的控制，对原有的社会保障制度进行调整，逐步减少政府提供免费服务的财政支出。比如，废除不允许本国公民入住涉外宾馆、酒店的禁令，简化公民出入境的限制，允许古巴人到国外旅行而不需要得到当局的特别认可；2008年12月，古巴全国人代会通过新的《社会保障法》，规定社保资金将来自国家、企业和劳动者按比例进行的缴费，男女职工的退休年龄分别提高到65岁和60岁，改变养老金计算方法，建立面向小农和个体经营者的“特殊社会保障计划”。

外交方面，新时期古巴外交关系全面发展。古巴与所有拉美和加勒比国家都恢复或建立了外交关系，成功举行了拉共体第二届首脑会议。与中国关系进一步发展，双方高层互访频繁，贸易往来密切，中国已成为古巴第一大贸易伙伴国[①]。与美国关系取得重大突破，

① 袁东振. 拉丁美洲和加勒比发展报告（2017—2018）. 北京：社会科学文献出版社，2018.

2015年7月20日，古巴与美国正式恢复外交关系，两国在对方的利益代表处升级为大使馆。2016年3月，美国总统奥巴马访问古巴。尽管2017年特朗普就任美国总统后重新收紧对古巴的制裁，甚至撤回大批美国驻古巴使馆外交官，驱逐15名古巴驻美国大使馆外交官，但古美关系正常化趋势仍未改变。

古巴新时期提出的改革计划和措施乃众望所归，自劳尔主政启动经济更新以来，古巴经济颇有起色，党政军领导不搞特权，深得民心。但任务重，难度大，直接触动经济结构、集团利益和大众观念。同时，目前的改革仍存在不少问题，面临不少挑战，例如，更新未取得预期效果，六大通过的《纲要》仅完成了21%。经济尚未恢复到苏东剧变前水平，人民生活水平虽有改善但仍然较低，2011—2015年，古巴国内生产总值年均增长率只有2.8%。受气象灾害及美国封锁加强等影响，近年年增长率掉到2%以下。长期以来形成的苏联式经济模式还没有完全改变，虽然古巴党和政府已经确定，要考虑和利用市场因素在发展经济中的作用，但仍未确定要实施社会主义市场经济；虽然在法律上对私有制做出肯定，但在个体经济的经营规模、雇工数量等方面还设置种种限制。经济体制更新困难重重，取消货币双轨制进展缓慢。同时古巴经济发展外部依赖性较强，基础设施落后，外汇收入不足，进一步的改革亟待实施。此外，古巴医疗与教育实行全民免费，在一定程度上使古巴财政不堪重负，医疗卫生与教育制度的改革也势在必行。国际环境仍然险恶，美国还在继续实施对古巴的封锁与制裁；拉美左翼力量整体削弱，也给古巴带来新的困难。面对困难，古巴只有在思想上出现新突破，加大改革力度，才能真正确保社会主义古巴迅速发展。

复习思考题

1. 试述改革开放40多年来中国特色社会主义理论与实践探索的主要成果。

2. 如何认识当今越、老、朝、古各国对社会主义改革和社会主义建设的新探索以及存在的新挑战？

3. 试述当今社会主义国家对科学社会主义理论的新发展和亟待解决的共同问题。

第四章

全球化浪潮下资本主义世界各类社会主义政党的新变化与新探索

在以信息化为龙头的新科技革命浪潮的推动下，当代全球化新发展使资本主义生产方式、剥削方式、上层建筑和阶级结构都发生了重大变化，而且出现了越来越多的社会主义因素。可以说，全球化在当今时代的新发展正在改变着人们的经济生活、政治生活和文化生活，改变着人们传统的生活方式、价值观念和道德观念，改变着旧的世界格局和既定的秩序规范，也改变着人类历史的发展方向。但是全球化并不是田园牧歌式的浪漫进程，全球化除了积极方面之外，资本主义主导下的全球化实际上把市场经济消极的东西也同时全球化了，如环境污染的全球化、疾病传染的全球化、毒品泛滥的全球化等，同时全球化的进程本身也造成了许多混乱和不和谐。而政治与军事领域的全球化进程所掩盖着的往往更是赤裸裸的霸权政治的实质。

全球化大发展时代资本主义世界各种矛盾与弊病的加深，促使纷繁复杂的社会主义流派与运动加快发展。当今我们要以宽广的视野由此及彼地通览世界社会主义，要以深邃的眼力由表及里地透视世界社会主义。当代世界社会主义依其实力和影响，可分为三大家、三中家、三小家[①]。三大家即共产党的科学社会主义、社会党的民主社会主义和各民族主义政党的民族社会主义，三中家即绿党的生态社会主义、现代托派的社会主义和极左派共产党的社会主义，三小家即无政府主义、西方学者的社会主义（如市场社会主义和西方马克思主义的社会主义等）和当代空想社会主义。以往由于受“左”的思想影响，我们认为只有共产党的科学社会主义才是真社会主义，其他各派的社会主义都是假社会主义、冒牌社会主义。自 20 世纪 30 年代共产党分化出托洛茨基派后，托派被当作反革命派；从 20 世纪 60 年代中苏两党论战起又出现了一批马列主义共产党，其认为大部分老共产党都变成修正主义党了。改革开放以来，中共纠正了极左路线，但是世界上还有一批极左派共产党仍旧奉行极左路线。所以当今世界奉行科学社会主义的共产党就有三家（一大家、两中家）。当今各家各派都是要维护工人阶级和人民大众的权益，反对资本主义，向往社会主义，所以各家各派应该立足现实、求同存异、减少争议、加强协作、平等竞争、共创未来。

世界社会主义运动一度遭受了苏东剧变所带来的巨大冲击。受世界局势与世界社会主义运动形势的影响，资本主义世界的各种社会主义力量经历了一个重新分化组合的过程。

---

① 高放. 当今时代怎样认识世界社会主义. 中共宁波市委党校学报，2004 (1).

度过了最初的动荡、滑坡和混乱之后，共产党的科学社会主义正积极寻求摆脱苏联模式的消极影响，努力探索适合本国国情的新模式；民主社会主义运动、生态社会主义运动、民族社会主义运动多线发展；各种新社会主义思潮不断涌现，流派纷呈，在对资本主义制度进行无情揭露与尖锐批判的同时，也对未来社会主义的发展提出种种设想。从总体上看，在当今世界范围内，社会主义思想和社会主义运动都正在革新，在群众中的影响力越来越大，社会主义力量波及全球、遍布世界五大洲，社会主义理论与实践也更加丰富多彩。

第一节 全球化浪潮与当代资本主义的新变化

一、全球化及其基本特征

全球化是当代人类社会最基本的特征之一，它是指自 15 世纪末以来人类冲破各洲各国相互隔绝状态而进入全球相互联系、相互影响状态的过程，是把全球五大洲所有国家和地区的人群越来越紧密地联结成一体的进程。全球化包括两个方面的内容，一是空间和地域上的扩展，即全球化的广度；二是相互联系程度的加强，即全球化的深度。全球化的进程也就是它的深度和广度不断加强的过程。“全球化”作为动词和名词（globalize 和 globalization）分别是在 1944 年和 1961 年出现的，最先由美国学者奥利维·勒斯利·雷舍（Oliver Leslie Reiser）和布洛温·戴维斯（Blodwen Davies）提出，他们在 1944 年出版的《全球民主：科学人文主义及其应用哲学导论》（美国开创时代出版社）一书中提出：“不但科学，就连宗教、政治和经济，也必须社会化、人文化和普遍化，简言之，全球化。”① 20 世纪 60 年代以来在以信息化为标志的第三次科技革命的带动下，全球化的进程明显加快，社会科学领域相应出现了现代化理论、依附理论、世界体系论、文化全球主义等与全球化进程相关的理论。从 20 世纪 90 年代中期起，“全球化”一词逐渐成为最流行的术语，全球化也成为人们讨论最多的话题。全球化的最初形态是货物与资本的跨国流动，伴随此过程出现了地区性、国际性的经济管理组织和经济实体，与此同时，出现了文化产品、生活方式、价值观念、意识形态等精神力量的跨国交流、碰撞、冲突与融合。概而言之，全球化是一个以科技全球化为龙头、以经济全球化为核心、包含各国各民族各地区之间多层次、多领域相互联系、相互影响、相互制约的多元概念。“全球化”可概括为科技、经济、政治、法治、管理、组织、文化、思想观念、人际交往、国际关系十个方面的全球化。

从 15 世纪末至今，全球化的进程已经历时五个世纪，分为四个发展阶段。1492 年意大利人哥伦布等发现美洲和 1519 年葡萄牙人麦哲伦等发现大洋洲并完成环球航行，这是全球化肇始的重要标志。由此开始，人类在地域上冲破了民族间、国家间的封闭和孤立状态，跨国家、跨民族、跨大洲的人员、货物流动逐渐增多，五大洲之间的联系越来越广泛和密切。到 18 世纪末，在以蒸汽动力为标志的第一次科技革命浪潮的带动下，尤其是火车、汽船产业的形成，促进了世界市场的建立，这时才正式开启了全球化的进程，掀起了

① 关于“全球化”一词的由来参见：高放．纵览世界风云．北京：中国书籍出版社，2002：248-293.

全球化的第一个浪潮。这时人类也开始了以工业化为核心的现代化历程，英国一枝独秀，率先完成工业革命，成为世界上第一个现代化国家。现代化的涟漪从西欧一隅向全欧洲和北美地区扩展，资本主义生产方式延伸到世界的各个角落，形成了全球性的资本主义殖民体系。这个阶段的基本特征是资本主义生产方式的全球化，以科技革命和现代化浪潮为载体，资本主义生产方式在全球推广，以资本主义私有制和资产阶级政治统治为主要表现的资本主义制度也在全球占据主导地位。这个阶段的另一特征是现代化成为全球化的强劲动力，以工业化为核心的现代化浪潮的出现大大加快了全球化的进程。19 世纪末到 20 世纪中叶，以电气化为主要标志的第二次科技革命浪潮带动全球化的第二个浪潮。这个阶段的全球化受到两次世界大战的冲击。从一定意义上说，世界性的战争既是全球化的后果，同时也进一步推动了全球化的进程，因为它进一步加强了世界各国各地区之间的联系。1917 年十月革命的胜利打破了资本主义现代化、全球化一统天下的局面，从此出现了社会主义现代化道路和社会主义的全球化，苏联的社会主义模式尤其令人瞩目。第二次世界大战之后，出现了民族解放和民族独立浪潮，一系列新独立国家的出现打破了旧的资本主义世界殖民体系。与此同时，社会主义全球化取得突破，由苏联一国扩展到多国。社会主义现代化、全球化与资本主义现代化、全球化相互影响和冲突，1949 年经济互助委员会的成立，1947 年马歇尔计划的推行以及 1958 年西欧经济共同体的创立，标志着社会主义阵营和资本主义阵营两个平行的世界市场开始运行。这个阶段全球化的基本特征就是社会主义全球化对资本主义全球化的挑战，两种不同的全球化理论与实践相互对立、冲突和影响。20 世纪六七十年代，兴起了以信息化为标志的第三次科技革命，带动了全球化掀起第三个浪潮。苏联、东欧社会主义国家因信息化落后等多种原因，在 20 世纪 80 年代末 90 年代初发生了多米诺骨牌式的剧变，剧变后这些国家纷纷加入西方的全球化经济体系，标志着社会主义全球化遭受严重挫折。当今社会主义国家实行对外开放，主动吸收世界先进文明成果，特别是资本主义的文明成果，融入世界经济体系。在资本主义全球化的新浪潮中，社会主义国家绝不能再闭关锁国、自我封闭，应该学会"与狼共舞"，抓住机会发展自己，增强自身的竞争力，从而扩大社会主义的影响。在信息技术带动下，自 20 世纪 90 年代以来，全球化的深度和广度都进一步加强，达到了前所未有的程度。这也是全球化第三个浪潮的一个重要特征。

现代化是与全球化密切相关的概念。"现代化"一词在中国的流行要早于全球化，早在 20 世纪 20 年代，我国书刊中就已屡屡提到，到 20 世纪 80 年代，"现代化"一词更成为中文书刊中最流行的词汇之一，并且在这个时期成为社会科学研究的热门课题。作为动词和名词，"现代化"（modernize 和 modernization）分别产生于 1748 年和 1770 年。现代化是指人类社会从工业革命以来所经历的一场急剧变革，这一变革以工业化为推动力，是传统农业社会向现代工业社会的全球性的大转变过程。现代化的核心是工业化，但它绝不仅仅是工业化，它至少包括十个方面的内容，即劳动社会化、国家工业化、生产机械化、经济商品化、政治民主化、社会法治化、文化多元化、乡村城市化、大众知识化和思想自由化①。也

① 对现代化和全球化内容的概括，参见：高放．从全球化浪潮看新世纪、新千年、新世界//高放．纵览世界风云．北京：中国书籍出版社，2002：254-277.

就是说，现代化是科技、经济、政治、文化、人际关系、国际关系等方面的全方位、多层次、宽领域的巨变。美国学者阿历克斯·英格尔斯认为，现代化是以人为中心的社会现代化，他提出了量化的现代化指标：（1）人均国民生产总值在3 000美元以上；（2）农业产值占国民生产总值比例低于12%～15%；（3）服务业产值占国民生产总值的比例在45%以上；（4）非农业劳动力占劳动力的比重在70%以上；（5）识字人口的比例在80%以上；（6）大学入学率在10%～15%以上；（7）每名医生服务人数在1 000人以下；（8）平均寿命在70岁以上；（9）城市人口占总人口的比例在50%以上；（10）人口自然增长率在1‰以下①。这个指标是动态的、非绝对的，但它是衡量一个社会现代化水平的基本标准。一个社会如果基本达到了这些指标，就意味着它基本实现了现代化。现代化是一个历史进程，它具有自己的历史定位，是指从18世纪末工业革命开始到高度工业化社会实现的历史进程。迄今为止，现代化经历了三个发展阶段。第一阶段是从18世纪末到19世纪末。这一阶段第一次科技革命带来了第一次工业革命，蒸汽动力逐渐代替了人力及畜力、风力、水力等自然力，成为社会生产的主要动力，使用机器生产的大工厂逐渐代替了手工工场；人口向城市集中，城市人口逐渐超过农村人口。在这个阶段，只有英国城市人口超过了农村人口，工业产值超过了农业产值。从19世纪末到20世纪中叶，是现代化的第二阶段。这一阶段第二次科技革命带来了第二次工业革命，电动力的发现极大地改变了人类的生产生活，发明了电灯、电话、汽车等科技革命成果，出现了化学、电力电气工业等新兴产业。这一时期，美国、法国、德国等国家步英国后尘，进入现代化国家行列。第二次世界大战结束后，各工业化国家逐渐医治战争创伤，经济迅速恢复和发展，实现了高度工业化。同时新兴独立国家也陆续走上工业化道路，发展中国家的工业化也突飞猛进。也就是说，到这一时期，一些发达国家已经基本完成了现代化。

从时间上看，现代化的前两个阶段与全球化的前两个浪潮是重合的。在此期间，现代化带动了全球化，全球化又拓展了现代化。从区别上看，现代化是纵向时间的演变过程，全球化则是横向空间的扩展。现代化和全球化是相互推动、相互依存、相互交融的关系。

20世纪六七十年代兴起的第三次科技革命的核心是信息化，新兴的产业部门是微电子技术、生物工程和人工智能、新材料新能源、航空航天等，这些依托于知识和信息的经济部门可以笼统地称为知识经济或信息经济。知识经济已经迥异于传统的工农业经济。因为现代化的核心本来是工业化，而知识经济已经超越工业化的范畴，使工业的比重持续下降，在工农业之外的第三产业（主要指服务业）和第四产业（主要指信息产业）的比重越来越大，这也就意味着人类社会自此已经开始跨越工业化时代，进入信息化时代或曰知识经济时代。当然，这种跨越只是对高度现代化国家而言，对发展中国家来说，则面临着实现工业化和向信息化时代迈进的双重任务。信息化把现代化和全球化提升到一个新的更高阶段。信息化冲破了地域界限，使远在地球东西或南北两端的人群能够自由而便捷地沟通；信息化编织了四通八达的全球网络，使全球化进入从未达到过的广度，真正实现了全球一村；信息化使全球交流的范畴大大扩展，不仅是资金、货物的流动，而且思想、文化

① 英格尔斯．人的现代化．成都：四川人民出版社，1985；孙立平．社会现代化．北京：华夏出版社，1988：24-25.

的交流都大大便捷，这也使全球化达到从未有的深度。

从全球化、现代化、信息化的进程可以看出，它们的原动力是科学技术革命，主动力是生产力革命。谁在科技革命和生产力革命中占据有利位置，谁就会在全球化和现代世界发展变化中起主导作用，正如第一次科技革命中的英国，第二次科技革命中的德国、美国、英国、法国和第三次科技革命中的美国，它们在全球化不同的历史时期起着主导作用。

资本主义国家主导的全球化不仅有正面效应，更有负面恶果。尤其对广大发展中国家来说，全球化更是一把双刃剑。在地理大发现的全球化初始阶段，就伴随着屠杀和掠夺。工业革命后，不发达国家和地区逐渐变成工业化国家的商品销售市场和原料产地，工业化国家还将它们的政治制度、文化观念强行在不发达国家和地区推广，不仅造成不发达国家和地区的经济萧条，而且造成它们的政治动荡和文化灾难。全球化虽然也传播了先进的文明成果，但其主流是将资本主义的剥削与压迫制度推广到全球，这使得资本主义的固有矛盾在全球蔓延，贫富两极分化也波及全球。此外，它还带来了环境污染全球化、核武器威胁全球化、流行疾病全球化、犯罪全球化等一系列问题。正是由于这些因素，自 20 世纪 90 年代以来，世界各地出现了反全球化运动。突出表现为每逢发达国家首脑齐聚举行重要会议，常常会有反全球化人士的集会和游行，呼吁解决全球化带来的一系列问题。

但是，我们不能因为全球化的负面影响就对它进行抵制和排斥，正确的态度应是趋利避害。对广大发展中国家来说，全球化既是挑战，又是机遇。就机遇而言，在全球化的环境下，发展中国家可以引进先进的技术和设备，大力吸引外资，学习先进的管理经验，大力开拓国际市场，特别是借鉴和实行反映现代化大生产和生产力发展规律的市场经济体制，从而实现追赶和超越的发展战略，同时向世界展示本民族的文化艺术成就，丰富人类文明的宝库。就挑战而言，全球化不仅使发展中国家遭受诸如环境污染等负面危害之苦，甚至使发展中国家的主权、政治经济文化发展的方式都面临新的考验。制定正确的发展战略，既要善于吸纳全球化的实惠，又要尽量避免全球化的危害，这是发展中国家的正确选择。

二、全球化时代资本主义的新变化

资本主义在全球的扩张直接推动着全球化的发展，而全球化反过来又推动着资本主义自身发生了一系列新变化。

1. 当代资本主义生产方式的重大变化

当代资本主义生产方式的重大变化首先表现在社会生产力上。自由资本主义阶段社会生产力的主要标志是蒸汽化，垄断资本主义阶段社会生产力的主要标志是电气化，当今社会资本主义阶段社会生产力的主要标志是电子化、信息化、网络化、数字化。生产力的革命来源于科学技术革命。20 世纪六七十年代以来，以计算机技术、多媒体技术、互联网络与通信技术为核心的信息技术从发明到运用只经历了短暂的过程，现在已广泛运用于工业、农业、商业、运输业等国民经济的各个部门，同时深入到社会、家庭乃至个人的细小空间，这标志着人类已经开始进入信息化时代、数字化时代。生产技术与手段的电子化、网络化、数字化极大地促进了社会生产力的发展。信息产业和网络经济迅猛发展，进一步提高了劳动生产率。信息和网络也改变着人们的生产工作、学习及生活方式的各个方面，一种崭新的经济形态——知识经济已经产生，它不同于以往的以土地为依托的农业经济和以自然资源为依托的工业经济，它是以智力资源为基础，以教育为本源，以高科技产业为支柱，以不断创新为灵魂的知识经济。也就是说，这是建立在知识和信息的生产、创新、流通、分配和应用基础上的经济。知识经济的出现使人类社会经济增长方式出现又一次革命，即从过去以依靠物质资源为主转向以依靠智力资源为主，知识和科技成为带动和支配社会生产力的最重大、最直接的力量，产业构成、资本形态、劳动力结构、国际竞争的内容和形式，以及世界政治经济与国际关系随之也发生重大变化。知识经济的兴起使产业结构和就业结构发生的巨大变化表现在：第一、第二产业即农业工业所占的比重大幅下降，作为第三产业的服务性行业和第四产业的信息产业所占的比重急剧上升。知识经济使劳动工具发生了巨变，由原来的动力机、工作机、传动机“三机系统”发展为“四机系统”（增加了电脑控制机）。知识经济还使生产管理发生了重大变化。由于电子计算机、信息技术、控制论、系统工程等的运用，生产管理获得了新的手段和工具，管理更加科学、严密和高效。知识经济使智力资源得到大力开发，自然资源是有限的，智力资源是无限的，自然资源的有限性限制了工业和农业的发展，智力资源的无限性则使可持续发展成为可能。在知识经济时代，科学技术的发展还使生物工程这个新产业得到巨大发展，尤其是基因工程可能创造出多种多样的生物物种，使人类社会向更高形态的生物工程社会发展①。

生产力的日益社会化超越了国家的地域范畴，已经由民族化、国家化发展到国际化、洲际化，还行将发展到太空化、宇宙化。资本、资源、技术与人员的国际流动，跨国公司的跨国生产和国际贸易日益频繁，已经有越来越多的生产部门、交换部门、流通部门和消费部门都在组织全球性的大协作。如位于美国西部西雅图的波音公司生产的多种型号的波音飞机就是组织全球几十个国家和地区生产大协作的产品。1984 年美国提出了建立国际空间站的计划，这是单凭美国一国无力完成的重大项目，需要集中多个国家的技术资源和力量。经过多次磋商，终于实现了多国的国际合作，国际空间站在 1998 年由美、俄两国为主，另有日本等 16 国联合参与建立起来，这是人类生产与生活走向太空、走向宇宙的起点。在生产大协作的同时，世界贸易也以惊人的数字增长，由于全球化，世界贸易在过去 50 多年中发生了极大的变化：参与的国家越来越多，贸易成本显著下降，贸易壁垒逐步减少。仅 1950 年至 1980 年的 30 年间，世界出口贸易额就从 607 亿美元增至 20 014 亿美元，世界贸易额增长了近 32 倍；1985—1995 年，世界贸易额年均增长约 5.5%，之后的增长速度更快，2006 年世界贸易额第一次突破 10 万亿美元大关，高达 10.121 万亿美元；2011 年世界贸易额高达 18.2 万亿美元，2021 年达到 28.5 万亿美元。

随着社会生产力的增长，资本主义生产关系社会化程度更高，范围更广，层次也更多。资本主义所有制结构发生了重大变化。虽然资本主义私有制仍然是整个社会所有制结构的基础，但所有制结构明显地复杂化和多元化，纯粹的个人所有制结构不断萎缩，资本社会化和国际化趋势增强。国家资本所有制的出现，股份制、合作制经济以及跨国公司的发展，是资本社会化和国际化的突出表现和具体载体。在国民经济结构中，既有国有经

① 高放．如何全面评价《第三次浪潮》//高放．纵览世界风云．北京：中国书籍出版社，2002：63-67．

济，又有公私共有的混合经济和国际资本相互融合的跨国经济；既有私营企业、股份制企业，又有国有企业、跨国合营企业或合作企业。在大型股份公司中，大部分股份固然掌控在大资本家手中，但中小股东越来越多，它们对公司的影响力也随之增强。随着第三产业和第四产业的发展，中小企业数量激增，它们对经济社会的影响力也逐渐加强。垄断形式也发生了新发展，垄断财团的控制和影响囊括了社会经济生活的各个方面。反垄断措施也在不断加强，自由竞争趋向垄断，强有力的反垄断又加强了自由竞争，当代资本主义发展的自由竞争趋势非常强劲。在分配方面，许多国家以税收调节分配，实行社会福利政策，保障低收入人群的基本生活；高级管理人员和科技人员的收入大幅提高，越来越多的企业实行利润分享制度，使本企业的职工也能分享到企业发展的红利。

股份制经济迅速发展。目前资本主义国家的股份制公司普遍化和股权分散化是两大重要特点，股民数量越来越多，股民持股量急剧增加，使得股权日益分散化。这样就使劳资关系得到改善，许多企业的职工持有本企业的股票，企业的发展与他们的利益息息相关，因此他们非常关心企业的经营和发展；许多企业实行股东民主管理，决策上广泛听取股东的意见，吸收部分工人参加管理。各种类型的合作经济力量不断壮大，出现多种多样的合作社，如生产合作社、消费合作社、医疗合作社、农村信贷合作社、供销合作社等。合作经济已经成为私人经济和公有经济之间的第三大经济势力。

跨国公司是资本国际化的重要标志，它在全球经济发展中越来越起主导作用。跨国公司是适应现代化大生产、在全球范围内对资源进行优化配置的企业组织形式，它是经济全球化的客观载体、组织者和推动者。全世界的跨国公司数量持续增长，1999 年年底全球跨国公司已多达 6.3 万家，到 2021 年年底，跨国公司的数量已经达到约 8 万家。在向外国市场提供货物与服务方面，国际生产已经比国际贸易更为重要。

2. 上层建筑的变化和资本剥削方式的重大变化

当代资本主义国家的上层建筑也在不断变化。第一，国家加强对经济生活和社会生活的干预，这是当代资本主义上层建筑的一大趋势和重要特征。在经济发展中更加强调国家的宏观调控作用。自由资本主义时代国家基本上独立于经济发展之外，那时国家是资本主义市场经济的“守夜人”，主要是为市场经济的运行创造条件并保障它的正常运行；垄断资本主义阶段国家已经参与到经济发展之中，20 世纪三四十年代，美国总统罗斯福的新政成为重要转折点，政府通过对经济的宏观调控使国家顺利渡过经济危机并实现了经济复苏。之后，资本主义各国都认识到国家对经济发展的主导作用，国家由“守夜人”变成“调控者”，对经济实行广泛的干预，其调控职能大大加强。国家调控的主要手段有：利用各种财政和货币政策来调节社会的总供给和总需求；使用税收政策和各种社会再分配政策，调节收入和分配；实行国家经济发展计划，对某些产业进行直接投资，特别是投资于公共产品；推行国有化；建立社会福利和保障制度。国家的介入在一定程度上降低了资本主义生产的盲目性，加强了生产的计划性，缓解了因经济发展比例失调带来的危机，也缓和了阶级矛盾和社会冲突。与此同时，资本主义各国加强国际联系和协商，建立了多种世界经济协调组织，这有利于遏制世界性经济危机的爆发并降低区域性经济危机的危害，有利于世界经济的稳定和发展。此外，国家的干预还深入到社会生活领域，包括一些被认为是私人生活的领域。国家调解社会矛盾的能力大大加强，虽然国家执行政治职能的根本手段仍然是行政强制手段，但在调解和解决各种社会矛盾时，已经更多地使用谈判、调和、妥协等方式。这使资本主义的各种社会矛盾相对缓和。第二，上层建筑更加完备和科学，国家的法治化程度大大加强。随着国家职能的加强，资本主义国家的上层建筑日益完备，运转更加灵活，决策越来越科学，资本主义法治国家的特征也越来越突出。法律是资本主义发展的基础，资产阶级在早期的经济活动中就深知法律对他们经营活动的重要性，在生产资料、资本、劳动力等市场关系中，需要签订各种各样的契约、合同，而法律是契约、合同得以履行的保障。因此，资产阶级在立国之后十分重视法制，建立一整套的法律体系。当代资本主义法制更加健全和完备，实现了政治制度与法制的有效结合。国家机器运转中依法而行，法律体系十分完备，深入到政治、经济和社会生活的各个方面，依法治国逐步完善，法治挺进，人治消退。在当代资本主义国家机器的运转中，国家权力结构的重心也发生了很大的变化，逐渐由议会转向政府。早期资本主义时代，在资本主义国家立法、司法和行政三权分立的权力结构中，议会是权力的重心。随着政府职能的加强，它的地位和作用不断上升。第二次世界大战后，权力重心由议会转向了政府，政府由经济“守夜人”变为社会“主宰者”。与此同时，对国家权力的监督和制约因素也大大加强，尤其是大众传媒被称为立法、司法和行政之外的“第四种权力”，对权力的行使进行监督，有效地制约了违法和投机现象，使政府难以为所欲为，把政府由“主宰者”变为“调控者”。第三，政党政治日趋成熟，意识形态色彩逐渐淡化。资本主义国家涌现出形态各异、多种类型的政党，在政治生活中起重要作用的政党数量不断增加。目前世界上 5 300 多个政党中，有 1/3 是在冷战结束后出现的。这些政党类型多样，包括民族主义政党、宗教性政党、社会民主主义政党、生态主义绿党，甚至有家族党、军人党、汽车党等。这些政党有的逐渐强大，在国家政治生活中发挥作用甚至是重要作用；有的则昙花一现，瞬间消逝。在多党竞争中，传统的左右翼两大政党逐渐向中间靠拢，向“全民化”发展，政党的意识形态差异日趋缩小。不仅政党的意识形态色彩在淡化，而且资本主义国家的意识形态也呈多元化的态势，出现了形形色色的思想意识流派，导致他们在政治主张上的界限日益模糊。第四，资产阶级民主形式进一步扩大，公民权利的内涵和外延都有新的拓展。资产阶级革命时期根据“主权在民”原则确立的公民权利在当代资本主义国家有进一步的扩展，原来的自由权、参政权和社会权利，尤其是社会权利大大扩充，添加了劳动权、休息权、知情权、公民倡议权等新的社会权利。

当代资本主义的资本剥削和政治统治方式也进一步演化，变得更加隐蔽化、智能化、法治化和多样化。随着科学技术革命的发展，在被剥削者不懈斗争的压力下，资本的剥削方式也在不断发生变化。从 19 世纪末开始，资本主义剥削方式逐渐由以剥削绝对剩余价值为主转变为以剥削相对剩余价值为主，即原来资本主义的剥削是以延长工人劳动时间和增加工人劳动强度为主，转变到尽力提高工人劳动技能，以便使他们在单位时间内创造更多的剩余价值。这种趋势在现代新科学技术革命的背景下更加明显。现代生产劳动对劳动者的文化素质和技能素质要求越来越高，劳动者为了获得好的工作岗位，就要付出更多的时间和精力用于提高劳动技能。这样，在劳动者走上劳动岗位之前，就已经付出了大量的时间和金钱，并投入了更多的人力资本，虽然他们的工作报酬比原来有所提高，工作时间也有所减少，实际上在他们的体力劳动强度降低的背后是脑力劳动强度的大大提高，再加上他们早已付出的接受教育和培训的代价，他们所受剥削的程度不是在降低，而是在提高。当代资本主义的这种新的剥削方式比原来那种赤裸裸的剥削更加具有隐蔽性，其智能化的程度也更高。另外，受股权分散化的影响，劳资之间的剥削关系发生了一定变化。由于工人成为企业的持股人，参与企业的利润分配，他们非常关心企业的经营状况。虽然资本家仍是企业利润的最主要获得者，但工人与资本家有了更多的共同利益，他们之间的关系有所改善，劳资矛盾得到缓和，冲突大为减少。

随着全球化的深入，资本主义的政治压迫也逐渐从国内的阶级对立和斗争，演化为国际上发达国家与发展中国家的矛盾和斗争。当代资本主义国家内部阶级矛盾有所缓和，发达资本主义国家将国内矛盾转嫁到国外，它们利用自己在国际政治、经济、科技、军事、文化等方面的优势，通过制定不平等的全球化规则，掠夺发展中国家的资源，压制发展中国家的发展，向发展中国家转移夕阳产业甚至废弃垃圾，由此大大加深了发达资本主义国家和发展中国家的矛盾。全球化时代发展中国家也已经意识到资本主义的国际压迫，他们也开始联合起来，为建立新的国际政治经济新秩序而斗争，争取与发达国家平等的权利。

3. 资本主义社会阶级结构的重大变化

当代资本主义社会传统的两大阶级即资产阶级和无产阶级都出现了分化。传统的无产阶级分化为现代多层次多类型的工人阶级，出现了五颜六色衣领的工人。在传统“白领工人”和“蓝领工人”中，白领工人（主要指管理人员、工会工作者等，他们衣领洁白，着装整齐）的人数增加，成为当代工人的主体，蓝领工人（主要是从事体力劳动的工人，他们大多穿蓝色工作服）的人数在降低。在发达资本主义国家，随着信息化时代的到来，出现了多种多样的新兴行业，在这些行业中工作的工人阶级的人数越来越多，出现了工人阶级的“多领化”，即工人阶级的多样化、多元化、多层次化。除蓝领工人、白领工人外，还有金领工人（高级工程技术人员、设计师等）、灰领工人（维修工与知识产业职工）、绿领工人（环保职工）、粉领工人（妇女职工，如教员、营销员、会计师、精算师、秘书等）。在发达国家，当今蓝领工人只占工人总数约20%，而其他五领工人约占80%。还有黑领工人（指机器人，应称仿人机更为准确）的崛起，它正在逐步取代人去做一些艰险脏累劳动和简单重复劳动[①]。资产阶级的队伍也有所变化，由高级管理人员组成的经理阶层成为新兴资产阶级的重要组成部分，无论从社会地位和企业地位，还是从财富数量和财富来源来看，这部分人都是资产阶级中的佼佼者。资产阶级中依靠剪息票生活的食利资本家越来越多，垄断资本家的力量愈发强大。与此同时，随着新科技革命下中小企业的发展，中等企业主数量膨胀，是当代资产阶级的基础力量。再有就是国家的高级行政管理人员和高级知识分子也在资产阶级队伍中占突出位置。

当代资本主义社会阶级结构中最重要的现象是中间阶级的扩大。在新科技革命、企业大型化和中小企业普遍化、国家经济社会职能扩大、行政科层化等因素的影响下，中间阶级的队伍迅速膨胀，成为资本主义社会人数最多的阶级。旧的中间阶级是指介于资产阶级和无产阶级之间的各个阶级，包括中小企业主、中小商人、手工业者和农民等；新的中间

① 高放．五颜六色衣领的工人//高放．纵览世界风云．北京：中国书籍出版社，2002：160-162.

阶级则是在原来的中间阶级基础上增加了政府中级行政人员、国营和私营垄断企业的中级管理人员和工作人员以及其他领域的专业技术人员等。中间阶级的扩大使资本主义社会阶级结构发生重大变化，如果将原来主要由资产阶级和工人阶级组成的社会结构比喻成葫芦形，即上头小、中间更小、下头最大，即中间阶级只占人口20%，那么可以将现在的社会结构比喻为橄榄形，即两头小、中间大的社会阶级结构，即中间阶级约占人口70%。中间阶级是保持资本主义社会较为稳定的中流砥柱，是工人阶级在反垄断资产阶级中可以争取的重要同盟军。

4. 当代国际关系的新变化

第三次全球化浪潮对当代世界的国际关系产生了重大影响。冷战结束后的当代世界有两种性质的四类国家：共产党长期执政的社会主义国家，当今有中国、越南、老挝、朝鲜、古巴五国，都属于不发达的发展中国家；资本主义国家有190个，又可以区分为三类，其中发达国家约30个，发展中国家约130个，原苏联东欧地区国家近30个。各类国家之间的联系与合作都更加紧密。当今发达资本主义国家更加强了对世界的控制。以跨国公司为依托，国际垄断资本主义出现并不断壮大。与以往的垄断主要在国内攫取垄断利益不同，国际垄断资本凭借自己强大的实力，还要在国际上攫取高额垄断利润。发达资本主义国家力图联合起来维护自己的利益，它们建立了各种性质和层次的机制和机构，加强国际协商和合作，其中西方七国首脑会议是最典型的代表。冷战结束后，美国利用其独一无二的实力推行霸权主义和强权政治，力图实现“美国控制下的和平”。在短时间内，“一超多强”的世界格局不会发生重大变化。

面对发达资本主义国家控制世界的图谋，广大发展中国家也不断联合起来，采取一致行动维护自身利益，为建立公正合理的国际经济政治新秩序而斗争。1964年建立的“七十七国集团”到2022年有134个成员国。现在该组织已经成为发展中国家在国际经济组织中共同利益的代表，在促进南南合作、推动南北对话、为维护自己的正当权益以及改变不合理的国际经济政治秩序方面进行了不懈努力，取得了许多成就。在该组织成员国的努力下，联合国贸易和发展会议主持谈判最终达成了一系列对发展中国家有利的国际公约和协定。联合国是发展中国家表达自己愿望和维护自己利益的重要平台，它的地位在逐步提高，在维护发展中国家的利益方面起到越来越大的作用。近些年来又涌现了一批新兴国家，并且彼此间加强了国际联系，如金砖五国（中国、俄罗斯、印度、巴西和南非）。

苏联东欧国家发生剧变后，分立为近30个国家，都恢复资本主义制度，都与西方发达资本主义国家和众多发展中国家广有联系与合作。

中、越等社会主义国家不再与西方发达资本主义国家对峙，转向开放对话、合作，逐步融入全球化世界。

全球化时代国际联系大大加强，这种联系跨越了发展水平、社会制度、意识形态的隔阂，形成了不同层次、不同领域、不同类型、不同区域的多种多样的国际组织，全球性的组织如联合国、世界贸易组织，军事性组织如北约，专业性组织如石油输出国组织，区域性组织如欧盟、非盟、亚太经合组织，等等。尤其是全球经济合作和区域经济合作的加强，使经济类的区域或全球组织方兴未艾。所有这些组织的出现都表明国际联系和交流达到了史无前例的水平。

三、当代资本主义的种种矛盾和资本主义社会中的社会主义因素

当代资本主义的成就并没有消除资本主义的内在矛盾，社会化大生产和生产资料私有制之间的矛盾仍然是资本主义社会的基本矛盾。在当代资本主义所有制结构中，资本主义私有制经济仍然居于主体地位，控制着国家的经济命脉。现代生产力的高速发展，对生产资料和产品的社会化程度要求越来越高，而生产资料的私有制属性则使生产资料不能充分发挥其社会属性。资本主义基本矛盾必然导致资本主义经济危机的爆发，第二次世界大战后资本主义世界虽然没有发生20世纪30年代那样的重大危机，但发生危机更频繁，而且危机不像原来那样仅仅表现为生产的过剩，还扩大到流通、分配等环节，表现为结构性的危机。从战后至20世纪末几个主要资本主义国家都发生过多次危机，其中美国10次，英国8次，日本7次，德国6次，法国5次。其中1974—1975年、1979—1982年的石油危机，1990—1993年的债务危机以及1997年的金融危机，都是典型的结构性经济危机。

资本主义社会的基本矛盾是其他一切社会矛盾的根源。首先，它导致国内社会的贫富两极分化。当今资本主义国家工人阶级的生活水平虽然总体上有所提高，但他们所得到的不过是劳动力自身的价值和剩余价值的一小部分，绝大部分的超额利润都落到资产阶级的腰包中。战后资本主义国家劳动生产率不断提高，如按照1975年的美元计算，1950年美国一名工人一小时创造的国内生产总值为5.91美元，到1981年已增加到11.4美元。随着劳动生产率的提高，剩余价值率也不断提高，如美国制造业的剩余价值率1950年为111%、1960年为120%、1970年为141%、1980年为161%、1989年为209%。剩余价值的增长远远超过了工人收入的增长，而增长的剩余价值绝大部分都归资本家，这也使得当今资本主义社会的贫富差距不是缩小而是扩大了。20世纪80年代，美国4 300名大富豪仅占全美人口的十万分之二，却控制着全国1/2以上的工业资产、2/3的银行资产、1/2的交通运输和公用事业财产以及2/3以上的保险业资产；同时，赤贫人口数却在增加，1970为2 542万人，占全国总人口的12.6%；1993年增至3 930万人，占全国总人口的15.1%。严重的贫富分化也必然加剧阶级矛盾，工人阶级以多种形式反对资产阶级的剥削，贫苦阶层以不同方式要求改善处境。

其次，随着全球化新浪潮的汹涌，资本主义基本矛盾也在全球蔓延。资产阶级在剥削本国人民的同时，还将剥削的主要对象转向发展中国家。发达资本主义国家利用不公正的国际经济秩序，压低原材料和初级产品的价格，大量掠夺发展中国家的财富。由于不等价交换的贸易，1952—1991年，发展中国家损失财富达1 223亿美元；1970—1995年，第三世界国家的公共债务增加了21倍。发达资本主义国家还利用本国的货币政策和贸易保护政策，竭力向发展中国家转嫁经济危机。由此，资本主义贫富分化随着全球化新进程而更加成为全球化现象。这样，资本主义的基本矛盾在全球进一步深化为：全球经济的发展与资产阶级集团及其国家追逐自身利益的矛盾，各国经济的有计划、有管理状态和全球经济的无政府状态之间的矛盾，跨国公司内部的有组织、有计划状态与全球生产、世界生产的无序状态之间的矛盾，全球生产无限扩大的倾向与全球消费市场有限性之间的

矛盾，等等①。这些矛盾的激化，不可避免地会导致全球性的经济失衡，从而引发新的经济危机与社会动荡。资本主义通过全球化暂时将危机转嫁到发展中国家，它所造成的全球分化将使它缓解矛盾的手段大大减少，从而加深自身的矛盾，减少自己的应变措施。目前由于发展中国家投资环境恶化，发达资本主义国家压缩了向发展中国家的投资，于是出现大量闲置资本，资本投机的风险加大；同时发达国家对世界能源、原材料和初级产品的依赖抑制了它自身的产业资本，加大了经济的不平衡性。资本主义全球化不仅将资本主义基本矛盾全球化，加剧了国家民族间的贫富分化，而且也使发展中的资本主义国家加强了抵制发达国家巧取豪夺的能力与斗争。

最后，发达资本主义国家之间的矛盾也深化了。当今发达国家已难以像第一次世界大战和第二次世界大战前那样，形成两大国家集团，发动世界大战。但是，美国以其科技、经济和军事优势，成为唯一的超级大国。美国极力要推行单边主义、霸权主义，要独霸世界。所以，美国要控制日本、加拿大、欧洲诸国以及澳大利亚、以色列等国。美国还要控制北大西洋公约诸国，钳制俄罗斯。这样使得美国与这些国家之间的矛盾加深，时有摩擦。欧洲诸国已组成欧洲联盟并且在不断扩大其成员国，以抗衡美国。美国等发达国家还想继续分化、西化中国、越南等社会主义国家。社会主义国家在改革开放中如何应对当今资本主义世界的各种矛盾，这是国际关系发展中面临的新挑战、新课题。

当代资本主义出现的一系列新变化均不能解决资本主义的基本矛盾，也不能根本解决由这一矛盾产生的一系列问题。资本主义国家对经济运行的干预不能从根本上克服市场机制的缺陷。因为私人资本的终极目的就是追求利润，它不会因考虑按比例生产的社会利益而放弃其终极目的，这就导致生产的无政府状态，资本和劳动总是对立的。调节和干预措施也只能缓解而不能消除市场机制的缺陷。税收调节也并不能改变分配不公，雇员持股也不能改变他们受大资本剥削的状况，资本主义国家的福利政策不能消除贫富分化，更不能改变资本和雇佣劳动的关系。只有社会主义才能解决资本主义的基本矛盾，使工人阶级摆脱受剥削的地位。可喜的是，由于多种原因，当代资本主义国家中出现了越来越多的社会主义因素。

马克思主义创始人早就肯定地讲过资本主义社会有社会主义因素。马克思在《法兰西内战》中说：在旧的正在崩溃的资产阶级社会本身孕育着“新社会因素”②。恩格斯也说：我们要在现存资本主义生产方式内部发现未来能够消除资本主义弊病的“新的生产组织和交换组织的因素”③。列宁也指出：“国家垄断资本主义是社会主义的最充分的**物质**准备，是社会主义的**前阶**”④，“社会主义现在已经在现代资本主义的一切窗口中出现，在这个最新资本主义的基础上前进一步的每项重大措施中，社会主义已经直接地、**实际地**显现出来了”⑤。迄今我国思想理论界仍有一些思想保守的人，他们认为经典作家所讲的资本主义社会中的“新社会因素”，只有在无产阶级革命胜利夺取政权后才可能在新社会中显示出来。

---

① 罗文东，王金存．当代资本主义的新变化及其实质．红旗文稿，2006（5）．

② 马克思，恩格斯．马克思恩格斯选集：第3卷．2版．北京：人民出版社，1995：60．

③ 同②492．

④ 列宁．列宁全集：第32卷．2版．北京：人民出版社，1985：218-219．

⑤ 同④219．

他们完全无视当代资本主义的新发展已经使社会主义因素在资本主义社会内部逐步积累的种种新现象。这表现在以下诸多方面。首先是生产力因素。未来社会主义、共产主义需要高度发达的生产力基础和高度社会化的大生产，更需要丰富的劳动产品，当代资本主义高度发达的生产力正是社会主义的必然要求。从这一点上说，资本主义生产力越发达，它就越接近社会主义。其次在所有制方面，各国共产党人和社会党人利用合法斗争筹办的工农商贸企业和文教单位具有社会主义性质。工人自己集资、自己管理的合作企业或职工持股公司，农民自己组织的各类生产、供销、信贷合作社，城乡居民的消费合作社，这些含有社会主义性质的合作组织在许多资本主义国家的数量越来越多。资本主义国家的股份制已经十分普遍，在经历了资本家联合、家族控股公司等发展阶段后，目前发达资本主义国家股权高度分散，股东全球化的公众股份公司已经比比皆是，这种股份公司已经不完全是资本家个人、家族或企业集团控股的私有制公司，而是带有马克思所说的"社会所有制"成分的公司。像机构基金、社会中介组织汇集众人资金，更不是原来意义上的资本主义私有制。此外就是国有制。目前发达资本主义国家的国有经济份额最少也在10%左右。在生产管理上，股份制职工参与企业民主管理，共同决策，为发展企业建言献策。国家政府加强对国民经济的宏观计划调控，尽力减少市场经济的自发性、盲目性、投机性和破坏性。最后在分配上，资本家已经不能单方面决定劳动者的劳动报酬，工会组织在其中起着重要作用，同时资本家还必须遵守国家规定的最低工资制度，而且通常每年大都要微调工资。社会福利实际上是二次分配的一种体现，它的主要来源是税收，最典型的是高额累进所得税和遗产税①。资本主义国家广泛采取各种社会福利措施，包括医疗保健、社会保险、失业救济、带薪休假、免费教育等。这些都是资本主义社会中的社会主义因素。

导致资本主义社会中不断积累社会主义因素的原因是多方面的。首先是现代生产力的发展和社会化大生产的必然要求，先进的生产力必然导致生产关系的一系列变化。资本主义基本矛盾所导致的经济危机迫使资本主义国家政府采取宏观调控政策，力图规避风险，缓解危机。其次是生产力发展和社会化大生产自发形成的集体经济因素。再次是工人阶级斗争的结果，他们为维护自身利益和争取自身权利不断和资产阶级斗争，从而赢得了诸如医疗保险、带薪休假等社会权利。最后是两个内外因素的作用。内部因素是在野的共产党的坚持斗争和社会民主党的上台执政。主张社会主义的社会民主党虽然推行改良主义而不是推翻资本主义，但他们执政后多多少少都采取了一些含有社会主义因素的政策措施。外部因素是世界上共产党执政的社会主义国家的显著成就，资产阶级政府为缓和内部矛盾，维持自身统治，吸收和借鉴了社会主义国家的某些经验，从而使资本主义社会中的社会主义因素不断增长②。

虽然资本主义社会存在社会主义因素，但它不会自发、自动、自行过渡到社会主义，工人阶级和人民群众要自觉、自愿、自主地进行持久斗争，才能实现社会主义，因此，必须关注当今资本主义世界的社会主义思潮、社会主义派别和社会主义运动。

---

① 刘吉. 当代资本主义社会分析. 文汇报，2000-12-04.

② 高放. 纵览世界风云. 北京：中国书籍出版社，2002：171-172.

第二节 当代资本主义世界的社会主义运动

一、冷战后资本主义世界共产党的新变化

苏东剧变对发达资本主义国家奉行科学社会主义的共产党产生巨大冲击。剧变初期，只有少数的党顶住压力努力坚持，有些党更名，有些党发生分裂，有些党销声匿迹了。在欧洲，剧变前有共产党组织35个，到1998年只剩下21个，党员人数也由原来的260万减少到不足百万。其他发达资本主义国家的共产党同样遇到困境。具体地说，圣马力诺共产党改名为民主进步党，原民主德国统一社会党（共产党）更名为民主社会主义党，新西兰工人共产主义同盟更名为“新西兰左翼潮流”，加拿大共产党分裂，荷兰共产党最终解散，美国共产党减少了1/3党员，澳大利亚共产党解散，等等。发展中国家共产党也遭受苏东剧变的冲击。拉丁美洲地区原有共产主义政党40多个，苏东剧变也使这些政党受到冲击，巴西、乌拉圭、玻利维亚、哥斯达黎加、阿根廷、智利等国的共产主义政党都发生了不同程度的分裂和分化。亚洲国家的共产党也发生了巨大变化，其中巴勒斯坦共产党于1991年10月更名为巴勒斯坦人民党，泰国共产党、缅甸共产党、马来西亚共产党、北加里曼丹共产党都放弃了武装斗争的道路，并且消失了。非洲在苏东剧变前有几个共产党执政，但在苏东剧变后，它们有的放弃了社会主义，如贝宁人民革命党，有的改为信奉民主社会主义，如安哥拉人民解放运动—劳动党、莫桑比克解放阵线党、津巴布韦非洲民族联盟（爱国阵线）等。北非的突尼斯共产党在1993年更名为“革新运动”，阿尔及利亚社会主义先锋党在1993年1月宣布解散，1998年另建立“社会民主运动”。

苏东剧变的冲击波是巨大的，但也是短暂的。“苏东波”确实使社会主义运动遭受了重大挫折，但它也给社会主义运动的进一步发展提供了宝贵的经验教训。世界各地的共产主义政党对苏东剧变进行反思，从而为社会主义运动的新发展奠定了基础。如20世纪90年代的前五年，法国、意大利、希腊、西班牙、葡萄牙、德国六个国家的共产党代表就进行多次会晤，对苏联模式和苏东剧变进行总结和反思。总体上说，绝大多数共产党认为，苏东剧变不是社会主义和马克思主义的失败，只是苏联模式社会主义的失败。苏联模式社会主义之所以失败，其原因是多方面的，既有主观原因又有客观原因，既有内因又有外因，既有历史因素又有现实因素，既有政治的又有经济、社会的因素。各国共产党的认识各有侧重，然而都认为其中最主要的原因是，苏共在政权建设、党的作用、对待马克思主义的态度等方面出现了一系列错误，从而导致党严重脱离群众和党自身的蜕变，并最终放弃了马克思主义，放弃了社会主义道路。

衰落和沉寂时期正是反省和积蓄力量的时期。继续存留下来的共产党都在总结经验教训的基础上进行理论创新，调整政策措施，加强自身建设。当今这些共产党仍处在转折和调整时期。同时，在资本主义国家又新建立了一批共产党。它们虽然人员不多，但是都在重新探索本国的共产主义之路。现在资本主义世界大约100个国家有新老共产党共约130个，其中欧洲55个，美洲32个，亚洲29个，非洲8个，大洋洲3个。参加中央和地方政权的参政党有20个。共产党党员总数约800多万人，党员超过10 000人的党有30个左右。

西欧各国共产党都坚持社会主义、共产主义的奋斗目标，同时强调民主、自由、人道、公正等价值的重要意义。它们在本国选民中仍有一定的政治影响，在一些国家甚至还可称得上是举足轻重的力量。在1993年的法国立法选举中，法共获得了超过9%的选票，初步遏止了苏东剧变带来的冲击。在1997年的立法选举中，法共又获得了接近10%的选票，获得36个议席。1997年参加社会党若斯潘政府，有3名法共党员出任政府部长。进入新世纪以来，法共党员人数持续下滑，支持率也始终在低位徘徊。法共现有党员4.3万人，多为工人、雇员、教员、手工业者等。1991年1月，意大利共产党改名为意大利左翼民主党，然而少数坚持共产主义的党员，5月当即另外组建了"重建共产主义运动"，12月定名为"重建共产党"，1998年10月，又新成立了意大利共产党人党，但这几个共产党在国内政治风云变幻中一直处于边缘化的状态，处境艰难。塞浦路斯劳动人民进步党在1991年的议会选举中获得议会56个议席中的18席。1997年的议会选举又增加到19席。该党是议会第二大党，现有党员1.4万人。它领导的工会、青年组织是塞浦路斯最大的工会和青年组织。在2008年2月的大选中，该党中央总书记赫里斯托菲亚斯赢得多数选民支持，当选总统。但是该党在2013年2月的总统大选中失败，现在作为在野的反对党仍在坚持合法斗争。在2021年5月选出的第十四届议会中获得56席中的15席，是议会第二大党。希腊共产党现有党员3.2万人，在2019年7月的全国议会选举中，希共获得300个议席中的15席，在议会中排在第四位。西班牙共产党与其他左翼党派组成的"联合起来我们能"在2019年4月的众议院选举中获得350席中的42席，排第四位。葡萄牙共产党现有党员5.89万人。在2021年1月产生的新一届议会中，该党获得230席中的6席。此外，德国共产党、卢森堡共产党等也都在国内从事合法活动。

2005年7月，美国共产党召开二十八大，大会提出的新党纲确定坚持和深化权利法案社会主义，指出权利法案社会主义的核心是民主，美共无论是开展民主斗争还是阶级斗争，都必须高举民主旗帜，为维护和扩大人民的民主权利而斗争。要建立最广泛的全民阵线，正确认识和处理民主斗争和阶级斗争的关系。此后召开的美共历次代表大会都充分肯定了二十八大纲领的积极作用，认为它在当前仍然适用。除了美共，1975年成立的美国革命共产党，拒绝参加议会与总统竞选等活动，但平时也办报刊，开书店，维护工人、黑人和其他少数族裔的民主权利，准备社会危机深重时开展武装斗争夺取政权。虽然苏东剧变对日共的冲击不大，但日本国内的政治生态却对日共发展相当不利。因此日共人数仍有下降的趋势。日共现有党员30多万人。2021年10月产生的日本国会第49届众议院和2022年7月产生的日本国会第26届参议院中，日共分别获得10席和11席，均比上届减少了两席。

西亚北非地区的共产党也重新恢复起来。目前该地区有十多个共产党组织，绝大多数为合法政党，在国内政治舞台上有一定的影响。黎巴嫩共产党现有党员约3 000人；叙利亚共产党的两派即叙利亚共产党（巴格达什派）和叙利亚共产党（费萨尔派）以及摩洛哥进步与社会主义党都是本国的参政党。在撒哈拉以南的非洲，共产主义运动也有一定的发展。其中最引人注目的是南非共产党。它在1990年重新获得合法地位时只有2 000多人，现有正式党员33万多人。南非共是南非重要的参政党，该党与南非非洲人国民大会、南非工会大会结成的三方联盟在1994年至2019年的六次大选中均取得胜利。2022年7月，南非共召开了第十五次全国代表大会。拉美地区非执政的共产党有30多个，其中以巴西共产党的影响最大。巴西共产党在苏东剧变后的力量不降反升。1990年有党员9万人，到2012年时已增至30多万人。2021年11月，巴西共产党召开了第十六次代表大会。此时的巴西共产党已拥有约41万名党员，在联邦众议院占有7个席位，有一个州长、46个市长职位及700多个市议会席位。2022年7月，巴西共产党正式同巴西劳工党和巴西绿党组成政党联盟，共同推举前总统卢拉为2022年总统候选人。关于南亚地区印度共产党和尼泊尔共产党变化的情况，我们将在本节第三目中论及。

各国共产党在进行组织调整的同时，在理论上也进行了深入反思。各国共产党对社会主义本质特征的认识和理解不尽相同。鉴于苏联社会主义模式的失败，各国共产党拒绝单一的苏联模式的社会主义，它们根据各自国家的社会政治经济状况，提出要搞有自己国家民族特点的社会主义。对社会主义的本质特征的阐述更加丰富，特别是发达资本主义国家的共产党更强调自由、民主、公正、平等、人道等价值理念对社会主义的重要意义。法共提出的新共产主义是比资本主义更文明更人道的社会，法共的目标是建立一个人人自由平等、相互联合，尊重个人能力和个人发展的社会，这是一个公正的、平等的、和平的社会。法共尤其强调民主的重要性，提出要使公民享有比代议制民主大得多的权利，把民主扩大到社会各个领域之中。美国共产党强调民主是社会主义的本质特征。1998年，以原来的阿尔及利亚社会主义先锋党为基础成立的“社会民主运动”，宣布自己的奋斗目标是在阿尔及利亚建立现代、民主、共和与人道的社会。

关于党的性质和党的奋斗目标。大多数的共产党不再认为党仅仅是工人阶级的先锋队，强调党同时代表广大劳动者的利益。如葡萄牙共产党认为党是无产阶级和所有劳动者的先锋队，西班牙共产党认为党是工人运动和社会各阶层的组成部分。法国共产党将“新共产主义”确定为自己的奋斗目标，这是一个“超越资本主义”的更加文明和人道的社会。日本共产党在2004年的新纲领中指出，党的当前任务不是进行社会主义革命，而是要进行民主主义革命，即确保日本真正独立和实现政治、经济、社会的民主主义改革。党的最终目标是要创造一个人与人之间没有剥削、没有压迫、没有战争，实现真正平等和自由的共同社会。尼泊尔共产党（联合马列）将奋斗目标由原来的“人民民主专政”改为“人民民主政权”。秘鲁共产党将要实现“无产阶级专政”改为要实现“人民民主”。印共（马）一直坚持社会主义和共产主义奋斗目标。

在实现目标的途径和道路问题上，多数共产党不再坚持暴力革命的道路，而是主张通过议会斗争，通过和平手段实现党的目标。日本共产党在2003年6月的中央全会上提出在资本主义体制内使民主变革成为可能的口号。印共（马）主张通过和平方式实现人民民主和社会主义转变，即通过发展强大的群众革命运动，把议会内和议会外的斗争形式结合起来，工人阶级及其同盟军将尽最大努力击败反动力量的抵抗，从而通过和平手段实现这些转变。

在党的组织原则上，多数共产党仍坚持民主集中制的原则，但在对这一原则的阐释中更加强调民主的重要性。如日本共产党就删去了“少数服从多数，下级服从上级”的提法，并把党员对党的决议由原来的“无条件服从”修改为“自觉服从”。1994年，法国共产党在二十八大上修改党章，放弃了民主集中制。法共认为民主集中制已经不能体现党内新的民主生活，必须采用民主的运转原则。党的代表大会文件的形成方式，由原来自上而下由中央拟定文件草案再由基层党员讨论的做法，改为先由基层党员围绕问题进行讨论形成意见，再由中央将意见汇总起来形成文件，之后再交全体党员讨论和修改。法共还对党的领导机构进行相应改革，取消了中央委员会、政治局和中央书记处，改设全国委员会、全国局和全国书记处。美共新党纲对民主集中制做了新的解释，指出过去对民主集中制的理解犯了僵化和教条主义错误，今后要以灵活性、集体性、团结和互相承诺的原则建党，民主地制定政策，反对以党的纪律来强迫少数人接受的做法。

从总体上来看，冷战后世界共产党的新变化具有以下三个显著的新特点①：

第一，各党独立自主发展，独立自主探索。自 20 世纪 80 年代中国实行改革开放、1991 年苏共解散之后，国际共运已经没有统一领导的中心。1986 年，邓小平就明确表示："我们认为国际共产主义运动没有中心，不可能有中心。我们也不赞成搞什么'大家庭'，独立自主才真正体现了马克思主义。"② 在当今世界，可分为四类地区，即发达国家、发展中国家、原苏东国家和共产党长期执政的社会主义国家。各地区共产党的任务和道路各不相同，各国共产党都在独立探索。

第二，共产党的多元化、多党化。各国共产党都信奉科学社会主义，但是各党对科学社会主义的理解和运用大有区别，而且在资本主义世界的很多国家都不只有一个共产党，而是有两三个、五六个甚至更多的共产党。如前所述，美国有美共和美革共（革命共产党），印度有四个共产党，即印共、印共（马）、印共（马列）、印共（毛），俄罗斯有六个共产党，等等。这些党的观点和路线都有所不同。共产党的多元化、多党化是一种自然的历史进程。这就打破了 1920 年共产国际二大关于每个国家只能有一个共产党的硬性规定和陈旧传统。这样可以避免因路线观点不同而导致的党内斗争残酷化。允许不同观点的共产党存在，求同存异，平等竞争，可能通过合作而走向联合，也可能只合作不联合。这种状况可能预示着未来走上社会主义道路的国家会实行几个共产党联合执政，或者轮流执政。这将更有利于共产党科学执政、民主执政、依法执政。

第三，各国共产党的国际联系加强。在独立自主的基础上，各国共产党的党际交往越来越频繁，地区性的共产党会议经常召开。例如，西欧几个国家的共产党自 1992 年起召开"西欧左翼论坛"，相互交流经验，探讨和研究问题。到 1997 年该论坛已有 16 个成员，举行过十几次会议。1993 年 5 月，为纪念马克思诞辰 175 周年，由印共（马）倡议召开"当代世界形势和马克思主义有效性"理论研讨会，20 个国家的 21 个政党和组织的 42 名代表出席了研讨会。更值得关注的是 1998 年以来持续召开的世界性的共产党和工人党国际会议。1998 年 5 月，为庆祝《共产党宣言》发表 150 周年和希腊共产党建党 80 周年，在希共的倡议下，来自 50 个国家的 57 个共产党和工人党在雅典召开了冷战结束后的第一次共产党和工人党国际会议。此后，该会议每年召开一次，到 2019 年共召开了 21 次。受新冠肺炎疫情影响，原定于 2020 年在平壤举行的第 22 次会议没能如期举行。2021 年底通过网络电话形式召开的特别会议确定 2022 年召开第 22 次会议。该会议不是重建国际组

---

① 高放．当前世界共产主义运动的新情况新特点．理论动态，2008（14）．

② 邓小平．邓小平文选：第 3 卷．北京：人民出版社，1993：191．

织，也不以哪一个党为领导或中心，而是秉承交流经验、加强联系的宗旨，对国际形势、资本主义和社会主义的各自状况，加强共产党与工人党团结，加强与支持人民运动等问题进行探讨。

二、托派第四国际的演变

除了当今发达资本主义国家和发展中国家各国共产党的新发展和新探索，另有两类历史上延续下来的共产主义政党迄今也还在为实现社会主义而艰苦奋斗。首先是 20 世纪二三十年代因苏联共产党党内斗争造成组织分裂而遗留下来的托洛茨基派（简称托派），其次是 20 世纪六七十年代因中苏两党就国际共运总路线进行大论战造成国际共运分裂而保存至今的几十个马列主义共产主义政党和组织。这两类左派共产主义政党都信奉科学社会主义，但是对科学社会主义的理解和运用很不一样，其路线方针政策与上述各共产党有很大不同，在群众中也有一定影响。

如前所述，托洛茨基于 1929 年被斯大林驱逐出苏联，留在苏联国内的托派分子遭到严厉镇压。然而托洛茨基却在国际舞台上展开活动，把各国的托派汇聚在一起，1938 年建立第四国际，取名世界社会主义革命党。第四国际先后在欧、美、亚等洲多国建立支部，为实现托洛茨基的“世界革命”和“不断革命”的激进理论而奋斗。托派在国外与第三国际和苏联共产党进行对抗活动，尤其是激烈批判斯大林专横和苏联官僚集团的活动。第三国际于 1943 年解散后，托派第四国际却获得了更大的发展。

托派第四国际的发展大体上经历了如下六个波浪式的曲折发展阶段：第一阶段，1929—1938 年，积极筹备，艰苦创业。先在各国建立托派组织，1930 年组成国际共产主义同盟，1933 年创办《新国际》期刊，1938 年在巴黎召开世界代表大会宣告成立第四国际。第二阶段，1938—1945 年，备受腹背双重打击，忍辱负重渡过难关。托洛茨基父子被人暗害，托派被苏联诬陷为帝国主义间谍特务，但托派仍坚持反法西斯斗争，众多骨干分子惨死在法西斯集中营。第三阶段，1945—1952 年，战后恢复元气，重整旗鼓。1948 年召开第四国际二大，在各国重建组织。第四阶段，1953—1968 年，战略重点从欧美发达资本主义国家转移到亚非拉殖民地、半殖民地或新独立民族国家。第五阶段，1968—1991 年，面向青年学生和现代化工业企业，力求全面振兴。第六阶段，1991 年到现在，在苏联东欧发生剧变后，总结历史经验，反对资本主义全球化所造成的深重危机，力求全面为世界新秩序和世界社会主义而斗争。

当今第四国际的组织遍及世界约 50 个国家和地区，成员增至约 5 万人。托派既然是苏联共产党党内斗争遗留下来的产物，所以有人以为随着苏联对托派的平反和苏联共产党的覆灭，托派也就会衰落甚至消失，其实不然。苏联最高法院确曾于 1988 年 8 月宣布，经过对 20 世纪 30 年代所谓“托洛茨基反革命平行总部案”的重新审理，认定当年对其“指控毫无根据”，所以决定取消原判，为此案“涉及的所有人恢复名誉”。苏共中央同时发表公报，为托派恢复名誉。各国托派组织此后更加活跃，这主要有以下五方面的原因：

第一，托洛茨基的精神遗产有很强的凝聚力。托洛茨基留下了大量著作，在他被驱逐出国以后，就发表有《不断革命论》（1929）、《俄国革命史》（三卷本，1932）、《被背叛的革命》（1936）、《斯大林主义与布尔什维主义》（1937）、《过渡纲领》（1938）等。在这些论著中，他批评了斯大林个人集权化和苏联社会官僚化的弊病，论证了一国不能建成社会主义，揭露了资本主义的基本矛盾和深刻危机，指明了民主革命与社会主义革命的不断性以及社会主义革命、世界革命的不断性，展示了建立欧洲社会主义联邦和世界社会主义联邦的前景。托洛茨基的一系列理论观点构成托洛茨基主义，被称为革命马克思主义在当代的新发展。托洛茨基代表作的不断传播，为延续托洛茨基主义凝聚力起了重要作用。还有一个因素值得重视，这就是波兰思想家、著作家伊·多伊彻（1907—1967）的一部名著的重大影响。多伊彻于 1926 年参加波兰共产党，1933 年因参加波共的托洛茨基反对派而被开除党籍，1939 年流亡伦敦成为学者。他于 20 世纪 60 年代出版了被称为“先知三部曲”的三卷本托洛茨基传记，均由英国牛津大学出版社出版，随后被译成多种文字出版。从书名就可以看出，作者是把托洛茨基推崇为“先知”来树碑立传的。这部书由于被英国学者在报刊上评定为“最激动人心的读物”“用英文写成的最优秀的传记”“对任何一个对苏俄和国际共产主义历史感兴趣的人都是必读书”，所以近半个世纪以来传播甚广，成为增强托派成员凝聚力的黏合剂。

第二，托派后继有人，理论上能够创新。最有成就的是比利时托派理论家欧内斯特·曼德尔（1923—1995）。他从青年时期起就参加工人运动，1939 年加入属于第四国际的比利时社会革命党，积极投身反法西斯抵抗运动，曾经三次被捕入狱，后来当过记者，办过报刊。他著述丰硕，主要有《马克思主义经济理论》（1970）、《晚期资本主义》（1975）、《关于过渡社会的理论》（1976）、《从斯大林主义到欧洲共产主义》（1978）、《今日革命马克思主义》（1979）、《权力与货币：马克思主义的官僚理论》（1992）、《从资本主义到社会主义》（文集，1995）、《马克思主义与第四国际》（文集，1995）等。曼德尔在这些论著中论证了 20 世纪后半叶的资本主义是继自由资本主义、垄断资本主义之后晚期的资本主义；晚期资本主义新的基本矛盾的激化必然会为实现不断革命和世界革命创造更有利的条件；世界革命将在新殖民主义世界、斯大林主义官僚主义世界和帝国主义世界三大地区不断爆发，形成新的不断革命；过渡社会主要是防止工人国家官僚化；第四国际要成为保卫所有穷人利益的唯一的国际组织，其成员就要参加到群众工人政党中去。尽管曼德尔所预见的三大地区的不断革命并未不断爆发，然而曼德尔等人的著述却成为团结新托派的精神支柱。

第三，苏联剧变和苏共灭亡更加增强了托派第四国际和各国托派组织的活力。当今托派认为，正是托洛茨基最早预见到苏联和苏共的必然灭亡。托洛茨基早在 1924 年就提出“一国不能建成社会主义”，1936 年又认定苏联是由新的特权阶层来管理的并被他们叛卖了的国家[①]。同时他还预言，苏联要真正走向社会主义，就需要一场用暴力推翻蜕化变质的官僚集团统治的工人政治革命；苏联要回到资本主义去，需要一次社会反革命，即推翻生产资料和土地的国有制并恢复私有制。谈到苏共党内的实际情况时，托洛茨基于 1927 年就指出：“一个领导党员（首先是书记）的实际权力要比 100 个普通党员的实际权力大得多。这种日益以党机器代替党的情形是由斯大林‘理论’所促成的。”“党内民主的死亡导致工会和其他所有非党群众组织内的一般工人民主的死亡。”[②] 苏联于 1991 年亡国亡党

---

① 第四国际和苏联．反对派通报，1937（54）（55）．

② 托洛茨基．俄国局势真相．北京：生活·读书·新知三联书店，1963：72．

之时，许多人都惊讶不已，产生诸多疑问。唯独托派显得镇定自若，心中有数。曼德尔在1994年11月11日发表的《今日的世界社会主义革命——教派主义还是革命马克思主义》一文中说：“托洛茨基对马克思主义理论发展的最重要贡献之一，就是他认定斯大林主义官僚层是一个保卫特殊物质利益的特定社会阶层的观念（这也应用到斯大林主义后的官僚层）。确切说来，从长远观点来看，这个官僚层客观地推进资本主义的复辟。”[①] 可以这样说，自从苏联亡国亡党后，从某种意义上说，托派第四国际和各种托派组织显得更有自信心、凝聚力和吸引力了。

第四，20世纪80年代以来资本主义全球化的新发展和大发展，加剧了发达资本主义国家国内贫富两极的分化和国际上南北两极的分化，资本主义的各种矛盾更加深化，这也为托派第四国际和各国托派组织的活动提供了更充分的社会条件。上述曼德尔的有关论著和第四国际1985年第十二次世界大会、1991年第十三次世界大会、1995年第十四次世界大会曾经讨论了资本主义制度下的生态危机和环境危机、资本主义经济长波的几个阶段、反对资本主义全球化运动的展望等问题。新世纪以来，第四国际（统一书记处）先后于2003年、2010年、2018年召开第十五次、十六次、十七次世界大会，通过了一系列文件和声明，内容包括当前国际形势、反全球化运动、资本主义复辟、生态运动与社会主义等。托派组织着实为广大贫苦工人和失业者谋权益，在他们出版的书刊中为穷人呼吁，提出增加工资、扩大就业、反对资本主义残酷剥削压迫的具体方案；动员并且积极参与工人罢工和反对资本主义全球化的示威游行；在议会斗争和总统竞选中揭露资产阶级政党和改良主义政党的言行，提出自己参政、议政的主张。托派组织的这些活动使它与一部分工人，尤其是贫苦工人保持了较为密切的联系，在他们之中扎下了根，成为他们的代言人和代表者，成为他们的政党。托派还重视在青年学生和知识分子中发展组织，争取支持者。

第五，托派组织还拥有一批政治活动家，他们为建立、巩固和发展托派组织长期艰苦奋斗在第一线，甚至为托派组织献身，使得托派组织能够繁衍生息，代代相传。各国托派组织创始人、首领或先驱主要有：美国的詹·帕·坎农、文·雷·邓恩，英国的约·贝尔德，法国的马·伊克，德国的瓦·黑尔德，奥地利的弗·卡沙，意大利的伦·甘比诺，荷兰的亨·斯内夫利特（也就是共产国际驻中国代表马林），比利时的莱·勒苏瓦尔，西班牙的佑·莫林，爱尔兰的彼·格雷厄姆，希腊的潘·普里奥普洛斯，波兰的赫·门德尔，捷克的扎·卡兰德拉，丹麦的格·莫尔特韦兹，加拿大的英·斯佩克特，巴西的路·梅尔利诺，阿根廷的安·本哥切阿，智利的何·盖恩斯堡，玻利维亚的托·昌比，伊朗的巴·扎赫艾，印度的伯·拉奥，印尼的坦·马拉卡，越南的窦图滔，等等。从这个简要名单可以看出，托派组织分布在欧、美、亚各洲许多国家，80多年来一直在坚持其科学社会主义的实践活动。当今第四国际和各种托派组织的主要活动家是法国的克里文、美国的巴恩斯、英国的迈·班达、意大利的麦丹、阿根廷的波萨达斯等。

正是由于上述历史与现实、理论与实际、领导与群众、内部与外部、国际与国内五个方面的原因，托派组织从20世纪30年代起一直延续活动到当今。当今托派在各国的组织大多不止一个，名称也是各式各样。例如在法国有革命共产主义阵线、国际共产主义阵

① 曼德尔. 从资本主义到社会主义. 香港：十月书屋，1997：211.

线、工人斗争、马克思主义革命同盟，在英国有社会主义工人党、工人革命党、国际马克思主义小组，在美国有社会主义工人党、斯巴达克同盟，在德国有国际马克思主义小组、国际共产主义者小组，在意大利有共产主义革命小组、红旗小组，在比利时有劳动者革命同盟、革命工人党，在加拿大有革命工人同盟、劳动者社会主义小组，在日本有革命共产主义者同盟，在斯里兰卡有平等社会党。在拉丁美洲有 40 多个托派组织分布在十几个国家，在大洋洲的澳大利亚和新西兰也有好几个托派组织。

值得重视的是，托派组织似乎在注意克服其极左性和宗派性的固有弊病，转向务实合群，参与合法斗争和联系更多组织。在 1995 年第四国际十四大的决议中提出："希望实行一次第四国际的真正变更……让我们不再被看做只是芸芸团体中的一个'托洛茨基主义'团体，而是被看做世界革命运动中的一个组成部分，把国际主义的团结和反压迫者的斗争的利益，放在任何派系打算和或任何意识形态分歧之上。"[①] 2003 年第四国际十五大又提出："第四国际的复兴，不可导向自我肯定宗派主义，而要走向开放、对话、合作和重新组合"，"我们深信，通过同其他激进的、非宗派主义思潮的系统合作，我们便可以吸收新的力量、党派和社会运动。"[②] 基于这种新认识，近几年来托派组织采取了新的政治组织方针，即加入到其他左翼革命政党中去，例如加入到"意大利重建共产党"和巴西劳工党，成为其中的一部分，实行党内合作，以壮大自己的力量，扩大自己的影响。"意大利重建共产党"是 1991 年 12 月新建立的，那时意大利共产党已改名为左翼民主党，党的性质改变了，坚持共产党性质和名称的党内少数派人士重建了新的共产党。托派加入"意大利重建共产党"，表明它转向与共产党实行党内合作。巴西劳工党是 1980 年 2 月建立的，以圣保罗地区的冶金工人为主，是巴西工人旨在消灭资本主义制度、实现社会主义的左翼政党。该党创始人和领袖路·伊·卢拉（冶金工人出身）于 2002 年 10 月 27 日当选为总统，这是拉美左派的一次重大胜利。巴西托派组织"社会主义民主"加入这个较为严密的政党，在其中是起了积极作用的。

更值得重视的是，托派组织在一些国家的影响已经超过了共产党。例如，美国共产党主席格·霍尔于 1972 年至 1984 年四度参与竞选总统失败之后，美国共产党就退出历届总统竞选，号召自己的党员与其他选民投民主党总统候选人的票。而美国社会主义工人党却敢于独立提出自己的候选人参加总统竞选。2000 年的总统竞选，该党就推选出亚特兰大市服装厂的一个黑人车间主任和明尼苏达州肉类加工厂的一个白人女工为正副总统候选人。2004 年的总统竞选，美国社会主义工人党照样提出自己的候选人。尽管他们明知不可能当选，但是一定要维护工人阶级的独立自主性，自认为绝不能像美国共产党那样临阵退却，甚至号召自己的党员去投民主党候选人的票。托派组织的这种做法是否为最佳方案可以探究，但是这无疑保持甚至扩大了它在部分工人中的影响。再如在 2002 年法国总统竞选中，法国共产党候选人、总书记罗贝尔·于得票约 90 万张，只占 3.3%，而 3 个托派组织候选人却得票 297 万张，占 10.44%。其中"工人斗争"的女将拉吉耶得票占

① 第四国际文献：第 3 卷. 香港：十月书屋，1997：283.

② 维尔卡曼. 在反资本主义战斗的中心区：让我们再发动、再组合、再定位：在第四国际第十五次世界大会上的报告. 国际观点，2003 (5).

5.72%，“革命共产主义联盟”的新人贝松斯诺（默默无闻的27岁邮政工人）得票占4.25%，“工人党”的葛吕斯坦得票占0.47%。在2007年法国总统竞选第一轮投票中，托派“革命共产主义联盟”候选人贝松斯诺得票率为4.11%，“工人斗争”候选人拉吉耶得票率为1.34%，或远超过法共候选人，或与之不相上下①。2012年法国大选中，托派总统候选人是“工人斗争”领袖阿尔托，他在竞选演说中号召推翻资本主义，得票率1%。尽管得票很少，但这依然是托派组织多年来联系群众、坚持反对新自由主义和竞选纲领比较切合小部分民意所取得的成果。当今法国的托派组织还同法国共产党一起开会，互相沟通，配合活动。

三、左派共产党的分化、僵化与进化

20世纪60年代，中苏两党大论战造成了大多数国家共产党组织的又一次大分裂。党内极左派认为老共产党人变修了，所以从中分裂出来，或者由一批新人另外建立坚持革命、坚持马列主义的新共产党。这些党多半取名马列主义共产党或共产党（马列）。有的国家还出现好几个马列主义共产党。其总数有100多个，大多是成员很少的小党。这些左派党的共同点是反对帝国主义、修正主义和各国反动派，认为当今的时代仍然是当年列宁、斯大林所提出的帝国主义和无产阶级革命的时代，战争与革命是世界的主题，不是无产阶级革命制止帝国主义战争，就是帝国主义战争引起无产阶级革命，坚持无产阶级暴力革命和武装斗争，反对议会民主道路，甚至反对参加议会斗争，坚持社会主义和资本主义两条道路的斗争，坚持“无产阶级专政下继续革命”，坚持社会主义社会中的阶级斗争，坚持党内马列主义反对修正主义的斗争。20世纪80年代以来，这些党的情况发生了很大分化。有些党已经端正了路线，又合并到原共产党中去了，如“西班牙劳动者组织”等；大多数已经停止活动，自行消失；有些党思想僵化，依然坚持原来的极左观点，继续进行反政府的革命活动；有些党善于总结历史经验，逐步纠正“左”的观点，转向联合其他左翼政党，开展公开合法斗争。以下试举两个国家的左派共产党为例，来说明僵化与进化两种不同的类型。

僵化型左派党以美国革命共产党为例。美国是多党制国家，100多年以来一直是共和党和民主党这两个主要资产阶级政党轮流执政，同时社会上还有好多其他资产阶级、小资产阶级和无产阶级的小型政党。代表工人的社会主义政党就有改良型的民主社会党，原来亲苏的共产党和托派社会主义工人党等。从20世纪50年代末起又新建了好几个极左派组织，不断改组，改变名称。如重建马列主义共产党临时组织委员会（1958）、共产主义同盟（1968）、芝加哥革命联盟（1969）、“十月同盟（马列）”（1970）等。这些组织最终合并改组为两个马列主义革命共产党，一个是1975年成立的“美国革命共产党”，另一个是1977年组建的“美国共产党（马列主义）”。当今仍然有活动的只剩下美国革命共产党。该党保有从中央、地方到基层的组织系统，总部一直设在芝加哥市。最高领导机构是中央委员会，地方组织有西部、东部、中西部三个地区委员会，基层组织分布于纽约、新泽西、加利福尼亚、夏威夷等州。从1973年2月起主办有《革命》月刊，还出版有名为《红色文件》的不定期理论刊物。在报刊上宣传该党的革命观点，揭露美国政府内政外交

① 李其庆. 法国大选与法国民主制度//2007年世界社会主义跟踪研究报告. 北京：社会科学文献出版社，2008：488.

的反动本质，声援被迫害、被歧视的进步人士和平民百姓。在纽约、波士顿、旧金山和檀香山市开设有“革命书店”，不仅出售马克思、恩格斯、列宁、斯大林、毛泽东、格瓦拉的著作和革命领袖的像章等，而且还成为联系群众、开展基层活动的据点。该党认为美国社会的基本矛盾是无产阶级同垄断资产阶级的矛盾，当前国内的主要矛盾是国内各被压迫民族和美帝国主义之间的矛盾，只有当无产阶级中的白人同各被压迫民族建立联盟、实现团结时，无产阶级同资产阶级的矛盾才会成为主要矛盾。这个矛盾只有通过无产阶级社会主义革命来解决，社会主义革命只有通过暴力革命、武装斗争来实现。在美国可以自由购买枪支，要做好进行游击战、持久战的准备。当前主要任务是争取、联系群众，发展工人运动，提高工人阶级的觉悟，同时支持一切被压迫少数民族的民主要求。该党十分强调美国黑人的作用，认为黑人是“新型的民族”“无产阶级民族”，黑人的解放斗争是“整个工人阶级斗争中的主导力量”，黑人拥有民族自决权。该党反对利用议会斗争，拒不参加议会议员、州长和总统竞选，不时组织工人和人民群众举行示威游行等活动。

类似美国革命共产党这种僵化型的左派共产党，还有意大利红色工人共产主义组织、土耳其马列主义共产党、印度共产党（毛派）、孟加拉国共产党（马列）、哥伦比亚共产主义团体等。

进化型左派党以印度共产党（马克思列宁主义）为例。印度共产党最早建于 1920 年 10 月。1964 年 10 月，印度共产党党内一部分人认为印度共产党背离马克思主义，转向修正主义了，于是退党，另外建立了印度共产党（马克思主义）。到 1969 年 4 月，印度共产党（马克思主义）党内又有一部分人认为印度共产党（马克思主义）背离列宁主义和毛泽东思想，也转向修正主义了，于是又退出，另建印度共产党（马克思列宁主义）。这样，印度共产党一分为三，分裂为三个共产党，即印共、印共（马）和印共（马列）。2004 年 9 月，从印共（马列）中又分化出印共（毛）。印共（马列）50 年来的发展，以其主要领导人和方针路线的变化为准，大体上可以划分为三个阶段。

第一阶段是查鲁·马宗达领导，实行以农村武装斗争为主的方针路线。马宗达于 1938 年参加印度共产党，曾任大吉岭县委书记等职，1964 年印共分裂时加入印度共产党（马克思主义）。1965 年后他反对印共（马）中央所采取的联合民族资产阶级和富农、利用议会内外斗争发展革命力量的方针路线，主张无产阶级领导农民开展土地革命，在农村建立革命根据地，武装夺取全国政权。1967 年他开始在纳萨尔巴里地区开展农村武装斗争。1969 年印度共产党（马克思列宁主义）建党后，1970 年马宗达任总书记，他进而把“歼灭阶级敌人运动”由农村发展到城市，由乱杀地主富农进而乱杀军政人员和资本家。1972 年 7 月，马宗达被捕，死于拘留所。

第二阶段是维·米斯拉领导，逐步从武装斗争改变为从事公开合法斗争的方针路线。米斯拉生于 1946 年，比起生于 1918 年的马宗达，算是新生代领导人。他早在 1967 年上大学三年级期间就参加了马宗达领导的纳萨尔巴里运动，1969 年加入印共（马列），曾任该党布德万县的县委委员。1972 年马宗达去世后，印共（马列）陷入思想混乱、组织分裂状态。1974 年 7 月成立新的中央委员会。1975 年 11 月，总书记杜特牺牲，米斯拉继任总书记。他于 1978 年开展党内整风运动，批判了马宗达的速胜论思想和极左路线，强调要进行持久的艰苦斗争，逐步改变了“歼灭阶级敌人”的做法，不再搞暗杀恐怖活动，但是党的工作重点仍然放在农村和武装斗争上。1988 年召开印共（马列）第四次全国代表大会，进而决定由武装斗争转向公开合法斗争，争得党的合法地位。1989 年改变以往抵制议会选举和议会斗争的过左方针，转而积极参加议会大选。初战告捷，这一年居然在议会人民院争得一个席位。1990 年进而再传捷报，在比哈尔邦邦议会争得七个席位。该党在议会中公开宣传党的务实平和的方针政策，维护工农大众和人民群众的利益，指明国大党（英）政府执行的是亲帝国主义、亲大资产阶级、亲地主阶级的政策。印共（马列）的新方针开创了工作的新局面。1992 年 12 月举行印共（马列）第五次代表大会，决定完全公开党的组织，党的总书记米斯拉也公开活动。这就从根本上改变了印共（马列）原来过左的政治路线。米斯拉总书记积劳成疾，不幸于 1998 年 12 月英年早逝（年方 52 岁）。该党选出迪潘卡尔·巴塔查里亚担任总书记，这标志着印共（马列）进入了发展的第三阶段。

在第三阶段新的总书记继续推行公开合法斗争的新路线，在全国议会和邦议会中坚持争取广大人民群众。在议会外，进一步发展创立于 1982 年的印度人民阵线，以这个群众团体为依托，联系、团结更多群众。同时进一步健全从中央、地区到基层的党组织；改进党主办的《红旗》杂志等，还出版英文季刊《解放》，宣传党的方针路线政策和党的活动与成就。该党在国际上还同尼泊尔共产党（联合马列）、孟加拉国工人党、挪威工人共产党等建立了联系，还支持中共和建设中国特色社会主义的事业。更为重要的是，印共（马列）近年来在国内采取了联合左翼各党、建立广泛人民统一战线、争取联合执政的新方针。首先是同另外两个共产党，即印共和印共（马）在最低纲领基础上组成左翼联盟，遵循协商一致原则采取联合行动；其次是团结其他左翼政党（如印度社会党）和世俗主义政党（如民众党），组成“民主替代力量”；最后是集中力量，反对国大党（英）的统治和以印度人民党为代表的教派主义势力，争取在地方和中央联合执政。该党已取得印度共产党支持。同印共（马）也有过几次会谈，尚未达成协议。目前印共（马列）的力量比之印共和印共（马）要小得多。印共（马）曾是议会第三大党，自 1977 年至 2011 年同左翼政党联合在西孟加拉邦长期执政达 34 年，还与左翼政党联合在喀拉拉邦和特里普拉邦执政。印度共产党在议会和邦议会中也有相当实力。而印共（马列）的力量则小得多。还有，2004 年 9 月，从印共（马列）中又分化出两个毛派组织，另建立印度共产党（毛主义），现拥有近万名党员，掌握数万名游击队队员，开展农村包围城市的武装斗争，活跃在全国 150 多个地区。他们多次袭击警察局哨所和政府官员车队，打死一些人后就退回山林丛林。基地暴露后就遭到政府军追剿，牺牲惨重。印共（毛）还于 2001 年与尼泊尔、孟加拉国、斯里兰卡、不丹等国毛派组织成立南亚毛派协调委员会，力争在南亚建立一条“红色通道”。在新科技革命迅猛发展的当今时代，印共（毛）采用中国革命经验，力争通过农村游击战争夺取全国政权，是很难成功的。目前印度这四个共产党如何实现联合行动仍然任重道远。从长远来看，如果这四个共产党真正实现了联合行动，它们之间的路线方针政策较为一致了，政治思想观点逐步接近了，那么是否有可能在组织上合四为二，甚至合四为一，或者是鼎足三分、协商合作、并肩战斗呢？这是有待未来实践来回答的新问题。尤其值得关注的是，在 2019 年大选中，印共（马）和印共分别只获得 3 席和 2 席。共产党人在西孟加拉邦的地盘完全丢失，在喀拉拉邦也只获得 1 席。

尼泊尔共产党的变化又是另一个极左派共产党分化、僵化与进化的实例。1949 年 4

月，尼泊尔籍的印度共产党员返国建立尼泊尔共产党。20世纪60年代，受中苏两党大论战的影响，尼共分裂成多个共产党组织。1990年1月，尼共两个主要派别尼泊尔共产党（马克思主义）和尼泊尔共产党（马列主义）合并为尼泊尔共产党（联合马列）。尼共（联合马列）主张多党民主，建立法治、自由和开放的福利国家。尼共（联合马列）曾于1994年、1997年、2004年、2006年四次单独或联合执政。1995年2月，又新成立了尼泊尔共产党（毛主义）组织，宣布以“马列主义、毛泽东思想”为指导思想，要求在尼建立“人民共和国”。1996年2月，在中尼西部边远山区发动“人民战争”，走上武装夺权的道路，坚持近11年游击战争，把红旗插遍香格里拉。尼共（毛）后来转为和平斗争，2001年和2003年曾同政府两次和谈。2005年11月，同“七党联盟”联手反对国王。2006年4月反国王获胜后，同政府举行多次和谈。11月，同政府签署《全面和平协议》，停止武装斗争。2007年1月，加入临时议会和联合政府，回归政治主流。2008年4月，尼泊尔举行制宪会议选举，尼共（毛）成为第一大党。5月，制宪会议宣布废除君主制，建立尼泊尔联邦民主共和国。8月，制宪会议选举尼共（毛）主席普拉昌达为共和国首任总理，成立了以尼共（毛）为首的，包括尼共（联合马列）、马德西人民权利论坛等多党的联合政府。2009年1月，尼共（毛）与尼共（团结中心-火炬）合并，改名为统一尼共（毛）。2009年5月，普拉昌达辞去总理一职。尼共（联合马列）领导人尼帕尔（2009年5月至2010年6月）和卡纳尔（2011年2月至8月）先后当选总理。2011年8月，统一尼共（毛）副主席巴特拉伊当选第四任总理。2012年4月，尼政府正式接管统一尼共（毛）营地和武器库，整合工作全面展开，历时6年的和平进程接近尾声。2012年6月，统一尼共（毛）又一次分裂，以副主席基兰为首的一派宣布成立新政党“尼泊尔共产党（毛主义）”。不过，尼共（联合马列）与尼共（毛主义中心）却成功走向了联合。2018年5月，两党合并为尼泊尔共产党。新成立的尼共以马克思列宁主义为指导思想，并采取了双主席制——尼共（联合马列）主席奥利和尼共（毛主义中心）主席普拉昌达同为新党主席，两位主席权力相等。2021年3月，最高法院判决尼共合并无效，两党重新回到合并前状态。

类似印度共产党（马克思列宁主义）、尼泊尔共产党（联合马列）和尼泊尔共产党（毛主义）这种进化型的左派共产党，还有挪威工人共产党、澳大利亚共产党（马列）、哥伦比亚独立工人革命运动等。

从以上所举出的美国革命共产党、印度共产党（毛）和尼泊尔共产党（毛）这三个实例可以看出，在当今发达的或者不发达的资本主义国家，往往出现两个、三个甚至更多的共产党。这就打破了1920年共产国际第二次代表大会规定的“每个国家只应有一个统一的共产党”[①] 的原则。实践证明，全世界无产阶级固然有其共同的利益和奋斗目标，但是无产阶级内部依然还有民族、地区、阶层等差别，更重要的是，人们把科学社会主义运用于本国实际来分析国情和制定方针路线政策时，难免仁者见仁，智者见智，各抒己见，互有差别。如果经过集体磋商，达成共识，做出大家都能接受的决议，固然最好；如果意见

① 《国际共产主义运动史文献》编辑委员会．共产国际第二次代表大会文件．北京：中国人民大学出版社，1988：708.

难以统一，就要按照少数服从多数的民主集中制原则来决策；如果少数人坚持己见，认为在原则问题上不能让步和屈从，这时党的分裂就难以避免。因此一个国家如果出现两三个以至更多社会主义、共产主义政党，是正常的政治现象。政党本来不仅是现代资本主义社会阶级矛盾与阶级斗争的产物，而且还是现代社会化大生产和商品市场经济竞争的政治产物。政党是具有政治性、阶级性、组织性、民主性和前沿性（站在政治斗争的前沿）的旨在执掌国家政权的政治团体，政党政治具有公开性、群众性、竞争性、选择性和轮值性。资产阶级通常形成两党、三党以至更多政党，既合作又竞争，实行联合执政或者轮流单独执政，经常调整政策，以缓解其内部矛盾和社会矛盾，维护资产阶级的统治。无产阶级政党是在资本主义社会或资本主义类型的殖民地半殖民地社会中工人运动的基础上诞生并且发展起来的。无产阶级政党的奋斗目标是社会主义、共产主义。可是由于对社会主义、共产主义原理的不同理解和结合世界实际、本国实际的不同认识，党内难免时常出现分歧。严重的分歧使党在组织上产生分裂。19 世纪第一国际时期就出现过马克思主义派与巴枯宁无政府主义派的分裂。20 世纪世界社会主义运动有过三次大规模的分裂：第二国际时期在第一次世界大战中和战后从社会党或社会民主党中分裂出共产党，形成共产党与社会党或社会民主党的对立，共产国际（第三国际）与社会主义工人国际（第二国际后裔）的对立；20 世纪 20—30 年代，从苏联共产党中分裂出托洛茨基派，形成第三国际与第四国际的对立；20 世纪 60—70 年代，从各国共产党中又分裂出左派，形成共产党与左派共产党的对立。当今美国就保留了这三次分裂的遗产，所以美国就有四种类型的社会主义政党：民主社会党、共产党、社会主义工人党和革命共产党。印度也有社会党、托派共产主义组织和上述三个共产党。工人政党都是旨在维护工人阶级和劳动人民权益，反对资本主义剥削压迫，实现社会主义以至共产主义。这众多的共同点理应促使各种类型的社会主义政党求同存异，加强沟通，化解积怨，增进合作，以期壮大实现社会主义的实力。各种社会主义政党理应既合作又竞争，在合作中竞争，在竞争中合作，以合作促竞争，在竞争中求合作，既联合对外，又内争优先，最终取信于选民，取决于选民。我国古语有“兄弟阋于墙，外御其侮”的名训，这是非常重要的政治历史经验。如果各类社会主义政党之间弃同争异、党同伐异、唯我独尊、势不两立，这样孤军独战，不仅难以取胜，而且易于被各个击破。当今美国四种类型的社会主义政党正是互不联系、互相对立，所以资产阶级的共和党与民主党两党轮流执政稳操胜券。而印度的两个共产党，即印共与印共（马）并肩战斗，已经能够在两个邦联合执政。如果能够扩大到三个共产党合作，当能更加壮大社会主义阵线的实力。左派共产党如果像美国革命共产党那样固守“左”的观念，就难以有什么新进展、大进展。美国建国 200 多年以来从未爆发过一次无产阶级暴力革命，美国革命共产党如果指望在新科技革命迅猛发展的态势下等待暴力革命形势到来，通过游击战和持久战来夺取政权，更是难上加难。左派共产党如果能够像印度共产党（马克思列宁主义）和尼泊尔共产党（毛主义）那样，在总结历史经验的基础上不断克服“左”的观念，转向以公开合法斗争为主，争取与其他共产党、社会党等实行多党合作，那就可能通过取信于民、取决于民，成功探索一条通往社会主义的新路和未来共产党执政体制的新模式，即几个共产党联合执政或者轮流执政。

四、冷战后资本主义世界其他有较大影响的社会主义流派

1. 民主社会主义

民主社会主义与科学社会主义有着共同的渊源，它们有相同、相似和相互重合之处，后来两派分道扬镳。在当今全球化新浪潮时代，代表民主社会主义的社会民主党在发达国家和许多发展中国家左翼力量中居主导地位，该党的主张受到相当一部分选民的拥护。在资本主义世界，社会民主党的力量与影响远超过共产党。所以，在本书第五章第二节第二目集中评述“民主社会主义对科学社会主义的挑战”，在这里先简要论及。

在19世纪末以前，在第一国际和第二国际中间，社会民主主义和马克思主义相互交叉重叠，都将消灭私有制、建立社会主义作为自己的奋斗目标。1895年恩格斯逝世以后，第二国际中改良主义思潮泛滥，社会民主主义演变为社会改良主义，是各国社会党的指导思想。第二次世界大战结束后，社会民主主义的影响不断扩大，在资本主义发达的西欧各国，社会民主党的党员数由战前的500多万增加到战后的800多万。1951年，成立社会党国际，这是社会民主党的国际组织。这时社会党人也对其思想体系进行了更新，将原来的社会民主主义更名为民主社会主义。20世纪70年代中期以前，社会党国际的主要成员来自欧洲社会党，所以有“白人国际”之称。在此之后，社会党国际开始向亚非拉地区发展，尤其在拉美发展迅速，到1980年，非欧洲成员党超过半数。苏东剧变对社会党的民主社会主义造成一定冲击，德国社会民主党、瑞典社会民主党、法国社会党、意大利社会党等老牌的社会民主党和英国工党等都在大选中失利。但这种冲击是短暂的，很快，社会党国际再次出现大转变和大发展。首先表现为成员的大增长，成员党和组织由剧变前的88个增加到剧变后的111个，党员达2 500万。1992年9月在德国柏林召开的社会党国际第十九次代表大会，一次就吸收了25个新成员加入国际。1996年社会党国际召开二十大时，成员党增加到140个。冷战结束后，社会党数量剧增主要有三个来源：一是由原共产主义政党转化而来，也就是共产党社会民主党化的结果，如波兰社会民主党、保加利亚社会党、塞尔维亚社会党、安哥拉人民解放运动劳动党等；二是原苏东地区新建了一批社会民主党，如罗马尼亚社会民主主义政党、匈牙利自由民主主义者联盟、波兰劳动联盟等；三是苏东国家走上社会主义道路后流亡国外的老社会民主党的重建，如波兰社会党、匈牙利社会民主党等。其次表现为许多社会党在大选中获得重大胜利或重新上台执政，如荷兰工党1994年5月大选获胜并领导组成联合政府，1997年和1998年，英国工党、法国社会党、德国社会民主党等政党也在大选中获得重大胜利。据社会党国际官方网站提供的材料，截至2013年1月，社会党国际共有154个成员党，包括99个正式成员党、22个咨询成员党和33个观察员党。其中有51个成员党属于执政党或联合执政党。2012年8月30日至9月1日，社会党国际在南非的开普敦召开了第二十四次代表大会。大会讨论了金融危机的解决方案、建立新的国际主义和团结一致的新文化等问题。2013年5月，由部分或完全脱离社会党国际的欧美发达国家及部分发展中国家的进步政党、社会民主党、社会党、工党、政治组织和网络在德国莱比锡成立了进步联盟。2017年3月，社会党国际在哥伦比亚召开第25次代表大会，进步联盟则在柏林召开了第一次代表大会，原社会党国际正式发生分裂。

社会民主党与民主社会主义的势力和影响为什么会越来越扩大呢？第二次世界大战后，资本主义国家通过国内的政策调整和资本的对外扩张，实现了政局平稳和经济发展，社会阶级结构发生重大变化，中产阶级日益壮大。资本主义国家阶级矛盾大为缓和，这为改良主义思潮提供了越来越丰厚的土壤。社会民主党对资本主义进行改良以实现民主、自由、互助社会的主张迎合了普遍流行的改良主义思潮，这是它取得重大发展的根本原因。苏联模式在苏东国家的失败在短期内冲击了社会党，但对它的快速发展也起到了重大的刺激作用。某些国家出现新的社会民主党，则是由于这里的左翼人士并不认同资本主义，依然热切希望从社会主义思想中寻求解决各种社会矛盾的良方。

从社会民主党指导思想的变化来看，当今它的政治目标已不再强调要很快建立取代资本主义的社会主义社会，而是更突出了“民主主义”。2003 年社会党国际二十二大上通过的《全球社会的治理》提出了社会民主主义的新三原则，即可持续发展、人权和民主。其中，每个原则又包括三个方面：可持续发展，包括良好的环境、经济进步和社会公正；人权，包括个人安全、文化特性和社会一体化；民主，包括良政、透明和参与。2012 年的第二十四次代表大会主要关注如何应对国际金融危机，推动经济增长，扩大就业，加强社会保护，促进和平、可持续发展与合作等问题。

现在民主社会主义把社会主义看成是人民大众的一种道德需要和道德追求，很少从理论上奢谈社会主义的历史必然性。它主张以经济民主来取代消灭资本主义私有制，把社会福利和社会保障看作社会主义的重要内容。在全球化时代，民主社会主义增添了全球治理的思想内容，主张建立以革新了的联合国为支柱、以公正的国际关系框架为基础的有效多边体系，建立多层面的全球治理机制，在全球治理上与所有进步力量要加强合作。它的这些理念和决策是基于淡化意识形态色彩，争取最广大选民的支持的目的，以尽量减少通往执政之路的阻力。如在一向被称为“没有社会主义”的美国，在 2016 年和 2020 年的总统选举中，伯尼·桑德斯就高举民主社会主义的旗帜，引起广泛关注。

总体而言，应该看到民主社会主义在战后资本主义国家取得了重要成绩。执政的社会党的措施提高了资本主义国家的民主水平，改善了工人处境，缓和了劳资关系。但是，资本主义社会的基本矛盾不可能在资本主义框架内解决。不过，民主社会主义中包含的民主、自由等价值观包含有人类对美满幸福生活的普遍追求，值得所有政党吸收和借鉴。苏东剧变后，许多原来的共产党、工人党演变为社会民主党，也从一个侧面说明民主社会主义思想中包含有不少合理的价值。应该看到民主社会主义在当今资本主义世界是远比共产党信奉的科学社会主义势力和影响都要大得多的社会主义流派。我国思想理论界有一些人迄今仍坚持认为民主社会主义本质上是资产阶级思潮的表现。这是不大符合客观实际的。

2. 亚非拉地区的民族社会主义

民族社会主义是对发展中国家所主张和实行社会主义的党派的指导思想的总称，代表着亚非拉广大地区民族主义政党对社会主义的理解和追求。第二次世界大战结束后，广大亚非拉地区掀起了民族解放运动的浪潮，有 100 多个国家先后摆脱殖民主义统治获得独立。许多国家的民族主义政党提出了社会主义的目标和纲领，但就其本质而言，实行的是民族社会主义的措施。主张社会主义的民族政党可分为三种类型：一类是受苏联或中国的影响，主张以科学社会主义为指导，如贝宁人民革命党、刚果劳动党、安哥拉人民解放运动等，它们以马列主义为指导思想，实行一党制和计划经济体制；另一类是受民主社会主义和社会党国际的影响，如新加坡人民行动党、埃及民族民主党等，主张通过对资本主义的改良渐进地实现社会主义，实行多党制和国家调节的有限制的市场经济；第三类是将社会主义与本民族社会经济文化传统相结合，在非洲有“非洲社会主义”“乌贾马社会主义”等村社社会主义，在亚洲有印度甘地和尼赫鲁的社会主义、印度尼西亚苏加诺的社会主义等，它们的共同特征是在民族传统经济文化的基础上实行某些社会主义性质的措施。最典型的如非洲的村社社会主义，就是以遗留下来的古老的村社为基础，实行共同生活，共同劳动，共同的平均分配。除以上三种类型的社会主义外，还有拉丁美洲的军事社会主义、阿拉伯国家的宗教社会主义等形形色色的民族社会主义。

苏东剧变给民族社会主义带来了巨大冲击。失去了苏联的支援后，在美国霸权的单极独大的世界中，民族社会主义的生存遇到了极大的困难。在西非小国贝宁，长期执政的贝宁人民革命党于1989年宣布放弃马列主义的指导和社会主义道路，1990年4月，贝宁人民革命党宣布解散。1995年，重新上台的原贝宁人民革命党领导人也不再提社会主义。埃塞俄比亚人民革命民主阵线、安哥拉人民解放运动-劳动党、莫桑比克解放阵线等先后都放弃了以科学社会主义为指导，有的转向民主社会主义。津巴布韦、肯尼亚、塞舌尔等国的社会主义也发生了类似的变化。少数的民族社会主义国家仍在困难的局势下坚持原来的探索。叙利亚阿拉伯复兴社会党在坚持社会主义的同时进行理论和政策的调整，政治上主张在复兴社会党的领导下实现多元化，经济上扩大私人投资、提高市场化的水平。

值得注意的是正当非洲、亚洲的民族社会主义衰落之时，却另有拉美地区的民族社会主义崛起。在这里，军事社会主义一度有很强的力量，一些军人在通过军事政变上台后实行某些社会主义措施。苏东剧变后，这里的民族社会主义也陷入低潮。但是自20世纪90年代末期以来，主张民族社会主义的左翼人士和政党已在委内瑞拉、巴西、玻利维亚、厄瓜多尔等国通过议会民主竞选取胜，上台执政。1999年2月，军人乌戈·查韦斯就任委内瑞拉总统，并于2000年修宪后再度当选连任。其后在2006年和2012年的选举中，他又两次连选连任。他实行了一些带有社会主义性质的措施：政治上实行全国代表大会制，努力建立民主政治，扩大民众和地方权利；经济上收购大地产分给无地农民，禁止石油矿产私有化，加强国家对石油矿产的管理，致力于银行国有化，推广合作社和工人参与管理；民生上加强社会保障和医疗教育投入。查韦斯于2005年初在第五届世界社会论坛上首次提出“21世纪的社会主义者”的构想，力图将拉丁美洲民族独立运动最重要的领袖西蒙·玻利瓦尔（1783—1830）的民族主义、民主主义、人道主义的思想提升到社会主义的高度，首先在委内瑞拉付诸实践，进而还要推广到拉美诸国。2008年1月，本来无党无派的查韦斯创建委内瑞拉统一社会主义党，自任该党主席。2009年11月至2010年4月，统一社会主义党召开第一次特别代表大会，制定了《党章》、《原则宣言》和《基础纲领》三个文件。该党主张反对资本主义和帝国主义，奉行社会主义、人道主义和国际主义，捍卫玻利瓦尔的革命果实，维护劳动阶级和人民利益，致力于建设公平、自由、人道的“21世纪社会主义”。查韦斯与古巴的卡斯特罗关系密切。他也比较注重借鉴中国经验，曾四次来华访问。他在国内得到委内瑞拉共产党（1931年成立）和委内瑞拉激进事业党（成立于1973年的另一个共产党）的支持，但是委内瑞拉共产党不同意他过分推崇基督教教义等观点。2012年10月，查韦斯第四次竞选总统成功，获得连任，要继续推行他的“21世纪社会主义”。遗憾的是，癌症于2013年3月6日夺去了他的生命。3月8日委内瑞拉举行国葬时万人空巷，举国哀悼，足见查韦斯深得民心。他的继承人马杜罗当选总统后继续推行查韦斯主义。2019年1月马杜罗成功连任。查韦斯的民族社会主义为何影响远大于委内瑞拉共产党的科学社会主义，这是值得深思深究的大问题。巴西劳工党领袖卢拉在竞选中取胜，于2003年元旦就任总统，这是该党经过20多年奋斗的成果，是巴西历史上首次执政的工人政党。2006年10月，卢拉获得连任。2010年10月，迪尔玛·罗塞芙作为劳工党候选人赢得大选，当选总统。2018年，劳工党在总统大选中失利。社会自由党人当选总统。劳工党执政期间，在振兴民族经济方面采取压缩公共开支、放宽贷款限制、鼓励投资、引进外资、扩大市场等措施，取得显著成果，工农业生产上升，就业率提高。尤其是卢拉政府顶住美国压力，使美国要在2005年建立美洲自由贸易区的计划搁浅。卢拉政府也得到巴西共产党的支持。玻利维亚“争取社会主义运动”领袖莫拉莱斯竞选取胜后于2006年1月就任总统，这是历史上第一个印第安土著人担任总统。他推行印第安社会主义（又称社群社会主义），反对新自由主义，反对帝国主义、霸权主义，捍卫民族独立与经济主权，实行国家资源国有化，发展社群民主，增进平民权益。在2009年和2014年的总统选举中，莫拉莱斯都成功胜选，连任总统。在2019年的总统大选中，因选举结果争议引发政局突变，莫拉莱斯被迫辞职赴国外寻求政治庇护。但在2020年举行的总统大选中，莫拉莱斯领导的“争取社会主义运动”推举的候选人阿尔塞胜出，就任总统。厄瓜多尔“主权祖国联盟运动”领袖科雷亚于2007年1月就任总统后，实行能源国有化，发展平民经济，反对与美国签订自由贸易协定，要求美国军队撤出。他还表示要在厄推行“21世纪社会主义”，预言“社会主义的拉丁美洲正要诞生”[①]。2009年和2013年，科雷亚连任总统。在2021年的总统选举中，右翼政党时隔15年重新上台执政。拉美民族社会主义的崛起，值得我们重视。

3. 生态社会主义

现在科技革命使人类改造自然的能力空前提高，它所引发的产业革命在提高生产力水平的同时，对自然界的生态平衡也造成了严重的破坏。自20世纪六七十年代起，人类对生态破坏、环境污染、能源枯竭、核战争威胁等负面现象越来越忧虑，由此在西方发达国家率先兴起了以维护生态平衡为宗旨的生态运动，这一运动逐渐与政治运动相结合，声势越来越大。生态社会主义就是在生态运动中成长的左翼势力的指导思想。西方多国纷纷成立的绿党大多信奉生态社会主义，所以生态社会主义也被称为绿党社会主义。20世纪80年代，生态社会主义将社会主义运动和生态运动的价值观结合起来，形成了区别于生态运动其他派别的理论体系。生态社会主义在经历了一个萌芽时期后，在20世纪80年代进入“红绿交融”时期，即生态运动与“红色”政党（包括前共产党、社会党等左翼政党）的相互结合时期。20世纪90年代，生态社会主义进入“红色绿党”时期，更加引起人们对这一社会主义流派的注意。当今出现了“红色绿党”和“绿色绿党”（指生态运动中主张

---

① 徐世澄．拉美左派执政后对内政策动向//2007年世界社会主义跟踪研究报告．北京：社会科学文献出版社，2008：623-627.

生态中心主义、以无政府主义为理论基础的派别）的分化。

生态社会主义从人类生存环境面临严重危机的现实出发，对资本主义和社会主义问题进行深入思考，形成了一套独特的理论体系。生态社会主义认为，现代生态危机的根源在于资本主义生产方式以无限扩张和掠夺为手段、求取最大限度利润为目的，这当中包括对大自然的扩张和掠夺，其结果必然造成对自然环境的破坏。当今资本主义危机的主要表现已经从经济领域转移到生态领域，生态危机甚至超越了经济危机，成为当代资本主义的主要危机。所以，生态危机实质上是资本主义的制度危机，只有废除资本主义制度，实现以社会主义为价值取向的社会变革，才能建立一个人类与自然和谐的、在资源占有和利用上保持社会公正的生态社会①。生态社会主义的核心价值观是社会公正，它将集中体现社会公正的平等置于比效率更为重要的位置。从此出发，生态社会主义在政治上主张基层民主，包括直接民主、权力分散、政治公开等内容；在经济上主张社会主义生态经济，抛弃消费型经济模式，将经济增长的能力限制在保障生态平衡的限度内；在文化上主张建设符合生态社会需求的社会主义文化。生态社会主义把人与自然的矛盾看成是主要矛盾，提出了许多有积极意义的主张。但是它还处于理论探索阶段，在理论上还有许多不足和缺陷，如主张用建立生物区和生态共同体来取代民族国家，用维护生态环境的小生产取代机械化、化学化大生产等，这些观点存在偏颇和不足②。

把生态社会主义理论付诸实践的是资本主义诸国的绿党。世界上第一个绿党是 1972 年成立的新西兰价值党，欧洲第一个绿党是 1973 年成立的英国人民党，世界上第一个用绿党名称并且取得最大成功的是 1980 年正式组建的德国绿党。20 世纪八九十年代以来，绿党又遍布欧、美、大三大洲诸多国家以及日本、韩国等国。有很多绿党候选人已当选议员，参与议会斗争。德国绿党曾在四个州与社会民主党联合执政，进而参与联邦中央政府联合执政。当然，绿党有很多派别，奉行生态社会主义的只是其中一派。总的来看，绿党在维护生态平衡方面是起了积极、进步作用的，其理论观点和实践经验有值得我们借鉴之处③。

第三节　原苏联东欧地区社会主义运动的新态势

苏东剧变后，这个地区的国家纷纷转向资本主义，社会主义作为一种社会制度在原苏联东欧地区失败了，但社会主义作为一种思潮和运动并没有销声匿迹。原苏联东欧地区的主要共产党出现分化与重组，一些新兴共产主义和社会主义政党仍然坚持社会主义理想和价值观，对社会主义进行新的探索，继续对本国的社会政治生活发挥影响作用。

苏东剧变之初，右派势力在这些国家纷纷上台执政，它们大多实行限制和镇压左派力量甚至反共的政策，掀起反共浪潮，将共产党人从领导岗位上赶走，迫害共产党人，没收共产党财产，等等。然而，经过几年的剧烈社会动荡之后，不少国家出现了一种出人意料

① 王振亚．生态社会主义价值观的多维透视．马克思主义研究，2003（1）．

②③ 高放．马克思主义与社会主义新论．哈尔滨：黑龙江人民出版社，2007：294-295．

的政治现象，即右翼势力逐渐失势，左翼势力逐步恢复和发展，并且在一些国家东山再起，甚至重新上台执政。

一、原苏联东欧地区左翼力量重组与迭起

第一，许多国家右翼政党和领袖人物的影响明显下降，纷纷退出政坛。在东欧地区，波兰原团结工会领导人瓦文萨当了几年总统之后，隐退民间；其他东欧国家有些右翼势力也陆续下台，改由前共产党人接替。在原苏联地区，波罗的海三国在剧变中显赫一时的各种“民主派”，如爱沙尼亚人民阵线、拉脱维亚人民阵线等先后下台，而前身为共产党的新左翼政党或中间力量重新登上政治舞台。在乌克兰和白俄罗斯，剧变时名噪一时的右翼领导人和右翼政党在选举中都遭到失败。在外高加索，格鲁吉亚和阿塞拜疆右翼政权也相继垮台，以反共起家的阿塞拜疆“人民阵线”和“自由格鲁吉亚圆桌会议”杳无踪影。

第二，由前共产党演变而来或以前共产党人为主建立的各种名称的左翼政党在许多国家继续活动或重新执政。在原苏联东欧地区的28个国家中，先后有十多个国家的左翼政党曾经执政，如立陶宛劳动民主党、波兰社会民主党、匈牙利社会党、保加利亚社会党、马其顿社会民主联盟、塞尔维亚社会党和社会主义者民主党、乌兹别克人民民主党和土库曼民主党、摩尔达维亚农业民主党、罗马尼亚社会民主主义党等。在东欧各国，波兰左翼力量是最早重新崛起并上台执政的。剧变之初，执政的波兰统一工人党失去政权，成为在野党，随即改名为社会民主党，并以其为主体建立了“民主左派联盟”。在1993年9月的议会选举中，该组织得票率在20%以上，成为议会第一大党。在1995年11月的总统选举中，社会民主党主席克瓦希涅夫斯基战胜瓦文萨，当选总统，并在2000年获得连任。匈牙利剧变之初，执政的社会主义工人党改组为社会党，在1990年3月的议会选举中仅获得10.53%的选票，成为在野党，但在1994年5月第二次议会选举中，该组织获得54%的选票，上台执政。1998年选举失利再次下野，2002年又重新上台执政。2006年再次获胜，与自民盟再度组成联合政府。2010年4月，执政8年的社会党下野。保加利亚左翼力量是以原共产党为基础于1990年重组的社会党为主。该党在1990年议会选举中取得胜利，单独组阁，但这届政府只维持了两个多月，就在反对派逼迫下倒台了。1994年12月，以社会党为核心的左翼在议会选举中再次获胜，组阁并执政两年。1997年，社会党在提前举行的议会选举中失利，成为议会第二大党。2005年6月，社会党同其他14个小党和组织组成的“为了保加利亚联盟”在议会换届选举中获胜，成为议会第一大党，并于8月与其他党共同组阁，由社会党主席出任联合政府总理。在2009年7月的议会选举中，“为了保加利亚联盟”败选。社会党目前仍为保加利亚第二大党。罗马尼亚剧变之初，由救国阵线执政。该组织不久即发生分裂，其中的中左派同另外几个党合并成立社会民主主义党，继续执政。1992年，该党再次赢得议会选举，并同其他左翼和中左翼力量组成执政联盟。虽然在1996年议会选举中失败，但四年后再次上台执政。2001年6月，该党与非议会政党社会民主党合并，更名为社会民主党，目前为议会第一大党。此外，捷克社会民主党、阿尔巴尼亚社会党、马其顿社会民主联盟、克罗地亚社会民主党、塞尔维亚社会党等都有执政的经历。

第三，坚持共产党名称、主张以社会主义为方向的政党，在苏联东欧国家普遍恢复和

发展。这些党多数难以进入政府，但多数已经进入议会。在乌克兰、白俄罗斯、摩尔多瓦、亚美尼亚、阿塞拜疆、哈萨克斯坦、吉尔吉斯斯坦、捷克、斯洛伐克、波兰、塞尔维亚、匈牙利和保加利亚等国，都有合法的共产党存在。其中最为突出的是摩尔多瓦共产党，它在2001年通过议会选举上台执政，并于2005年的议会选举中再次获胜并一直执政到2010年底。

苏联解体后分立为15个国家，其中俄罗斯依然是最大的国家。俄罗斯社会主义运动的逐渐恢复、左翼力量的迭起尤其值得我们重视。俄罗斯先后出现了一批以共产主义为奋斗目标的政党。尽管其纲领存在差异，但它们大都源于苏联共产党，都宣布自己是苏联共产党的继承者。几经组合，现有七个共产党，即俄联邦共产党、俄共产党-苏共、全联盟布尔什维克共产党、俄共产主义工人党、共产党人党（联盟-苏共）、劳动俄罗斯共产党人党、全俄未来共产党。以上这些政党和组织的规模和影响都比较小，党员人数只有数万甚至几千人。在俄罗斯地区，真正具有重大影响的共产主义政党是俄罗斯联邦共产党。

俄罗斯联邦共产党成立于1990年6月20日，1991年“8·19”事变后被当局禁止活动，1993年，当局允许该党恢复活动并准许参加杜马选举。1993年2月，俄共举行重建大会。1995年1月俄共三大通过，1997年4月俄共四大、2002年1月俄共八大、2008年11月俄共十三大修订的《俄罗斯共产党纲领》指出：俄罗斯共产党的党旗——红旗，俄罗斯共产党的党歌——《国际歌》，俄罗斯共产党的标志——锤子、镰刀和书，俄罗斯共产党的口号——俄罗斯、劳动、人民政权、社会主义①。党中央委员会主席一直是根·安·久加诺夫。

俄罗斯联邦共产党在1993年的国家杜马选举中获65席，为第三大党；在1995年12月的国家杜马选举中，占据157个席位，得票率22.31%，居于第一位；1996年3月，俄共组建了强大的左翼力量联盟——俄罗斯人民爱国联盟，支持久加诺夫参加总统竞选。在1996年6月总统大选中，久加诺夫在第一轮中获得32.04%的选票，第二轮中获40.31%，显示出该党的政治影响力。1999年杜马选举仍获112席，维持了第一大党的地位，之后退居第二大党。在2021年9月选举性的第八届国家杜马中，俄共获得56席。俄共1993年拥有50万党员，但是2005年3月在司法部重新登记的党员人数为18.4万人。最近四年约有6.4万人加入俄共，多数是年轻人。目前俄共约有16万党员。它仍是原苏联地区最大的共产党组织。俄共自重建以来发生了如下变化：组织队伍甚至中央领导层向着年轻化方向变化②，“老人党”形象有所改观；俄共的选民结构出现变化，开始重视争取城市或大城市的选民；指导思想从坚持一元的马克思列宁主义逐渐转向多元化；俄共认为自己不仅是一个代表工人阶级利益的政党，而且是代表整个民族国家利益的政党；提出要实现“革新了的社会主义”；斗争方式主要是和平议会方式，但是也开展议会外的群众示威抗议。同时，也尝试利用全俄罗斯社会调研问卷的方式，以扩大俄共的影响。例如2011年，俄共就七个问题进行这类活动③。俄共能否厘清其社会主义主张与原苏联模式社会主义的

---

① 俄罗斯联邦共产党纲领．戴隆斌，译．当代世界与社会主义，2009（2）.

② 刘淑春．为建设“21世纪社会主义”而斗争：俄共十三大评述．俄罗斯中亚东欧研究，2009（4）.

③ 诺维科夫．现阶段前苏联地区的共产主义运动．陈爱茹，编译．当代世界与社会主义，2011（4）.

区别，是其今后能否重新振兴、争取更多选民支持的关键。

还要看到，苏联解体后，俄国的前共产党人先后建立了十多个具有民主社会主义性质的政党，但这些政党都比较弱小。2001年11月，在戈尔巴乔夫主持下，联合组成了俄罗斯社会民主党，表示支持普京总统，主张走不同于共产主义与新自由主义的第三条道路。但是该党内部左、右两翼分歧很大，在国内影响很小。影响较大的是2006年10月组建的公正俄罗斯党，该党的政治纲领是捍卫人民在劳动、教育、科学、文化、卫生、安全和公共住宅建设方面的社会权利，致力于以公正原则解决社会问题，能实现“21世纪的社会主义”，力求以社会主义价值观联合俄国国内一切建设性的左派力量，目前它在第八届国家杜马中占28席，在统一俄罗斯党、俄罗斯共产党之后居第三位。

二、原苏联东欧地区左翼力量迭起的原因

原苏联东欧地区左翼力量迭起，有其深刻的社会原因。这既是该地区剧变之后社会政治和经济状况恶化的必然结果，也是这些国家人民的心态和政治取向发生了变化的产物。

第一，这些国家剧变之后出现的政局不稳、经济疲软和社会动荡，引起群众不满。从政治上看，剧变之初，右翼打着“民主”“反极权”的口号，主张多党制和社会民主，迎合了人们要求改变过去那种极权和特权、人治而非法治等状况的期望。而右翼势力上台后，在政治体制转型的过程中，不仅大权独揽，而且打击排斥反对派，包括过去与自己合作过的政党。因此党派斗争、权力斗争无休无止，社会和国家处在无序状态。从经济上看，原有的计划经济体制被彻底打破，而市场经济新体制迟迟难以建立，经济也处于无序状态，以至人们生活水平下降，失业率增高。右翼势力乘机浑水摸鱼，侵吞国家财产，几代人创造的国有财产落入私人腰包。人们开始意识到，过去那种认为只要改换制度就能很快过上西欧发达国家水平的生活只是幻想。社会心态和政治情绪的变化，为左翼力量的崛起提供了土壤。

第二，社会主义在这个地区存在和发展了几十年，有广泛、深远的影响。剧变之初，当时右翼势力煽动人们的过激情绪，不负责任地向人们开空头支票，乘机上台执政。右翼势力企图全盘西化，这并不是这些国家多数人的意愿和初衷。苏联模式的失败，并不等于社会主义过时。同剧变后的眼前这种状况相比，许多人产生了怀旧情绪。

但是，需要说明的是，第一，原苏联东欧地区原来的共产党在剧变之后大都改变了名称和纲领，成为社会民主主义性质的政党，因此，所谓这个地区的“左翼复兴”，主要表现为社会民主党人的崛起，由社会民主主义者当政掌权。这种社会现象说明，社会民主主义思潮在这个地区的影响比之先前大为加强。第二，这个地区左翼力量迭起，各国上台执政的社会民主党人，虽然曾经是共产党人，但是今天已经转变成为社会民主主义者，他们早就放弃了共产党的纲领和主张，而是以民主社会主义为目标。他们的纲领主张同西欧、北欧的社会民主党人没有多大区别。因此，不能把这些党上台执政说成是“共产党东山再起”。第三，原苏联东欧地区各国新建的共产党大都力量弱小，曾经最有势力的俄共近些年也逐步衰弱，即便一度重新执政的摩尔多瓦共产党，其理念与政策也与社会民主党接近。

原苏联地区新建立的各国共产党，目前具有三个特点：第一，它们组织规模小，依然

在逆境中合法存在。虽然受到右派政府的打压，但是由于它们坚持社会主义取向，赢得了那些对生活现状不满的人，特别是老年人、退休人员和失业人员等群体的支持，同时它们反对高通胀率和高失业率，主张社会公正和平等，还赢得了一部分青年人的支持。第二，它们力量分散，无法联合起来。目前各国都存在两个以上的共产主义组织，多的达到五六个。这些党的领导人之间除了思想和纲领上有分歧，还有组织上和利益上的考虑。第三，它们处境比较艰难，政治影响力有限。党员的年龄老化，发展后劲不足，资金匮乏，这些不仅限制了政党自身的活动，而且制约着它们参加选举活动和进入政坛。

三、新建共产党对社会主义的新探索

苏联剧变后，原苏联东欧地区新建立的一批共产党尽管名称不一，但是仍然以社会主义、共产主义作为奋斗目标。它们对苏联过去的社会主义进行了反思，并对未来的社会主义进行理论探讨，提出了一些新见解。

第一，如何看待苏联剧变。俄共认为，苏联解体和苏共覆灭不是马克思主义和社会主义本身的失败，而是几十年来执政党内部危机积淀引起的。2008 年 11 月俄共十三大认为，党本身的危机就是不少假革命分子和没有任何理想的投机钻营分子混入了执政的共产党内，这些小资产阶级思想的代表始终是社会主义的特殊危险。党对已经发生的进程的危险性估计不足、对经济政治权力和意识形态的垄断以及一部分党的领导人的蜕化变质，使苏联共产党变成了“骄傲自大的党”。党的领导人与党员和劳动者之间的鸿沟越来越深。社会上和党内希望能够进行改革，但是“这种愿望被社会主义的叛徒以欺骗的手段利用了”①。

第二，对待马克思列宁主义的态度。原苏联东欧地区的共产党人仍然坚持以马克思列宁主义作为党的指导思想。但是他们强调：马克思列宁主义是不断发展的，不能用教条主义态度和僵化的态度来对待。俄共在 2008 年十三大通过的新党纲中重申：在确定本党纲领性的目的和任务、战略和策略时，我们党“遵循着马克思列宁主义学说并对其进行创造性的发展，依靠的是我国和世界科学、文化的经验和成就”②。乌克兰共产党的党纲规定：乌克兰共产党是以马克思主义理论和思想为基础，并根据新的条件和任务不断丰富马克思主义学说③。1997 年 1 月，新哈萨克共产党非常代表大会通过的党纲提出，“要革新马克思主义”④。

第三，对未来社会主义的新认识。原苏联东欧地区的共产党所讲的社会主义已经不同于传统苏联模式的社会主义。有些政党和组织对未来社会主义有比较明确的看法，有的对未来社会主义讲得较为含糊。2008 年，俄共十三大重新定义了社会主义，新党纲宣布“俄共把社会主义看作以公有制为基础，根据劳动的数量、质量和成果分配生活用品的没有人剥削人的自由社会。这是在科学计划和管理、采用知识密集型和资源节约型工艺基础上实现高度劳动生产率和高度生产效率的社会。这是真正人民政权和发达精神文明的、激

①② 俄罗斯联邦共产党纲领．戴隆斌，译．当代世界与社会主义，2009 (2).

③ 孙凌齐．乌克兰共产党的重建与主张．当代世界社会主义问题，2008 (3).

④ 吴茜．论苏联解体后中亚五国的左翼政党．国际论坛，2009 (1).

励个人的创造积极性和劳动者自治的社会。人是社会发展的主要目的和因素”。与1995年俄共纲领相比，新党纲增加了“建立在公有制基础之上”和“人将成为社会发展的主要目的和因素”两项内容，前者体现了俄共对科学社会主义基本原理的坚持，后者则是对苏联社会主义历史教训的总结[①]。2008年6月，乌克兰共产党四十二次代表大会指出，社会主义国家本身的存在及其在社会经济和精神发展中取得的成绩对资本主义世界的国家、对人民争取自身解放的斗争产生了绝对性的影响。乌共坚信社会主义必胜，因为只有社会主义能够把人类文明的所有成果用于为劳动人民造福，用于真正的进步，保证社会发挥最佳职能[②]。白俄罗斯共产党人党自1996年分裂出白俄罗斯共产党之后，两党虽然都以实现社会主义为目标，但侧重点各有不同。白共的主要目标是人民政权、平等、社会公正和社会主义，认为社会主义是建立在生产资料（社会主义）公有制的基础上，依据“各尽所能，按劳分配”的原则，有计划地发展全体人民的福利事业并使每个社会成员得到全面发展的社会经济体制。白俄罗斯共产党人党的主要目标除了人民政权、社会公正、平等、团结和自由之外，强调民主制是社会主义社会同等重要的组成部分。2005年3月，摩尔多瓦共产党第二次执政后表示，摩共致力于在摩尔多瓦发展社会主义并为最终实现共产主义而奋斗。摩共的近期目标是建立“革新形态的社会主义”。

第四，否定暴力革命和无产阶级专政，强调合法斗争。原苏联东欧地区共产党仍然以社会主义为目标，但它们主张依靠合法斗争，反对采取暴力革命夺取政权，也反对自己执政后实行无产阶级专政。当然有一些共产党人反对这种观点，但在党内不占多数，不是主流观点。2008年，俄共十三大新党纲仍然表示以和平的方式从事斗争，但不否认在被迫的情况下采取革命的手段。新党纲强调，“俄共把议会斗争视为一种阶级斗争，在这一斗争中不允许与现政权的反人民方针妥协。只有在这种条件下，群众抗议运动与共产党人的议会活动之间的联系才能变得有效”[③]。哈萨克斯坦共产党的纲领规定，用宪法和法律范围内可以实现的所有形式和方法，为争取劳动人民的政权作斗争。

第五，承认多党制、议会民主和自由选举。在原苏联东欧地区，当前政治体制的基本原则是多党竞争的议会民主制、自由选举和三权分立。多数共产党人承认这种现状，并且表示要参与到这种政治进程之中。2008年，俄共新党纲主张，要创造条件去进行各级权力机关的诚实的选举，组成人民信任的政府。要进行议会斗争，但是也不排除在议会之外组织群众抗议示威活动。塔吉克斯坦共产党也宣称自己是通过民主手段取得领导地位的议会型政党，它将在法律范围内活动。哈萨克斯坦共产党也明确主张多党制，认为反对派存在可以防止官僚专制，反对任何社会政治力量对真理和权力的垄断。

第六，对计划经济和市场经济的新认识。对于未来社会主义的经济体制，原苏联东欧地区的共产党，大多数表示可以接受市场体制，但主张把计划和市场结合起来。俄共的观点具有代表性。首先，它反对社会的资本主义化和私有化。其次，主张多种经济成分并存，但是强调以公有制为主。再次，主张市场调节和国家计划有机结合。2008年的俄共

① 俄罗斯联邦共产党纲领. 戴隆斌，译. 当代世界与社会主义，2009 (2).

② 陈爱茹. 乌克兰共产党的历史、理论及现实困境. 当代世界与社会主义，2009 (1).

③ 李亚洲. 浅析俄罗斯联邦共产党的现代化. 当代世界与社会主义，2011 (4).

十三大纲领提出，要建立人民信任的政府，要把那些非法据为己有的主要生产资料财产归还给人民，并把它置于国家的监督之下。国有化将为进一步改革创造坚实的经济基础，要杜绝大资本家、官吏、黑手党团伙对小商品生产者的掠夺。要保持社会主义经营形式的主导作用，将保存由生产力水平所决定的多种经济结构。国家将掌握自然资源和战略性生产部门，调整国民经济发展的主要计划指标，编制全额预算，成为国内生产商产品最重要的订货方。人民政府将借助计划和市场机制积极调整经济和社会领域的发展①。乌克兰共产党主张发展有效率的经济，在承认各种所有制形式平等的同时，审查私有化的合法性并对具有战略意义的工业部门重新实行国有化。中亚五国左翼政党在经济上主张放弃高度集中的计划经济体制，建立市场经济体制同国家干预相结合的、多种所有制基础上的社会市场经济。

第七，对知识分子的新认识。原苏联东欧地区的共产党大都不再讲是工人阶级政党，而是自称“劳动人民的党”，但在表述上有变化。1991 年，俄共四大提出俄共是“劳动人民——工人、农民和知识分子”的政党。2000 年，俄共七大提出俄共是“劳动人民的以社会利益为重的政党”。2008 年，俄共十三大党纲申明：“俄共是国内唯一彻底捍卫雇佣劳动者和民族国家利益的政治组织。”② 该表述用“雇佣劳动者”，突出了劳动者的阶级属性，特指今日社会制度下受资本家剥削的脑力和体力劳动者，同时申明俄共不仅是代表一个阶级利益的政党，而且是代表整个民族国家利益的政党。乌克兰共产党同样自称是“劳动人民的政党”。

四、原苏联东欧地区社会主义运动发展的前景

在原苏联东欧地区，坚持社会主义方向的政党和组织如何才能振兴社会主义运动？这是人们非常关心的重大问题。要回答这个问题，首先要对社会主义的概念重新进行分析和界定。

如果我们从苏联社会主义模式的概念出发去理解振兴社会主义的问题，那肯定是死路一条。如前所述，苏联东欧国家在第二次世界大战以后三次出现的改革思潮，以及 20 世纪八九十年代之交的政治剧变，其基本动因就是苏联社会主义模式已经严重束缚了生产力的发展，妨碍了社会前进，而且执政党始终没能解决好体制创新问题，最终酿成大祸，绝不仅仅是叶利钦、戈尔巴乔夫等几个领导人的背叛就能造成祸从天降的。

原苏联东欧地区的社会主义有无复兴之可能？社会主义运动将如何发展？可以肯定地说，苏联模式的社会主义绝无可能复兴，苏联模式的社会主义道路绝对走不通。即便是再次面临 20 世纪 20 年代至 30 年代那样的世界经济大危机、法西斯势力猖獗和战争环境，原苏联东欧地区的广大人民群众也绝不会再去建立原来那种过度集权的，扼杀人民民主、自由和人权的苏联模式的社会主义。不要只看到目前这个地区还有不少人流露出怀旧情绪，就以为苏联模式的社会主义又能重现于未来舞台，那是既违背历史发展规律，又违背绝大多数民众意愿的。

如果我们从正在经历改革开放的各具本国特色社会主义的概念出发去理解社会主义，

---

①② 俄罗斯联邦共产党纲领．戴隆斌，译．当代世界与社会主义，2009（2）．

那么，社会主义的复兴是大有希望的。这种社会主义旨在摆脱苏联模式的弊病，从实践出发，从本国国情出发，从世界潮流出发，真正给最广大人民群众带来幸福、美满的生活。总之，它是富强、文明、民主、自由、尊重人权、实行法治、和谐共处的社会主义。只有这种社会主义，才具有强大的生命力。

原苏联东欧地区各国共产党要想把社会主义理想付诸实践，只有通过艰苦的合法斗争、得到大多数选民的支持才能上台执政。而且即使通过选举上台，也不能急于很快改变社会的基本政治经济制度，只能采取切实可行的、渐进的政治经济和社会政策赢得群众，对国家和社会的发展逐步施加影响，逐步朝着新的社会主义目标前进。要通过暴力革命夺取政权，打碎旧国家机器，实施社会主义理想，这在现实中很难做到。如果一定要坚持这样做，很可能脱离群众，脱离实际。

我们深信，既有苏联模式社会主义几十年传统的积极影响和消极败绩作为鉴戒，又有现实资本主义的文明成果与固有弊端可供对比，原苏联东欧地区新生代的共产党人一定会坚持并发展科学社会主义，持续不懈辛勤耕耘，让本国特色社会主义之花重新绽放在自己祖国的大地上。

复习思考题

1. 试述全球化的基本特征及其与世界社会主义前景的关系。
2. 如何认识当代资本主义的新变化?
3. 试述冷战后资本主义世界共产党发展的总体态势。
4. 如何看待当代世界各种社会主义思潮与流派?

第五章
科学社会主义在当代世界的命运

当今我们正处于什么样的新时代？这是一个至关重要的大问题。弄清这个问题才能明确我们当前面临的紧迫任务和奋斗目标究竟是什么。我们认为，当今时代就科技与生产力的发展水平而言，是新科技革命全方位、加速度大发展的新时代；就生产关系和社会国家制度的性质变化而言，是社会主义在几个国家建立并且世界各国和平、发展、合作和共赢的新时代。和平与发展是当今时代的主题。为维护世界和平、促进共同发展，谋求合作共赢，各国人民仍要进行长期艰巨而复杂的斗争。

在当代世界，科学社会主义正面临两个严峻的挑战：挑战之一是发达资本主义对科学社会主义的挑战，要求科学社会主义者回答：第一，腐朽、垂死的资本主义为什么还能掀起新科技革命？第二，当代世界资本主义是否仍然处于垄断资本主义阶段？第三，苏联东欧国家为什么竞争不过资本主义而发生剧变？第四，应当怎样正确对待当代世界资本主义？挑战之二是民主社会主义对科学社会主义的挑战，要求科学社会主义者回答：第一，为什么民主社会主义的影响会超过科学社会主义？第二，应当怎样看待民主社会主义理论与实践的走势？第三，苏联东欧国家的共产党为什么大都转向民主社会主义？第四，应当怎样正确对待民主社会主义？正确回应这两大挑战，正面应对这两大挑战，是科学社会主义当今和今后获得新发展、大发展的两大机遇和两个突破口。

在新的世界形势下，世界社会主义需要采取新战略：第一，经过全世界人民持久不懈的斗争，新的世界战争并非不可避免，难以再依靠战争引起革命去实现社会主义；第二，和平与发展是当代世界的主题，要在新的历史条件下通过和平与发展去推进世界社会主义；第三，社会主义在全世界的实现是一个长期的、渐进的过程，难以短期突进，短促突发；第四，现今共产党执政的社会主义国家的根本任务是大力发展社会生产力，全面开展社会主义建设，大力克服苏联模式的弊病，从本国实际出发，革新社会主义，发展社会主义民主与自由，健全社会主义法治，切实尊重人权，不断增强社会主义制度的影响力和吸引力，不能再以某一个社会主义国家为中心来领导世界革命，各国通往社会主义之路应由各国党和人民独立自主探索；第五，世界社会主义与世界资本主义两种不同社会制度的国家，在新的世界历史条件下要调整关系，要由对峙、对抗转向长期和平共处、对话、交流、合作、竞争，社会主义国家要善于在对外开放中增强自己的综合国力和国际竞争力。

第一节　人类社会发展的新时代

一、人类社会正面临新科技革命全方位、加速度大发展的新时代

科学社会主义的产生与发展是同人类社会所处时代的变化紧密联系在一起的。科学社会主义产生于蒸汽时代、自由资本主义时代，发展于电气时代、垄断资本主义时代。当今人类社会正在转变到一个更新的时代。只有充分认识到这一点，我们才能准确把握当代世界经济、政治和国际关系的特点和今后世界发展的趋势，才能明确科学社会主义在当代世界面临的新任务、新课题，更进一步发展科学社会主义，制定新时代世界社会主义发展新战略，争取世界社会主义新成就。

所谓人类社会发展的时代，是指人类活动较长的一个历史时期。马克思主义认为，应当遵循唯物史观来确定划分时代的标准。这样的标准主要有两个：一个是科技和生产力的发展水平，另一个是生产关系的性质和阶级力量的对比。

首先是科技和生产力的标准。科技和生产力的水平集中体现在生产工具上。以生产工具为标志，可以把全部人类社会历史划分为石器时代、青铜器时代、铁器时代和机器时代。而机器时代又可以根据动力不同分为蒸汽时代、电气时代。从 18 世纪末到 19 世纪是蒸汽时代，蒸汽机的发明和使用使机器获得新动力。从 19 世纪末到 20 世纪上半叶是电气时代，发电机的发明和使用使机器获得了更新动力。第二次世界大战以后，科技和生产力有了更新的发展。以原子能的出现和广泛使用为标志，人类社会科技的发展进入了原子时代。而以电子计算机的出现和使用为标志，人类社会科技的发展又进入了电子信息时代。蒸汽、电气、原子能主要是提供能源，而电子计算机则是提供人工智能。人工智能不仅能使人免除繁重的体力劳动，而且能部分地取代人的脑力劳动。计算机的计算速度和准确性都远超过人脑。

然而，科技生产力的发展并没有到此止步。1960 年，第一台激光器问世。激光的应用范围不断扩大。它不仅被广泛地运用于国防、医疗，而且逐渐进入人们生活的各个领域，例如人们所熟悉的激光无针唱机、激光电视唱片、激光信息储存器、激光复印机等。因此，有人预言人类社会正在由电子时代迈向光子时代。光子和电子相结合就能产生更大的效益。例如，新一代光子电子计算机不用电流而用光波传输和处理数据，比现在最好的电子计算机要快 1 000 倍。光子计算机能把运算的速度提高到每秒万亿次，而且光本身具有稳定的抗干扰性，效果比电子计算机好得多。20 世纪 80 年代以来，超导体研究获得发展，使金属材料的电阻在特定温度条件下消失，具有超级导电功能。这种新技术又使一些物理学家预言未来将是超导时代。20 世纪 90 年代以来，纳米技术获得大发展。纳米是十亿分之一米的极小量度，如果金属、陶瓷等各种物质材料都纳米化，那么未来的纳米卫星重量只有 100 克，纳米飞机就像蜜蜂一样大。这又使一些物理学家预言未来将是纳米时代。化学工业的发展已经使一种薄膜的生产成为可能，可用充气的方法使它膨胀起来充当屋顶，未来的建筑很可能就是这种薄膜建筑。因此有的化学家预言未来是薄膜时代。天文学家根据航天技术的发展预言未来是航天时代。天文学家已经在设计未来太空站和月球的

生产生活点，将来要把人类送上太空和月球从事生产和生活。他们还预计未来要使火星地球化，使人类在不久的将来飞向火星。地理学家预言未来是大洋时代，因为人类文明是从河流到近海再发展到远洋。在大洋时代，人类所需产品的一个重要来源将是大洋。海洋技术的发展可以给人们提供吃、穿、用等多方面取之不尽、用之不竭的产品。生物学家预言，21世纪将是生命科学时代、生物工程时代、基因时代。20世纪70年代以来兴起的生物工程近年来发展很快。生物遗传工程将改变动植物的品种，创造人类所需要的新的生物品种，大大提高农牧业的经济效益。生物工程还将用细菌的蛋白质来制造生物集成电路，用生物的蛋白体来取代硅片作为集成电路中的芯片，制造出超微电路的有机电子计算机。这种生物计算机运行的速度将比目前的电子计算机快100万倍。因此，生物学家预言，人类将进入改造和创造新生命的时代，也就是说人类社会将迎来基因时代①。

上述种种说法，都是各个门类的科学家从各自学科门类角度预测现在已经到来和将要到来的新时代。综合起来看，我们认为，人类社会正面临一个以信息化为先导的科学技术革命全方位、加速度大发展的新时代。所谓科技全方位大发展，是指以往的科技革命主要限于某一学科领域，而当今时代新的科技革命则遍及自然科学六大领域：如数学领域的革命出现了计算机；物理学领域的革命出现了原子能、电子、光子、超导、纳米；化学领域的革命出现了许多人工合成的新材料，如薄膜、人造橡胶、人造纤维等；天文学领域的革命出现了人造卫星、航天飞机、宇宙火箭；地理学领域的革命出现了地热能、海洋技术；生物学领域的革命出现了生物技术工程。数、理、化、天、地、生自然科学六大领域都出现了新的科技革命，所以是全方位的科技革命。这种全方位的新科技革命，不是单科独进，而是各科齐头并进、并驾齐驱、互相交叉、彼此融合。所谓科技加速度大发展，是指科技的发展后浪赶前浪，一日千里，速度倍增，突飞猛进。据统计，近20多年来人们的发明和创造已经大大超过以往2 000多年发明创造的总和，同时各种新产品更新换代的周期大为缩短。以电子产品为例，20世纪60年代是几年才能换代，20世纪90年代是6个月就会换代，新世纪以来3个月就能换代。全方位、加速度的新科技革命，不仅意味着科技革命已经迎来使人类极大地减免体力劳动、脑力劳动这样一个新时代，而且意味着人类即将进入可以创造新生命、新自然物的新时代。科技进步之快甚至超出童话、神话和科幻小说的想象。这个新时代的到来，必然会使人类社会的生产方式、生活方式、经济、政治、文化、人际关系、国际关系等各个方面都发生极其重大的新变化。如社会生产进一步自动化、社会化，经济全球化、政治民主化、文化交融化的趋势在增强，世界一体、天下一家、全球一村的进程在加快。

这样一个科技革命全方位、加速度大发展的新时代将会对人类社会形态的变化产生什么重大的影响呢？新科技革命首先是在西方掀起的。自20世纪60年代以来，就有许多西方学者提出了预测未来社会形态变化的各种各样的理论。如1962年，美国哈佛大学社会学教授丹尼尔·贝尔提出，新科技革命将要使人类社会从工业社会过渡到后工业社会。1964年，他专门写文章论证这个问题，1973年，他又出版了专著《后工业社会的到来》。1980年，美国未来学家阿尔温·托夫勒出版了《第三次浪潮》一书，提出科技革命将使

① 高放. 基因时代是世界大国时代. 中国延安干部学院学报，2012 (6).

人类社会由工业社会进入信息社会。日本学者堺屋太一在他所著《知识价值革命》一书中认为将来的社会是知识价值社会。这些说法的共同点都是从科技的进步、产业的变化来看人类社会的变化。例如，根据贝尔的说法，后工业社会是服务行业、第三产业大发展的社会，因为服务行业、第三产业已不是原来的工业。托夫勒提出的信息社会主要是指电子信息这个产业大发展的社会，其实电子信息产业不过是电子技术和机械工业的结合。我们认为，信息社会只是工业社会的高级阶段，仍然属于工业社会这个大范畴，只是电子信息工业取代了某些传统工业。西方关于社会形态变化的种种观点都回避了所有制和生产关系的变革问题，意在说明资本主义已经起死回生，可以万古千秋地存在下去了。这些观点认为，这场全方位、加速度、划时代的科技革命的到来，标志着资本主义重新升起朝阳。我们认为，西方发达资本主义国家带头掀起的这场新科技革命确实是人类社会生产力大发展的黄金时代，但是科技和生产力的大发展不是资本主义朝阳的升起，不是资本主义的起死回生，而是资本主义的回光返照，是资本主义的晚霞。晚霞虽然色彩斑斓，但是毕竟已近黄昏。当然这并不是说现代资本主义很快就会死亡。马克思主义者应当从这场新科技革命中，从资本主义的晚霞中看到未来社会主义、共产主义的曙光。

第一，生产力高度发展为扬弃私有制、消除阶级对立和阶级差别创造了更可靠、更充分的物质条件。阶级的出现和存在是人类社会发展到一定程度的产物，即生产力发展到能够产生一定的剩余产品，但还没有发展到能够消除阶级和实现按需分配的地步，这样就必然会存在阶级和阶级差别。新科技革命促进了生产力更高程度发展，有可能真正达到消灭剥削和消除阶级对立、阶级差别的目标。

第二，生产力高度发展为实现“各尽所能，按需分配”的原则奠定了雄厚、坚实的物质基础。要真正实现马克思提出的未来共产主义“各尽所能，按需分配”的原则，就必须达到像马克思所说的产品极大丰富的社会发展形态。人类要生存和发展，就要从自然界取得各种物品，用以满足人们吃穿住用各方面的需要。在原始社会，人类只能通过采集、狩猎、捕捞等手段获得现成的自然物，这是人类生产的最低阶段。在农业社会，人们饲养各种动物，种植各种植物，生产一部分手工业品，这是通过增加自然物的生产来满足人们的各种需要，人类社会漫长的奴隶社会、封建社会基本上都处于这个阶段。近代机器工业出现后，人们越来越广泛地使用机器加工自然物，对农作物和矿产品进行工艺加工。随着机器工业的发展，工业产值在国民经济中所占的比重越来越大，农业产值在国民经济中退居次要地位，这样人类就由农业社会发展到工业社会，由农业文明提升到工业文明。近现代资本主义社会和社会主义社会大体上属于这个阶段。未来生物工程、基因工程的大发展将使人类由加工自然物发展到创造自然物，即按照人们的需要创造新的生命形态、新的动植物品种，使生产不是成倍而是几十倍几百倍地提高。转基因工程和克隆技术的大发展，更是会极大地促进生产力的提高。到那时产品就会达到或接近“充分涌流”。那将是生物工程业、基因工程业等社会，这是比工业社会更高的社会形态①。可以预见，生物工程业、基因工程业的充分发展，将使人类社会从工业文明再提升到生态文明，为今后共产主义的按需分配奠定坚实的物质基础。

---

① 高放．如何看待《第三次浪潮》的基本观点//高放．纵览世界风云．北京：中国书籍出版社，2002：48-67.

第三，更进一步看，未来科技和生产力的高度发展，还为人的素质的提高和人的全面自由发展准备了前提。人类至今仍被各种先天性疾病所困扰，如先天性的畸形儿、残疾人、弱智者等，这些缺憾后天很难挽救和弥补。而未来基因工程的大发展，就可以大大提高人的先天素质。今后基因工程的发展不仅会大大改善生物的品种，而且会大大提高人的素质，使将来的人个个都体魄健全，聪明睿智，心地善良，勤奋耐劳。生产力的大发展还为人的全面自由发展准备条件。机器人和电脑的使用大大缩短了人们的劳动时间，增加了休闲时间，为人们学习到更多的科学知识、提高素养、得到全面的发展创造了有利条件。莫尔、康帕内拉曾提出人们每天的劳动时间要缩短到 6 小时或 4 小时，康有为在《大同书》中主张人们的劳动时间每天 1～2 小时，最多不超过 3～4 小时。这在过去是空想，但是在科技革命的新时代，这样的理想有可能变为现实。

第四，生产力的发展和社会的进步就会使人人受到良好的思想教育，得到良好的社会训练，从而极大地提高人的思想觉悟和思想境界，扬善抑恶，使集体主义、人道主义、博爱主义、国际主义等大放异彩，使损公肥私、损人利己、嫉妒心、报复心等人性之恶大为减少。这样就会为未来共产主义的“自由人联合体”准备好思想条件。当然，要在全球实现共产主义，人类社会还需要经历很多探索、较量与斗争，这将是一个漫长的渐进过程。

二、人类社会正面临世界各国和平发展、合作共赢的新时代

要认识当前的时代，不能只从科技和生产力的发展水平着眼，还需要从生产关系和社会国家制度的性质变化来察看。根据唯物史观，社会制度的变化是同科技与生产的发展相适应的。一般说来，石器时代是原始社会时代，青铜器时代是奴隶制社会时代，铁器时代是封建制社会时代，机器时代是资本主义和社会主义时代。列宁曾于 1920 年非常赞赏这种说法：“蒸汽时代是资产阶级的时代，电的时代是社会主义的时代。”[①] 当时列宁是预计社会主义的苏俄将会比西方资本主义国家更快地实现全国电气化，进而加快其他国家走上社会主义道路的步伐。当今发达资本主义国家信息化的水平高于共产党执政的社会主义国家。这就要求我们重新考察资本主义时代将如何过渡到社会主义时代这个大问题。

资本主义时代从 16 世纪开始，经过 17 世纪至 19 世纪的发展，资本主义已经覆盖全球。资本主义时代又叫作资产阶级时代。《共产党宣言》中使用的是“资产阶级时代”，而《资本论》中使用的则是“资本主义时代”。19 世纪中叶，马克思、恩格斯形成科学社会主义理论时就预计，资本主义时代要发展到社会主义时代，资产阶级时代要发展到无产阶级占统治地位的时代。由于预感到新时代的到来，1883 年，德国社会民主党创办了一个理论刊物，取名《新时代》，该杂志由当时著名的马克思主义者考茨基主编。1894 年 9 月 26 日，恩格斯在给意大利西西里岛社会党人的贺信中提出，“即将来临的新时代”[②] 将使国际无产阶级获得胜利。当时所讲的新时代就是无产阶级社会主义革命的时代，即社会主义将取代资本主义的时代。进入 20 世纪，列宁对新时代有许多概括。第一次世界大战爆发后，列宁于 1914 年 11 月间发表的《社会党国际的状况和任务》一文中提出：现在是

① 列宁．列宁全集：第 38 卷．2 版．北京：人民出版社，1986：117.

② 马克思，恩格斯．马克思恩格斯全集：第 22 卷．北京：人民出版社，1965：558.

“各国资产阶级发生帝国主义武装冲突的时代”①。1915年，列宁在《第二国际的破产》中又使用了“从前的‘和平的’资本主义时代被当今帝国主义时代所代替”② 的提法。1916年，列宁在《帝国主义是资本主义的最高阶段》中又用“现代资本主义时代”的提法。可见列宁所说的帝国主义时代就是现代资本主义时代。1915年，列宁在《打着别人的旗帜》一文中又把资本主义时代划分为三个小时代。第一个小时代是从1789年到1871年，即从法国革命到普法战争，这是资产阶级上升时代。从1871年普法战争到1914年第一次世界大战之前是第二个小时代，即资产阶级绝对统治和衰落的时代。第三个小时代是1914年以后，即帝国主义时代或现代资本主义时代，是帝国主义武装冲突的时代，是“帝国主义发生动荡和由帝国主义引起动荡的时代”③。在1917年的《修改党纲的材料》中，列宁又提出新的看法。他指出：“帝国主义战争造成惨祸、灾难、破产和粗野——这一切就使目前所达到的资本主义发展阶段成为无产阶级社会主义革命的时代。”④ 1924年列宁去世后，斯大林在《论列宁主义基础》中把列宁的这些思想概括成“帝国主义和无产阶级革命的时代”。此后，马克思主义者长期使用“帝国主义和无产阶级革命的时代”这一提法。在1938年9月发表的《联共（布）党史简明教程》结束语中，斯大林对时代的提法又有所变化。他在“帝国主义和无产阶级革命时代”之后又加上一句“社会主义在全世界六分之一的土地上获得胜利的时代”⑤。从1924年到1936年间，苏联一国建成了社会主义。所以这个新概括给我们一个启示：进入帝国主义时代以后，对时代的概括还要随形势的发展而与时俱进，不能停滞不变；既然社会主义在苏联胜利并取得成功，就不能只讲帝国主义和无产阶级革命的时代，还应当把社会主义的进展也概括进去，否则就不够全面。1957年社会主义国家共产党和工人党代表会议通过的《莫斯科宣言》对时代的提法是：“我们时代的主要内容是由俄国伟大十月社会主义革命所开始的由资本主义向社会主义的过渡。”⑥ 可见这时对时代的新概括是：从十月革命开始，人类社会进入了由资本主义向社会主义过渡的时代。1960年各国共产党代表会议通过的《莫斯科声明》又有更新的提法：“以伟大的十月社会主义革命所开始的从资本主义向社会主义过渡为主要内容的我们的时代，是两个对立的社会体系斗争的时代，是社会主义革命和民族解放革命的时代，是帝国主义崩溃、殖民主义体系消灭的时代，是越来越多的人民走上社会主义道路、社会主义和共产主义在全世界范围内胜利的时代。”⑦ 现在看来，《莫斯科声明》对时代的这种概括既有符合实际之处，也有估计过高之处。如说“两个对立的社会体系斗争的时代”“民族解放革命的时代”是对的，但是说“社会主义革命的时代”则估计过高了；说“殖民主义体系消灭的时代”是对的，而说“帝国主义崩溃的时代”则估计过高了；最后一句说“越来越多的人民走上社会主义道路”是对的，但是说“社会主义和共产主义在全世界范围内胜利的时代”

① 列宁．列宁全集：第26卷．2版．北京：人民出版社，1988：45.
② 同①242.
③ 同①144.
④ 列宁．列宁全集：第29卷．2版．北京：人民出版社，1985：484.
⑤ 斯大林．斯大林选集：下卷．北京：人民出版社，1979：618.
⑥ 在莫斯科召开的社会主义国家共产党和工人党代表会议宣言．新华半月刊，1957（24）.
⑦ 各国共产党和工人党代表会议声明．新华半月刊，1960（24）.

则是估计过高了。总的看来，1960 年《莫斯科声明》对时代的认识貌似全面，实际上对资本主义的生命力估计不足，而对无产阶级社会主义革命的胜利不免估计过高。

随着各国共产党独立自主地发展，它们对时代的看法也开始多样化。

中国共产党对时代问题的看法也有一个发展变化过程。在 20 世纪二三十年代，中共沿用列宁、斯大林关于帝国主义和无产阶级革命时代的提法，从 20 世纪 40 年代起关于时代问题开始有自己的提法。1940 年毛泽东在《新民主主义论》中说："现在的世界，是处在革命和战争的新时代，是资本主义决然死灭和社会主义决然兴盛的时代。"[①] 这个概括，前一句符合当时的形势，后一句是从社会发展规律提出的论断，应该说在当时是有根据的，但是估计过高了。1947 年 12 月，毛泽东在《目前形势和我们的任务》中说，"现在是全世界资本主义和帝国主义走向灭亡，全世界社会主义和人民民主主义走向胜利的历史时代"[②]。这个认识在当时是基于战后全世界反帝国主义阵营的力量已经超过帝国主义阵营的力量、全世界人民民主的力量已经超过全世界反动力量的估计。现在看来这种估计也是过高了。到 20 世纪 60 年代极左路线盛行时，关于时代的提法又进一步发生了变化。"文化大革命"中林彪提出了关于时代的新说法："帝国主义走向全面崩溃，社会主义走向全世界胜利的时代"，还说毛泽东思想是这一时代马列主义发展的顶峰。正是基于这种认识，当时林彪主张要发动一场世界农村包围世界城市的人民战争，使"井冈山道路通天下，毛泽东思想照全球"。实践证明，这种对时代的认识是错误的。1973 年中共十大对时代问题又有了新提法。周恩来在代表中央委员会所做的报告中说，毛主席经常教导大家，我国仍然处在帝国主义和无产阶级革命的时代[③]。这个提法恢复了列宁、斯大林的提法。应该看到，当时重复斯大林的提法有进步意义，因为这个提法改变了毛泽东 1947 年的提法，并且否定了林彪的提法。现在看来，仅仅恢复列宁和斯大林的提法是不够的，因为时代已经更加向前发展了。1973 年以后，在中共文件中没有对当前时代做出新的概括。由上述可见，从 20 世纪 20 年代至 70 年代，苏共、中共和共产党国际会议曾经对十月革命开辟的从资本主义过渡到社会主义的时代多次做出过快、过高的不切实际的估计。

直到改革开放之后，1985 年，邓小平审时度势，第一次提出"和平和发展是当代世界的两大问题"[④]。1987 年，党的十三大明确提到"和平与发展是当代世界的主题"。此后从党的十四大一直到十九大，一再重申和平与发展是当今时代的主题。这一点我们要细心探究，深入领会。

究竟应当怎样理解当前社会制度方面我们所处的时代？究竟应该怎样理解和平与发展是当今时代主题呢？

有很多人认为，列宁、斯大林关于帝国主义和无产阶级革命时代的提法已经不适用于当前的情况，现在不是战争与革命的时代，而是和平与发展的时代。当前战争和革命已不是当代世界的主题，而和平与发展已成为当代世界的两大主题。从当前在世界范围内我们所面临的主要任务和实现社会主义的环境与途径而言，把当前的时代概括为和平与发展的

---

① 毛泽东．毛泽东选集：第 2 卷．2 版．北京：人民出版社，1991：680．

② 毛泽东．毛泽东选集：第 4 卷．2 版．北京：人民出版社，1991：1260．

③ 中国共产党第十次全国代表大会文件汇编．北京：人民出版社，1973：15．

④ 邓小平．邓小平文选：第 3 卷．北京：人民出版社，1993：104．

时代，这样有利于争取、团结全世界人民为维护世界和平、促进世界发展而共同奋斗，也有利于世界社会主义在和平与发展的环境中逐步推进，世界社会主义并不是都要通过世界战争所引起的暴力革命来实现。然而也有人认为，“和平与发展的时代”这种提法过于简单化，容易引起误会，给人以和平与发展会自动到来的印象，或者给人以太平盛世的印象，因而不符合世界现实。我国著名国际问题专家宦乡生前在纵谈 1987 年国际形势问题时说：小平同志说的当今世界是和平与发展的时代的一个含义就是“当今是‘争取和平与发展的时代’，而不是说目前已经是和平与发展的时代了”①。还有人认为，世界的现实还不那么和平与发展，需要通过斗争、竞争、竞赛来实现，因此在缓和的大趋势中还会有紧张、小战争，甚至会有曲折和反复。因此说当前处于“维护和平促进发展的时代”，比较符合世界现实。

上述这样的理解和解释是有一定道理的。但是我们认为，世界的主题和特征由战争与革命转变为和平与发展，这是客观的趋势、历史的潮流，及早认清并顺应这个趋势与潮流，就会推动世界进步。要实现和平与发展，当然需要人们的主观努力。过去提出战争与革命的时代，也是需要人们努力防止或结束战争，同时积极利用战争造成的有利形势，认真准备并进行革命，否则战争也不可能引起革命，革命也不可能轻而易举地取得胜利。即便在战争与革命的时代，也不是年年都在打仗、年年都爆发革命，其间也有间歇，也有短期的和平与革命的低潮。“战争与革命的时代”的提法只是反映了那个时代的主题，并不是要给人制造过分紧张和冒险盲动的印象。因此未必要把“战争与革命的时代”改为“防止或结束战争、认真准备并进行革命的时代”。既然由“战争与革命”转变为“和平与发展”只是反映时代主题的变化，并不是反映人们主观行为的状态，所以我们认为不加“争取”“维护”“促进”等限制词也无妨，倒显得更加简单明了。当年毛泽东用“战争与革命的时代”，后来邓小平用“和平和发展两大主题”来概括时代，都是对不同时代世界主题的言简意赅的精辟概括。1999 年北约轰炸南斯拉夫联盟、科索沃战争发生后，我国理论界有些人又出面反对当今是和平与发展时代的说法，甚至连和平与发展是时代的主题都加以否定。这是对一时一事未能做出客观、冷静的分析，显然带有情绪性的偏颇之见。

2007 年纪念十月革命 90 周年时，我国理论界又有人强调：当今我们所处的时代是从 1917 年俄国十月革命开始的世界资本主义过渡到世界社会主义的时代。如前所述，这个提法起源于 1957 年《莫斯科宣言》。原先估计，世界资本主义过渡到世界社会主义大概几十年就能实现。现在十月革命在苏联的成果已经被连根拔掉。虽然有中、越等国继续开拓社会主义之路，但是从世界范围来看，资本主义过渡到社会主义至少需要几百年时间。在这么长的几个世纪之中，我们和几代子孙都处于同一个时代，该如何为实现时代任务而奋斗呢？看来，还应该把从十月革命开始的从资本主义过渡到社会主义的大时代再划分为若干小时代。

我们认为，十月革命以来从资本主义过渡到社会主义的大时代，迄今大体上可以划分为以下三个小时代：第一是苏联一国坚持社会主义与世界资本主义抗争的时代（1917—1945 年），第二是世界社会主义阵营与世界资本主义阵营冷战对峙的时代

① 动荡、变革、不平静的一年：宦乡纵谈 1987 年国际形势．人民日报，1987-12-31.

(1946—1991年)，第三是冷战后社会主义在几国建设和世界各国和平共处、发展、合作和竞争的时代。

20世纪80年代以来，国际局势在逐步发生重大变化。和平与发展取代战争与革命，成为时代的主题。两种社会制度和世界各国已由冷战对峙开始转向和平发展、合作共赢。当前之所以开始进入这样一个新时代，一方面是由于新的科技革命由发达资本主义国家带头掀起进而波及其他国家，也包括社会主义国家。现在社会主义国家也在掀起新的科技革命。另一方面是战后几十年两种制度经过冷战、缓和与反复较量，可以明显地看出，在今后相当长的时期内，世界社会主义不可能取代世界资本主义，而世界资本主义也难以摧毁世界社会主义。所以两种制度、两类国家经过战后近30年的反复较量，都感到双方应当进入一个和平共处而且在许多领域进行合作的时代。而且世界各国之间有很多问题都要协商对话，协调关系，达成协议，互相合作，共同发展，互利共赢。当然在合作与竞争中还有斗争，还要在很多领域开展竞赛和竞争，竞赛是比先后，竞争进而比优劣，优胜劣汰。社会主义有信心最终会胜过资本主义。所以我们认为用和平发展、合作共赢来概括当前时代两种制度以及世界各国之间的关系比较准确、全面。今后几十年以至上百年不仅是社会主义与资本主义两种制度而且是世界各国都理应和平发展、合作共赢的时代。这不等于说这新的时代没有激烈斗争，两种制度、两类国家仍然充满政治、经济、文化、思想等方面的斗争。国际反动势力从来没有放弃敌视和颠覆社会主义制度的根本立场，国际渗透与反渗透、演变与反演变、颠覆与反颠覆的斗争是长期的。两种制度之间的斗争是国际范围的阶级斗争，有时可能达到十分尖锐的程度。但是要斗而不破，斗而有理、有利、有节；要斗智、斗勇、斗法（遵循国际法，维护国际法），而不是斗气、斗力、比武。世界历史发展到当今这样的时代，两种制度国家的领导人都认识到在当前核时代要尽量避免用战争的手段来解决两种不同制度国家以及各国之间的矛盾，否则就可能是核冬天的到来，全人类的灾难。当然，某一地区、某一领域局部的激烈斗争仍会出现。至于社会革命，在资本主义世界掀起新科技革命的情况下将要采取新的方式，发达资本主义国家很难再出现我们过去所推论的由战争引起革命或由经济危机引起暴力革命的形势，看来革命将要通过较长期逐步改良去实现，即通过合法斗争、群众斗争去实现。所以战争与革命的时代已经过去，开始进入一个世界各国和平发展、合作共赢的新时代。这个时代将延续相当长的一个历史阶段。

新科技革命全方位、加速度的大发展与两种制度以及世界各国的和平发展、合作共赢将同步进行，互相作用。我们要善于借科技革命迅猛发展的东风，实施科教兴国战略、人才强国战略和可持续发展战略，在对外开放中力争尽快追赶新科技革命大潮，尽快提高社会主义国家的综合国力和国际竞争力，以期在科技方面追赶发达资本主义国家，这将极有利于推进世界社会主义的发展。

第二节　科学社会主义在当代世界面临的两大挑战

在当今这样的新时代，科学社会主义正面临两大时代性、全球性的挑战：其一是发达资本主义对科学社会主义的挑战，其二是民主社会主义对科学社会主义的挑战。这两大挑战也是科学社会主义能否获得新发展和大发展的重要机遇。只要我们能够解放思想、实事求是，纠正长期以来根深蒂固的“左”的观念，又防止转向右的方面，善于采取正确的对策，科学社会主义的理论与实践就必定会达到新境界，开创新局面。

一、发达资本主义对科学社会主义的挑战

当代世界发达资本主义的新发展对科学社会主义提出了严峻的挑战。它要求科学社会主义者至少在以下四个问题上给予明确的令人信服的回答：第一，为什么被科学社会主义断定为腐朽、垂死的资本主义，还能带头掀起以信息化为先导的全方位、加速度大发展的第三次科技革命，从而使资本主义更加发达？第二，当代发达资本主义是否仍然处于列宁所说的腐朽、垂死的垄断资本主义即帝国主义阶段？或者已经发展到什么样的新阶段？第三，为什么奉行科学社会主义的苏联东欧等十几个国家都竞争不过发达资本主义国家而发生剧变，并且倒退去发展资本主义？第四，应当怎样正确对待当代世界资本主义？

1. 为什么腐朽、垂死的资本主义还能带头掀起第三次科技革命？

从 18 世纪蒸汽化、19 世纪电气化这两次科技革命的历史经验来看，科学技术的大发展首先需要依靠科技人员呕心沥血的发明创造。有人认为只有资本主义私有制才最能促进科技的大发展，这显然是片面的看法。科技的大发展除了科技人员的主观努力之外，还需要有利于科技大发展的诸多客观社会条件。我们认为主要是以下十个社会条件，即市场经济、民主政治、法治管理、多元文化、素质教育、思想自由、尊重人权、社会需求、激励机制（如专利制度、奖金制度）和对外开放。资本主义社会比以往的社会更能够为科技的大发展提供上述这十个充足的社会条件，所以它能够一次又一次地掀起新科技革命的浪潮。在前资本主义社会，在自然经济、专制政治、人治管制下，人的思想自由备受限制，人的积极性、主动性和创造性备受压抑，所以科学技术发展缓慢。欧洲 14—16 世纪被称为文艺复兴的思想文化复兴运动和 16 世纪的宗教改革运动，以及 18 世纪法国、德国的启蒙运动，这三大运动极大地冲破了人们的思想禁锢，使很多人摆脱了中世纪教权和君权的思想、政治统治，打破了对教主和君王的个人迷信，获得了思想解放和思想自由。随着教育的改革，新生代的科学文化素养大有提高。这样就增强了人的实践力、实验力、运算力、观察力、思考力和创造力。于是开始形成现代以实验、实证为基础的分门别类的科学，实现了第一次科学革命。其最大成就是波兰天文学家哥白尼于 1543 年出版的《天体运行论》，提出了以地动说为基础的天文学体系，打破了传统的宇宙地球中心论，确立了现代宇宙太阳中心论；还有英国物理学家牛顿于 1687 年出版的《自然哲学的数学原理》，以他发现的万有引力定律和力学三大运动定律为基础，建构了力学理论体系。科学革命的成就，由于社会需要的急剧膨胀，很快就转化为技术革命。欧洲封建社会内部资本主义私营工商业逐步发展起来，随着 15—16 世纪美洲和大洋洲新大陆的发现，世界商品市场迅速扩大；1640 年英国资产阶级革命和 1688 年以后英国君主立宪制的议会民主政治和法治管理的确立，更加速了资本主义市场经济的发展。1769 年英国技师瓦特发明的蒸汽机取得专利，得到推广，从此掀起了以蒸汽化为标志的第一次科技革命的现代化浪潮。科技革

命引发产业革命、生产力革命和政治革命、社会革命。采矿业、纺织业、运输业等得到蒸汽化的武装，火车、轮船等新产业崛起。1776 年，美国建立独立国家，1789 年，法国资产阶级革命取得胜利，随后资本主义进入自由竞争大发展的新阶段。科技的发展是有继承性、连续性和推进性、先导性的。1833 年，英国人法拉第发现电解定律，为现代电工学奠定了基础。1867 年，德国人西门子发明的发电机在巴黎万国博览会上展出，从此掀起了以电气化为标志的第二次科技革命的现代化浪潮，从而引发新产业革命和新生产力革命，于是有电力、电讯、汽车、飞机等新产业崛起。资本主义的生产关系随之发生重大变革，私人资本联合成为社会资本，托拉斯、辛迪加、卡特尔、康采恩等垄断资本的新形式逐步占据统治地位。到 19 世纪末 20 世纪初，发达资本主义国家从自由资本主义发展到垄断资本主义新阶段。垄断窒息了自由竞争，压制了自由发展，把世界资本主义推进了世界大战、自相残杀的死胡同和大陷阱。所以列宁于 1916 年出版的《帝国主义是资本主义的最高阶段》一书中指出：垄断资本主义是腐朽的、垂死的资本主义。同时，他又说，“如果以为这一腐朽趋势排除了资本主义的迅速发展，那就错了。不，在帝国主义时代……整个说来，资本主义的发展比从前要快得多”①。为什么会是这样呢？因为“从自由竞争中生长起来的垄断并不消除自由竞争，而是凌驾于这种竞争之上，与之并存”②。在第一次世界大战中和战后，只有俄国一国走上社会主义道路，其他国家的革命都先后被镇压下去了。整个资本主义世界体系是死里逃生、保存了下来，它的市场经济、民主政治、思想自由、对外开放等上述十个社会条件依然能够继续促进科学技术的新发展。尤其是经历了 1929—1933 年世界经济大危机之后，资本主义还从社会主义国家吸取了加强国家行政干预、运用计划经济调控、建立社会保障制度、吸收工人参与管理等措施，从而缓解了社会矛盾，提高了资本主义自我调节能力，使市场经济、民主政治等十个社会条件更加完善了，所以又能够掀起第三次新科技革命的浪潮。

德国物理学巨擘爱因斯坦于 1905 年建立狭义相对论，1915 年，在这个基础上进而提出广义相对论。相对论揭示了空间与时间的辩证关系。到 20 世纪 20 年代，德国的薛定谔等人奠定了量子力学的基础，建立了微观粒子（如电子、原子、分子等）运动规律的理论。20 世纪三四十年代，西方发达资本主义国家为了发动并且赢得第二次世界大战，竞相加速把这些新科学革命成果运用于制造继电器通用计算机、火箭炮、雷达、原子武器等。1945 年第二次世界大战结束时，三个发达资本主义国家（德、意、日）被打败，两个发达资本主义国家（英、法）被削弱，唯独一个发达资本主义国家（美国）成为强盛大国。为了加速恢复经济，扶植欧洲诸国与日本，并且抑制战后社会主义势力在东欧、东亚的发展，美国挑起了领导资本主义世界的重担。

战后美国政府大力增加科技投入，力促科技发展。1946 年，第一台用真空管取代继电器和其他半机械式装置的电子数字计算机在美国问世。它是信息技术革命的先驱，揭开了信息化新时代的序幕。1948 年，美国学者申农发表《通讯的数学理论》论文，奠定了现代信息论的基础；同年，美籍奥地利数学家维纳出版名著《控制论或关于在动物和机器

---

① 列宁．列宁选集：第 2 卷．3 版修订版．北京：人民出版社，2012：685.

② 同①650.

中控制和通讯的科学》，标志着控制论这门新科学的形成。20世纪40年代，美籍奥地利理论生物学家贝塔朗菲发表《关于一般系统论》，奠定了现代系统论的基础；20世纪50年代他创办《一般系统论年鉴》，每年都系统总结、宣传系统论。信息论、控制论、系统论这三门新科学的创立促进了新科技革命全方位、加速度的大发展。1946年出现的第一代电子计算机用的是真空管。1957年的第二代电子计算机采用晶体管。1964年的第三代电子计算机是由美国宾夕法尼亚大学的泽·普·埃卡特和约·乌·莫克雷研制的。这时计算机开始与通讯线路结合起来，随着终端设备的普遍应用，进而发展了"人与机器"对话式语言系统。从此，人脑与电脑沟通、连接，真正开创了信息化的新时代。20世纪七八十年代以后第四代、第五代电子计算机出现，越来越往微型化、网络化、数字化等方向发展，其体积越变越小，成本越降越低，性能愈益提高，可靠性愈益增强。电子计算机可以说是人类有史以来最重要、最伟大的发明创造，它越来越成为一切领域无处不用、无时不用的万应灵器和万能妙物。无怪乎西方有人把作为"纪元前"标志的拉丁文缩写词A.C.①中的C，由耶稣（Christ）改换为计算机（Computer），意为电子计算机的诞生标志着人类新纪元的开始。电子计算机的出现与改进，像火车头一样，带动了所有部门的科学技术获得突飞猛进的大发展，使得信息化这个大浪潮对于经济和社会的全面进步所起的带动作用大大超过了历史上蒸汽化和电气化那两个浪潮。

西方发达资本主义国家正是借助于以信息化为龙头的这场新科技革命，迎来了资本主义发展历史上前所未有的黄金时期，使资本主义现代化达到更加发达的高度，使资本主义全球化拓展到亚洲、非洲、拉丁美洲和大洋洲无远弗届的各个角落。实践又一次证明，资本主义私有制并不是科技革命的主动力，科技革命主要是科技专家刻苦钻研、精巧劳动的成果；资本主义私有制盲目追求利润、互相激烈倾轧，在很多方面反而阻碍了科学技术的健康协调发展。然而资本主义所开创的市场经济、民主政治、思想自由、对外开放等上述十个社会条件，则是科技革命迭起的肥沃土壤和阳光雨露。只要我们能够在坚持正确政治方向的前提下借鉴一切文明成果，在劳动人民掌权的、以社会主义公有制为主体的社会主义社会中，新科技一定能够得到更快的新发展。改革开放40多年来我国新科技得到迅猛发展，载人航天、"嫦娥"奔月、西气东输、南水北调、"蛟龙"潜海等这些举世瞩目的成就不就是生动的明证吗？

2. 当代资本主义究竟发展到了什么样的新阶段？

列宁于1916年断言，垄断、腐朽、垂死的帝国主义是资本主义的最高、最后阶段。他还预计：帝国主义世界大战必然引发无产阶级社会主义世界革命，从而彻底埋葬帝国主义，消灭资本主义。可是，事隔一个世纪之后，我们面对的现实却是：经历了两次世界大战破坏和多次革命冲击的资本主义世界依然健在，尤其是以信息化为龙头的新科技革命的浪潮使资本主义世界发生了全面的新变化，似乎还焕发了青春活力。人们不禁要问：当今世界资本主义仍然处于列宁当年所说的帝国主义阶段吗？绝大多数人的回答都是肯定的，都认为当代世界资本主义确实已经发展到了一个新阶段。至于对这个新阶段如何概括、表述，却是见仁见智，各有千秋。

① 拉丁文A.C.原为Ante Christum的缩写，相当于英文B.C.即Before Christ，意为公元前。

在理论界，有一种观点认为：当代世界资本主义已经发展到国家垄断资本主义的新阶段[①]，而列宁那时所讲的垄断资本主义是私人垄断资本主义，大体上是从第二次世界大战后私人垄断资本主义才发展到国家垄断资本主义。其实私人垄断与国家垄断几乎是同步发展起来的，而且互相交错。列宁早在1916年《帝国主义是资本主义的最高阶段》中就已指出："在金融资本时代，私人垄断组织和国家垄断组织是交织在一起的，实际上这两种垄断组织都不过是最大的垄断者之间为瓜分世界而进行的帝国主义斗争中的一些环节而已。"[②] 1917年4月，列宁在俄国社会民主工党（布）第七次全国代表会议上的报告中进而讲道：世界大战加速了资本主义的发展，"一般垄断转变为国家垄断"[③]。同年10月，他在《论修改党纲》中又说："战争和经济破坏逼迫各国从垄断资本主义走向国家垄断资本主义。"[④] 可见，正是战争迫使资产阶级国家政权与私人垄断资本更加紧密地结合成一体，甚至由国家直接控制、占有垄断资本。1919年2月，由列宁亲自起草的《俄共（布）纲领草案》指明，"整个世界资本主义的发展达到了非常高的程度；国家垄断资本主义代替了自由竞争"[⑤]。由此可见，列宁所讲的垄断资本主义阶段，主要就是指国家垄断资本主义阶段。不能硬把私人垄断资本主义与国家垄断资本主义截然分开，划分为前后两个阶段。只能说第二次世界大战后的国家垄断资本主义更加发展了，并且采取了更新的形式。因此，如果仍旧用国家垄断资本主义来称呼当代世界资本主义，那还是停留在列宁当年的论断之上，并没有反映当代世界资本主义的新变化。

还有一种观点认为，当代世界资本主义是国际垄断资本主义。其论据是：《邓小平文选》第三卷中曾一再使用"国际垄断资本"这一概念来揭示当代发达资本主义国家经济基础的实质；从实际材料也可以看出，西方发达资本主义国家之所以能够在世界经济中占主导地位，其根基在于它们拥有一批全球性的大跨国公司，这些就是国际垄断资本的载体或组织形式。此外，新的国际分工、资本全面国际化和国际生产体系的形成，也都是国际垄断资本已经发展的充分体现[⑥]。还有人根据当代跨国公司大发展的事实，认为20世纪垄断资本主义的发展经历了从低级形态到高级形态的三个阶段演变过程，即20世纪初至第二次世界大战期间为私人垄断，第二次世界大战后至20世纪70年代末为国家垄断，20世纪80年代以来为跨国垄断[⑦]。我们认为，当代跨国公司获得大发展，这是有目共睹的不争事实。问题在于能否由此做出当代资本主义是国际垄断资本主义或跨国垄断资本主义新阶段的结论。所谓跨国公司，顾名思义，是指跨越国界经营的企业，即在作为某些跨国公司原始基地的国家之外拥有或控制设在其他国家的生产或服务设施的企业。1600年英国在印度创办的东印度公司是世界上第一家跨国公司。从那时起，跨国公司的成长大体上经历了三个阶段，即从17世纪初至19世纪末的幼年期，20世纪初至20世纪70年代末的青年

---

① 贾华强、李琮等主编的《当代资本主义发展重要问题研究》（中央文献出版社，2000年版），徐崇温所著的《当代资本主义新变化》（重庆出版社，2004年版）认为当代资本主义是"国家垄断资本主义"。

② 列宁．列宁选集：第2卷．3版修订版．北京：人民出版社，2012：636.

③ 列宁．列宁全集：第29卷．2版．北京：人民出版社，1985：353.

④ 列宁．列宁全集：第32卷．2版．北京：人民出版社，1985：364.

⑤ 列宁．列宁选集：第3卷．3版．北京：人民出版社，1995：735.

⑥ 柳瑟青．邓小平国际垄断资本论研究笔记．现代国际关系，2001（7）（9）（11）.

⑦ 王亦楠．跨国垄断：资本主义发展的新阶段．求是，2002（1）.

期，20 世纪 80 年代以来的中年期。跨国公司在成长中不仅数量增多，分布领域更广，而且形式更加多样，如从单一中心变为多个中心，从单一行业变为多种行业交叉。据联合国有关统计资料，到 20 世纪末全球跨国公司已有 63 459 家，其中发达国家 47 850 家，占 75.4%，发展中国家 15 609 家，占 24.6%。值得我们重视的是，这些跨国公司大部分并非大型垄断资本，而是中小型非垄断资本，即便在发达国家，中小型非垄断跨国公司也占很大比重，如在英国和法国约占 80%。因此，把跨国公司与跨国垄断混为一谈，这是莫大的误解。当今世界确有大型跨国公司的垄断，而且它正呈加速膨胀的趋势。然而，我们还要看到，在新科技革命迅猛发展的态势下，竞争越来越超过甚至压倒垄断。以跨国公司为例，它在 1980 年才有 1.5 万家，1992 年增至 3.6 万家，1996 年又增至 4.4 万家，1997 年达到 5.3 万家，2000 年如上所述已达 6.3 万余家，21 世纪以来跨国公司又增长到近 7 万家。跨国公司如此加速增长，岂不证明跨国竞争大大超过了跨国垄断吗？可以说，列宁那个时期是大部分垄断、小部分竞争，垄断压倒了竞争，所以最终只有走向发动世界大战。当今在新科技革命的大力推动下，已改变为大部分竞争、小部分垄断，而且当今垄断集团之间大都可以通过谈判协商达成妥协，所以和平与发展能够取代战争与革命，成为世界的主题、时代的主题。资本主义长盛不衰的奥秘之一还在于自由竞争终能促进中小企业不断生长。由此可见，把当代资本主义说成是国际垄断资本主义或跨国垄断资本主义，都是有偏颇的。只引用邓小平讲过“国际垄断资本”来立论，这更是片面的。邓小平还说过：“像我们这样穷的国家要奋斗出来更不容易，没有开放政策、改革政策，竞争不过。”① 讲到上海浦东开发要引进外资时他又说：“只要守信用，按照国际惯例办事，人家首先会把资金投到上海，竞争就要靠这个竞争。”② 因此，我国应该走出去、引进来，双管齐下，积极、主动参与国际竞争，力求打破国际垄断。如果当今世界是国际垄断资本一统天下，根本无法开展竞争，那么我们只有关门大吉，自起炉灶了。

除了国家垄断资本主义论、国际垄断资本主义论或跨国垄断资本主义论之外，我国还有学者发表过当代资本主义是金融垄断资本主义、区域垄断资本主义、全球垄断资本主义、社会垄断资本主义、竞争垄断资本主义等多种看法。这些学者的思维方式总还是局限在垄断资本主义这个框架内来考虑当代资本主义的新发展。其实垄断资本早在 19 世纪初就有了较多发展，1867 年，马克思在《资本论》中正是从垄断资本的发展来论证资本主义必然灭亡的。他说：随着资本主义制度日益具有国际的性质，“资本的垄断成了与这种垄断一起并在这种垄断之下繁盛起来的生产方式的桎梏”，因此，“资本主义私有制的丧钟就要响了”③。马克思仅在这句经典名言中就三次连用了“垄断”，可是，他并没有据此把 19 世纪的资本主义归结为垄断资本主义。所以我们应当开阔视野，跳出垄断资本的框架，以现代蒸汽化、电气化、信息化这三次科技革命为坐标，从整个资本主义社会发展的内外部条件和整体社会结构的变化，来考察资本主义社会形态发展的阶段性。按照这个标准，我们认为，资本主义发展大致经历了四个阶段。第一阶段，从 16 世纪初到 18 世纪末，资

① 邓小平. 邓小平文选：第 3 卷. 北京：人民出版社，1993：218.

② 同①366.

③ 马克思，恩格斯. 马克思恩格斯选集：第 2 卷. 2 版. 北京：人民出版社，1995：269.

本主义在封建社会内部孕育成长，可称为封建资本主义；第二阶段，蒸汽化产业革命和英、法、美等国资产阶级革命胜利后，从 18 世纪末到 19 世纪末，资本主义得到全面自由发展，可称为自由资本主义；第三阶段，电气化产业革命和垄断组织获得很大发展后，从 19 世纪末到 20 世纪 70 年代，可称为垄断资本主义；第四阶段，信息化产业革命和社会化程度极大提高后，从 20 世纪 80 年代以来，可称为社会资本主义①。社会资本主义是资本主义的最高阶段②。当代社会资本主义有六个主要特征：第一，社会生产力的社会化程度更高了，范围更广了，层次更多了；第二，资本主义生产关系社会化的程度也更高了，范围也更广了，层次也更多了，如社会资本股份化，股份资本职工化、大众化、分散化、全球化；第三，资本主义社会的结构发生大变化，在经济、政治、文化和社会生活各个方面都有明显表现，工人阶级出现新的趋势，即白领化、多领化（除白领、蓝领外，还有金领、灰领、绿领、粉领工人）、知识化、有产化；第四，国家政府的社会职能、社会化程度大为提高，国家政府在一定程度上已成为社会全面发展的推进器、全民利益的协调器、各种社会矛盾的磨合器；第五，全球各国之间的合作与竞争大为增强，国际关系更加社会化；第六，社会主义因素在逐步增长，除了工农集资自办的企业与合作社在增长外，还有职工参与企业管理，政府加强对经济和社会发展的计划调控、采取各种福利措施等。当代发达资本主义由于具有以上六个新的特征，所以我们认为称之为社会资本主义是合适的。社会资本主义从垄断资本主义那里继承了垄断性、腐朽性和垂死性，所以资本主义的各种固有矛盾依然深刻，其前景必然是被社会主义所取代，但是社会资本主义又具有区别于垄断资本主义的新特征，所以它又显示出相当强盛的生命力、竞争力和调节力。因此，我们不能急于通过发动世界革命消灭之，只能唤起民众，因势利导，加强联合斗争，较长期地把社会资本主义即有社会主义因素的资本主义逐步推进到资本社会主义（有资本主义因素的社会主义），再发展到未来完全的社会主义。

如何从科学社会主义理论的高度和深度来分析当代发达资本主义的发展阶段，这个重大理论问题还有待继续探索。如果我们的认识还是固守在垄断资本主义的框架内，那只能推论出垄断资本主义必然使得战争与革命还会成为时代主题，世界大战与世界革命还将不可避免。只有认清当代世界资本主义已经发展到社会资本主义新阶段，才能为和平与发展是时代主题的论断提供有力的理论依据，也才能认清当代世界资本主义不论发生多么重大的经济政治危机，它都能自救，而不至于自行灭亡，或者被一场世界社会主义革命风暴彻底推翻。

3. 为什么苏联等社会主义国家竞争不过当代发达资本主义国家?

俄国原是一个后起的资本帝国主义国家，自 1861 年废除农奴制、走上资本主义道路

① 高放. 从传统社会主义到现代社会主义. 马克思主义研究，1989 (3). 理论界还有人明确提出了“社会资本主义”说。例如于光远认为，社会资本主义是从私人资本主义演变而来，它是从私人资本演变为社会资本的形式。不过他并没有把社会资本主义看成是继垄断资本主义之后的发展新阶段。参见：于光远. 学习马克思恩格斯关于社会资本主义的论述. 马克思主义研究，1988 (4)。鲁从明明确把社会资本主义看作继自由资本主义、垄断资本主义之后第三阶段的资本主义。不过，他认为社会资本主义是从 20 世纪 50 年代开始的。参见：鲁从明. 试论资本主义的第三阶段：社会资本主义. 中央党校通讯，1988-11-12；另可参见：鲁从明. 论现代资本主义处于社会资本主义阶段. 光明日报，1988-11-21。

② 高放. 纵览世界风云. 北京：中国书籍出版社，2002：163-178.

之后，仅初步进行了蒸汽化就取得了社会主义革命的胜利。列宁本来曾经设想：依靠工农政权和社会主义国家掌握的部分公有制社会化大生产企业，尽快追赶世界电气化科技革命的大浪潮，在落后国家率先实现社会主义。他于1920年把国家电气化称为“我们的第二个党纲”，并且提出了著名论断：“**共产主义就是苏维埃政权加全国电气化**。”[①] 他非常赞赏这样的新提法：“蒸汽时代是资产阶级的时代，电的时代是社会主义的时代。”[②] 他还主张发展社会主义民主自由和文化教育，相当长时期实行新经济政策，允许存在多种经济成分，保留商品与市场竞争，与发达资本主义国家和平共处，引进先进科技与管理，增强社会主义国家实力，逐步迂回过渡到电气化的社会主义。可是1924年列宁逝世后，斯大林在1929年提前结束了新经济政策，取消了商品市场经济，推行指令性计划经济，大搞个人崇拜与个人集权，限制民主与自由，缩小对外交流。这样权力过度集中的体制与急于求成的做法一时能够奏奇效，但是从长远来看必然不利于新科技的发展。主要依靠亿万人民群众建设社会主义的革命热情和冲天干劲，依靠国家统一的计划集中人力、物力和财力，苏联在20世纪二三十年代加速实现了社会主义工业化和电气化，20世纪40年代上半期又取得了世界反法西斯的伟大卫国战争的胜利，随后又较快恢复了被战争破坏了的国民经济，支援了欧亚人民民主国家的社会主义建设。1954年，世界上首座原子能核电站建成于俄罗斯卡卢加州奥布宁斯克城，1957年，苏联的人造卫星首先上了天，显示出社会主义国家在科技竞争方面比之发达资本主义国家还处于领先地位。但是，此后美国急起直追，不断超越，而苏联则每况愈下，步步落后，节节败退，终于在1991年政局发生剧变，共产党自行解散，社会主义政权和社会主义制度土崩瓦解，整个国家又倒回去走资本主义道路。社会主义的苏联为什么在竞争中终于被西方发达资本主义国家打败了呢？这有多方面的原因，主要是外因与内因两个方面。

西方资本主义国家在武装入侵苏联遭到挫败之后，转向推进和平演变战略。美国国务卿杜勒斯从1953年起就向国会提出用战争以外的手法达到“解放”的更为有利或更为主动的战略，来对付社会主义国家。西方的和平演变战略主要不是只靠广播和书刊等发起宣传攻势，而是充分利用上述市场经济、民主政治、思想自由等十方面的有利社会条件，加强国家计划调控，促进市场经济竞争，加大科技与教育投资，鼓励科技发明创造，以其掀起的信息化科技革命的成果作为物质基础，向社会主义国家显示发达资本主义制度的优越性：它进行新的产业革命和生产力革命，促进微电子技术、激光技术、新材料技术、机器人、航天工程、海洋工程、生物工程等自20世纪60年代以来全方位蓬勃发展，从而使工人劳动时间能够进一步减少。美国和西欧率先实行每周五天工作制。那里的工人工资几乎年年微调，失业救济和各种社会福利、社会保障制度逐步完善，各种社会矛盾得以缓解，民主、自由、人权、法治、市场供应、社区建设、文化教育与医疗设施等均有所改善。在这些社会背景和物质基础上，西方针对社会主义国家的弱点，着重运用三大“武器”：经济上以市场经济攻计划经济，政治上以多党民主攻一党专政，文化上以自由文化攻文化专制。

① 列宁．列宁选集：第4卷．3版．北京：人民出版社，1995：363，364．

② 列宁．列宁全集：第38卷．2版．北京：人民出版社，1986：117．

外因要通过内因起作用，外因只是变化的条件，内因才是变化的根据。内因之中既有远因，又有近因。最根本的原因是斯大林从20世纪30年代以来形成的以党代政、党政不分的权力过度集中的经济、政治、文化和对外关系体制，使得劳动人民不能充分掌握治理国家和社会大权，社会主义公有制的优越性难以充分发挥出来，全社会又缺乏市场经济、民主政治、思想自由等方面的有利条件，因此苏联长期既无力在电气化之后带头掀起信息化的新科技革命，又无法应对西方发达资本主义国家新科技革命的挑战，终于被这场史无前例的新科技革命的大浪潮淹没了！苏联模式的社会主义为什么没能够全面继承资本主义的这些文明成果，这从以下几个方面可以明显看出来：

首先，从斯大林起，苏联几任领导人长期教条式地对待马克思主义、科学社会主义，死守指令性的计划经济体制不放，排斥商品经济、市场经济，误认为计划经济是社会主义的本质特征，把商品经济、市场经济等同于资本主义。这样就使得苏联经济长期统得过死，体制僵化，运转不灵，缺少竞争与效率，缺乏生机与活力。苏联的经济结构是军事性的，为了备战和对外扩张、争霸的需要，苏联长期优先发展重工业尤其是军事工业，轻视轻工业和农业，以至物资供应短缺，人民生活难以大幅提高，社会需求难以充分满足。如果说这种计划经济体制在电气化的浪潮中还能集中优势人力、物力、财力，重点加速发展电气化以及钢铁、汽车、拖拉机等若干产业的话，那么在信息化浪潮中面对全方位、加速度大发展的科学技术革命，国家的计划经济就难免顾此失彼，无法全面应对了。西方资本主义国家正是吸取了苏联计划经济的某些优点，既加强国家指导性计划的调控，又充分发挥其市场经济促进竞争的传统优势，因此，能够带头把新科技革命搞上去，能够军用、民用两不误，既能在世界上与苏联争霸，又能较充分地满足民用需要。

其次，从斯大林起，苏联几任领导人长期背离马克思主义、科学社会主义，误把权力有制约的多党民主政治看成是资本主义的货色，硬把一党专政、以党代政、党政不分当作社会主义的正宗。苏共领导人深受沙皇俄国君主专制传统影响，在政治体制上搞个人集权制、领导职务终身制、指定接班人制、等级授职制、官僚特权制，破坏党内民主和苏维埃民主；在文化体制上搞个人崇拜，科学艺术定于一尊，排斥异己，批判异见，不许百家争鸣、百花齐放，只能一家垄断、一枝独秀，扼杀党内自由与人民自由。苏联是重视素质教育的，但是在缺少市场竞争、民主政治和思想自由的社会环境里，知识分子的独立思考与独立见解备受钳制。这就使得科学技术尤其是哲学社会科学难以创新。如本书第二章第二节所述，从20世纪20年代起，苏联党政领导人就多次批判哲学社会科学中与党的领袖不一致的观点，哲学社会科学甚至自然科学的重大争论都由党的领袖来做结论，例如1950年语言学、1952年经济学的争论都由斯大林发表论著来定夺。苏联自然科学与技术的创新也偏重于军事工业，长期忽视了民用经济的创新。

最后，从斯大林起，苏联几任领导人长期既教条式地照搬又背离马克思主义、科学社会主义，在对外关系体制上对资本主义国家封闭、对抗，以苏联为中心，要领导并推行无产阶级世界革命，实际上搞大国主义、大党主义、扩张主义、霸权主义，与超级大国美国搞军备竞赛，争夺世界霸权。苏联不仅不善于学习西方科技的新成就，而且还对之乱扣帽子，乱加批判。对爱因斯坦这位建立了殊功奇勋的顶级科学家，苏联长期批判他"对相对论的许多原理作了歪曲的、唯心主义的解释"。对西方生物学中主张遗传基因的孟德尔-摩尔根学说和美国新兴的控制论等，苏联长期也是持批判、否定的态度。对外封闭，闭目塞听，故步自封，自以为是，拒绝、排斥先进的科技和文化，结果必然在发展科技方面落后于西方发达的资本主义国家。

斯大林在 20 世纪 30 年代奠定的过度集权的体制，再加上急于过渡到共产主义的过左路线，使得苏联在西方新科技革命迅猛发展态势之前只能望洋兴叹，老是追赶不上。1953 年斯大林逝世后，赫鲁晓夫统治 11 年，虽然做了一些枝节改革，但是推行的是准斯大林主义；赫鲁晓夫于 1964 年被撤换之后，勃列日涅夫统治 18 年，复旧不改，推行的是新斯大林主义。第二次世界大战后，苏联领导人三次延误了改革，到 1985 年 3 月戈尔巴乔夫上台时，苏联的科技与经济已经落后于西方发达资本主义国家十几年，僵化体制沉疴宿疾已经病重难活。戈尔巴乔夫执政 6 年，前两年多依然延续过度集权的体制和“左”的路线，后三年多在党内外各种压力下急剧转向右，到 1991 年终于发生剧变，亡党亡国亡制。可见，从斯大林起搞第一代终身制，经过赫鲁晓夫第二代、勃列日涅夫第三代，到戈尔巴乔夫第四代苏联就亡了！东欧社会主义诸国大体上同苏联一样，都是由于体制和路线的原因，再加上苏联大党主义、大国主义的干预而招致失败的。只是东欧社会主义国家的历史比苏联短，它们的领导人只传到第二代就完了！

苏联等国在同西方发达资本主义国家竞争中被打败了，这并不是科学社会主义的失败，恰好是由于教条式地照搬科学社会主义，或者从根本上背离科学社会主义而招致灭顶之灾的。如果能够拨乱反正，正本清源，解放思想，实事求是，与时俱进，善于创新，为加速发展新科技创造良好的上述十个社会条件，急起直追，迎头赶上新科技革命的大浪潮，苏联模式的社会主义本来可以通过改革开放，在坚持和发展科学社会主义中重获新生。

4. 应当怎样正确对待当代世界资本主义？

本章第三节“科学社会主义在当代世界的新战略”就是对这个重大问题的回答。

二、民主社会主义对科学社会主义的挑战

在当代世界，科学社会主义、民主社会主义和民主资本主义（或自由主义）是三大社会思潮，上述发达资本主义对科学社会主义的挑战可以说就是民主资本主义对科学社会主义的挑战。与此同时，民主社会主义的新发展也对科学社会主义提出了严峻挑战。它要求科学社会主义者至少在以下四个问题上给予明确的、令人信服的回答：第一，在资本主义世界，为什么民主社会主义的影响越来越超过科学社会主义？第二，应当怎样看待民主社会主义的理论与实践及其走势？第三，苏联东欧各国的共产党为什么大都社会民主党化，并从科学社会主义转向民主社会主义？第四，应当怎样正确对待民主社会主义？

1. 为什么民主社会主义的影响越来越超过科学社会主义？

当今资本主义世界的共产党与社会党（包括社会民主党、工党等）源出一家，随后分流。在 19 世纪第一国际、第二国际时期建立的工人阶级政党通称社会民主党，党内形成左、右两派。当时社会民主党奉行的社会民主主义即科学社会主义。德、奥等国工人阶级因面临社会主义与民主主义双重任务，故名为社会民主党；在法国，民主革命任务已经完成，故称社会党（Socialist Party，即社会主义党，中译文省略“主义”二字）。1895 年恩

格斯逝世后，党内左右两派分野日益明显，左派坚持革命路线，右派转向改良路线。20世纪初党内还出现过中派，力主调和左、右两派，最终也与右派合流。到1914年第一次世界大战爆发后，右派站在狭隘爱国主义、沙文主义立场，支持本国帝国主义政府的战争政策，从而完全背离了无产阶级国际主义立场和科学社会主义理论；左派则坚持科学社会主义，坚决反对帝国主义战争，号召无产阶级起来革命，推翻帝国主义政府。这时以列宁为首的左派主张退出社会民主党，以马克思、恩格斯1847年建立的共产主义者同盟为榜样，另建共产党。1918年3月，俄国社会民主工党（布尔什维克）带头改名为俄共（布），随后西欧大批社会党或社会民主党的左派也纷纷退出该党，另建共产党。这样从1919年起，在国际工人运动中，共产党与社会党、科学社会主义与社会民主主义，两派分道扬镳，俨然对立。

1919年3月，各国共产党成立了共产国际，即第三国际。同年2月，社会党右派恢复了在战争时期停止活动的第二国际。1921年2月，社会党中派另外建立国际工人联合会，又称第二半国际。到1923年5月，右派的第二国际与中派的第二半国际联合成为社会主义工人国际。从此，共产国际与社会主义工人国际、共产党与社会党、科学社会主义与社会民主主义对峙、对立、对抗了近20年。共产国际在其成立宣言和行动纲领中都明确批判社会党的机会主义、改良主义，斥责他们已成为“资产阶级宠爱的代理人、亲信和屠杀工人阶级的最可靠的刽子手”，指出对他们的斗争“是对帝国主义取得胜利的必要条件”①。列宁在世界革命处于高潮时于1920年7月在共产国际二大的报告中更明确地宣布，“机会主义是我们的主要敌人”，“我们必须战胜这个敌人”②。实践证明，革命派在革命高潮中未能战胜机会主义这个敌人，在缺少革命形势的条件下，更是难以做到。而社会主义工人国际于1923年成立时则谴责苏联政府使用“恐怖方法”，“压制基本民主权利”，社会党一向认为苏联实行的是“极权共产主义”，为此社会主义工人国际强调要走“民主社会主义”的道路③。就这样，两类工人政党及其国际组织对抗、斗争了近20年。

从斗争的结果来看，共产国际所推行的无产阶级世界革命路线除了坚持住苏联一国社会主义阵地之外，只有中国共产党依靠独立探索开辟了部分农村革命根据地，其他国家的共产党大都没有取得重大进展。而社会主义工人国际推行的改良主义路线，在欧洲有几个党曾经通过议会民主道路上台执政，为工人和劳动人民争得了一些权益。例如英国工党的麦克唐纳于1924—1935年三次出任英国政府首相，德国社会民主党的谢德曼于1919年组阁，艾伯特还担任共和国临时总统，奥地利社会民主党的伦纳也于1919年当选为政府总理，丹麦社会民主党的斯陶宁格于1924年和1929年两次组阁执政，瑞典社会民主工人党的布兰亭于1920年、1921年、1924年三次担任内阁首相，1932—1935年该党的汉森又任首相。实践证明，欧洲在缺少革命形势的条件下，社会民主党的改良主义路线是能够取得一些成就的，因而他们在工人和人民群众中逐步扩大了影响。到20世纪30年代末，社会主义工人国际拥有20多个成员党，党员达500多万人。而共产国际共有党员400万，其

① 共产国际文件汇编：第1册. 北京：生活·读书·新知三联书店，1965：92.

② 列宁. 列宁全集：第39卷. 2版. 北京：人民出版社，1986：220.

③ 克里沃古兹. 社会主义工人国际（1923—1940）. 北京：中国人民大学出版社，1989：36，40.

中执政的苏联共产党拥有 250 万党员，但是遍布资本主义世界的 42 个共产党总共才约有 150 万党员。可见，在第二次世界大战前夕，资本主义世界各国社会党的力量大大超过了共产党。共产党与社会党的长期对立和对抗，造成两败俱伤的局面，削弱了工人阶级的联合斗争，从而为德、意等国法西斯政党的上台执政和发动对外侵略战争提供了有利条件。20 世纪 30 年代德、意等国法西斯专政确立后，共产党与社会党都遭到迫害和镇压。社会主义工人国际于 1940 年被迫停止活动，共产国际也于 1943 年自动解散。欧洲共产党人和社会党人都转入地下，各自进行反法西斯的抵抗运动。

战后 1945—1949 年欧亚有 12 个国家的共产主义政党乘胜前进，在苏联的支持下夺取了政权，走上了社会主义道路。这是科学社会主义新的重大成就。1947 年 9 月，欧洲九国共产党和工人党成立情报局。实际上这是苏联控制下的新共产国际、小共产国际。情报局建立后，重复了历史上共产国际的“左”倾教条主义、宗派主义错误，重新批判各国社会党。情报局在其成立时发表的《关于国际形势的宣言》中就提出要“反对右派社会党人，首先是反对英法两国右派社会党人”，因为他们是“欧洲所有一切民主反帝国主义”事业的“叛徒”①。在苏联共产党的指挥棒下，历经几十年斗争的最终结局是苏联和东欧各国的共产党几乎全军覆没，科学社会主义的大半壁江山全部倒塌了！而社会党的阵地却连连扩大，民主社会主义的思潮波浪式地漫延全球。造成这种结局的经验教训异常深刻，值得我们认真总结。

战后各国社会党重整旗鼓，于 1951 年 6 月在联邦德国法兰克福市召开代表大会，重新建立国际组织，定名为社会党国际，以继承并发扬战前社会主义工人国际的传统。社会党国际在成立大会上通过了题为“民主社会主义的目标和任务”的纲领性文件，简称《法兰克福宣言》。其中批评“共产党人只为要建立一党的独裁”，“国际共产主义是新帝国主义的工具。不论在什么地方，只要它获得政权，它就破坏了自由或获得自由的机会。它的基础是建立在军事官僚与警察恐怖之上的。由于造成财富与权利上的悬殊，它已创立了一种新的阶级社会”②。社会党国际特别强调民主社会主义。《法兰克福宣言》大讲政治民主、经济民主、社会民主和国际民主。社会党国际自建立起，大致经历了三个发展阶段：第一阶段自 1951 年至 1959 年六大，重点是重整、增强欧洲基地；第二阶段自 1960 年执行局伦敦会议至 1976 年十三大，把民主社会主义推广到亚非拉地区，在第三世界建立组织；第三阶段自 1976 年以来，逐步在全球范围内建立“完备和稳定的国际组织机构”，同时增强其成员党的实力，加强其成员党之间的联系。社会党国际每隔三年固定召开一次代表大会，分析形势，交流经验，调整对策，改选领导，接纳新成员。社会党国际在 1951 年建立时，有成员党 34 个，拥有党员 978 万人，支持社会党的选民为 4 354 万人。到 1959 年六大时，有成员党 39 个，党员 1 070 万人，支持选民为 6 411 万人。到 1976 年十三大时，成员党增至 66 个，党员为 1 400 万人，支持选民为7 500 万人。到 1999 年二十一大，成员党猛增至 143 个，翻了一番多，党员人数也翻一番多，扩大到 3 000 多万人，支持选民达 1 亿多人。2003 年二十二大，成员党又增至 169 个，党员达 4 000 多万人，选民也有所增

① 九国共产党代表情报会议（1947 年 9 月末在波兰举行）. 莫斯科：外国文书籍出版局，1948：12.

② 各国社会党重要文件汇编. 北京：世界知识出版社，1959：4.

加。战后资本主义世界新科技革命迅猛发展，发达国家社会较为稳定、不存在革命形势，帝国主义殖民体系瓦解后第三世界新独立国家亟须发展。针对这种新形势，社会党国际及其成员党大力推行其民主社会主义的改良主义路线，先后有50多个工党、社会党和社会民主党通过议会民主竞选上台，单独执政或者参与联合执政。执政的社会民主党在增进工人和人民大众福利，促进工人参与民主管理和民主决策，扩大工人民主自由权利，维护地区安全和世界和平，反对殖民主义、帝国主义、霸权主义和战争威胁等方面做了大量工作，取得了不少成效。民主社会主义影响越来越大的原因在于：它能够顺应世界客观发展形势，逐步推进改良路线，多方发扬民主，不断调整政策，力争群众支持，接受群众监督，取消高官特权，注重发展经济，不断给群众以实惠。当然，民主社会主义有其固有的局限性，它只限于局部改良，修补罅漏，采取一些含有社会主义因素的措施，未能从根本上改变资本主义制度，达到社会主义境地。

战后几十年以来，如果说民主社会主义是在波浪式地逐步进展的话，那么科学社会主义则是在波浪式的大起之后又大幅跌落。战后初期，共产党执政的国家由苏联一国扩展到欧亚13国，社会主义阵营一度蒸蒸日上。但是1953年斯大林逝世后，他留下的过度集权体制和过左路线的弊端逐步暴露。1956年2月，苏联共产党二十大开始批判斯大林的个人崇拜和个人专断，4月，九国共产党情报局自动解散。然而苏联共产党的大党主义、大国主义依然不改，照样还要控制、指挥国际共产主义运动，还要推广苏联模式。20世纪60年代初，古巴也在共产党领导下走社会主义道路，1975年印度支那抗美战争胜利后，柬埔寨和老挝也成为社会主义国家。共产党执政的社会主义国家最多时达到16国，约占世界总人口、陆地总面积和国民收入的1/3，世界工业总产值的2/5。由于过度集权的体制和急于求成的过左路线积重难返，在世界资本主义掀起的新科技革命大浪潮的冲击下，苏联东欧各国到20世纪80年代愈益陷入困境。到20世纪90年代初，已有11个共产主义政党执政的社会主义国家垮台。现在5个共产党长期执政国家的党员1亿多人［其中中共党员9 500多万人（截至2021年6月）］，资本主义世界各国100多个共产党的党员总人数只有大约700万人，比社会党的4 000多万人少得多。各国共产党要如何克服苏联模式的弊病，既坚持并发展科学社会主义，又借鉴而不倒向民主社会主义，以再创辉煌，这是有待认真探索的重大课题。

2. 应当怎样看待民主社会主义的理论与实践及其走势？

民主社会主义源远流长，几经嬗变，我们切不可简单化地把它看成一成不变的敌对思潮。早在19世纪40年代初，欧洲就出现了民主社会主义者，主要代表小资产阶级。在1848—1849年法国革命中曾经出现民主社会主义政党，这就是以赖德律-洛兰为首的小资产阶级民主派与以路易·勃朗为首的无产阶级社会主义者结合而成的新山岳党。马克思在《法兰西阶级斗争》一书中指出：在法国立法国民议会中有两个集团互相对立，即代表地主、金融贵族和工业资产阶级的秩序党同代表小资产阶级和无产阶级的“**民主社会主义党或红党**”，“社会党与民主党，工人的党与小资产者的党，就结合成**社会民主党**，即结合成**红党**”①。可见，当民主社会主义者刚出现在政治舞台时，科学社会主义创始人马克思、恩

① 马克思，恩格斯．马克思恩格斯选集：第1卷．2版．北京：人民出版社，1995：427，430.

格斯就把他们定位为可以结成联盟的朋友，而不是把他们看作敌人。到 1869 年，刚建立的德国社会民主党的领导人威廉·李卜克内西曾经把民主社会主义用作科学社会主义的同义语。他说："民主社会主义深信政治问题和社会问题有着紧密的联系"，"力求为社会争取一个民主的国家，以便在社会主义的原则上组织社会。""我们是社会民主党"，"未来将属于以民主为基础的社会主义和以社会主义为基础的民主"①。这是对民主与社会主义互为基础、紧密联系的精辟说明。从那时起，民主社会主义与随后建立的欧洲各国社会民主党信奉的社会民主主义或科学社会主义都是同义语。1899 年社会民主党的右翼首领伯恩施坦又赋予民主社会主义以改良主义含义，企图把德国社会民主党变成"民主社会主义的改良政党"。到 1914 年 8 月第一次世界大战爆发、第二国际大多数社会民主党发生变化后，民主社会主义已经与社会民主主义一样，都成为改良主义的同义语。1923 年社会主义工人国际建立后，更多地使用社会民主主义。到 1951 年建立社会党国际时，才又改用民主社会主义，并且把它提高到理论和纲领的高度。

自 1951 年社会党国际的《法兰克福宣言》提出政治民主、经济民主、社会民主、国际民主的主张之后，通过半个多世纪的实践检验，我们不能说社会党所鼓吹的民主都是一般抽象的民主，或资本主义的民主，它争取实现议会民主，利用资本主义社会所提供的议会民主，力争通过议会民主竞选成为执政党，但是它并不垄断政权，承认多党平等竞争和彼此反对的权利；它把维护政治民主作为实现经济民主与社会民主的前提条件。我们不能说民主社会主义所主张的经济民主都是要维护资本主义私有制，它也要在一定范围内逐步限制资本主义私有制，做到充分就业，增加生产，提高广大人民群众生活水平，实行社会保险与收入、财富的公平分配。民主社会主义所主张的社会民主是要保障公民的工作权利，休息权利，医药与生活福利的权利，老年人、残疾人与失业者的权利，住房安居的权利，受教育和提高科学文化水平的权利，妇女与儿童的权利，等等。民主社会主义所主张的国际民主是要求反对各种形式的帝国主义，维护和平与集体安全，要求严格履行联合国宪章，认为联合国是走向国际共同体的重要步骤，要求广大落后国家和地区经济、社会与文化的发展。社会党国际和 50 多个执政的社会党把以上这些理论观点和纲领主张付诸实践，取得了一些成效，因此，民主社会主义才能在工人和广大人民群众中逐步扩大影响。

特别是执政时间最长的瑞典社会民主工人党，为世人提供了一个被称为"瑞典模式"的改良主义样板。该党建于 1889 年，宣布党的目标是科学社会主义，要实现生产资料社会化和没有阶级的社会主义社会，党的成立代表大会直接选举卡·亚·布兰亭为党中央主席。瑞典王国自 19 世纪 40 年代才开始现代工业化，1866 年起才有两院制的议会。社会民主工人党建立后积极领导工人运动，为建立全国总工会和争取普选权、八小时工作制而斗争，联合资产阶级的自由党提出"国会归人民"的口号。1891 年党的二大根据和平过渡方式最少阻力的原理和瑞典阶级矛盾并不尖锐的国情否定暴力革命，主张通过和平手段改造社会。1896 年布兰亭被选为国会下院议员，1914 年该党成为下院第一大党，1917 年 10 月首次通过议会斗争胜利参加政府，同自由党联合组阁，布兰亭出任财政大臣。同年，党内左派因受俄国二月革命和十月革命的影响，反对参加资产阶级政府，另建左派社会民主

① 李卜克内西．不要任何妥协．北京：生活·读书·新知三联书店，1964：19，21.

党，1921 年改名为共产党。1919 年瑞典社会民主工人党终于为公民争得普选权，1920 年 3 月布兰亭首次组成一党内阁。1921 年大选中该党获得全部选票的 36.4%，成为全国第一大党，同年 2 月和 1924 年 10 月又两次单独组阁。1921 年第一次按照男女平等的原则实行普选，随即颁布八小时工作制条例，决定普及教育，确立贫民救济法等。1925 年布兰亭病逝后，佩·阿·汉森继任党中央主席，他在 1929—1933 年世界经济危机波及瑞典时提出了缓解危机和社会改革的方案。1932 年大选中该党重新执政，从此连选连任，执政长达 44 年之久，先后由汉森、埃兰德和帕尔梅三位党主席出任政府首相。1976 年大选中以 11 席之差输给资产阶级政党而下台，1982 年东山再起，重新执政。1986 年 3 月帕尔梅遇刺身亡后，卡尔松继任党主席和首相，虽然有时失去政权，但是调整政策后又能上台执政。

该党在 20 世纪 20 年代执政时，曾经采用赎买办法在全国创办了一大批以国有制为主的公有制企业，但是由于未能管理好公有制企业，经济效益和企业活力很快降低了，出现种种不应有的困难，结果被迫下台。经过全党民主讨论和总结经验，党的领导人主张从所有权社会化转向分配权社会化，1944 年制定了以福利政策为核心的新党纲。1960 年进一步修改党纲，取消“阶级斗争”“工人阶级的历史任务”等提法，确立以民主社会主义为指导。他们认为，离开民主讲社会主义，就是苏联模式的极权社会主义，对群众没有吸引力；如果得不到群众选票的支持，就不可能在台上执政。为此，他们在通过政治民主上台执政后就尽力进一步扩大政治民主，推行各种福利政策，进而尽力实现经济民主与社会民主。该党执政半个多世纪，维护普选制、多党制、议会制和法律规定的公民各项自由权利以及个人尊严，实行民主自治和法律面前人人平等，致力于建立旨在为人民和民主服务的公正、有效和廉洁的社会权力机构。特别是通过逐步改良，使全国公民“从摇篮到坟墓”都享有社会福利保障，诸如夫妻共享产假、多子女家庭补贴、育婴费、幼儿费、中小学义务教育、每年 4 周带薪休假制、每周 40 小时工作制、疾病保险、全民公费医疗、失业救济、全民养老金、安葬抚恤费等，各种福利共有两三百项之多。庞大的社会福利开支全靠高额累进税和遗产税（累进税高达 50%，遗产税高达 98%）来维持。该党认为，既然资本主义私营企业还能促进生产力的发展，就不要急于消灭资本主义私有制，通过高额累进税和遗产税限制其剥削，就可以为工人和人民大众多谋福利。同时要发展劳动人民公有制，实行混合经济，即公有与私有混合，按劳分配与按资分配混合。半个多世纪以来，主要通过该党长期执政，瑞典已经从一个落后的农业国变成高度工业化、电气化、信息化的发达国家，人均国内生产总值居世界前列。该党在国际上奉行中立政策，支持国际经济合作和不结盟运动，致力于核裁军，为促进和平解决地区冲突而献策。民主社会主义尽管在理论上有种种漏洞和缺失，但是在实践中能使广大人民群众受益，所以颇得民心。瑞典社会民主工党现有党员约 10 万人，是全国第一大党。2019 年 1 月，社会民主党与环境党组成联合政府，2021 年 11 月改为社民党单独组阁。瑞典共产党虽然一再宣传科学社会主义、批判民主社会主义，可是，由于深受苏联模式影响，党内斗争激烈，几经分裂与改名，现名瑞典左翼党，只有党员 31 万多人，对国内政治影响极其有限。形成这种现象，是值得我们深刻反思的。

看来只要各国资本主义的固有矛盾没有激化到出现革命形势的地步，只要各国共产党还未能彻底摆脱苏联模式过度集权体制和过左路线的弊端，那么奉行民主社会主义的社会党就还有其继续发展的余地和拓展的空间，还没有建立社会党的国家也还会出现社会党，而社会党及其民主社会主义也还会随着新科技革命以及世界资本主义与社会主义形势的发展变化而与时俱进，不断转型。其中，左中右各派将重新组合，彼此消长。科学社会主义内含民主，理应坚持民主、发展民主。以民主为基础，科学才能集思广益、繁荣昌盛；以科学为指导，民主才能避免失误、健康成长。科学与民主比翼双飞，并驾齐驱，社会主义才能威力无比，无往而不胜。只要科学社会主义能够善于借鉴民主社会主义并且与之结成左翼联盟，就能够极大地增强世界社会主义的实力与阵地。

3. 苏联东欧各国的共产党为什么大都社会民主党化，并从科学社会主义转向民主社会主义？

俄国社会民主工党于1918年最先丢掉社会民主党那件“脏衬衫”，穿起共产党这件“整洁的衣服”[①]。苏共本来是最坚决、最彻底清除掉自己党内社会民主党的残渣余孽孟什维克，从而成为最革命的政党，在国际上又是长期带头并领导各国共产党同社会民主党进行最坚决、最彻底的殊死斗争的最革命的政党，可是事隔70年之后，到1988年6—7月，正是苏共自己在其第十九次党的全国代表会议上由党中央末任总书记戈尔巴乔夫在报告中首次提出“民主的人道的社会主义”新理论，并且指出它具有“真正的、现实的人道主义制度”“真正民主的政治制度”等七个基本特征。戈尔巴乔夫的这个报告在会上受到广泛赞扬和热烈欢迎。到1990年7月苏共第二十八次代表大会上进而通过了题为“走向人道的民主的社会主义”的纲领性声明。“人道”和“民主”原本都是科学社会主义理论之中应有的重要内容。早在科学社会主义形成初期，马克思就指出，“新唯物主义的立脚点则是**人类**社会或社会化的人类”[②]。又说，“君主政体的原则总的说来就是轻视人，蔑视人，**使人不成其为人**”，“专制制度必然具有兽性，并且和人性是不相容的”[③]。“共产主义则是以扬弃私有财产作为自己的中介的人道主义。”[④] 1872年，马克思在《论土地国有化》一文中又明确指出：在未来社会，“生产者将按照共同的合理的计划进行社会劳动。这就是19世纪的伟大经济运动所追求的人道目标”[⑤]。恩格斯鲜明揭示：“**民主在今天就是共产主义**。”“民主已经成了无产阶级的原则，群众的原则。”“当各民族的无产阶级政党彼此联合起来的时候，它们完全有权把‘民主’一词写在自己的旗帜上”[⑥]。在《共产党宣言》中曾经提出无产阶级革命要“争得民主”。列宁后来更明确地提出，“没有民主，就不可能有社会主义”[⑦]。苏共新领导人既然发现苏共执政后在很长的时间里犯了不人道、不民主的错误，这些本来都不符合科学社会主义应有之义，都是背离科学社会主义的，那么只要拨乱反正，正本清源，通过发扬党内民主和苏维埃民主，改革过度集权的党政领导体制，纠正过左的路线，既坚持又发展科学社会主义，就可能成功探索苏联特色的社会主义。可是戈

① 列宁. 列宁选集：第3卷. 3版. 北京：人民出版社，1995：68.
② 马克思，恩格斯. 马克思恩格斯选集：第1卷. 2版. 北京：人民出版社，1995：61.
③ 马克思，恩格斯. 马克思恩格斯全集：第1卷. 北京：人民出版社，1956：411，414.
④ 马克思，恩格斯. 马克思恩格斯全集：第3卷. 2版. 北京：人民出版社，2002：331.
⑤ 马克思，恩格斯. 马克思恩格斯选集：第3卷. 2版. 北京：人民出版社，1995：130.
⑥ 马克思，恩格斯. 马克思恩格斯全集：第2卷. 北京：人民出版社，1957：664.
⑦ 列宁. 列宁全集：第28卷. 2版. 北京：人民出版社，1990：168.

尔巴乔夫的思想却从科学社会主义转向民主社会主义，想彻底抛弃苏联模式，引进瑞典模式。这样就把政局搞乱了。最为可悲的是，拥有近 1 900 万党员的苏联共产党由于长期受教条主义、专制主义、实用主义的严重影响，党内竟形不成既坚持又发展科学社会主义的强大改革派。20 世纪 80 年代中期以后，苏共党内主要形成三派：以戈尔巴乔夫为首的社会民主派，要把苏共改变成为社会民主党；以政治局委员、中央书记利加乔夫为首的保守派，只想在保留原有体制框架内做些修补；以原政治局候补委员、莫斯科市委第一书记叶利钦为首的自由派，要彻底搞垮苏共和苏联，改道走西方资本主义之路。在苏共二十八大上，戈尔巴乔夫在内外交困中本来曾提出辞职，可是后来在代表大会第一次直接选举总书记（而不是由中央委员会选举）中，他又以 3/4 多数票当选。在这次代表大会上，利加乔夫被排除出政治局和书记处，叶利钦宣布退党。戈尔巴乔夫自鸣得意，自以为他转向民主社会主义和瑞典模式的意图经过代表大会通过、认同，在党内已成为主流，已占据统治地位。然而由于苏联早已铲除社会民主党孟什维主义传统，所以民主社会主义还难以在苏联一下子扩大影响，同时他对于如何改革苏共极权化、特权化、官僚化的顽症又缺乏强有力的正确对策。而以叶利钦为首的自由派、民主激进派则乘机极力利用苏共长期极权化、特权化、官僚化的错误蛊惑人心，煽动群众。尤其是在 1991 年发生保守派制造的“8・19”事变后，叶利钦进而凭借争夺到手的第一个俄罗斯民选总统的权位迫使苏共解散、苏联解体。俄国在回头走资本主义道路的转轨过程中，从 20 世纪 80 年代末以来先后成立了十几个主张民主社会主义的政党，然而成员都不多，社会支持率也不高。原苏联各加盟共和国在各自独立后也都出现了社会民主党类型的政党，作用大小不等。

原东欧各国的共产党则采取另外形式实现社会民主党化，即共产主义政党自动改“性”易名，放弃科学社会主义信念和共产党名称，改信民主社会主义，改名为社会民主党、社会党或民主社会主义党。不约而同，几乎同时带头改“性”易名、改旗易帜的首推德、匈两党。德国统一社会党于 1989 年 12 月的特别代表大会上改名为德国统一社会党-民主社会主义党，次年 2 月进而改称民主社会主义党。同时，匈牙利社会主义工人党也在 1989 年 12 月的第十四次党代表大会上通过了民主社会主义的纲领，易名为匈牙利社会党。同月，捷克-摩拉维亚共产党举行特别代表大会，党名暂时不变，但是通过了《在捷克斯洛伐克实现民主社会主义社会》的行动纲领；斯洛伐克共产党于 1990 年 10 月改名为斯洛伐克共产党-民主党，1991 年 1 月，又改名为斯洛伐克民主左派党；只有捷克-摩拉维亚共产党（也就是捷克共产党）在捷克与斯洛伐克联邦各自独立后仍然没有改名，然而其指导思想也已转为民主社会主义。1990 年 1 月的波兰统一工人党十一大决定该党停止活动，另成立名为“波兰共和国社会民主党”的新党。同年 1 月，保加利亚共产党第十四次特别代表大会通过《保加利亚民主社会主义宣言》，4 月，正式改名为保加利亚社会党。南斯拉夫共产主义者联盟中央于 1989 年 12 月通过了《南斯拉夫共产主义者联盟关于南斯拉夫民主社会主义发展新设想的宣言》，1990 年 5 月，又在《南斯拉夫共产主义者联盟十四大声明》中宣称：南共联盟将改造成为争取实现民主社会主义和确立联邦制的现代化政党。这两个文件为南共的分裂和各共和国共盟的改“性”易名提供了根据，打开了闸门。于是南斯拉夫联邦所属六个共和国的共盟组织纷纷改名：斯洛文尼亚共产主义者联盟改名为斯洛文尼亚共产主义者联盟-民主复兴党，克罗地亚共盟改名为克罗地亚共产主义者联盟-民主改革党，塞尔维亚共产主义者联盟与该国劳动人民社会主义联盟合并为塞尔维亚社会党，黑山共产主义者联盟改名为黑山社会主义者民主党（1998 年 3 月，有一部分人从中退出又另建黑山社会主义者人民党），波黑共产主义者联盟改名为波黑共产主义者联盟-社会民主党，马其顿共产主义者联盟改名为马其顿共产主义者联盟-民主改革党。在改名的同时，各党也都通过各自的代表大会制定了民主社会主义的纲领和路线。又过几年，凡是党名中还挂有“共产主义者联盟”字样的党也都脱去“共产主义者联盟”这半顶红帽子，完全社会民主党化了。罗马尼亚共产党在 1989 年 12 月事变中被推翻、取缔后，1990 年 1 月，罗马尼亚救国阵线委员会颁布法令，规定在罗马尼亚有建立政党的自由，于是新党纷纷迭起。1990 年 1 月间成立了一个社会民主党，11 月，由前共产党员组建了罗马尼亚社会主义劳动党。1991 年 6 月，有一部分人从救国阵线中退出，另立社会民主合作党；1992 年 12 月，又有一部分人离开救国阵线，新建了民主救国阵线。1993 年 5 月，救国阵线与民主党合并，易名为民主党（救阵），7 月，又与社会主义民主党、共和党以及民主合作党合并，更名为社会民主主义党。这个党和罗马尼亚社会主义劳动党都奉行民主社会主义。阿尔巴尼亚历来只有一个劳动党即共产党执政，东欧七国的共产主义政党纷纷改“性”易名后，它受到很大压力。1991 年 6 月、阿尔巴尼亚劳动党十大决定改名为阿尔巴尼亚社会党，通过了奉行民主社会主义的新纲领。

可见，在 20 世纪 80 年代末 90 年代初苏联东欧发生剧变的进程中，原苏联东欧九个执政的共产党全军覆没了，不仅下台了（有的被迫解散，如苏联共产党；有的被取缔，如罗马尼亚共产党），而且都改名为社会党、社会民主党等，或者在这些国家又新建了另外的社会党、社会民主党。只剩下捷克-摩拉维亚共产党没有改名，但也改信了民主社会主义。总之，执政几十年的共产党全部社会民主党化了。为什么在苏联东欧整个地区会发生这种普遍性的政治奇观呢？看来绝不能简单地把这归咎为几个领导人的背叛。这些党的改“性”易名一般都是通过党的最高权力机关党代表大会绝大多数代表集体决定的。出现这种政治奇观有多方面的原因：既有外因又有内因，外因通过内因起作用；既有远因又有近因，远因通过近因起作用。这个问题非常值得我们深入探究，引以为戒。

外因主要是西欧（含北欧、南欧）各国社会党近几十年来陆续执政，有上有下，政策不断调整，领导逐步更新，他们执政期间不搞官僚特权，廉洁奉公，科技与经济发展较快，人民生活有显著改善，民主自由权利有保障。社会党国际和西欧各国社会党不断宣传民主社会主义的成就，这对苏联东欧既有吸引力又形成压力。在苏东剧变前后，社会党国际和西欧各国社会党曾极力施加影响。此外，西欧的法国共产党、意大利共产党、西班牙共产党等在 20 世纪七八十年代提出“欧洲共产主义”思想，力求摆脱苏联模式，从欧洲发达国家具有民主自由传统的实际出发，主张以议会民主作为实现社会主义的道路和模式，即共产党要通过群众运动与议会民主选举相结合争取上台执政，掌握政权后要实行混合经济并维护议会民主政治，切实改善人民生活，保障人民权益。“欧洲共产主义”曾经遭到苏联官方反对，并且被扣上“修正主义”的帽子，但是却对东欧很多共产党颇有影响，促使它们考虑如何摆脱过度集权的苏联模式，探索社会主义新路。

从内因来看，苏联东欧各国（阿尔巴尼亚除外）历史上都有社会民主党。俄国十月革命胜利后，孟什维克曾多年参加全俄苏维埃代表大会，还曾经在格鲁吉亚建立过地方性政权，但是后来都被俄共（布）强力镇压下去了。许多孟什维克分子，包括其首领马尔托夫、唐恩等人逃到国外或被驱逐出境。他们及其后代长期在国外活动，力图对国内施加影响。东欧各国于20世纪40年代末走上社会主义道路后，本来可以继续保留社会民主党，在共产党领导下实行多党合作，然而苏联把一党制的模式强加给东欧各国共产党，所以1946—1948年东欧六国的社会民主党都共产党化了，即其党内左派都合并到共产党中来了，虽然两党合并后党的名称不再用共产党，但是这些社会民主党都失去了自身的特点。例如1946年4月，苏联占领区的德国共产党与德国社会民主党合并后改称德国统一社会党；1948年2月，罗马尼亚共产党与罗马尼亚社会民主党合并后改称罗马尼亚工人党（1965年又改名罗马尼亚共产党）；1948年6月，捷克斯洛伐克共产党与捷克斯洛伐克社会民主党合并后仍称捷克斯洛伐克共产党；同年同月，匈牙利共产党与匈牙利社会民主党合并为匈牙利劳动人民党（1956年十月事件中该党解体后，11月另建匈牙利社会主义工人党）；1948年12月，保加利亚工人党与保加利亚社会民主党合并为保加利亚共产党；同年同月，波兰工人党与波兰社会党合并为波兰统一工人党。至于南斯拉夫的社会民主党和社会党，本来在1945—1946年的人民阵线中曾经与南斯拉夫共产党合作过，随后因势单力薄而自行消失了。东欧各个社会党内不愿合并的右派都逃到西方去，还继续保留该党，加入社会党国际，作为流亡国外的反对党长期开展活动，对国内施加各种影响。在苏东剧变过程中，它们的影响就更大了。最根本的原因还在于苏联东欧各国执政的共产党长期背离科学社会主义，坚持斯大林于20世纪30—50年代奠定的过度集权的体制和急于求成的过左路线，官僚特权严重，科技与经济发展较慢，人民生活水平与西欧各国差距较大，又多方限制人民的民主自由，在西方发达国家掀起以信息化为龙头的新科技革命浪潮冲击之下，广大党员群众和人民群众感到亟须变革，然而改革却屡受挫折，难以有重大突破，遂使他们对苏联模式的社会主义深感失望。然而党内外广大群众仍然向往社会主义，不愿意完全回到资本主义。在这种情况下，许多人便很自然地从西方民主社会主义所取得的成就中去另求社会主义新路。

由此可见，执政的共产党只有加快改革苏联模式的种种弊病，既坚持又发展科学社会主义，既抵制又借鉴民主社会主义，探索建设成功本国特色社会主义，才能从根本上防止共产党的社会民主党化，才能应对民主社会主义的挑战，防止民主社会主义的侵袭。共产党如果能够自我改革成功，那真可谓“山穷水复闯新路，柳暗花明在本村”。

4. 应当怎样正确对待民主社会主义?

早在1847年恩格斯撰写的《共产主义原理》中就已经提出要把民主社会主义者定位为共产主义者的同盟者，而不是把他们推向敌人方面去。他说：“这些**民主主义的社会主义者**，或者是还不够了解本阶级解放条件的无产者，或者是小资产阶级的代表，这个阶级直到争得民主和实行由此产生的社会主义措施为止，在许多方面都和无产者有共同的利益。因此，共产主义者在行动的时候，只要民主主义的社会主义者不为占统治地位的资产阶级效劳和不攻击共产主义者，就应当和这些社会主义者达成协议，这时尽可能和他们采取共同的政策。当然，共同行动并不排除讨论存在于他们和共产主义者之间的分歧意见。”①

① 马克思，恩格斯. 马克思恩格斯选集：第1卷. 2版. 北京：人民出版社，1995：245.

后来到1864年创立国际工人协会即第一国际时，马克思、恩格斯派的科学社会主义者正是善于联合英国工联派、法国蒲鲁东派、德国拉萨尔派、意大利马志尼派、俄国巴枯宁派等形形色色的社会主义者，才使第一国际声势浩大，为推进国际工人运动，争取工人阶级权益，支援波兰、爱尔兰的民族解放运动等做出了有益的贡献。1889年建立的第二国际也广泛联合了多种多样的社会主义政党，党内也含有多种思想流派。可是1919年在世界革命高潮中组成的共产国际，即第三国际，却急于要取得世界革命成功，不能容忍各种改良思想流派，所以长期把社会民主党、社会民主主义作为主要敌人来打击。当今在新科技革命迅猛发展、资本主义既有相当的生命力又有深刻的内在矛盾的态势下，资本主义世界必然会涌现多种多样反资本主义的社会主义流派和政党，既有右的改良型的社会党，又有“左”的急于求成的革命型的马列主义共产党和托派社会主义工人党。我们应该求同存异、区别对待，善于与之联合行动，形成左翼统一战线。尤其是当今在资本主义世界的绝大多数国家的社会党、社会民主党和工党，力量与影响都超过共产党，更值得我们重视。为了推进世界社会主义运动，我们应该解放思想、实事求是、拨乱反正、改变观念，把社会党从打击对象变为联合伙伴。为此我们应该善于运用马克思主义唯物辩证法，从以下八个方面对社会党及其民主社会主义进行具体分析，区别对待：

第一，在理论上要区分社会党指导思想中的庞杂体系与其中的某些正确思想成分。社会党的指导思想是多元主义的，自认为古典哲学、基督教伦理观、人道主义、现代西方哲学社会科学等都构成其思想体系。但是它们并没有完全否定马克思主义，而是把马克思主义的社会分析方法、把马克思主义对资本主义的批判视为自己的指导思想之一。例如瑞典社会民主工人党主席卡尔松在其代表作《什么是社会民主主义?》（1983年2月）中就坦言：马克思主义“是解开方程的钥匙，但结果应由当代人算出”[①]。这个形象的比喻应该说是言之有理的。

第二，在纲领上要区分社会党背离科学社会主义之处与其正确成分。社会党的纲领一般是节节后退。社会党在19世纪末建党之初都主张实现生产资料社会化和建立没有阶级的社会，后来在执政之中受挫后就取消了废除私有制的纲领，改变为发展混合经济、实行福利政策、改善人民生活、达到充分就业等。但是在其纲领中仍然有要建立自由、平等、民主、团结、劳动的民主社会主义社会以取代资本主义阶级社会等说法。我们不能简单地说这些都是抽象的说教，其中包含了它几十年来执政之中已经取得实效的具体经验。再如，以色列工党自1930年建党起即在农村领导建立了名为“基布兹”（Kibbutz）的社会主义集体农庄，1948年以色列建国后，“基布兹”更得到进一步发展。半个多世纪以来，这种资产公有化、劳动社会化、生活集体化的实践堪称奇迹[②]。

第三，在路线上要区分社会党放弃社会主义革命的改良主义本质与其在当前实践中的某些合理之处。社会党否定无产阶级社会主义革命和无产阶级专政政权，热衷于渐进改良，把改良主义绝对化、普遍化，这不利于在阶级矛盾尖锐化时刻组织群众开展革命斗

① 宗岩．各国社会党手册．北京：人民出版社，1992：122．

② 高放．以色列“基布兹”的社会主义奇迹//高放．社会主义在世界和中国．昆明：云南人民出版社，1993：286-301．

争。它主张通过议会民主竞选，多党平等竞争，争取得到多数选民支持，占领议会多数席位，然后上台执政；在执政期间不搞官僚特权，廉洁奉公，实行多种改良政策，扩大人民大众权益，增进人民大众福利，不废除私有制，而只限制剥削。这些通过合法斗争、采取改良主义性质的措施，在不具备革命形势的条件下，应该说是有其合理性的，不能简单加以否定。

第四，在政策上要区分社会党维护资本主义制度和资产阶级统治的本质与其不同于资产阶级右翼政党、有利于广大人民群众的积极方面。社会党执政后，其基本政策是不触动资本家阶级的生产资料私有制，不改变议会民主竞选、多党平等竞争、三权互相制约的政治体制。但是它在税收政策、就业政策、投资政策、福利政策、教育政策、外贸政策、移民政策、外交政策等方面还是与资产阶级右翼政党有所不同，比之较为进步。一般说来，社会党的内外政策能够促进社会进步与繁荣，维护世界和平与发展，这是应该予以肯定的。

第五，在派别划分上要区别对待社会党领导层中的左、中、右三派，不要把他们看成是铁板一块、清一色的右派。一般说来，各国社会党党内对资本主义和社会主义的认识都存在激进、中间、保守三种态度，反映在领导层中，往往出现左、中、右三派。在对重大问题进行决策时，左、右两派时常发生激烈争论，最后由中间派来调和折中。在党的领导层中占主流地位的多半是中间派或中间偏右派，但是左派的客观存在是不容忽视的，而且左派在防止社会党向右转方面能够起一定的作用，所以共产党人要善于联合左派，争取中派，分化和孤立右派。

第六，在干群关系上要区分社会党的领导层与基层广大党员以及党外支持社会党的广大群众。一般说来，社会党的领导干部是较为保守的，在决策和执行过程中处处都要看有权势的垄断资本家的眼色行事，不敢轻举妄动、越雷池一步。然而基层广大党员和党外支持社会党的广大群众却是真诚向往消灭阶级对立和贫富两极分化的社会主义的。党内外群众往往会对社会党领导层的路线、方针、政策提出不同意见，甚至强烈反抗，这种现象非常值得我们重视。我们要善于联合、争取、影响这些党内外群众。

第七，对不同地区的社会党要加以区分。一般说来，亚、非、拉地区的社会党要比欧洲的社会党更进步一些。因为亚、非、拉地区各国资本主义发展较晚，社会化程度较低，社会党成立的时间也较短，面临的社会矛盾更多，人民群众反对资本主义、殖民主义、霸权主义的思想情绪更高，所以这些国家新兴社会党从理论、纲领到路线、政策也都更进步一些。还有，苏联东欧国家发生剧变后，由共产党演化而来的或者新建立的社会党也比西欧各国的老社会党更进步一些。这是由于这些国家在当前社会转轨中面临的各种矛盾更多，共产党的传统历史影响更强。

第八，在与共产党的关系上要区分社会党的反共本质与联共可能性。各国社会党从根本上说是反对共产主义、反对共产党的，但是在捍卫广大工人和人民群众的利益，反对资本主义剥削压迫，向往自由、民主、法治、平等、公正的社会主义，推进世界和平、发展、合作这四个方面，它们与共产党是有共同认识、共同目标的。因此，只要我们切实纠正传统极左思想、极权体制、关门主义与宗派主义，完全可能与社会党在很多方面结成统一战线。法、意、瑞典等国的共产党都与社会党有过合作的历史经验和历史传统，今后更有可能进一步发扬光大。

总之，真正的科学社会主义者要善于从敌人营垒中寻求朋友，化敌为友，以扩大对敌阵线，而不能从朋友营垒中乱挖敌人，化友为敌，以削弱对敌阵线。吃一堑长一智，总结历史经验教训，我们千万不能再干那种“唯我独革”、“唯我独社”、残酷内斗、无谓内耗、同室操戈、亲痛仇快的蠢事。

要清醒地看到，长期以来，共产党所犯的重大错误都是由于教条式照搬或者背离科学社会主义、缺少社会主义自由民主，社会党所取得的显著成就恰好包含有科学和民主两大成分，非常值得我们借鉴。

第三节 科学社会主义在当代世界的新战略

一、科学社会主义世界战略的历史回顾

世界资本主义发展到世界社会主义是一个客观必然的历史进程。如果人们能够正确认识客观规律，制定正确的战略方针，则可以少走甚至不走弯路，较为顺利地达到战略目标，否则就要走大弯路，付出沉重代价，遇到重大挫折。可见，仅仅认识到世界社会主义必然取代世界资本主义是远远不够的，能否依照科学社会主义理论正确制定世界社会主义的发展战略是决定胜负、决定成败大小和早晚的至关重要的头等大事。

世界社会主义战略的形成和制定不是一劳永逸、一成不变的大事，而应该随着世界形势与时代主题的发展变化与时俱进，适时调整。

19 世纪中叶科学社会主义形成以后，马克思、恩格斯针对自由资本主义时代提出了世界社会主义战略，依照我们的体会和归纳，其要点是：全世界无产者联合起来！组成民族性和国际性的无产阶级政党，领导广大人民群众开展合法或非法的政治斗争、经济斗争和思想战线的斗争；利用经济危机或国与国之间的战争造成的有利形势，组织无产阶级去夺取政权；当合法斗争遭到破坏时，无产阶级就必须通过暴力革命、城市武装起义去打碎反动的资产阶级国家机器，建立无产阶级专政的政权；社会主义革命将首先在西欧资本主义较发达的英、法、德三国几乎同时取得胜利，然后带动北美和俄罗斯进行社会主义革命，同时大力支援亚洲、非洲和拉丁美洲的民族民主革命取得胜利，并且帮助这些落后国家和地区逐步发展到社会主义。

19 世纪下半叶的世界社会主义战略对于推进当时的世界社会主义运动起了重大的推动作用。经过实践检验，这些战略规划与战略指导实现了一部分，但是大部分远没有实现。为什么呢？这段历史经验很值得总结。顺应世界社会主义运动发展的需要，1847 年，产生了世界上第一个共产党——共产主义者同盟，它是全世界无产者联合起来的最初形式。1864 年，建立了国际工人协会，后来被称为第一国际。1889 年，又组成了第二国际，第二国际时期欧美已经拥有 20 多个民族国家范围内的社会主义政党。这些国际的和民族的无产阶级政党为团结、联合广大无产者和人民群众开展争取社会主义的斗争，做了大量工作。在无产阶级及其政党的参与或领导下，19 世纪爆发了两次争取实现社会主义的有重大影响的革命斗争，即欧洲 1848—1849 年革命和 1871 年巴黎公社革命。前一次革命主

要发生在法、德两国，它是1847年的世界经济危机触发的。法国革命起先是资产阶级民主革命，随即发展为无产阶级社会主义革命，1848年6月巴黎工人起义是其顶峰，但是工人起义并未夺取政权就失败了；1848年德国革命也是资产阶级民主革命，马克思、恩格斯亲自领导共产党人投身革命斗争，结果因寡不敌众也失败了。后一次革命是19世纪60年代末法国经济政治危机加深促使法国政府于1870年发动普法战争，战争失败引起1871年3月18日巴黎公社革命。这次工人第一次夺取并建立了革命政权——巴黎公社，采取了具有社会主义性质的许多措施，但是只坚持了72天，最终也因寡不敌众失败了。此外，19世纪下半叶，工人在合法斗争方面还取得了很多成就，如争得每天十小时工作制之后又开展争取每天八小时工作制的斗争，争得并扩大工人和工人政党的选举权，等等。然而，英、法、德三国工人并未像预期的那样，率先取得社会主义革命的胜利。这既有客观原因，又有主观原因。客观原因是19世纪的自由资本主义还有很大的自由发展余地，资本主义创造的社会化生产力与资本主义私有制的矛盾还没有达到十分尖锐的地步。1895年，恩格斯在其所著《卡·马克思〈1848年至1850年的法兰西阶级斗争〉一书导言》中回顾了1848年革命以及其后的欧洲历史，明确指出："历史表明，我们以及所有和我们有同样想法的人，都是不对的。历史清楚地表明，当时欧洲大陆经济发展的状况还远没有成熟到可以铲除资本主义生产的程度；历史用经济革命证明了这一点，从1848年起经济革命席卷了整个欧洲大陆，在法国、奥地利、匈牙利、波兰以及最近在俄国刚刚真正确立了大工业，而德国简直就成了一个头等工业国，——这一切都是以资本主义为基础的，可见这个基础在1848年还具有很大的扩展能力。"① "这就彻底证明了，在1848年要以一次简单的突然袭击来实现社会改造，是多么不可能的事情。"② 即便到1871年巴黎公社时，法国实现社会主义的客观条件也还不成熟。列宁于1911年发表的《纪念公社》一文中谈道："胜利的社会革命至少要具备两个条件：生产力的高度发展和无产阶级的充分准备。但是在1871年，这两个条件都不具备。法国的资本主义还不够发达，法国当时主要是一个小资产阶级（手工业者、农民、小店主等）的国家。另一方面，还没有工人政党，工人阶级还没有准备和长期的训练，大多数工人甚至还不完全清楚自己的任务和实现这些任务的方法。既没有无产阶级的严格的政治组织，也没有广泛的工会和合作社……"③ 列宁于1907年发表的另一篇文章中又说："马克思和恩格斯在估计革命时机很快到来这一点上，在希望革命（例如1848年的德国革命）获得胜利这一点上……有很多错误，常常犯错误。他们在1871年也犯了错误。"④ 正是由于19世纪下半叶欧洲实现社会主义的主客观条件都不具备，所以当时制定的世界社会主义战略才大部分未能实现。这也说明当时制定的世界社会主义战略还不大符合客观实际。科学社会主义是前无古人、后有来者的创新事业，我们不应该苛求前人，不应该要求在科学社会主义诞生之初和诞生不久就能制定出完备、切实的战略。19世纪下半叶的世界社会主义战略毕竟实现了一部分，为20世纪世界社会主义的开始实现积累了经验，准备了条件。

---

① 马克思，恩格斯．马克思恩格斯选集：第4卷．2版．北京：人民出版社，1995：512.

② 同①513.

③ 列宁．列宁全集：第20卷．2版．北京：人民出版社，1989：222.

④ 列宁．列宁选集：第1卷．3版．北京：人民出版社，1995：728.

20世纪初，世界从自由资本主义发展到垄断资本主义即帝国主义新阶段。生产的进一步社会化与生产资料私有制的矛盾突出，资本主义固有的三种基本矛盾——无产阶级与资产阶级的矛盾、殖民地同宗主国的矛盾以及资本帝国主义国家之间的矛盾都有所激化。某些资本主义国家无产阶级革命的条件臻于成熟；殖民地半殖民地人民争取民族独立的运动高涨，甚至发展为民族解放战争；帝国主义国家之间争夺殖民地和势力范围的战争频繁，甚至发展为两个资本帝国主义集团之间的世界大战。列宁在帝国主义时代发展了马克思主义，形成了列宁主义。列宁于20世纪初，尤其是在1914—1918年第一次世界大战前后，逐步形成了世界社会主义的新战略。按照我们的体会和归纳，其要点是：全世界无产者同被压迫民族联合起来！组成民族性和国际性的无产阶级新型政党，即共产党和共产国际，领导广大人民群众、西方无产者和东方被压迫民族开展以武装斗争为中心的各种形式的斗争，利用资本主义“最严重的历史性的危机”、“一切危机”① 和帝国主义世界大战造成的有利形势，精心组织无产阶级武装夺取政权；暴力革命是无产阶级革命的一般规律，打碎资产阶级国家机器是无产阶级革命的重要步骤，建立无产阶级专政政权是建设社会主义的根本保证；社会主义革命将在帝国主义的薄弱环节突破，俄国作为帝国主义各种矛盾的集中点能够首先取得社会主义革命的胜利；社会主义的苏联同帝国主义国家只能短时期和平共处，最终要在世界范围内解决谁战胜谁的问题；以社会主义的苏联作为世界革命的策源地，把革命火焰燃烧到欧洲和亚洲去，进而在全世界五大洲取得社会主义胜利，建立世界苏维埃联邦社会主义共和国。

现在回顾历史，应该看到列宁制定的世界社会主义战略也只是实现了一部分，但是其成果远比19世纪大得多。然而列宁的战略计划大部分也没有实现，其原因与马克思、恩格斯时期的情况既有相似之处，又不完全一样。正如上述列宁评论马克思、恩格斯一样，列宁自己“在估计革命时机很快到来这一点上，在希望革命……获得胜利这一点上”，也“有很多错误，常常犯错误”。1917年十月革命胜利建立了苏维埃国家后，列宁不善于联合其他民主党派，坚持实行“一党专政”，1918—1920年还急于以战时共产主义政策直接过渡到共产主义。列宁于1921年做了自我批评。他说：“我们计划（说我们计划欠周地设想也许较确切）用无产阶级国家直接下命令的办法在一个小农国家里按共产主义原则来调整国家的产品生产和分配。现实生活说明我们错了。”② 列宁还于1920年7月19日共产国际二大开幕之日发动新建立不久的苏俄红军向波兰进军，力图解放华沙之后再直取柏林，以便掀起欧洲革命和世界革命。可是进军波兰后就遇到波兰军民强烈反抗。实践证明这种“输出革命”的做法不可能成功。列宁后来与德国女革命家蔡特金谈话时承认：当时这样做，是“我们政治上的失算”③。与19世纪下半叶情况有所不同的是，到20世纪帝国主义时代，应该说从社会生产力和社会经济发展水平来说，发达资本主义国家实现社会主义的

① 列宁于1914年12月发表的《死去的沙文主义和活着的社会主义》一文中用过“最严重的历史性的危机”“一切危机”的提法［列宁. 列宁全集：第26卷. 2版增订版. 北京：人民出版社，2017：105.］；在1916年出版的《帝国主义是资本主义的最高阶段》一书中说，资本主义有“各种各样的危机，最常见的是经济危机，但不是只有经济危机”（列宁. 列宁选集：第2卷. 3版修订版. 北京：人民出版社，2012：596）。

② 列宁. 列宁选集：第4卷. 3版. 北京：人民出版社，1995：570.

③ 蔡特金. 列宁印象记. 北京：生活·读书·新知三联书店，1954：22.

客观条件已经比较成熟。然而这些国家的资产阶级富于统治经验，不但积累了从军事镇压、行政强制、法律治理、政治妥协、经济收买到组织渗透、文化损害、思想腐蚀等一整套办法来对付革命无产阶级，而且不断采取自我调节的措施，渡过了一次又一次危机。即便像1929—1933年那样空前深重的世界经济危机，也由于美国民主党总统罗斯福实行“新政”而转危为安、化险为夷。而无产阶级的共产主义政党还不善于争取、团结广大群众，路线和政策“左”右摇摆，“左”的错误时间更长、影响更深，党内斗争过火，党外未处理好同社会民主党和其他可争取的同盟者的关系，这样即便有革命形势，也因主观条件不成熟而错过了革命的机遇。在第一次世界大战后几年和第二次世界大战前几年就出现过这种情况。

在第二次世界大战前后，斯大林坚持并且发展了列宁的世界社会主义战略。他进一步提出了“世界资本主义体系的总危机”① 的新概念，认为这是“既包括经济、也包括政治的全面危机”。他提出：“世界资本主义体系的总危机，是在第一次世界大战时期，特别是在苏联脱离资本主义体系之后开始的。这是总危机的第一阶段。在第二次世界大战时期，特别是在欧洲和亚洲的各人民民主国家脱离资本主义体系之后，展开了总危机的第二阶段。”② 他还认为自己在第二次世界大战以前所提出的关于资本主义总危机时期市场相对稳定的论点和列宁在1916年所提出的关于资本主义虽然腐朽，但“整个说来，资本主义的发展比从前要快得多”③ 的论点，都“已经失效了”。他深信联邦德国、日本与英、法终究都会起来同美国对抗，断言“资本主义国家之间战争的不可避免性是仍然存在的”④。他在1952年10月苏联共产党第十九次代表大会闭幕式上发表的重要讲话中再次强调，西方资产阶级已经抛弃了民主自由的旗帜和民族独立、民族主权的旗帜，“已经变得更加反动，已经失去同人民的联系，因而把自己削弱了”⑤，这无疑更便于各国共产党进行工作。也就是说，斯大林这时依然深信资本主义世界体系总危机必然导致资本主义国家之间爆发战争，战争必然引起西方无产阶级革命。因此，世界社会主义各国要以苏联为中心，联合各国人民组成反帝国主义阵营，同以美国为中心的帝国主义阵营对峙、对抗；同时苏联和其他社会主义国家大力支持资本主义各国共产党，伺机推翻世界资本主义。斯大林的世界社会主义战略在20世纪30年代至50年代初对于巩固苏联、建立并保卫社会主义阵营起过积极的作用，但是也助长了苏联的大国主义、大党主义，给各国社会主义独立自主的发展造成较大障碍和危害。而且他对第二次世界大战后世界资本主义发展的估计已经被后来的实践证明是不符合实际的。正是战后，由美国带头掀起了以电子信息技术为先导的新科技革命，迎来了资本主义大发展的“黄金时代”，同时，核武器的大发展，使世界面临核战争的威胁。两个阵营，尤其是美苏之间剑拔弩张的紧张局势威胁着世界和平。

1953年斯大林逝世后，赫鲁晓夫对斯大林的对内对外政策进行了调整。1956年，他

① 斯大林于1934年在联共（布）第十七次代表大会上的报告中提出“资本主义总危机”的概念，1952年他在《苏联社会主义经济问题》一书中进而说明“世界资本主义的总危机”即是“世界资本主义体系的总危机”。

② 斯大林．斯大林文集（1934—1952年）．北京：人民出版社，1985：641.

③ 列宁．列宁全集：第27卷．2版增订版．北京：人民出版社，2017：436.

④ 同②624-625.

⑤ 同②677.

在苏共第二十次代表大会上提出的和平共处、和平竞赛、和平过渡的观点，标志着他对斯大林的世界社会主义战略做了重大改变。他把列宁当年提出的“和平共处”作为苏联对外政策的总路线；认为现代世界战争并不是注定不可避免的，社会主义国家要同资本主义国家展开和平竞赛；资本主义各国有可能通过议会斗争和平过渡到社会主义。但是，在赫鲁晓夫那里，以苏联为中心来推进世界社会主义的战略思想依然没有改变，改变的只是实现世界社会主义的策略，即某些方式、方法。1964 年，勃列日涅夫取代赫鲁晓夫执政后，又加强了同帝国主义的对抗和军备竞赛。在他执政的 18 年中间，苏联同西方的关系虽然有时稍为缓和，但总的来看依然紧张。勃列日涅夫依然以苏联为中心，而且加紧对其他社会主义国家的控制，加紧对外扩张，到处伸手，尽力扩大苏联社会主义的阵地和影响。

从 20 世纪 50 年代中期到 70 年代中期，毛泽东继承并发展了斯大林的世界社会主义战略。他于 1957 年 2 月在《关于正确处理人民内部矛盾的问题》这篇重要讲话中指出：“现在世界各国的人们都在谈论着会不会打第三次世界大战。对于这个问题，我们也要有精神准备，也要有分析。我们是坚持和平反对战争的。但是，如果帝国主义一定要发动战争，我们也不要害怕。我们对待这个问题的态度，同对待一切‘乱子’的态度一样，第一条，反对；第二条，不怕。第一次世界大战以后，出了一个苏联，两亿人口。第二次世界大战以后，出了一个社会主义阵营，一共九亿人口。如果帝国主义者一定要发动第三次世界大战，可以断定，其结果必定又要有多少亿人口转到社会主义方面，帝国主义剩下的地盘就不多了，也有可能整个帝国主义制度全部崩溃。”[①] 1966 年，他进而指出：“我们现在正处于世界革命的一个新的伟大的时代。亚洲、非洲、拉丁美洲的革命风暴，定将给整个的旧世界以决定性的摧毁性的打击。越南人民抗美救国战争的伟大胜利，就是一个有力的证明。欧洲、北美和大洋洲的无产阶级和劳动人民，正处在新的觉醒之中。美帝国主义和其他一切害人虫已经准备好了自己的掘墓人，他们被埋葬的日子不会太长了。”[②] 1970 年 5 月，他在《全世界人民团结起来，打败美国侵略者及其一切走狗！》中又说：“新的世界大战的危险依然存在，各国人民必须有所准备。但是，当前世界的主要倾向是革命。”[③] 从总体上看，直到 20 世纪 70 年代，毛泽东始终认为，关于世界大战问题，无非是两种可能：一种是战争引起革命，一种是革命制止战争。有时他认为战争的可能性大，要极力做好战争的准备，而且他认为如果战争不可避免的话，那么迟打不如早打，小打不如大打，以便早日打出一个红彤彤的社会主义新世界。当然，我们是不愿意发生战争而且要尽力防止战争的，这只有通过世界革命来制止战争。他当时认为亚、非、拉美的广大地区是当代各种矛盾的集中点，是帝国主义统治最薄弱的地区，是直接打击帝国主义的世界革命风暴的主要地区，欧洲、美洲、大洋洲的发达资本主义国家一般也要走暴力革命取得政权的道路。他提出：全世界无产者同被压迫人民被压迫民族联合起来！打倒帝国主义、修正主义和各国反动派。到 20 世纪 60 年代中期，他明确主张世界革命以中国为中心，因为

① 毛泽东．毛泽东文集：第 7 卷．北京：人民出版社，1999：238-239.

② 毛泽东同志的贺电：致阿尔巴尼亚劳动党第五次代表大会．人民日报，1966-11-04.

③ 全世界人民团结起来，打败美国侵略者及其一切走狗！．人民日报，1970-05-21.

苏联和大多数社会主义国家、大多数共产党都已经变成修正主义的国家和政党了。他在中国发动“文化大革命”也是为了更有力地推动无产阶级世界革命。实践证明：在这种世界战略中固然有合理的内容，如支持亚、非、拉美民族解放斗争，反对苏联扩张主义、霸权主义，但是整个说来，对于世界形势的估计和世界社会主义战略的设想，大部分是不符合实际的，因而未能取得预期的效果。

综上所述，科学社会主义理论运用于世界社会主义的实践，依据各个时代的具体特点，制定世界社会主义发展战略确有必要性与可能性，而战略思想、战略规划正确与否，直接关系到世界社会主义的兴衰成败。以往的战略思想与战略规划大部分都未能实现，主要是对主客观条件估计过高，急于求成。这在一定程度上更加证明了制定正确战略的艰巨性和复杂性。

二、科学社会主义在当代世界新战略的要点及其依据

20 世纪 80 年代以来，世界上许多共产党在总结历史经验、重新认识时代新变化的基础上，都不同程度地认识到，必须对世界社会主义的战略做相应的调整。各国共产党具体的战略会因国情不同、处境不同、看问题的角度不同而各有差别，但是从世界全局着眼，一些带有共性的新的战略观念正在形成之中。综合起来看，当今关于实现世界社会主义的国际条件、进程和途径，我们认为主要包括以下五个要点：

1. 经过全世界人民的斗争，新的世界战争可能避免

比之以往认为在帝国主义时代新的世界战争不可避免的观点，这是战略观念的重大改变。应该说当今依然存在着新的世界战争的危险，对此我们不可丧失警惕，掉以轻心。但是我们应该看到，自从西方带头掀起以信息化为龙头的新科技革命第三次浪潮以来，世界局势和世界面貌已经发生了新的重大变化。第一，发达资本主义国家之间竞争的重点已经转向发展高新技术。越来越多的资本主义国家的政府首脑认识到：在核武器时代如果再用拉帮结盟、使用武力、发动战争的传统做法来重新划分势力范围、争夺世界霸权，将要付出惨重代价。资产阶级也在不断总结历史经验，它们不能不看到：以往两次通过世界大战来重新瓜分世界，结果出现了十几个社会主义国家；如果再发动世界战争，可能还会给世界社会主义的新发展造成更有利的机会。因此它们彼此之间越来越转向在发展高新技术方面进行激烈的竞争。西欧一些国家为了促进经济与社会发展、加强国际竞争能力，从 1957 年起就建立欧洲经济共同体，加入其中的国家越来越多，合作的领域越来越广。20 世纪 80 年代以来欧共体还先后制定了三个科研总体规划，以加速科技发展，应对竞争对手在技术和工业上的挑战。1992 年欧共体 12 国正式成立欧洲联盟，1995 年欧盟扩大到 15 国，2004 年又扩大到 25 国，目前已达到 27 国。欧盟力求在逐步扩大中不断增强其科技实力与经济的国际竞争力。日本战后由贸易立国转向技术立国，以大量价廉物美的新电器产品去争夺国际市场。可见，它们的竞争手段改变了，由战争转向高技术的竞争。资本主义列强已不可能分别结成两个对立集团准备发动新的世界大战。第二，战后核武器的出现，加强了美、苏两个超级大国之间的核军备竞赛，而且这种核军备竞赛不断升级，直至发展到苏美两国各自拥有的核武器可以把世界毁灭几次。显然，在储备大量核武器的情况下，如果世界局势紧张，很容易促使某些丧失理智的决策人冒险使用核武器，力图先发制人取胜。

而在核战争中将很难有侥幸的胜利者，其结果可能是人类的浩劫。德国军事学家卡尔·冯·克劳塞维茨（1780—1831）有一句名言：**“战争无非是政治通过另一种手段的继续。”**但是，世界性的核战争不会是某些国家政治通过另一种手段的继续，而将是任何政治的终结。所以在核武器时代，世界战争是可能避免的，也是必须避免的。第三，明智、清醒的政府首脑大多已经认识到，应该通过谈判，达成协议，来逐步裁减军备，特别是裁减核武器，以减少发生世界战争的可能性。第四，更加重要的是，20 世纪 80 年代以来，世界保卫和平运动有很大的发展。战后和平运动有过四次高潮，第一次在 20 世纪 50 年代至 60 年代中期，第二次在 20 世纪 60 年代中期至 70 年代。20 世纪 80 年代至 90 年代的第三次浪潮，声势空前浩大，参加人数众多，斗争形式多样，集中反对核战争和核军备竞赛，而且与生态运动、女权运动等相结合。21 世纪以来的第四次浪潮主要是反对全球化对劳动人民造成的灾难，反对霸权主义和强权政治，反对恐怖袭击和战争威胁。日益强大的和平运动显示了全世界人民反对世界战争、保卫世界和平的决心和力量，这是世界战争可能避免的决定性因素。既然世界战争是有可能通过和平力量来防止的，那么我们就要改变“战争引起革命”或者“革命制止战争”的传统战略观念，就要大力支持并推进世界和平运动，探索在世界和平的国际条件下如何去发展世界社会主义。

2. 和平与发展成为当代世界主题，要探索通过和平发展达到社会主义之路

以往爆发过的两次世界大战，都是战争引起革命，使战争与革命成为世界的主题。在当今历史条件下，维护和平运动的积极开展有可能保卫和平，有可能避免世界战争，所以和平取代战争，成为世界的主题。当今有资格打世界战争的只有美国这个超级大国，美国是资本主义国家，它要独霸世界的本性不会改变，但是它面临的众多国内外问题使它力不从心，难以随心所欲地横行霸道。世界人民的广泛觉醒和持久斗争可能使霸权主义者陷于孤立，这样和平力量可能压倒战争力量，使世界战争得以避免。

另外，从第二次世界大战结束到 20 世纪 70 年代，世界性的民族解放战争和民族解放运动持续高涨，使得亚、非、拉近百个国家先后取得独立，帝国主义殖民体系已土崩瓦解。新独立的民族国家由于长期深受帝国主义、殖民主义的残酷压迫与剥削，经济、政治、文化落后，人民大多贫困，面临着加速发展的迫切问题。当今资本主义世界约有 150 个国家属于发展中国家。它们仍然是西方 30 多个发达资本主义国家控制、剥削的主要对象。发达国家凭借其垄断资本和科技、经济、军事实力，继续控制着发展中国家的经济命脉，通过不平等的贸易继续剥削发展中国家。例如发达国家凭借贸易保护主义，采取名目繁多的关税和非关税壁垒，使发展中国家每年损失 500 亿～600 亿美元；通过技术转让，每年从发展中国家榨取 300 亿～500 亿美元；同时通过高利率的贷款剥削发展中国家。其结果是发展中国家同发达国家之间的贫富差距不但没有缩小，反而在扩大。例如 20 世纪 50 年代初，发达国家的人均收入是发展中国家的 20 倍；到 20 世纪 80 年代中期，两者的差距扩大到 46 倍；到 21 世纪初，又扩大到 60 倍。由于发达国家主要在北半球，约占世界人口的 1/4，发展中国家主要在南半球，约占世界人口的 3/4，所以南北关系问题、如何促进南部国家发展以缩小南北差距问题成为当代世界的另一主题。

邓小平在 1984—1985 年曾经反复强调：“现在世界上真正大的问题，带全球性的战略问题，一个是和平问题，一个是经济问题或者说发展问题。和平问题是东西问题，发展问题是南北问题。概括起来，就是东西南北四个字。南北问题是核心问题。”① “现在世界上北方发达、富裕，南方不发达、贫困，而且相对地说，富的愈来愈富，穷的愈来愈穷。南方要改变贫困和落后，北方也需要南方发展。南方不发展，北方还有什么市场？资本主义发达国家遇到的最大问题是发展速度问题，再发展问题。所以，南南合作还有一个意义，可以推动南北合作。”② 对当代世界面临的主题做出这样高瞻远瞩的分析，有助于我们重新思考今后世界社会主义发展的条件与途径。这里所讲的“发展”问题，从广义上来理解，不仅是广大亚、非、拉美新独立国家的新发展，也不仅是发达资本主义国家的再发展，而且也包括社会主义国家的大发展。在当今新科技革命全方位、加速度大发展的新时代，世界上这三类国家都要致力于发展，都面临如何在发展新科学技术和在发展经济、政治、文化方面竞相奋进的问题。当今社会主义国家都属于发展中国家，它们自己要加速发展，还要与新独立的发展中国家加强协作，以期急起直追，迎头赶上发达的资本主义国家。所以“发展”的核心是南北问题，实则是全球性的问题；正如“和平”的核心是东西问题，实则也是全球性的问题一样。而“和平”与“发展”两者又是紧密相关的互相依存、互相促进的大问题。可以说，和平是发展的前提，发展是和平的保证；要以和平促发展，以发展促和平。如果和平遭到破坏，也就无从发展；如果发展遭到破坏，也会危及和平。维护和平与促进发展不可能一帆风顺、平稳进展，而是充满激烈而复杂的长期斗争。发达资本主义国家的资产阶级右翼势力为维护其既得利益和霸权地位，总要千方百计干涉别国内政，破坏和平、阻碍发展，所以全世界劳动者和进步人士要联合起来，全世界、各党各派社会主义者要联合起来，反对霸权主义和新干涉主义；社会主义国家要善于团结、联合广大亚、非、拉美发展中国家以及发达资本主义国家的广大人民群众，还要善于利用各个发达国家之间的矛盾，扩大合作、加强合作，为维护和平与促进发展而开展有理、有利、有节的斗争和合法、合约、合理的竞争。维护世界和平与促进共同发展，这本身就是世界社会主义继续向前发展的前提条件。在和平与发展成为世界主题的情况下，还要改变以往由世界战争引起暴力革命或者以暴力革命制止世界战争的传统战略，重新探索资本主义世界各国如何在和平与发展的国际条件下走向社会主义。今后发达资本主义国家已难以爆发暴力革命，发展中国家爆发暴力革命的可能性也较小。不论发达国家还是发展中国家，都要结合时代与国情的特点，独立探索本国在和平与发展成为时代主题的条件下如何通过和平发展达到社会主义之路。

3. 社会主义在全世界的实现是一个长期的渐进过程

传统战略观念认为，世界社会主义是一个短期的突进过程。回顾 100 多年世界共产主义运动的历史，可以看出长期存在着世界革命急于求成的思想。马克思、恩格斯认为无产阶级世界革命用不了几十年就能实现和完成。马克思多次表示同意工人们的预言，即“19 世纪革命的秘密：**无产阶级的解放**”③。当时不少人以为 19 世纪就可以实现世界一片红。这种急于求成的思想，其根源在于对资本主义的生命力估计不足，急于拯救无产阶级和劳

① 邓小平. 邓小平文选：第 3 卷. 北京：人民出版社，1993：105.

② 同①96.

③ 马克思，恩格斯. 马克思恩格斯选集：第 1 卷. 2 版. 北京：人民出版社，1995：386.

苦大众于水深火热之中。当时无产阶级贫困化严重，所以马克思、恩格斯指望饥寒交迫的奴隶联合起来，做最后的斗争，取得解放。他们预计资本主义的经济危机或者类似1870年普法战争所造成的政治危机、民族危机，就可以导致由巴黎公社式的革命引起世界各国连锁反应。他们预计社会主义将首先在西欧英、法、德这些国家取得政权，建立巴黎公社式的政权，然后摧枯拉朽式地在全世界取得全面胜利。如前所述，恩格斯晚年在这方面做了反思，认识到“我们以及所有和我们有同样想法的人，都是不对的”[①]。实际上1848年革命失败以后，资本主义在欧洲还有很大的发展余地，绝不是岌岌可危，马上就要灭亡了。即便这样，恩格斯晚年还是预计，“新时代”已经来临，即国际无产阶级革命的时代已经来临。临终前他还具体地预测说德国无产阶级不出10年就可能比较和平地取得政权。列宁于1915—1916年提出资本主义已经发展到帝国主义时代，即无产阶级社会主义革命的时代。列宁深信战争一定会引起革命，事实证明也是这样，如1917年俄国革命、1918年德国革命、1919年匈牙利革命。1919年共产国际建立的时候，包括列宁在内的共产国际领导人都预计，1920年欧洲革命就可以胜利了。十月革命后，欧洲确有革命高潮的迹象，1917—1919年，芬兰、德国、匈牙利等国都爆发了革命。但是事实也证明：战争能引起革命，然而革命要取得胜利并不那么容易。资产阶级不甘心退出历史舞台，它们还拥有相当强大的实力，所以这些国家的革命先后都被资产阶级镇压下去了，只剩下俄国一国坚守住了阵地。即便这样，一直到列宁晚年，他还是预计世界革命不会为期很远了。1923年，欧洲革命转入低潮，列宁又把目光转向东方，寄希望于中国、印度这样的半殖民地、殖民地国家的无产阶级起来革命。“苏联”这个国家名称就是有特殊寓意的。十月革命后成立的俄罗斯苏维埃社会主义联邦共和国，简称“苏俄”，是以俄国主要的民族俄罗斯命名的。1922年12月，苏俄改组为苏联（苏维埃社会主义共和国联盟）。“苏维埃社会主义共和国联盟”这个国家的名称没有任何民族和地域的标志。列宁认为，苏维埃社会主义共和国联盟是未来全世界社会主义国家联盟的形式。他在1919年就提出：“国际苏维埃共和国的建立已经为期不远了。”[②] 人们会看到“世界苏维埃联邦共和国的成立”[③]。列宁当时认为，苏维埃这种形式不仅是俄国无产阶级实现社会主义的国家形式，而且是全世界无产阶级实现社会主义的国家形式，将来全世界无产阶级社会主义革命胜利后，要联合组成世界苏维埃联邦共和国。各国无产阶级可以创造自己的国家形式，为什么一定都要采用“苏维埃”这个名称呢？可见列宁晚年也怀有理想主义和浪漫主义的色彩。他还一直认为，用不了一二十年就会取得无产阶级世界革命的胜利。实践证明，无产阶级世界革命难以在短期内轻易取得胜利。

在苏联1936年宣布建成社会主义时，东西方已形成了新的战争策源地，随后就爆发了第二次世界大战。第二次世界大战和第一次世界大战一样，确实是战争引起革命，战后社会主义就由苏联一国扩展到欧亚十几国。斯大林根据两次世界大战的经验认为，资本主义世界体系总危机深重，西方必然会发生无产阶级社会主义革命。他还认为苏联可以先进

① 马克思，恩格斯．马克思恩格斯选集：第4卷．2版．北京：人民出版社，1995：512．

② 列宁．列宁全集：第35卷．2版．北京：人民出版社，1985：503．

③ 同②511-512．

入共产主义。1946年他跟美国记者谈话的时候曾经肯定地说："'一个国家内的共产主义'，特别是在苏联这样的国家内，是完全可能的。"③ 他的思想很明确，就是战后苏联恢复经济以后，用15年左右的时间，再搞三个五年计划，苏联先进入共产主义，然后带动欧亚其他社会主义国家也进入共产主义。1948年2月纪念《共产党宣言》发表一百周年的时候，苏联《真理报》就提出了这样响亮的口号："20世纪是共产主义世纪!"斯大林之后，苏联领导人赫鲁晓夫的指导思想变动不大。他提出要"埋葬资本主义"，在苏联建成共产主义。他于1961年提出，经过四个五年计划，20年可以建成共产主义。实际上，这仍然是急于求成的思想。中国1958年实行"大跃进"和人民公社化运动时，毛泽东也曾设想可以很快过渡到共产主义。当时在中国一度出现过三五年内"跑步进入共产主义"的口号。在国际上，我们当时还想联合亚、非、拉被压迫民族人民，进行一场世界农村包围世界城市的人民战争，打出一个红彤彤的社会主义新世界。从马克思、恩格斯起，到列宁、斯大林以及毛泽东，都有急于求成的思想，急于早日实现共产主义，把世界革命看成是一个比较短暂的突进过程。可是，世界资本主义的发展表明，它仍然还有相当强的生命力，世界无产阶级是难以一举推翻它的。由于新科技革命的实现，资本主义国家广大人民生活有所改善，资本主义国家的自我调节能力在增强，社会保障制度在完善。无产阶级及其政党有待总结经验，从产业结构、阶级结构新变动的实际出发，重新探索走向社会主义的道路，逐步积累社会主义的因素。同时，现有社会主义国家进行体制改革，并在发展科技和生产力方面赶上发达资本主义国家也需要相当长的时间。世界社会主义完全取代世界资本主义，还需要经历一个较长的、渐进的过程。这种渐进的过程主要是和平发展的，难以爆发暴力革命，只有某些矛盾激化的国家才有可能爆发革命，不能再把战略立足点放在暴力革命上。

4. 社会主义国家的根本任务是大力发展社会生产力，搞好本国建设，不断增强综合国力和社会主义制度的吸引力

以往刚取得革命胜利的社会主义国家注重策动世界革命，侧重于把本国作为世界革命的策源地，结果由于缺少榜样的示范吸引作用，又带有输出革命、强加于人的色彩，实际上难以推进世界社会主义。1917年俄国十月革命胜利后，1918年德国革命、1919年匈牙利革命相继爆发，当时俄国共产党人急于把革命火焰燃烧到欧洲去，大力支援欧洲许多国家的无产阶级革命，希望社会主义先在全欧洲取得胜利。1920年苏俄红军击退波兰地主资产阶级武装的进攻后，乘胜前进，奔向华沙，想一举帮助波兰无产阶级获得解放。没有料到，苏俄红军进入波兰国境后，却遇到波兰各阶级人民的联合抵抗，使红军受阻，不得不撤退回国。本来红军接近华沙时，德国革命派兴高采烈，甚至戴上有苏维埃星章的帽子，跨上轻快的小马，径向德国边疆驰去，翘首盼望红军占领波兰后还会继续越过边境挺进德国。然而，正如德国无产阶级女革命家克·蔡特金所说："红军从波兰撤退的消息像早霜一样地摧残了我们心中的革命之花，这朵花是当苏维埃军队由于英勇神速的挺进已经抵达华沙时盛开着的。"④ 列宁后来曾经对蔡特金谈及此事。他说："我们那个轻率地奋勇

③ 斯大林．斯大林文集（1934—1952年）．北京：人民出版社，1985：510.

④ 蔡特金．列宁印象记．北京：生活·读书·新知三联书店，1954：19.

冒进的先锋队没有后援部队或军需品，甚至没有吃到过一次足够的干面包。他们不得不向波兰农民和中产阶级征发[①]粮食和其他必需品，于是波兰人就把红军看做是敌人，不是兄弟和解放者。他们在感情、思想和行动上，并不是按社会的、革命的方式，而是照民族主义者和帝国主义者那样。我们指望的波兰革命没有发生。受皮尔苏茨基和达静斯基[②]的党羽们欺骗的工人和农民，保卫了自己的阶级敌人，让我们英勇的红军士兵挨饿，用埋伏来袭击他们，使他们疲惫不堪。”[③] 可见，社会主义国家如果用输出革命的战略来推进世界社会主义，结果不但达不到引起别国革命的目的，而且还会遇到挫折，有损社会主义的声誉。实践证明，即便是出于国际主义援助的良好愿望，如果缺少本国成熟革命条件的配合，也会遇到民族主义的顽强抵抗，最终达不到推进社会主义的目的。红军进攻华沙的失败也给予列宁深刻的教训，使他更加重视要全力搞好本国的社会主义经济建设。1920 年年底，当苏俄由战争转入和平建设的重要转折时刻，列宁在苏维埃第八次代表大会上强调指出：“今后最好的政治就是少谈政治。”“这是最幸福的时代的开始，到那个时代政治将愈来愈少，谈论政治会比较少，而且不会那样长篇大论，讲话更多的将是工程师和农艺师。”他还把经济建设纲领作为第二党纲，认为“如果俄国布满了由电站和强大的技术设备组成的密网，那么，我们的共产主义经济建设就会成为未来的社会主义的欧洲和亚洲的榜样”[④]。在斯大林领导时期，苏联一方面重视本国的经济建设，大力发展生产力，另一方面社会主义自由民主法治大受限制，甚至遭到破坏，对外大国主义、大党主义愈来愈严重，扩张主义有所抬头。到赫鲁晓夫、勃列日涅夫领导时期，扩张主义逐步恶性膨胀，进而发展到霸权主义，假国际主义援助之名，行争夺世界霸权之实，其结果不仅未能推进世界社会主义，反而大大败坏了社会主义的国际声誉。

鉴于以往的历史教训，我们应该认识到：现有社会主义国家确实是发展世界社会主义的重要基地，由于社会主义先在不发达国家取得胜利，所以更要首先重视增强综合国力，这包括：发展生产力，增加生产力总量，以经济建设、物质文明建设为中心；进行精神文明建设，发展科学文化教育；进行政治文明建设，发展自由民主法治；进行生态文明建设，改善生态环境；进行社会建设，完善社会治理体制；逐步提高广大人民的物质和文化生活水平以及自由民主的享有程度，逐步提高整个社会的法治和治理水平；切实有效地惩治官员腐败，建立廉价廉洁政府，确保官员成为社会公仆；逐步提高劳动者的素质，培养出新型的全面发展的人；改善人与人的关系，根除剥削阶级遗留下来的追逐私利、尔虞我诈、互相倾轧、弱肉强食等恶习；确立大公无私、互相帮助、友爱合作、共同提高等风尚。只有社会主义国家为世界人民树立一个良好的社会主义新制度、新社会、新世界的样板，才能用活生生的事实向世界人民表明社会主义确实是能够消除资本主义固有矛盾、根治资本主义种种弊病的高于资本主义的新制度、新社会、新世界；从而吸引全世界人民向往社会主义，从而激发资本主义世界的人民奋起去改变资本主义、改造资本主义，创立社会主义、建设社会主义。当科学社会主义尚未实现之时，主要依靠其科学理论的逻辑力量

① “征发”一词意为征收或征集。

② 达静斯基（现在通译达申斯基）是波兰社会党右翼首领。

③ 蔡特金. 列宁印象记. 北京：生活·读书·新知三联书店，1954：19.

④ 列宁. 列宁选集：第4卷. 3版. 北京：人民出版社，1995：362，366.

来动员群众为改变资本主义、建设社会主义而奋斗。当科学社会主义已经付诸实现并变成实际之时，主要依靠实践的榜样来说服群众，使群众确信社会主义比之资本主义具有多方面的优越性。科学社会主义如果在实践中缺少吸引力，那么它在理论上的说服力也就会大为减弱。社会主义在实践中难免出差错，要勇于自我揭露，善于接受批评，认真切实改正，切不可讳疾忌医，文过饰非。这当然不是说，社会主义国家只限于关门建设，可以不关心、不支持世界社会主义运动，社会主义国家的建设也需要所有国家劳动者和慈善者的支持和帮助；只有世界社会主义的最终胜利，才可能为社会主义国家的继续发展创造最有利的国际条件。所以现有社会主义国家理应十分关切、大力支持世界社会主义运动。除了主要以本国社会主义全面建设的榜样来吸引世界人民之外，还应该在政治上、思想上和道义上支援各国的社会主义运动，必要时还应该尽可能给予人力、物力和财力上的援助。但是，世界社会主义发展战略的基点应该是各国无产阶级、人民大众及其政党独立自主、自力更生、艰苦探索、努力奋斗。

5. 社会主义国家如何处理好同资本主义国家的关系是决定世界社会主义命运的头等大事

1917 年十月革命胜利、建立第一个社会主义国家后，就出现了社会主义国家与资本主义国家的关系问题。从那时以来，这两类不同社会制度国家的关系大体形成过三种状态，即热战对抗、冷战对峙与和平共处。

首先，历史经验证明，资本主义国家反对社会主义国家的最尖锐的形式、最凶残的手段是武装入侵，用反革命暴力摧毁社会主义制度。历史上帝国主义曾经四次武装入侵社会主义国家，即 1918—1920 年英、法、美、日等帝国主义纠合 14 国军队对苏俄进行的武装干涉，1941—1945 年德国法西斯背信弃义、大规模入侵苏联，1950—1953 年的朝鲜战争，1945—1975 年法、美先后入侵印度支那的战争。苏联、中国、朝鲜、越南等国先后战胜帝国主义四次武装入侵的历史实践昭示我们：社会主义国家在同资本主义国家相处中的首要任务是要时刻防备资本主义国家的武装入侵，要认真对付资本主义国家的武装入侵，要坚决打败资本主义国家的武装入侵，争取在热战中取胜。为此社会主义国家要改变 1871 年巴黎公社关于废除常备军、建立全民武装的传统观念；应该建立并强化无产阶级的常备军、国防军，同时培训一支民兵队伍，增强国防工业和国防建设，这样才能保证社会主义国家的存在和发展。同时，社会主义国家还要极其慎重地处理内政外交的一系列问题，千万不能冒险采取过激举措，以免为帝国主义的武装入侵提供借口。例如，1950 年的朝鲜战争即因急于统一朝鲜半岛而爆发，这是深刻教训。

其次，历史经验证明，帝国主义在常规战争未能取胜之后，甚至妄图用核战争来摧毁社会主义国家，即由热战进而升级为核战。在第二次世界大战后期，美国首先制成原子弹。战后，美国企图垄断核武器的秘密，它在和平条件下继续生产原子弹，推行原子外交和原子讹诈政策，宣扬战争恐怖来恫吓社会主义国家，为其独霸世界张目。面对帝国主义的核战威胁，社会主义国家不仅要唤起本国人民和世界人民进行反对核战的斗争，而且也要加紧研制自己的核武器，以便针锋相对，以牙还牙，打破其核垄断，粉碎其核讹诈。1949 年 8 月 29 日，苏联第一颗原子弹爆炸成功，比美国只晚四年多；1953 年 8 月 12 日苏联又爆炸第一颗氢弹，比美国只晚 9 个月。显然，社会主义苏联在掌握核武器方面急起直追，迎头赶上，这是防止帝国主义国家发动核战的有效的防御手段。中华人民共和国建立后，为了增强国防实力，在第一个五年计划后期，就着手研制原子弹。我国终于在1964年10月16日第一颗原子弹试验成功，1967年6月17日第一颗氢弹爆炸成功。随后我国的核武器数量有所增长，核武器技术不断提高，极大地提高了社会主义国家防备核战的实力，这样就打破了美国、苏联对核武器的垄断，也给予帝国主义推行的核战略以有力的打击。中国政府在核武器问题上的立场是明确的：第一，中国政府一贯主张全面禁止和彻底销毁核武器；第二，中国发展核武器完全是为了防御自卫，中国政府多次声明，在任何时候、任何情况下，都不会首先使用核武器；第三，中国政府一贯主张，召开世界各国首脑会议，讨论全面禁止和彻底销毁核武器问题，首先达成不使用核武器的协议。认真遵循这些原则，唤起世界人民反对核战争，就能够打破资本主义国家准备以核战摧毁社会主义国家的战略。研制核武器是需要投入大量人力、物力、财力的，社会主义大国掌握核武器后，就能迫使资本主义大国难以对社会主义小国进行核威胁与核讹诈，所以各个社会主义小国完全不必要去研制核武器，可以集中全力加强社会主义建设，改善民生。

最后，历史经验表明，在资本主义国家热战和核战的战略均未能得逞的情况下，资本主义国家可能被迫同社会主义国家和平共处，甚至进行某些合作，但是由于它们害怕社会主义国家日益强大会危及资本主义统治，因此不会心甘情愿地长期和平共处，而是虎视眈眈，剑拔弩张，时常制造事端，不断发生摩擦，伺机挑起热战甚至核战。在这样的情况下，和平共处往往变成冷战对峙，尽管这种冷战区别于热战、核战，然而双方关系并非那么缓和平静。冷战对峙可以说是和平共处的非正常状态，和平共处不时转变为临近热战对抗的边缘状态。要使冷战对峙不至于导致热战对抗，而回到和平共处的较正常状态，需要社会主义国家坚持有理、有利、有节的斗争，并且善于审时度势，及时调整对策，同时这也取决于资本主义世界形势的变化、资本主义国家的对策和世界各国人民的斗争。从第二次世界大战前后两种不同社会制度国家的关系的演变，可以看出和平共处与冷战对峙的交替和交错。1917年十月革命胜利后，就发生了持续三年之久的帝国主义对苏俄的第一次武装入侵。从1921年到1941年，社会主义的苏联同世界资本主义国家大约和平共处20年，其中有几次斗争相当尖锐，但并未导致战争发生。苏联尽管采取了种种措施来维护同资本主义国家的和平共处，但是由于苏联政府对外政策的失误，轻视了法西斯德国的侵略本性，1941年6月德国的突然袭击终于打破了和平共处，开始了资本主义国家对社会主义国家的第二次武装入侵。微妙的是，在当时的国际形势下，1941—1945年社会主义国家苏联曾经同一部分资本主义民主国家（美、英等国）进行合作，结成反法西斯同盟，共同反对另一部分资本主义法西斯国家。战后，社会主义由一国扩展到十几国，社会主义与资本主义两类不同社会制度的国家又经历了40多年和平共处与冷战对峙的交替与交错。当今，社会主义国家与资本主义国家的关系，在时代主题发生从战争与革命到和平与发展的新变化的情况下，应该总结历史经验，进行新的调整，以利于世界社会主义的发展。

1953年12月31日，我国政府在与印度政府谈判中提出了解决国与国之间争端的五项原则：互相尊重主权和领土完整、互不侵犯、互不干涉内政、平等互利、和平共处①。这

① 周恩来外交文选．北京：中央文献出版社，1990：63．周恩来的最初表述为："互相尊重领土主权、互不侵犯、互不干涉内政、平等互惠和和平共处。"

五项原则首次写入 1954 年签订的《中印关于中国西藏地方与印度之间的通商和交通协定》中。后来，我国将这五项以和平共处为中心的原则写入 1975 年以来的历次《中华人民共和国宪法》。我国倡导确立的和平共处五项原则得到了国际社会的广泛支持和认可，联合国大会于 1974 年通过的《各国经济权利与义务宪章》中明确把和平共处五项原则作为指导国际关系的准则。这对改变战后冷战对峙局面并使之转向真正和平共处做出了重要贡献。同时，和平共处五项原则也是在当代国际条件下对列宁当年提出的和平共处原则的进一步新发展。这主要体现在以下三点：第一，和平共处五项原则是在总结长期国际关系新的实践经验的基础上提出的，它所包含的内容比列宁时期更加丰富、更加明确。国家主权原则是国际法、国际关系的最基本原则，领土是国家主权的物质基础。互相尊重主权和领土完整是处理国际关系的首要前提，互不侵犯、互不干涉内政、平等互利是正确处理国际关系的基本准则，和平共处这一项原则是正确处理国际争端的基本方法，又是指导国际关系的法律原则所要达到的目的。有了以和平共处为中心的五项原则，两种不同社会制度的国家以及同一社会制度的各个国家之间的关系就有了较为具体而完整的准则可以遵循，这样世界和平就有可能实现。第二，列宁提出和平共处只是为了解决社会主义国家同资本主义国家之间一时的关系，可以说当时和平共处只是一种策略。列宁曾经坦言："只要存在着资本主义和社会主义，它们就不能和平相处，最后不是这个胜利，就是那个胜利；不是为苏维埃共和国唱挽歌，就是为世界资本主义唱挽歌。这是战争的延期。资本家是会找借口来打仗的。"① 后来的事实验证了这个预见。然而，在当今世界社会主义的力量和世界人民保卫和平的力量不断壮大以及新科技革命正在蓬勃发展的新形势下，社会主义国家同资本主义国家的和平共处完全可能是长期的，完全可能不必用战争手段来解决不同社会制度国家之间的矛盾，因而当今的和平共处就不是一时权宜之计的策略，而是长期持续有效的战略。第三，列宁提出和平共处只是为了解决社会主义国家同资本主义国家之间的矛盾，当今和平共处五项原则进而还用以解决社会主义国家之间以及各类国家之间的矛盾，成为处理国际关系的普遍原则。

从近年来国际形势的变化和缓和可以看出，东西方的关系虽然还有反复，但是总的趋势是由"冷战对峙"向"和平共处"转变。历史进程表明，在当代世界的具体条件下，一方面新科技革命方兴未艾，另一方面社会主义国家与资本主义国家经过长期较量，表明社会主义和资本主义在相当长的时期内谁也摧毁不了谁，彼此只有选择对话与合作，这才是现实和明智的态度。企图继续进行冷战甚至妄图发动热战、核战的右翼分子还会不时兴风作浪，所以真正实现并发展和平共处有待长期努力、持久奋斗。从时代的潮流来看，由新科技革命推动的世界经济的发展和全球化的趋势，促使各国间的经济联系、不同社会制度国家间的经济联系日益密切。互相依赖和互相制约的世界市场体系的进一步扩大，使世界经济的有机性和整体性不断增强。适应世界经济发展的这一新特点和新趋势，资本主义国家和社会主义国家的明智的领导人都在相应地调整彼此之间的经济关系和对外政策。资本主义国家在逐步放宽、程度不同地改变对社会主义国家的经济封锁和禁运政策，因为这样做对西方资产阶级显然是有利可图的。社会主义国家也在逐步克服对自力更生的片面理

① 列宁．列宁全集：第 40 卷．2 版．北京：人民出版社，1986：78.

解，实行对外开放，争取外援，积极参加国际交流和国际竞争，最终做到自力更生。在增强东西方经济联系之中，还要促进南南经济合作（也就是分布在南半球的发展中国家之间的合作）和南北对话，改善南北经济关系（也就是北半球的发达国家与南半球发展中国家之间的经济关系），逐步改变不合理的国际分工和不平等的经济关系，限制和监督跨国公司的活动，改革现有国际经济机构的体制和规章，保证社会主义国家和发展中国家的经济主权，使社会主义国家和发展中国家在国际经济事务中拥有更充分和有效的参与决策权，为建立和平竞争、互利协作的国际经济新秩序而奋斗。政治是经济的集中表现，世界经济的全球化促使各国间的政治联系、不同社会制度国家间的政治联系日益密切。各个主权国家不论大小、强弱、贫富，普遍要求独立自主、完全平等地按照和平共处五项原则来解决各种国际争端，这使得强权政治、霸权主义越来越难以得逞。社会主义国家要联合众多发展中国家，争取发达资本主义国家中的明智之士，为建立和平共处、平等协商、公正合理的国际政治新秩序而奋斗。

社会主义国家与资本主义国家之间的关系要从冷战对峙完全调整为和平共处，还需要长期艰苦的努力。即便是和平共处，也不是没有斗争，而是更加复杂、更加隐蔽、有时更加尖锐的斗争。但是这种斗争要有理、有利、有节，要善于斗智、斗勇、斗法（遵循国际法），通过适当的斗争达到更好的合作。

古往今来，国与国之间的关系就和平共处而言，细加区分还有三种状态，即冷漠、冷淡的冷和（cold peace）共处，热情交往、热烈合作的热和（hot peace）共处，以及介于冷和与热和之间的温和（warm peace）共处。不仅社会主义国家与资本主义国家之间，而且所有国家之间，都应该尽量减少冷和，增加温和，力争热和。可持续的热和共处是国际关系的最佳状态和最高境界，它也最有利于世界社会主义的新发展，这个目标有待全世界各国人民共同奋斗①。

在长期实践中，我们提出和坚持了和平共处五项原则，确立和奉行了独立自主的和平外交政策，向世界做出了永远不称霸、永远不扩张的庄严承诺，强调中国始终是维护世界和平的坚定力量。走和平发展道路，“是新中国成立以来特别是改革开放以来，我们党经过艰辛探索和不断实践逐步形成的”②，“是我们党根据时代发展潮流和我国根本利益作出的战略抉择”③。习近平总书记在党的十九大上强调：“中国将高举和平、发展、合作、共赢的旗帜，恪守维护世界和平、促进共同发展的外交政策宗旨，坚定不移在和平共处五项原则基础上发展同各国的友好合作，推动建设相互尊重、公平正义、合作共赢的新型国际关系。”并呼吁“各国人民同心协力，构建人类命运共同体，建设持久和平、普遍安全、共同繁荣、开放包容、清洁美丽的世界。”④ 总之，遵循和平共处五项原则来构建和谐世界，这是当今社会主义国家最重要的国际战略。为此我们就要争取同越来越多的国家建立

① 对和平共处三种状态的分析，参见：高放．冷战之后世界大势是“战”还是“和”//高放．纵览世界风云．北京：中国书籍出版社，2002：224-234.

② 习近平．习近平谈治国理政．北京：外文出版社，2014：248.

③ 同②247.

④ 习近平．决胜全面建成小康社会 夺取新时代中国特色社会主义伟大胜利：在中国共产党第十九次全国代表大会上的报告．北京：人民出版社，2017：58.

全面战略伙伴关系，包容互鉴、合作共赢、不树敌、不结盟、不划线（不以意识形态与社会制度划线）、不当头、不争霸、不搞军备竞赛、不急于解决国际争端、不轻易动用武力，要和平发展、和平合作、和平竞争、和平竞赛、和平对话、和平谈判、和平协商、和平解决。

综上所述，我们认为当今时代世界社会主义的发展战略可以简明概括为：全世界劳动者和进步人士联合起来！全世界各党各派社会主义者联合起来，消除世界战争危险，反对霸权主义和新干涉主义，维护世界和平，促进各国和平发展、合作共赢，促进建设持久和平、普遍安全、共同繁荣、开放包容、清洁美丽的和谐世界，促进世界逐步从资本主义和平发展到社会主义，共产党人和共产党执政的社会主义国家在世界社会主义发展中要起先锋表率作用。

复习思考题

1. 我们的时代发生了哪些重大变化？对当今我们所处的新时代应该树立什么样的新观念？

2. 在当今时代，科学社会主义主要面临哪两大挑战？应该如何正确应对这两大挑战？

3. 科学社会主义在当代世界的新战略包括哪些要点？其现实和理论依据是什么？

终 论

科学社会主义理论从19世纪40年代创立以来，历经170多年的实践，其历史贡献主要可以归纳为六点：第一，科学社会主义作为一种思想、理论、理想和信念，对人类产生了空前巨大而深远的影响。第二，科学社会主义为人类社会开辟了崭新的发展道路，展现了美好的前景。第三，共产党和多种社会主义政党不断发展壮大，成为世界政治舞台和许多国家政治生活中的一支重要力量。第四，社会主义制度显示了根本的优越性。第五，科学社会主义的理论与实践推动了民族解放运动的发展和殖民地、半殖民地国家的独立。第六，社会主义国家的建立和发展有利于建立公正合理的国际政治经济新秩序。

科学社会主义发展的道路是曲折的，这主要有三方面的原因：第一，道路的曲折性是人类社会发展的一般规律；第二，社会主义制度的创立是人类历史上的崭新事业，其前进的道路必然更加曲折；第三，人们对社会主义革命和社会主义建设规律的认识有一个曲折的发展过程。社会主义发展的道路尽管迂回曲折，然而它必然会百折不挠，前赴后继，一往直前，终获成功。这是因为：第一，资本主义发展到社会主义是社会发展的客观规律；第二，以中国为代表的社会主义国家在改革开放中不断发展壮大，成为科学社会主义理论与实践重新振兴的先锋和中坚力量；第三，世界共产主义政党和各类社会主义政党率领广大人民群众在困难中坚持斗争，在调整中继续发展。

科学社会主义理论在实践中的基本经验是：第一，坚持共产党的领导，搞好党的建设；第二，坚定社会主义、共产主义信念；第三，坚持并在实践中不断丰富和发展马克思主义；第四，努力探索反映时代特点、适合本国国情和具体历史条件的革命、建设和改革道路；第五，善于把握时机，勇于在历史转折关头把社会主义事业推向新的阶段。

科学社会主义理论在实践中应当吸取的主要教训有：第一，必须纠正根深蒂固的“左”的指导思想，同时防止右的思想倾向；第二，必须善于把理想和现实、人民群众的长远利益和近期切身利益有机结合起来；第三，必须高度重视生产力的发展和科技革命，抓住机遇，迎接挑战；第四，必须积极稳妥、全面协调地推进社会主义改革；第五，必须坚持独立自主原则，防止、反对大党大国主义和故步自封、拒不改革。

进入21世纪以来，科学社会主义正面对错综复杂的局面，我们应抓住机遇，迎接挑战，努力开创科学社会主义发展的新局面。为此就要做到：第一，解放思想，实事求是，努力实现科学社会主义理论的创新；第二，加强共产党的自身建设；第三，努力探索具有本国特色的社会主义道路。

第一节　科学社会主义理论与实践发展的历史进程

一、科学社会主义理论与实践的历史贡献

科学社会主义理论在实践中取得过辉煌成就，也遭遇过严重挫折；有凯歌行进的发展，也有艰难曲折的探索。科学社会主义在前进中显示出自身的优越性和巨大威力，也存在严重不足，亟待改革创新。如何全面认识科学社会主义发展的历史进程，深入思考社会主义的历史命运，是不能回避的、迫切需要回答的议题。回顾历史，我们不要只看到东欧剧变、苏联解体这个重大挫折之后社会主义面临的困难和严峻挑战，首先应当拥有宽广的视野，充分肯定科学社会主义理论与实践的多方面历史贡献。

第一，科学社会主义作为一种思想、理论、理想和信念，对人类产生了空前巨大而深远的影响。

社会主义刚刚产生的时候，尽管带有空想的、理想主义的色彩，但它仍显示出先进思想的光芒和旺盛的生命力。空想社会主义揭露了资本主义的罪恶，描绘了社会主义的美好前景，但对资本主义批判缺乏深入、系统的理论，未能真正揭示出它的本质及其必然灭亡的内在矛盾和规律性，未能找到取代资本主义、实现社会主义的正确方法、道路、理论和阶级力量。马克思、恩格斯坚持科学理论与实际的结合，成功地解决了空想社会主义者未能解决的重大理论问题和实践问题，实现了社会主义从空想到科学的飞跃。科学社会主义理论为工人阶级的觉醒、国际共产主义运动的兴起和人类解放事业的发展提供了科学的思想指南，极大地改变了人类的命运，强烈地影响了世界历史的进程。19 世纪末，资本主义从自由竞争阶段过渡到垄断阶段，其固有的矛盾空前尖锐，导致地区战争乃至世界大战。列宁在新的历史条件下把马克思主义基本原理同俄国和国际实际相结合，实现了理论上的飞跃，使马克思主义发展到列宁主义阶段。随后各国共产党人纷纷把马克思主义、列宁主义理论同本国实际相结合，进一步丰富和发展了这一理论，并用这一理论指导本国的社会主义革命和建设事业，从而使社会主义蓬勃发展，世界的面貌发生了深刻的变化。

中国共产党人在探索中国社会主义革命、建设和改革道路的过程中，既坚持了科学社会主义的基本原则，又根据我国实际和时代特征赋予其鲜明的特色，先后形成了毛泽东思想、邓小平理论、“三个代表”重要思想、科学发展观、习近平新时代中国特色社会主义思想等重大战略思想，不断推进马克思主义中国化。社会主义和马克思主义在中国大地上焕发出勃勃生机。

社会主义至今仍然是人类最美好的理想，不仅共产党人为之奋斗，而且广大劳动人民和一切进步人士也都把它当作消灭剥削制度及各种不合理现象的唯一选择。马克思、恩格斯、列宁被当作 19、20 世纪最有影响的伟大思想家、理论家而受到当代人包括发达资本主义国家人民的尊敬，至今仍为世人所熟知。《共产党宣言》和《资本论》等经典著作所阐述的科学社会主义理论，至今仍闪烁着灿烂的光辉。

第二，科学社会主义为人类社会开辟了崭新的发展道路，展现了美好的前景。

当资本主义登上历史舞台的时候，社会生产力有了很大的发展，社会物质财富进一步丰富，然而它也给人类带来了血与火的灾难，残酷的剥削与压迫，贫富两极分化以及对殖民地的血腥统治。人类向何处去？社会主义的出现，就像东方地平线上的曙光，驱走了笼罩人间的暗夜，指明了社会发展的方向。社会主义使人们看到了人类社会的美好前景，极大地鼓舞了被压迫阶级。

在科学社会主义的指导下，俄国人民经过艰苦卓绝的奋斗，终于在 1917 年夺取了十月革命的胜利，建立了世界上第一个社会主义国家。十月革命掀起欧亚革命高潮，一大批以布尔什维克党为楷模的共产党在东西方普遍建立，领导本国人民进行反对帝国主义、殖民主义和反动统治的斗争。随后法西斯主义的猖狂泛滥，遭到全世界人民的反抗。社会主义苏联和各国共产党及其领导、影响下的革命与进步力量，为反法西斯战争的胜利做出卓越贡献，社会主义本身也在这一斗争中进一步发展壮大。随着反法西斯战争的胜利，欧亚一系列国家走上社会主义道路，社会主义从一国发展到多国。进入 21 世纪，尽管在经济全球化和新科技革命的历史条件下，发达资本主义国家和发展中国家，以及每个国家走向社会主义的具体道路有所不同，可能出现多样化的选择，但社会主义的道路依然是人类解放的根本之路。

第三，共产党和多种社会主义政党作为社会主义思想的宣传者、社会主义力量的组织者、社会主义运动和社会主义国家的领导者，不断发展壮大，成为世界政治舞台和许多国家政治生活中的一支重要的力量。

在科学社会主义指导下，第一批科学社会主义者于 1847 年创建了世界上第一个国际性共产党组织——共产主义者同盟，1869 年又建立了第一个民族国家范围内的社会主义政党——德国社会民主党，1864 年和 1889 年成立了无产阶级国际组织——第一国际和第二国际。社会主义政党不断壮大，从几个发展到几十个，遍布欧亚美几大洲。在其领导下，社会主义运动和工人运动蓬勃发展。20 世纪初，以列宁为代表的共产党人，把科学社会主义同当时具体历史条件和俄国的国情结合起来，创建了新型的革命政党——布尔什维克党，即共产党。在十月革命的鼓舞下，在俄国布尔什维克党的支持下，一大批国家建立了共产党。在此基础上 1919 年成立的共产国际（第三国际）推动了国际共产主义运动和世界社会主义运动的进一步发展。同时，共产党组织也不断壮大，数量迅速增加。到第二次世界大战结束时，全世界的共产党已达 70 多个，党员达到 2 000 多万。20 世纪 80 年代，即经过 80 多年发展，世界共产党达到 180 多个，党员人数增加到 9 000 多万。经过东欧剧变、苏联解体的冲击，世界共产党仍保持在 130 个左右，目前党员人数达到 1 亿多，在当今政党世界卓然挺立。

第四，由俄国十月革命和苏联带头开创的社会主义制度显示了根本的优越性。

社会主义作为一种崭新的社会制度和社会形态，首先在不发达国家建立，消灭了人剥削人、人压迫人的制度，实现了工人阶级和广大劳动人民当家作主。它所体现的平等、公平、公正、合理，则是任何资本主义国家所无法比拟的。尽管迄今为止多数社会主义国家由于经济基础薄弱而发展较晚，横向相比与发达国家还有较大差距，但它们无疑在本国历史上创造了最先进的生产力和最强大的综合国力。社会主义的不少制度创新，如实行人民大众的基本生活保障、充分就业、主动缩短劳动时间、吸收劳动者参与社会和企业管理、公费医疗、义务教育等，受到世人的高度重视，乃至发达资本主义国家也不得不学习和借鉴。

东欧剧变、苏联解体，暴露了社会主义制度还存在诸多弊病，包括权力过度集中、民主自由不足、片面强调计划经济而简单排斥市场经济、生产资料所有制形式和分配形式与社会生产力发展不相适应、没有处理好积累与消费的关系、长期不注意较大幅地改善人民的物质文化生活条件导致生活水平与发达国家的差距扩大，等等。产生这些弊病的原因都不在于社会主义根本制度本身，而是由于一些具体体制不完善引起的。问题的解决不能通过改变或放弃社会主义制度，而是要在社会主义自身基础上不断进行体制改革。目前社会主义各国正在进行的改革，就是为了实现社会主义制度的自我更新、发展和完善。社会主义改革显示了社会主义制度强大的生命力。尽管迂回曲折，然而能够一浪接一浪地推进社会主义改革本身就说明，社会主义代表着广大人民的根本利益，代表着人类社会的发展方向，具有旺盛的活力。中国社会主义改革的伟大成就，生动地证明了社会主义制度具有强大的自我革新能力和内在发展潜力。

第五，科学社会主义的理论与实践推动了民族解放运动的发展和殖民地、半殖民地国家的独立。

十月革命不仅推动了西方国家社会主义运动的发展，而且促进了东方民族民主革命高潮迭起。从此，社会主义革命与民族解放运动相互支持，共同反对帝国主义、殖民主义的统治。第二次世界大战后，欧亚一系列人民民主国家的建立、社会主义阵营的形成，极大地削弱了帝国主义阵营的力量，打击了帝国主义的殖民统治，进一步促进了民族解放运动的发展和殖民地、半殖民地国家的独立，到 20 世纪 60 年代导致殖民主义体系的瓦解，亚洲、非洲和拉丁美洲先后有 100 多个国家成为新兴的民族独立国家，在资本主义世界与社会主义世界之外形成了第三世界，根本改变了世界政治格局。社会主义国家进而联合第三世界众多发展中国家持续开展反对资本主义强权政治、霸权主义的斗争，不断给新独立的发展中国家建设以多方面的帮助，这对于世界社会主义的发展是有重大意义的。

第六，社会主义国家的建立和发展，在很大程度上遏制了帝国主义的对外扩张，不断挫败帝国主义的战争阴谋和霸权行径，有利于建立公正合理的国际政治经济新秩序。

十月革命之前，资本主义列强横行霸道，任意扩张和瓜分世界，国际社会是帝国主义一统天下。随着社会主义苏联的出现及其对各国革命和人类进步事业的大力支持，帝国主义再也不能像从前那样进行扩张了。帝国主义曾妄图把新生的苏维埃政权扼杀在摇篮里，但最终未能得逞。随后，苏联成为反对帝国主义法西斯主义发动的世界大战的主力军。世界反法西斯战争的胜利，充分显示了社会主义制度的优越性和强大威力，也极大地推动了世界社会主义运动、民族解放运动的发展以及欧亚一系列人民民主国家的建立。过去备受欺凌和蔑视的苏联，第一次以世界大国的身份，同美、英等列强平起平坐，平等地在一起讨论国际形势和战后国际事务。各人民民主国家走上社会主义道路，横跨欧亚大陆的社会主义阵营形成，世界两极格局形成，结束了西方列强独霸全球事务的历史。尽管当时苏联有大国主义以及同美国争霸世界的倾向，但我们绝不能忽略苏联是作为世界社会主义和进步力量的代表在同以美国为首的帝国主义势力进行斗争，是在维护本国的也是世界社会主义的权益。冷战结束以后，世界格局从两极转向多极。社会主义中国在当今国际事务中发挥着重要作用，在联合国及其他国际组织中占有重要的一席之地，无论从哪个角度讲，中国都是多极化格局中的重要一极，成为反对霸权主义和强权政治的中坚力量。

二、科学社会主义道路的曲折性及其光明前景

1. 如何认识科学社会主义发展的曲折性

世界社会主义的发展并不是一帆风顺的，曾遇到过许多困难，也遭到不少失败，特别是苏东剧变这样的严重挫折。这是否说明社会主义缺乏生机、前景渺茫呢？我们应当如何看待社会主义发展道路的曲折性呢？

第一，道路的曲折性是人类社会发展的一般规律，社会主义创新事业之路必然更加曲折。

任何事物的发展都是矛盾相互运动的结果，没有矛盾就没有运动，没有运动任何事物就不会发展，人类社会也将停滞不前。矛盾的相互运动，主要就是新生力量与保守力量、进步与反动的相互斗争。新陈代谢，新生力量战胜保守力量，进步战胜反动，人类社会才会向前推进。由于新生的、进步的力量总是脱胎于旧社会形态中，它一经产生，便将面对比它强大得多的保守、反动力量的围攻。所以新生的、进步的力量不会直线上升，它战胜保守的、反动的力量的过程不会一帆风顺，前进的道路总是曲折的。

历史上封建社会取代奴隶社会经历过反复，资本主义社会取代封建社会更是充满了曲折。封建制度代替奴隶制度，资本主义制度代替封建专制制度，都是以一种剥削制度代替另一种剥削制度，以一个剥削阶级的统治代替另一个剥削阶级的统治。它们都是建立在私有制基础上的人剥削人、人压迫人的制度。而社会主义革命不仅要推翻资产阶级统治，而且要彻底废除私有制，消灭人剥削人、人压迫人的现象，实现全人类的解放和每个人的解放。它所完成的使命更艰巨、更复杂，它所遇到的困难和阻力也更大，这就决定了社会主义革命和世界社会主义运动的发展道路更加曲折。

封建经济早在奴隶社会后期就已产生，资本主义经济同样孕育于封建社会内部。也就是说，当地主阶级和资产阶级作为新生力量走上政治舞台进行革命时，它们已具备了雄厚的经济实力。这种实力甚至超过反动阶级。这样，革命力量与反动力量的对比差距不大。而无产阶级却一无所有，社会主义经济也不可能在资本主义社会中得到很大发展。这决定了无产阶级起来革命时，缺少强大的经济实力，革命与反动的力量对比悬殊。资产阶级夺取政权之前，在封建社会内部就已逐步形成一个在经济行为、政治观念、价值取向、思想信仰等诸方面都有别于地主阶级的“市民社会”。“市民社会”不断发展壮大，占领阵地。封建统治阶级被“市民社会”包围，最后只剩下国家政权这个顽固堡垒。资产阶级革命主要涉及的就是国家政权的更迭。资产阶级的背后是“市民社会”，它的政治代表一旦掌握国家政权，革命便大功告成，“市民社会”则顺利地扩张成为新政权的基础。资产阶级无须像后来掌握政权的无产阶级那样对社会进行大规模的包括生产资料所有制在内的改造。从一定意义上说，资产阶级革命不过是为资本主义的私有制及建立在私有制基础上的“市民社会”的进一步发展扫除障碍、创造更有利的条件而已。而无产阶级则不同，奋起斗争之时它一无所有，它既遭受政治压迫，也饱受经济剥削。在西方它还面对着一个强大的“市民社会”。在东方，它往往还面对着封建势力和官僚买办阶级的压迫。这就使无产阶级

革命比资产阶级革命的任务艰巨得多、道路曲折得多。无产阶级即使掌握了政权，经济上也并未获得真正的翻身解放，它必须依靠政权的力量清除封建势力和官僚买办阶级的影响，进行生产资料的社会主义改造，即废除私有制，实行公有制，同时还必须培育、改造那个历史遗留下来的"市民社会"，在此基础上，才有可能进行社会主义建设。如果说资产阶级政治革命的胜利是历史演进中一个阶段的终结，那么，无产阶级政治革命的成功则只是历史演进中一个新阶段的开始，即万里长征才迈出第一步。社会主义在一国或几国首先胜利还面临世界资本主义强大势力的包围。这些都决定了社会主义事业在前进中必然多有曲折。

科学社会主义的理论与实践和历史上的革命运动一样，从来就是波浪式向前发展，而非直线上升。自 19 世纪 40 年代世界共产主义运动兴起以来，经历了第一国际建立和巴黎公社革命高潮及其失败后的低潮；十月革命以及欧亚革命高潮和欧亚革命失败后的低潮；第二次世界大战后社会主义从一国到多国的发展，社会主义阵营在欧亚两大洲的建立，世界共产主义运动空前高涨及其大转折、大分裂，社会主义建设面临困难，社会主义改革出现失误以及接踵而至的苏东剧变。从世界共产主义运动的发展规律来看，在革命低潮时期，只要各国共产党人吸取失败的教训，适应客观形势的发展，及时调整方针政策，坚持不懈地进行斗争，就会迎来新的革命高潮，并把它推向一个新的历史阶段。苏东剧变后，中国等社会主义国家不仅没有丧失信心，而且在认真总结经验教训的基础上，选择并坚持建设具有本国特色的社会主义，成为世界共产主义运动振兴的中坚和希望。

第二，人们对社会主义革命和社会主义建设规律的认识有一个曲折的发展过程。

就革命特点而言，资本主义社会可以说是从封建主义社会"演变"来的，除英、法、美等国爆发了内战，其他许多国家都是通过自上而下的改良从封建主义社会"和平演变"到资本主义社会的，如德、俄、日等。与之相比，社会主义社会根本不可能从资本主义社会直接"演变"而来，迄今为止，还没有一个社会主义国家是从资本主义社会"和平演变"来的，相反却出现了社会主义国家被资本主义"和平演变"过去的现象。概括二者产生的不同特点，可以说社会主义社会是从资本主义社会中"开创"出来的，即它是无产阶级在马克思主义的指导下，在本阶级革命政党领导下经过长期浴血奋战后，在打碎旧的国家机器、废除私有制的基础上开创出来的一个崭新的社会。

作为创造新社会的理论指导的科学社会主义，有一个从实践中来到实践中去、并在实践中不断丰富和发展的过程。由于实践的复杂性，人们不可能一下子就完全掌握它的规律并在此基础上形成完全正确的科学理论，所以科学社会主义在实践中的丰富和发展也必定是曲折的，从而导致创造新社会的实践过程的曲折性。以对社会主义建设的认识为例，根据马克思、恩格斯原来的设想，社会主义将首先在西欧、北美发达国家几乎同时胜利，然而 20 世纪由于历史条件的变化，社会主义却首先在东欧、东亚少数落后国家胜利，这就要求我们独立探索落后国家首先实现社会主义的特殊规律。落后国家区别于发达国家的主要之点是封建主义落后遗产多，资本主义文明成果少。因此，落后国家建设社会主义就要着重清除封建主义落后遗产，充分利用资本主义文明成果。例如自然经济、半自然经济就是封建主义落后遗产，商品市场经济就是资本主义的文明成果。中、苏等国的长期实践证明，在自然经济和半自然经济基础上实行计划产品经济，难以持久促进生产力的发展。经过曲折发展，邓小平总结了各国社会主义建设和改革的经验教训，明确提出社会主义和市场经济之间不存在根本矛盾，认识到计划和市场都是发展生产力的方法，它为社会主义服务，就是社会主义的，深刻阐述了社会主义市场经济理论。根据这一理论，1992 年中共十四大正式提出建立社会主义市场经济体制。对社会主义市场经济的新认识就是经历了大半个世纪、几代人的反复实践和苦心探索才取得的。

2. 应当看到社会主义的光明前景

尽管苏东剧变使社会主义的发展遭到严重挫折，尽管科学社会主义、世界共产主义运动处于低潮之中，面临诸多难题和严峻考验，但是世界社会主义的发展前景仍然是光明的。

第一，从人类历史的发展进程来看，当今资本主义发展到社会主义更凸显出这是社会发展的客观规律。

辩证唯物主义历史观认为，生产方式，即生产关系和生产力的总和，决定着整个人类的政治生活、社会生活和精神生活。资本主义之所以会被社会主义取代，根本在于其生产关系与生产力发展的矛盾。它实行的是生产资料的私人占有制，是阻碍生产力发展的根本因素。如果说资本家过去主要通过延长劳动日和缩短必要劳动时间来谋取高额利润，而现在则更多的是通过榨取脑力劳动者的剩余价值来发财致富。当代资本主义社会带头掀起的新科技革命把生产力又提高到一个更高度社会化的新阶段，因此这种更高度社会化的新生产力最终必然要求实现生产关系的变革，实现生产资料的社会所有制。

尽管资本主义在当代有了新的发展变化，人们的物质生活水平普遍有所提高，但是广大雇佣劳动者同垄断资产阶级的矛盾依然是资本主义社会的主要矛盾。尽管和平与发展成为时代的主题，但是资本主义国家之间的矛盾与冲突却时有发生。尽管资本主义国家对发展中国家掠夺的方式已经从昔日的炮舰政策代之以“文明”经商、“公平”贷款和经济技术“援助”，但是二者之间的矛盾与斗争依然存在。总之，资本主义所固有的、决定其必然发展到社会主义的上述三大矛盾，并没有消失，只不过表现形式有所变化，在和平发展时期有所缓和，但是我们应当透过现象看本质。这些阶级矛盾要得到根本解决，只有使资本主义逐步发展到社会主义，这是不以人的主观意志为转移的社会发展规律。

辩证唯物主义历史观还认为，生产方式与社会制度的变迁和更替需要依靠广大人民群众的自觉实践和行动来实现，其中个人尤其是领袖人物，在历史发展进程中对广大群众的带领作用更是不容忽视的。科学社会主义拥有马克思、恩格斯这两位伟人，在 19 世纪创立了科学理论，拥有列宁这样的伟人在 20 世纪带头付诸实践，首建奇功，开创奇迹。我们深信，21 世纪还会涌现马克思、恩格斯、列宁式的伟人，使世界社会主义从理论到实践两个方面都达到更高、更好的胜境。

第二，以中国为代表的社会主义国家在改革开放中不断发展壮大，成为科学社会主义理论与实践重新振兴的先锋和中坚力量。

苏东剧变后，社会主义各国认真总结教训，提高思想和理论认识，调整方针政策，克服困难，坚持和深化改革，继续前进。与剧变前相比，它们最大的变化是更加注意把科学社会主义的基本原则同本国具体情况结合起来，建设具有本国特色的社会主义。中国在中国特色社会主义理论的指导下，坚持改革开放，各项工作取得了巨大成就：国民经济加速发展，综合国力稳步增强，经济总量位居世界各国前列，人民生活水平显著提高，收入稳步增加，市场繁荣，社会稳定，人民安居乐业。中国的国际地位不断提高，在国际事务中发挥的作用越来越大，社会主义的生命力和优越性正在中国进一步体现出来。社会主义中国作为世界社会主义运动振兴的中坚，它的繁荣昌盛，证明了科学社会主义的前景是光明的。作为社会主义大国，中国的社会主义改革如果能够取得全面成功，对推进世界社会主义发展必然会起到重大的示范作用。

第三，世界共产主义政党和各类社会主义政党率领广大人民群众在困难中坚持斗争，在调整中继续发展。

发达资本主义国家的共产党受到了苏东剧变的严重影响，但法国共产党、西班牙共产党、希腊共产党、葡萄牙共产党以及意大利重建共产党等西欧共产党仍高举共产主义旗帜，坚持斗争。它们认真总结苏东的教训，探索发达资本主义走向社会主义的道路。法国共产党对革命的目标、发展阶段、斗争方式、党的群众基础、党的组织等方面进行了深刻的反思。日本共产党面对苏东剧变后的困难处境，不改旗易帜，不改名换“性”，而是及时调整战略，从日本的国情出发去争取群众、扩大影响，在国会中占有一定的议席，并在一些地方政府执政，在日本政治舞台上有一定的影响力。苏共被解散后，俄罗斯重新涌现出好几个共产党，它们在俄国政治生活中仍有一定的影响力。其他原苏东地区的共产主义政党也有程度不同的发展。摩尔多瓦共产党还通过竞争连续上台执政长达十年之久。发展中国家共产党受苏东剧变的冲击相对较小。印度共产党（马克思主义）和印度共产党、尼泊尔共产党（联合马列）和尼泊尔联合共产党（毛主义）、南非共产党、巴西共产党、委内瑞拉共产党等亚非拉国家的共产党吸取苏东的教训，坚持斗争。在新的历史条件下，它们更加注意把马克思主义同本国实际和时代特征结合起来，不仅顶住了苏东剧变带来的冲击和压力，而且在斗争中有所前进，在三南地区（南亚、南非和南美）取得了新的成就。尼泊尔联合共产党（毛主义）在2008年4月的制宪会议选举中取得突破性进展，进入政府，成为主要执政党，并同其他共产党和民主政党共同努力废除了该国的君主制。这说明了共产主义运动在发展中国家的前景也是光明的！

除了世界共产主义政党之外，我们还应该看到，当代世界还有诸多不满资本主义、要改变资本主义，追求社会公平、公正的各类社会主义政党在率领广大人民群众为实现社会主义而坚持不懈地奋斗，并且已经取得不同程度的成效。民主社会主义、民族社会主义、生态社会主义等在当代的理论与实践就是明证。这更使我们深信，世界社会主义的前景是光明的。

第二节　科学社会主义理论与实践的基本经验教训

一、科学社会主义理论在实践中的基本经验

科学社会主义理论在实践中的许多宝贵经验需要我们认真总结和坚持。总结这些历史经验，最根本的是要坚持解放思想、实事求是的原则。也就是说，要从历史的本来面目和现实的真实情况出发去总结科学社会主义理论、国际共产主义运动的实践经验，要唯实，

不唯书，不唯上，不拘泥于已有的结论或领袖人物在某一特定历史条件下针对某些具体情况而做出的判断、讲过的话或发表过的评论。科学社会主义理论在实践中的历史经验应当是世界社会主义运动发展一般规律的反映，是各国、各地区共同经验的概括和总结。因此，不能把某一国、某一地区的个别经验、特殊经验当作适用于各国、各地区的普遍经验。本着这一原则审视科学社会主义理论与实践的历史，其主要经验可以概括为以下五点：

第一，坚持共产党的领导，搞好党的建设。

历史经验表明，坚持共产党的领导，各社会主义国家和世界社会主义运动才会健康发展。十月革命的胜利，中华人民共和国及欧亚一系列人民民主国家的建立，社会主义革命、建设和改革事业的巨大成就都是坚持共产党领导的结果。共产党能够领导，根本原因在于，它有马克思主义科学理论的指导，有明确的社会主义、共产主义奋斗目标，善于根据形势的发展和各国具体情况选择正确的道路，制定符合实际的方针政策；它拥有健全、严密的组织体系，具有很强的组织力量；它由无产阶级先进分子组成，他们具有远大的革命理想，富于献身精神，为了实现社会主义和共产主义而进行不屈不挠的斗争；它能集中地体现和代表无产阶级和广大人民群众的利益，密切联系群众，并且组织广大群众参与自我解放的斗争。

共产党要正确领导革命和建设，首要之点在于必须坚持不懈地搞好党的理论、政治、组织、思想和作风建设。在这方面，马克思、恩格斯开创了良好的风范。他们在创建世界上第一个共产主义政党组织——共产主义者同盟的时候，不仅为它奠定了科学的理论基础，起草了科学的纲领，制定了正确的政治路线，而且为它制定了正确的组织原则，并根据这一原则，建立起了完整、严密的组织体系，从而使其真正成为一个有组织力和战斗力的革命政党。马克思、恩格斯在党的组织建设方面突出了民主制原则，充分保障党员参与党务活动的各项民主权利，确认党的最高权力机关是全党代表大会，党的代表大会必须每年召开一次，实行年会制。他们还为同盟规定了严格的纪律，从而能够形成一个统一的、组织严密的、具有战斗力的集体。同盟规定，中央委员会是全党代表大会的执行机关，它要无条件服从代表大会的决议，并根据这些决议的精神领导全党的日常工作。它每三个月要向各区部做一次工作报告。各级领导人一律民主选举产生，实行民主决策，少数服从多数，没有任何特殊人物。这就有效地防止了少数人过度集权和独断专行。与此同时，他们还十分重视党的思想建设，同各种错误思潮进行了不懈的斗争。他们还以身作则，遵守党的纪律和组织原则，密切联系群众，无论在理论研究还是在实际革命斗争中，都起到了先锋模范作用。在他们的带动下，共产主义政党从一开始便形成了优良的党风。

在新的历史条件下，列宁根据资本主义发展到帝国主义阶段的时代特征以及俄国的特点，发展了马克思主义，形成了包括帝国主义论、一国社会主义首先胜利论等内容的列宁主义新理论。列宁还为党制定了俄国革命分两步走的正确纲领和政治路线。鉴于俄国党与西欧社会党处境完全不同、缺少和平合法斗争的条件，在党的组织建设方面，列宁较多地强调了集中和纪律，采取民主集中制原则。列宁在坚持民主集中制的过程中强调在民主基础上的集中。尤其是在布尔什维克党夺取政权之后，他高度重视执政党的民主建设。在他执政六年之中坚持实行党的代表大会年会制，每年春天都召开党的代表大会。在大会上充许不同观点的人做反对中央报告的副报告，经过讨论与争论，平等表决，少数服从多数。列宁认为，党执政后，由于地位的变化，容易居功自傲、脱离群众，产生官僚主义和各种腐败。针对这种变化，他采取了不少措施，把对执政党的民主监督摆在十分重要的地位。他借鉴德国社会民主党的做法，在党内设立了与中央委员会平权的监察委员会，专门监察中央委员会和所有中央委员。为加强集体领导，防止个人独裁，中央委员会只设各由五个委员组成的政治局和组织局，分管政策执行的人事安排工作。1922 年虽然增设了总书记一职，但这并不是全党最高领导人的职称。总书记只是书记处首脑，专职负责党的建设工作，不能在政权机关兼职。列宁在党的民主建设方面树立了良好的典范。他德高望重，但总是以党中央领导集体中平等一员的身份同其他同志一起讨论问题，平等地投票决策，从来不以领袖自居，高高在上。他对于不同意见，总是靠说服的办法寻求党内意见的统一。他密切联系群众，经常深入基层进行调查研究，听取群众的呼声，发表演讲，宣传党的方针政策。在他的领导下，布尔什维克党经受住了头六年艰苦执政的考验，继续保持和发扬光大自己的优良传统，为世界社会主义运动积累了宝贵的经验。

第二，坚定社会主义、共产主义信念。

科学社会主义理论与实践的发展总会遇到各种艰难曲折，它之所以能够闯过一道道难关，不断发展壮大，其中一个重要原因，即一条重要经验，就是作为革命核心力量的共产党人始终如一地坚信社会主义必胜和共产主义必然实现的信念。欧洲 1848 年革命后，革命由高潮转入低潮，第一个共产党——共产主义者同盟被迫于 1852 年解散。但是马克思、恩格斯认真总结革命失败的经验教训，继续深入研究资本主义，著成《资本论》等不朽之作，为世界社会主义运动的大发展奠定了坚实的理论基础。他们还深入工人群众，为建立第一国际、第二国际以及支援巴黎公社革命做了大量工作。

19 世纪末 20 世纪初，资本主义发展到帝国主义阶段。当世界战争爆发、革命时机到来的时候，西欧社会民主党大多数领导人转向支持本国帝国主义政府、反对革命的道路。列宁没有随波逐流，而是在马克思主义的指导下，认真进行调查研究，依据丰富的第一手资料和严谨的论证，提出了著名的帝国主义论和一国社会主义可能首先胜利的理论，领导布尔什维克党经过艰苦卓绝的斗争，首先在俄国夺取了社会主义革命的伟大胜利。

1927 年中国大革命失败后，在农村革命根据地和长征的艰苦岁月里以及抗日战争最困难的时期，都有人悲观失望，丧失共产主义信念，退出共产党，脱离革命阵营。而以毛泽东为代表的共产党人则始终坚信，星星之火可以燎原，人民必将推倒三座大山，终于创建了人民共和国，引导中国人民走上了社会主义道路。

苏东剧变后，不仅大多数社会主义国家出现了资本主义复辟，而且整个世界社会主义运动都遭到前所未有的挫折。不少人对科学社会主义丧失信心。但是中国共产党人和众多国家的共产党人丝毫没有动摇自己的信念，坚信社会主义最终必将代替资本主义，为建设具有本国特色社会主义和推进世界社会主义而坚持奋斗。

第三，坚持并在实践中不断丰富和发展马克思主义。

马克思主义是工人阶级和全人类解放的科学，是人的解放学，是建设社会主义、实现共产主义的行动指南。正是在马克思主义的指导下，各国共产党相继建立，并且在许多国家取得了重大成就。坚持马克思主义，是坚持它的基本原则，坚持它的世界观、方法论，即坚持富有生命力和时代气息的科学理论，绝非把马克思主义当作一成不变的教条加以坚持，而要用以分析新情况，解决新问题，迎接新挑战，提出新观点、新理论和新对策。19世纪末20世纪初，资本主义发展到帝国主义阶段，列宁提出一系列新的理论、战略和策略，形成了列宁主义，引导俄国革命取得伟大胜利，实现了马克思主义理论与实践的结合，并获得了大发展。列宁成为我们坚持并在实践中不断丰富和发展马克思主义的光辉典范。在列宁之后，苏联共产党越来越背离马克思主义，并且把有严重弊病的苏联社会主义模式强加给东欧诸国，又长期拒不进行体制内的根本改革，才最终导致苏联东欧社会主义的失败。

第四，努力探索反映时代特点、适合本国国情和具体历史条件的革命、建设和改革道路。

科学社会主义理论在实践中的一条主要经验就是各国共产党人必须运用马克思主义的基本原理，努力探索反映时代特点、适合本国国情和具体历史条件的革命、建设和改革道路。

俄国十月革命的胜利，就是由列宁提出社会主义可能首先在一国胜利的论断，提出建立工农民主政权的苏维埃共和国的设想，在资产阶级革命胜利后及时提出社会主义革命的目标与任务，灵活地选择和运用暴力革命与和平手段推进革命进程，并在首都和中心城市夺取政权后迅速将革命推向农村，领导工人阶级和广大人民群众夺取社会主义革命的胜利。十月革命的道路就是马克思主义与俄国实际相结合的道路，也即是具有俄国特色的社会主义革命道路。

中国革命的胜利，就是马克思列宁主义、俄国革命经验与中国实际相结合的产物。以毛泽东同志为主要代表的中国共产党人根据中国处于半殖民地半封建社会和帝国主义入侵、民族矛盾和阶级矛盾错综复杂的实际情况，发展了马克思列宁主义，改变了巴黎公社、十月革命实行的中心城市起义的传统革命模式，开创了农村包围城市、武装夺取政权的战略；提出了包括新民主主义革命、新民主主义建设、新民主主义社会、新民主主义国家在内的新民主主义理论以及社会主义改造和社会主义建设的理论。在改革开放的新时期，中国共产党人又形成了中国特色社会主义理论。

第五，善于把握时机，勇于在历史转折关头把社会主义事业推向新的阶段。

科学社会主义理论与实践的发展都是由主客观两方面的因素决定的。客观因素，指社会生产力发展水平、资本主义矛盾和危机激化程度，阶级力量对比，国际形势的变化，资产阶级统治手段和内外政策的调整等因素，这些都不是以人们的主观意志为转移的，都不是人们的主观愿望所能改变的。然而，这并不意味着共产党人的主观能动性不起任何作用。事实上，这种主观能动性往往会发挥很大的作用，特别是在历史转折关头，很可能发挥决定性作用。在历史转折关头，各种矛盾错综复杂，力量对比瞬息万变，它使共产党人面临严峻挑战，也为本国革命事业和世界社会主义运动的发展提供了重要的、难得的机遇。如果人们善于把握时机，勇于发挥领导和推动作用，那么本国革命事业和世界社会主义运动就可能出现重大的飞跃和发展。要做到这一点，既需要共产党人特别是革命领导人具有很高的马克思主义理论水平、分析和解决问题的能力，能够高瞻远瞩、明辨方向、权衡利弊、准确判断，更需要领导人具有非凡的胆识和大无畏的革命精神。

19世纪末20世纪初，在帝国主义处于战争、危机之中，革命风暴即将来临的历史转折关头，列宁以无产阶级革命家的雄才大略和革命勇气，领导布尔什维克夺取了十月革命的胜利。在日本帝国主义入侵、民族危机日深，亡国论和失败论盛行的时候，以毛泽东为代表的共产党人领导中国人民坚持持久抗战并且实行第二次国共合作，最终取得胜利。在解放战争取得重大胜利，人民解放军面临是渡江南下、解放全中国，还是屈从于国内外压力停止进攻、放弃统一的重大选择的关头，毛泽东果断地做出了解放全中国的决定。在"文化大革命"刚刚结束、个人崇拜依然束缚着人们思想观念的时候，邓小平敢于挺身而出，拨乱反正，确立了解放思想、实事求是的思想路线，积极倡导改革开放。在苏东剧变、国内外形势发生重大变化的危急时刻，邓小平又力挽狂澜，顶住国内外强大压力，继续坚持四项基本原则、坚持改革开放，此后又发表了著名的南方谈话，推动中国的改革开放事业取得举世瞩目的光辉成就。在当前世界社会主义运动总体上处于低潮的形势下，学习这些光辉典范，总结其中的宝贵经验，更是具有重大的现实意义。

二、科学社会主义理论在实践中的主要教训

科学社会主义理论与实践的发展，既有成功的经验，又有失败的教训。经验是宝贵的财富，教训也是宝贵的财富。总结教训也应像总结经验一样，要坚持实事求是的原则。一方面，要克服主观武断，坚持一切从客观实际出发，一切从当时的历史条件出发；另一方面，也要注意克服片面性，不能只顾一点、不及其余，要分清主次和轻重。科学社会主义理论与实践应该吸收的主要历史教训，也可以概括为五点：

第一，必须纠正根深蒂固的"左"的指导思想，同时防止右的错误思想侵袭。

科学社会主义在实践的历史上，不止一次出现"左"或右的错误思潮。对错误思潮的抵制、批判和斗争不够坚决有效，就会造成极其严重的后果，给各国革命事业和世界社会主义运动带来极大危害。马克思、恩格斯逝世后，德国社会民主党及其他第二国际党内的右倾思潮、改良主义逐渐蔓延，而党的领导对此重视不够、斗争不力，致使右倾思潮、改良主义在党内逐渐占上风，最后导致第二国际思想上、政治上的破产。一些党背离乃至反对、镇压革命，也使十月革命后的欧洲革命流于失败。在中国，右倾投降主义曾导致大革命的失败和大批共产党人流血牺牲。在苏联，戈尔巴乔夫后期右的倾向导致了苏共的亡党丧权和社会主义制度的瓦解。

历史上，苏联共产党长期犯"左"倾错误，急于建成社会主义并过渡到共产主义。党内残酷斗争和"大清洗"，造成大量冤假错案，成千上万无辜者蒙受不白之冤，甚至惨遭杀戮。共产国际和各国共产党内的"左"倾错误也曾造成极大危害。当时推行的"布尔什维克化"曾使各国党内出现残酷斗争、无情打击的局面，宗派主义、关门主义倾向严重，压制了不同意见，迫害了大量坚持正确观点的好同志。在其影响下，中共党内也出现过"左"倾错误。在社会主义建设问题上，社会主义各国都在不同程度上犯过"左"的错误。最突出的就是急躁冒进，超越社会发展阶段，急于向共产主义过渡。"左"倾错误在柬埔寨共产党人那里达到登峰造极的地步。他们执政后，急于消灭阶级差别、城乡差别，导致阶级斗争扩大化；又不顾社会生产力十分落后的现实，急于直接向共产主义过渡，取消商

品、货币，实行低水平的供给制等所谓的共产主义政策，严重破坏了生产力，影响了人民正常的社会生活。结果失去民心，最后根据地全部丧失，党和游击队全部瓦解。

事实证明，无论“左”还是右的错误都有极大的危害，最终都会造成亡党亡国的极端后果。正如邓小平所说：“右可以葬送社会主义，‘左’也可以葬送社会主义。”“现在，有右的东西影响我们，也有‘左’的东西影响我们，但根深蒂固的还是‘左’的东西。”“中国要警惕右，但主要是防止‘左’。”① 这不仅是对中国而且也是对整个国际共运历史经验和科学社会主义实践经验的深刻总结。

为什么“左”的影响根深蒂固，不易克服呢？这是由多方面的原因造成的。从国际大环境来看，自共产国际时期以来，苏联和整个国际共产主义运动在无产阶级革命、党的建设、社会主义建设等一系列问题上存在“左”的错误倾向，其消极影响巨大而深远。从我国的情况来看，除了新民主主义革命过程中的几次“左”倾错误，1956 年以后的几乎整个社会主义建设时期，都存在“左”的错误，而且越来越严重，直到“文化大革命”，再加上毛泽东本人的崇高威望，其影响短期内不可能得到克服。从指导思想上看，长期以来，人们习惯于认为“左”是革命策略问题，而右则是立场、原则问题，是反革命，因此宁“左”勿右的观念一直困扰着某些人，至今仍有一定的市场。正如邓小平所分析的：“‘左’带有革命的色彩，好像越‘左’越革命。”② 再从思想根源来看，“左”和右的错误表现形式虽不相同，但有一点是共同的，即都是思想和理论脱离实际：或超越社会主义的发展阶段，提出不切实际的计划、方针、战略和策略；或思想落后于现实，理论严重滞后；或不顾现实生活的发展变化，僵化地固守某些过时的理论、原则，拿大帽子吓唬人；或不顾基本国情，盲目照搬外国的东西。所以，无论是“左”还是右，都容易主观片面、走极端。因此，克服和防止“左”、右两种错误的根本办法，就是一切从实际出发，坚持实事求是的原则。

我们还要认识到，“左”的倾向不仅根深蒂固、难以克服，而且长期的“左”很容易助长右，所谓物极必反，正是这个道理。最典型的实例莫过于苏联东欧的剧变。人们往往只从表面上看到苏东剧变主要是这些国家执政的共产党领导人在 20 世纪 80 年代末推行右倾路线、放弃党的领导导致的悲剧，其实从深处着眼，正是由于这些党长期推行急于求成的过左路线，而且缺少党内民主，权力过度集中，领导人思想保守、固执，难以端正路线并进行体制内改革，所以到后期在国内外各种压力逼迫下，党的领导人才被迫转向右的方面，终于导致改革失败。也有一“左”到底的，如罗马尼亚共产党和柬埔寨共产党，如前所述，结果失败得更加悲惨！

第二，必须善于把理想和现实、人民群众的长远利益和近期切身利益有机结合起来。

建设社会主义，实现共产主义和全人类的解放，这是共产党人的伟大理想和奋斗的最终目标，也是无产阶级和广大人民群众长远的、根本的利益所在。但伟大理想和宏伟目标的实现要经历一个很长的历史过程，经历几个大的和相当多的小的发展阶段，这些阶段既相互联系，又存在差别。除非情况特殊，一般而言，这些阶段不能简单地任意超越。各个阶段的生产力发展水平、社会阶级状况、主要矛盾以及无产阶级的处境和面临

①② 邓小平．邓小平文选：第 3 卷．北京：人民出版社，1993：375．

的主要任务都有所不同，广大人民群众具体的利益需求也不一样。科学社会主义实践、世界共产主义运动最大的失误和教训之一，恰恰是没有很好地处理这两方面的关系、把二者有机结合起来，存在理想脱离现实、只考虑长远利益而忽略人民群众近期切身利益的倾向。

这种错误倾向反映在无产阶级革命方面，就是不顾时机是否成熟，盲目发动暴力革命，急于夺取政权，或者在合法斗争、议会斗争中提出不切合大多数群众目前利益的主张，使党脱离群众，在选举中的得票率、在社会政治生活中的支持率每况愈下，乃至游离出群众的视野，变成政治小团体。这一问题在社会主义建设时期表现得更为突出，其主要表现是超越阶段、急于求成，没有把人民群众的切身利益摆在应有的位置。农业的社会主义改造，从苏联到东欧，再到中国、越南、古巴等国，都存在急于全盘集体化的错误。其主观意愿无疑是希望通过集体化，避免两极分化和资本主义剥削，引导农民走上集体富裕的社会主义道路。但这种良好意愿一到具体实践过程中就普遍存在贪快求齐的问题，即片面追求集体化的速度和全国的整齐划一。在短短几年中实现全盘集体化，结果不仅没能促进农业大发展，反而出现了大饥荒。苏联的全盘集体化不久就出现了 20 世纪 30 年代的大饥荒。直到斯大林 1953 年逝世，苏联人均占有商品粮仍未超过沙皇统治下的 1913 年的水平。中国在 1958 年“大跃进”和人民公社化运动后也出现了连续三年的困难时期。到 20 世纪 70—90 年代，还有几个社会主义国家发生大饥荒，大量难民外逃，甚至不得不求助于国际社会。与此形成对照的是，中国改革开放后，人还是那些人，地仍是那些地，只不过政策变了，取消了人民公社，实行家庭联产承包责任制，便大大提高了农民生产和经营的积极性，粮食及其他农副产品产量连续增长，仅仅十多年的时间，大多数农村便解决了温饱问题，逐渐富裕起来。

社会主义经济建设到底是为了什么？这个问题实际上在各国的社会主义经济建设过程中长期没能得到很好的解决。苏联是足以与美国争雄的超级大国，但人民的物质生活却达不到中等发达国家的水准，没有把人民的近期切身利益放在应有的地位上，不能不说是其中的一个重要原因。苏东剧变的原因较多，但物质生活长期匮乏，同发达国家差距过大，造成人民不满，也是不容忽视的因素。在新的历史条件下，中国、越南等国都十分重视人民群众当前利益，充分调动各方面积极性，赢得了人民群众的衷心拥护，这也是总结了科学社会主义实践、世界共产主义运动的经验教训提出来的。

第三，必须高度重视生产力的发展和科技革命，抓住机遇，迎接挑战。

科学社会主义理论在实践中的另一个教训是只重视生产关系的变革，而忽视生产力的发展，即“穷过渡”和“急过渡”。所谓“穷过渡”就是脱离本国生产力水平低下的实际，企图单纯依靠抓阶级斗争、搞政治运动、变革生产资料所有制、加快提高生产资料所有制公有化程度，以为只要生产关系变革搞好了，消灭了阶级和阶级差别，就可以实现社会主义、共产主义。为此，苏联在短期内迅速实现了工业全盘国有化、农业全盘集体化；我国于 1958 年也大搞人民公社化运动，提出“共产主义是天堂，人民公社是桥梁”的口号，企图超越必经的阶段，一步跨入共产主义。苏联赫鲁晓夫于 1961 年提出 20 年建成共产主义，随后勃列日涅夫宣布苏联已建成发达社会主义。无论是“穷过渡”还是“急过渡”，都是忽略了生产力发展水平和人民富裕程度这一重要标准。而生产力发展水平依然很低，广大人民群众的生活依然不富裕。这既败坏了社会主义的声誉，也挫伤了广大人民群众建设社会主义的积极性。

科学技术是第一生产力，是促进经济发展的首要因素。自20世纪60年代以来，一场以信息技术为核心的新技术革命悄然兴起。美国在许多领域处于领先地位，日本、西欧奋起直追。但苏联和其他社会主义国家则对这场新科技革命熟视无睹，从而在科技方面进一步拉大了同西方国家的距离。苏联的剧变从某种意义上说，是被西方的新科技革命打败的。我国在20世纪50年代曾十分重视科技进步，但后来随着推行“以阶级斗争为纲”的路线也丧失了发展机遇。改革开放以来，我国生产力和新科技的发展才大为改观。总结历史的教训，我们应如何抓住机遇，追赶新科技革命，是值得深思的大问题。

第四，必须积极稳妥、全面协调地推进社会主义改革。

社会主义建设是史无前例的事业，在此过程中出现这样或那样的问题是难免的，但这些问题，特别是那些影响生产力发展、阻碍社会主义活力和优越性充分发挥的具体制度和体制上的问题必须解决，其根本途径就是积极稳妥地推行社会主义改革。因循守旧，公开拒绝或延缓改革，或者口头上改革，行动上原地踏步，都将葬送社会主义，这是科学社会主义实践的重大教训之一。同时，改革又必须坚持社会主义根本制度，必须坚持正确的方向，必须在共产党的领导下积极稳妥地推进，否则改革就会失败，就会招致严重后果。苏东从改革到剧变的教训应永远牢记。

社会主义改革面临的首要问题是改革与生产力发展不相适应的经济体制。关键是：要建立社会主义市场经济体制，从根本上改革过度集权的计划体制和政企不分的管理模式；要建立以公有制为主体的，包括股份制、股份合作制、多种经济成分的所有制结构，改革过分单一的所有制结构；要建立与市场经济相适应的有效的行政管理机构，大力精简机构，精减人员。

在社会主义改革进程中，必须坚决进行反腐败斗争，建立有效的防范机制、杜绝腐败现象的滋生、蔓延。这是关系到社会主义兴衰存亡的大事。腐败难以根除，问题在于社会主义国家权力过分集中，又缺乏健全的法制和有效的监督机制加以制约。今后要“加强对权力运行的制约和监督，把权力关进制度的笼子里，形成不敢腐的惩戒机制、不能腐的防范机制、不易腐的保障机制”①，“让人民监督权力，让权力在阳光下运行”②。

社会主义改革面临的另一个重要问题是加强民主与法治建设，进一步发扬党内民主和人民民主。社会主义民主的许多具体制度和具体机制还不够健全。例如，民主选举制度尚不完善。苏联从十月革命后不久到20世纪80年代中期，一直都实行等额选举，候选人主要是由党组织领导人决定，选民实际上并未完全享有提名权，结果选举流于形式，广大人民群众民主参与的积极性受到挫伤，社会主义民主的优越性没有充分发挥出来，致使干群关系紧张，一些人产生不满情绪，对社会主义民主丧失兴趣和信心，转而崇拜西方民主模式。与社会主义民主紧密联系的是社会主义自由。社会主义宪法所规定的公民各项自由权

① 习近平．习近平谈治国理政．北京：外文出版社，2014：388.

② 习近平．决胜全面建成小康社会 夺取新时代中国特色社会主义伟大胜利：在中国共产党第十九次全国代表大会上的报告．北京：人民出版社，2017：67.

利如果不能得到切实保障，社会主义民主势必落空，或者流于形式。戈尔巴乔夫的新思维之所以出现并产生较大影响，乃至导致社会动荡、苏联解体，无疑正是由于苏联长期缺少社会主义民主与自由的结果。我们应当从中认真吸取教训。充分发扬党内民主、健全党的各项民主制度是搞好社会主义民主与法治建设的前提。在这方面科学社会主义在实践中的一个重要教训是社会主义国家执政党权力过分集中，全党权力过度集中到中央，中央权力过度集中于少数人，而少数人又实行领导职务的终身制和指定接班人制。结果，党内民主就很难发扬，历史上遗留下来的错案、错事、错误决策难以纠正。在这种极权政治体制下，路线错了，就会一错到底，难以纠正。如果在民主的政治体制下，即使路线有错，也会较快得到纠正。因此，废除领导职务终身制，建立健全防止少数人过度集权的有效机制，是发扬党内民主乃至搞好社会主义民主与法治建设的关键。民主是纠错的良药和良制。

第五，必须坚持独立自主原则，防止和反对大党大国主义和故步自封、拒不改革。

科学社会主义在实践中早就存在大党大国主义，恩格斯就曾批评德国党的“老子党”作风。共产国际时期，苏联的大党大国主义更加严重。大党大国主义首先表现在任意干涉其他党和社会主义国家的内部事务。就其干预的范围而言，从党的路线和内外政策的制定，到党的领袖的选择、领导集体的组成，简直无所不包。大党大国主义还表现为把自己的事务和建设模式强加于人，即把本国的革命和建设经验当作普遍适用于各国的唯一正确经验加以“输出”，凡是与之不同的做法都被视为异端而加以抵制、批判。在欧洲各国共产党联合社会党建立反法西斯统一战线和反法西斯斗争中，就曾遭到共产国际的粗暴干涉，其错误指挥曾给这些国家的革命事业造成了极大的损失。我国新民主主义革命时期，无论是陈独秀担任党的领导人，被迫贯彻右倾路线，还是王明担任党的领导人，忠实推行“左”倾路线，其源头都是共产国际。战后，南斯拉夫对社会主义道路的探索，20 世纪 60 年代捷克斯洛伐克的改革都曾因苏联的干预而陷入困境或夭折，结果造成一批党和社会主义国家盲目照搬外国模式。最为明显的是东欧诸国，由于它们多数是在苏联的援助下取得反法西斯斗争胜利、建立无产阶级政权的，由于苏联大党大国主义影响巨大，它们都自觉不自觉地盲目照搬苏联模式进行社会主义改造和建设。结果不仅在体制上和实际工作中产生了与苏联相类似的弊端和问题，而且党和国家领导人严重脱离本国群众，乃至离开了苏联的支持，政权和政局均难以稳定。大党大国主义还导致党际关系紧张和国际共产主义运动分裂。苏联对南斯拉夫事务的干涉，导致苏南关系的紧张、中断。大党大国主义也是中苏两党关系中断、两国关系紧张，以及国际共产主义运动大分裂的直接原因之一。

科学社会主义在实践中的历史经验告诉我们：无产阶级革命、社会主义建设和改革都不应该有各国都必须服从的领导中心和各国都必须遵循的固定统一模式，强加和照搬某种模式的做法，只能阻碍世界社会主义运动和各国社会主义事业的发展。各国党不分大小、强弱，都一律平等，各国党都应坚持独立自主的原则，大胆探索，开创本国特点的革命、建设和改革的道路。当然独立自主并非是故步自封，抱残守缺，借口本国情况特殊，拒不采纳其他国家已经取得成功的主要经验。

三、抓住机遇，迎接挑战，开创科学社会主义理论与实践的新局面

进入21世纪以来，当今世界正经历百年未有之大变局，科学社会主义理论与实践的发展仍面临错综复杂的局面，既有严重的困难与挑战，又有难得的发展机遇。我们应抓住机遇，迎接挑战，努力开创科学社会主义理论与实践的新局面。

第一，解放思想，实事求是，努力实现科学社会主义理论的创新。

当今社会主义国家建设与改革仍有不少困难，发达资本主义国家经济发展、阶级结构、政治关系与社会环境的变化，统治方式与手段的调整，发展中国家面对经济全球化和民主化浪潮的冲击以及冷战结束后的新困难，使科学社会主义面临严峻挑战。其根本原因首先是上述这些情况使我们对不少马克思主义基本理论产生困惑。理论上的困惑是社会主义难以蓬勃发展首要的主观因素。因此，要振兴世界社会主义事业，必须对涉及社会主义国家建设与改革、当代资本主义新变化、发展中国家新困难的重大问题做出符合实际的、令人信服的理论说明，以确立振兴社会主义事业正确的战略和方针政策。为此，固守传统理论是不够的，必须努力实现理论的创新。要做到这一点，既需要创新的勇气，又需要科学的精神。具体来说，就是坚持解放思想，实事求是，与时俱进，开拓创新。我国改革开放新时期最突出的标志就是与时俱进，不断推进马克思主义中国化，坚持并丰富党的基本理论、基本路线、基本方略，不懈探索和把握中国特色社会主义规律。

第二，加强共产党的自身建设。

世界社会主义事业特别是社会主义国家兴衰存亡的关键是共产党的领导。毫无疑问，加强共产党自身建设也就直接关系到世界社会主义的未来。

过去社会主义各国都在不同程度上存在着权力过度集中、党政不分、以党代政的弊病。今后应进一步探索处理党政关系的新思路、新机制。总的来说，既要保证党的领导作用，又要充分发挥政权机关的职能作用，通过科学化、规范化、制度化的机制来实现和改善这种领导。要真正实现党政分开，把本来属于立法、执法、司法等部门的职能分离出去，真正由这些部门来独立地行使职权。这个问题不解决好，党的主要精力放在管治政权方面，就不可能搞好党本身的理论建设、政治建设、组织建设、思想建设和作风建设。

如何进一步发扬党内民主、完善民主制度，是加强执政党建设的一个重要方面。其中包括党内的民主选举、民主决策、民主管理、民主监督和全面贯彻民主集中制原则。民主选举是党员履行自己的民主权利，应该坚持并不断扩大直接选举、差额选举党代表和各级党委领导人；应该实行党代表大会年会制和常任制，使各级党代表大会成为党的权力中心；应该落实党员对党的干部进行监督的具体操作程序和措施，从而真正把干部的选拔、任用、工作、遵纪守法情况置于广大党员监督之下。同时，还要完善党外监督，包括人民群众的监督、民主党派的监督、法律监督、舆论监督等。要深刻认识到党内民主是党的生命，党内民主是防止重蹈苏东剧变覆辙导致灾难性后果的重要保障。

对资本主义世界各国共产党来说，需要改革传统的组织形式和活动方式，以适应当今发达国家的社会阶级结构发生的重大变化。传统的工人阶级、农民阶级人数减少，而包括中等管理人员、科技人员、金融和信息从业人员在内的新中间阶层人数和社会影响力都在上升。共产党在保持自己先进性的同时，如何从工农之外的群众中吸收党员，以扩大自己

的组织基础、群众基础和支持率，这是需要认真解决的问题。如果解决不好，共产党就会逐渐变成游离于国家政治生活之外的小团体。如何清除苏共权力过度集中体制的传统影响，大力发展党内民主，这也是资本主义世界各国共产党面临的另一个重大问题。

第三，努力探索具有本国特色的社会主义道路。

世界各国文明和社会制度具有多样性，各国发展程度和具体国情更是千差万别，因此走向社会主义和建设社会主义的道路不可能完全一样。各国共产党人应该坚持马克思主义与本国具体国情的结合，努力探索具有本国特色的社会主义道路。只有各国的社会主义革命或社会主义建设搞好了，整个世界社会主义事业才能兴旺发达。

社会主义国家通过改革和对外开放，努力实现国家繁荣、民族团结、社会民主、人民富裕、国际影响日益扩大，是世界社会主义事业振兴的关键，也是社会主义发展的希望所在。当今社会主义各国在改革与建设中还面临着不少困难和挑战，全面克服苏联社会主义模式的弊端，探索成功具有本国特色、符合时代要求的社会主义新模式，依然任重道远。关键是要坚持以经济建设为中心，把发展社会生产力和提高人民群众的物质文化生活水平放在第一位，同时要大力推进政治体制改革，发展社会主义自由、民主、法治。一再延误政治体制改革，必然还会重蹈苏联覆辙。

资本主义世界各国共产党面临的形势十分严峻。传统的革命方式显然已不适应或不完全适应时代的发展和各国具体国情的变化。暴力革命不仅在发达国家已经难以形成气候，而且在发展中国家也面临不少难题。但究竟怎样才能通过和平方式，包括选举、议会活动，争取上台执政，推进社会主义事业？怎样才能实现社会主义替代并且超越资本主义？这是需要从理论上研究、从实践中探索的重大问题。应当承认，这种替代或超越是一个长期的激烈竞争、反复较量、多种斗争方式交错、艰苦奋斗的进程。其关键是，使有利于社会主义发展的各种举措规范化、制度化、法治化，使得任何政府和政党，包括暂时取代共产党上台执政的政党，也无法轻易改变或废止这种制度和法律。

复习思考题

1. 科学社会主义的主要历史贡献是什么？
2. 如何认识科学社会主义理论与实践的曲折性及其前景？
3. 科学社会主义理论在实践中的基本经验是什么？
4. 科学社会主义理论在实践中的主要教训是什么？
5. 怎样开创科学社会主义理论与实践的新局面？

参考书目

[1] 莫尔. 乌托邦. 北京：商务印书馆，1982.

[2] 傅立叶. 傅立叶选集. 1～3卷. 北京：商务印书馆，1981—1982.

[3] 圣西门. 圣西门选集. 1～3卷. 北京：商务印书馆，1982—1985.

[4] 欧文. 欧文选集. 1～3卷. 北京：商务印书馆，1979—1985.

[5] 马克思，恩格斯. 马克思恩格斯选集. 1～4卷. 2版. 北京：人民出版社，1995.

[6] 列宁. 列宁选集. 1～4卷. 3版. 北京：人民出版社，1995.

[7] 斯大林. 斯大林选集. 上下卷. 北京：人民出版社，1979.

[8] 毛泽东. 毛泽东选集. 1～4卷. 2版. 北京：人民出版社，1991.

[9] 邓小平. 邓小平文选. 1～3卷. 北京：人民出版社，1993—1994.

[10] 江泽民. 江泽民文选. 北京：人民出版社，2006.

[11] 胡锦涛. 胡锦涛文选. 北京：人民出版社，2016.

[12] 习近平. 习近平谈治国理政. 北京：外文出版社，2014.

[13] 习近平. 习近平谈治国理政. 第2卷. 北京：外文出版社，2017.

[14] 习近平. 习近平谈治国理政. 第3卷. 北京：外文出版社，2020.

[15] 习近平. 习近平谈治国理政. 第4卷. 北京：外文出版社，2022.

[16] 习近平. 决胜全面建成小康社会 夺取新时代中国特色社会主义伟大胜利：在中国共产党第十九次全国代表大会上的报告. 北京：人民出版社，2017.

[17] 中共中央关于党的百年奋斗重大成就和历史经验的决议. 北京：人民出版社，2021.

[18] 高放. 社会主义的过去、现在和未来. 北京：北京出版社，1982.

[19] 高放. 马克思主义与社会主义. 哈尔滨：黑龙江教育出版社，1994.

[20] 高放. 社会主义在世界和中国. 昆明：云南人民出版社，1998.

[21] 高放. 国际共产主义运动别史. 北京：中国书籍出版社，2002.

[22] 高放. 纵览世界风云. 北京：中国书籍出版社，2002.

[23] 高放. 马克思主义与社会主义新论. 哈尔滨：黑龙江人民出版社，2007.

[24] 高放. 苏联兴亡通鉴. 北京：中国人民大学出版社，2011.

［25］高放．社会主义运动：从理论到实践．北京：北京师范大学出版社，2018．

［26］高放．国际共产主义运动史纲．西安：陕西师范大学出版社，2018．

［27］高放．共产党宣言探真．天津：天津人民出版社，2019．

［28］李景治．中国社会主义体制综论．桂林：广西师范大学出版社，1992．

［29］李景治．当代资本主义国家政党研究．福州：福建人民出版社，1998．

［30］李景治．科技革命与大国兴衰．北京：华文出版社，2000．

［31］李景治，蒲国良．社会主义建设理论与实践．北京：中国人民大学出版社，2014．

［32］蒲国良．中苏大论战的起源．北京：当代世界出版社，2003．

［33］蒲国良．世界社会主义运动概论．北京：中国人民大学出版社，2006．

［34］蒲国良．当代国外社会主义概论．北京：中国人民大学出版社，2006．

［35］蒲国良，熊光清．全球化进程中社会主义与资本主义的关系．北京：中国人民大学出版社，2006．

［36］蒲国良．社会主义思想：从乌托邦到科学的飞跃．北京：北京师范大学出版社，2018．

［37］陈新明．苏联演变与社会主义改革．北京：中共中央党校出版社，2002．

［38］郭春生．社会政治阶层与苏联剧变．北京：当代世界出版社，2006．

［39］郭春生．勃列日涅夫18年．北京：人民出版社，2009．

［40］郭春生．社会主义革新：从地区到全球的拓展．北京：北京师范大学出版社，2018．

［41］黄宗良，孔寒冰．世界社会主义史论．北京：北京大学出版社，2004．

［42］孔寒冰，项佐涛．世界社会主义：理论、运动和制度．北京：北京大学出版社，2017．

［43］孔寒冰，项佐涛．社会主义制度：从一国到多国的演进．北京：北京师范大学出版社，2018．

图书在版编目（CIP）数据

科学社会主义的理论与实践/高放，李景治，蒲国良主编．--7版．--北京：中国人民大学出版社，2022.9

普通高等学校硕士研究生马克思主义理论课教材

ISBN 978-7-300-30530-1

Ⅰ.①科… Ⅱ.①高…②李…③蒲… Ⅲ.①科学社会主义理论-研究生-教材 Ⅳ.①D0-0

中国版本图书馆CIP数据核字（2022）第062357号

普通高等教育“十一五”国家级规划教材

普通高等学校硕士研究生马克思主义理论课教材

科学社会主义的理论与实践（第七版）

高　放　李景治　蒲国良　主编

出版发行	中国人民大学出版社		
社　　址	北京中关村大街31号	**邮政编码**	100080
电　　话	010－62511242（总编室）		010－62511770（质管部）
	010－82501766（邮购部）		010－62514148（门市部）
	010－62515195（发行公司）		010－62515275（盗版举报）
网　　址	http://www.crup.com.cn		
经　　销	新华书店		
印　　刷	北京捷迅佳彩印刷有限公司	**版　　次**	1990年7月第1版
开　　本	787 mm×1092 mm　1/16		2022年9月第7版
印　　张	19.5	**印　　次**	2024年12月第4次印刷
字　　数	453 000	**定　　价**	59.00元

教学支持说明

（教学课件）

中国人民大学出版社政法分社秉承“出教材学术精品，育人文社科英才”的出版宗旨，多年来，出版了大批高质量的法学、教育学、政治学、政治理论公共课教材和学术著作。

我们为本教材制作了相应的PPT教学课件，任何一位采用本书作为授课教材的教师均可免费获得该课件。为了确保该课件仅为授课教师获得，烦请您填写如下材料，并将相关信息通过E-mail发送给我们，我们将在收到相关信息后通过E-mail给您发送该课件。欢迎您加入我们的QQ群（全国政管教师交流二群，群号为648117133），或登录我社官方网站（www.crup.com.cn），注册并认证成为教师会员，以获得更好的服务。

我们的联系方式：
地址：（100872）北京市中关村大街甲59号文化大厦1202室
中国人民大学出版社政法分社
电话：（010）62515383　62514775（传真）
E-mail：ggglcbfs@vip.163.com

兹证明__________大学/学院__________院/系__________专业__________学年第__________学期开设的__________课程，采用中国人民大学出版社出版的__________（书名、作者）作为本课程教材。授课教师为__________，授课班级共______个、学生______人。授课教师需要与本书配套的教学课件。

联 系 人：____________________
通信地址：____________________
邮　　编：____________________
电　　话：____________________
E-mail：____________________

系/院主任：__________（签字）
（系/院办公室章）
______年______月______日